U0521786

当代资本主义研究

王伟光◎主编

中国社会科学出版社

图书在版编目(CIP)数据

当代资本主义研究 / 王伟光主编. —北京:中国社会科学出版社,2023.2 (2024.1重印)

ISBN 978-7-5227-1096-9

Ⅰ.①当… Ⅱ.①王… Ⅲ.①资本主义—研究—现代 Ⅳ.①D033.3

中国版本图书馆 CIP 数据核字(2022)第 232042 号

出 版 人	赵剑英
责任编辑	李凯凯 彭 丽
责任校对	冯英爽
责任印制	王 超

出　　版	中国社会科学出版社
社　　址	北京鼓楼西大街甲 158 号
邮　　编	100720
网　　址	http://www.csspw.cn
发 行 部	010-84083685
门 市 部	010-84029450
经　　销	新华书店及其他书店
印刷装订	北京明恒达印务有限公司
版　　次	2023 年 2 月第 1 版
印　　次	2024 年 1 月第 2 次印刷
开　　本	710×1000　1/16
印　　张	28.25
字　　数	342 千字
定　　价	148.00 元

凡购买中国社会科学出版社图书,如有质量问题请与本社营销中心联系调换
电话:010-84083683
版权所有　侵权必究

前　　言

本书是国家社科基金特别委托项目"世界社会主义与资本主义前途命运暨当代国际形势研究"的阶段性成果之七，收录了该课题关于当代资本主义，暨当代帝国主义的本质、特征和演变趋势，及其对世界格局所引起的变化，社会主义中国应对的战略策略的最新研究成果。

本书文稿分四部分。第一部分，是对当代资本主义，暨当代帝国主义的总的定性判断。其中第一篇是最新研究成果。文章认为，当代资本主义是国际金融垄断资本主义，是垄断资本主义的最新阶段，是新型帝国主义。第二部分，是对列宁帝国主义理论当代价值的阐述。第三部分，是对当代资本主义两极分化问题的分析。第四部分，是对当代资本主义，暨当代帝国主义新变化所引起的世界格局、中美关系以及社会主义中国应对战略策略的认识。

张博、张意梵同志为本论文集的成书做了具体编务工作。凡未注明原载的论文均为"世界社会主义与资本主义前途命运暨当代国际形势研究"课题研讨会上的发言稿。

王伟光
2022 年 7 月 24 日于中国社会科学院

目　录

一

国际金融垄断资本主义是垄断资本主义发展的最新
　　阶段，是新型帝国主义 ……………………… 王伟光（3）
新帝国主义是帝国主义的最后阶段 ………………… 余　斌（110）
美国帝国主义是资本主义的没落阶段
　　——兼谈新冠肺炎疫情对国际战略格局的
　　影响 ………………………………………… 张文木（124）
晚期帝国主义：资本主义世界秩序的历史终点 …… 牛田盛（215）
新冠肺炎疫情冲击下帝国主义垄断趋势的新变化
　　——基于列宁的帝国主义理论 ……………… 郭一君（228）
知识垄断是当代资本主义的重要特征
　　——以美国科技霸权为例 …………………… 李　妍（245）

二

列宁帝国主义论对金融资本垄断的批判及其
　　当代价值 …………………………………… 张超颖（269）

百年大变局下帝国主义理论研究及启示 ………… 周 淼（282）
从帝国主义到新帝国主义：理论与现实的发展 …… 邢文增（297）
卫建林先生关于世界资本主义现状及其趋势的
　　观点 …………………………………………… 刘志明（308）

三

资本主义世界的两极分化问题 ………………… 魏南枝（315）
新冠肺炎疫情下的美国收入分配制度分析 ……… 魏南枝（323）
新冠肺炎疫情凸显英国种族不平等 ……………… 李靖堃（340）
移民折射下的法国社会不平等 …………………… 彭姝祎（357）
意大利福利资本主义的"新物质匮乏"危机 ……… 李凯旋（375）
不可能完成的革命？
　　——从1789年法国大革命到2019年
　　"黄马甲"运动 ………………………………… 魏南枝（390）

四

拜登上台后的中俄美战略格局 …………………… 吴恩远（407）
凉战与冷战的异同以及中国的对策 ……… 程恩富 杨培祥（416）
中东欧剧变30年来各国现状、问题与挑战 ……… 李瑞琴（434）

国际金融垄断资本主义是垄断资本主义发展的最新阶段，是新型帝国主义[*]

王伟光

彻底搞清楚资本主义从哪里来，到哪里去，科学认清资本主义的本质、特征和发展变化规律，正确认识今天新的历史条件下的资本主义，即帝国主义的新变化、新特征，是制定并实施正确的国际斗争和国内建设的战略策略的基础和前提。

当代资本主义发展到什么样的阶段，具有什么样的特征，还是不是帝国主义，列宁当年所判定的垄断资本主义，即帝国主义是资本主义的最高阶段，垄断资本主义，即帝国主义的本质与特征，还存在不存在，列宁由对垄断资本主义，即帝国主义的科学判断所得出的一系列马克思主义的科学结论还管不管用……对这些重大问题必须给出正确的回答。我的这篇拙文立论：国际金融垄断资本主义是垄断资本主义发展的最新阶段，是新型帝国主义，力图回答这一重大问题。

---

[*] 原载《世界社会主义研究动态》2022 年 4 月 25 日第 42、43、44、45、46 期，摘要发表于《社会科学战线》2022 年第 8 期，以《国际金融垄断资本主义论》为书名，由人民出版社 2022 年出版。

一 列宁主义和《帝国主义是资本主义的最高阶段》的当代价值

列宁主义及其代表性著作《帝国主义是资本主义的最高阶段》（以下简称《帝国主义论》）仍然是科学认识当代资本主义，即当代帝国主义的最管用的思想武器。

马克思主义是工人阶级的世界观和方法论，中国共产党是工人阶级政党，必须坚持把马克思主义作为党的指导思想。作为指导思想的马克思主义，当然包括列宁主义。我们党始终把马克思列宁主义作为指导思想，写进党章，写进决议，贯彻到指导党的革命、建设和改革的实践进程中。

我们党对马克思主义称谓的使用一般是两种含义：一是特称的马克思主义。作为特称的马克思主义是指马克思恩格斯所创立的马克思主义。二是通称的马克思主义。作为通称的马克思主义，包括列宁主义、毛泽东思想、中国特色社会主义理论体系、习近平新时代中国特色社会主义思想等马克思主义不断创新的成果。列宁主义则是马克思主义在垄断资本主义，即帝国主义阶段的丰富和发展，是帝国主义阶段的马克思主义。毛泽东思想、邓小平理论、"三个代表"重要思想、科学发展观和习近平新时代中国特色社会主义思想是中国化的马克思主义，是马克思主义与中国实际相结合的理论成果。我们党一般都是在通称意义上使用马克思主义称谓的，当然也使用马克思列宁主义的称谓。

列宁运用马克思主义立场、观点、方法分析资本主义由自由竞争发展到垄断的新变化，形成的新特征，揭示垄断资本主义，即帝国主义的本质、趋势和规律，得出科学社会主义的新判断、新观点、新结论，指导社会主义革命和国际共产主义运动，推动了俄国十月革命的苏联胜利和社会主义的建设。在今天，对当代资本主义，即当代帝国主义的新变化、新特征的认识，离不开马克思列宁主义的指导，离不开列宁主义及《帝国主义论》的指南。学习贯穿于《帝国主义论》中的马克思列宁主义立场、观点、方法，运用于分析、判断和对待当代资本主义，即当代帝国主义，正当其时，十分必要。

马克思的《资本论》是马克思主义的标志性光辉著作。列宁的《帝国主义论》是马克思主义发展到列宁主义阶段的标志性光辉著作。《资本论》与《帝国主义论》共同构成了马克思主义科学理论体系的经典姊妹篇。《帝国主义论》是划时代的伟大著作，是新版《资本论》，是《资本论》的直接继承和伟大发展，是列宁主义的代表性理论成果，在马克思主义发展史上占有重要地位。列宁的《帝国主义论》，也就是列宁的伟大理论贡献就在于，依据马克思主义立场、观点、方法，依据《资本论》的基本原理，总结了《资本论》出版以后半个世纪资本主义发展的新情况和社会主义运动的新经验，全面地分析了垄断资本主义的经济基础及其特征，科学地揭示了其本质、特征和矛盾；彻底地批判了背叛马克思主义的考茨基主义，对帝国主义作出了最科学、最全面、最系统的马克思主义的分析与判断，深刻地论证了垄断资本主义，即帝国主义的历史地位，作出了帝国主义是发展到垄断的资本主义特殊阶段，是无产阶级社会主义革命前夜的重要判断；揭示了帝国主义经济政治发展不平衡的客观规律，进一步论证了资本主义必然灭亡和社会主义必然胜利的历史趋势，提出了帝国主义就是战争，战争引起革命的思想，得出了社会主义可能首先在少数国家甚至在单独一个国家内获得胜利的结论，为俄国无产阶级及其政党争取无产阶级和社会主义革命的胜利，建立第一个社会主义制度的国家，提供了完备坚实的理论依据和科学指南，实现了马克思主义与新的时代特征和俄国具体国情相结合，发展了马克思主义，创立了列宁主义。在马克思列宁主义指导下，俄国布尔什维克党领导俄国工人阶级及广大劳动人民，取得了十月社会主义革命的伟大胜利，开创了人类历史的新纪元。

《帝国主义论》是一部闪耀着真理光辉的不朽著作。正确指导中国共产党当前的国际斗争、国内改革开放和建设社会主义现代化国家，必须对当代资本主义有一个科学的认识。科学认识当代资本主义，正确认识国内外形势，是正确制定国际斗争战略策略和建设社会主义现代化国家理论路线、方针政策的前提和依据。列宁主义及其《帝国主义论》的科学理论，《帝国主义论》中所贯穿的立场、观点和方法是无产阶级政党认识形势、制定战略策略的强大思想武器。

当下仍处于垄断资本主义，即帝国主义历史阶段，垄断资本主义即帝国主义的本质和特征并没有根本改变，但又有许多新的重大变化，具有过去所没有的新特征。在这一新的历史条件下，既要不忘老祖宗，不忘初心，牢记使命，坚定理想信念，又要有所创新发展，继续前进，解决好如何认清当今时代本质及其阶段性变化、特征、主题和国内外形势，认清当代资本主义，即当代帝国主义的现状、本质与发展趋势，认清当今世界的基本矛盾、国际斗争的发展规律和现代战争的根源，认清资本主义必然灭亡和社会主义必然胜利的历史总趋势，是我们党面临的极其重大的理论与现实问题。

如何认清当代资本主义，即当代帝国主义的本质及其阶段性新变化、新特征，认清当代社会主义的发展趋势和面临的新问题，认清我们党所领导的中国特色社会主义历史方位和未来走向，如何制定正确的理论路线、战略策略和方针政策，重读《帝国主义论》，具有重大的理论和现实意义。

(一) 关于《帝国主义论》写作的历史背景

《帝国主义论》于1916年上半年写成，1917年问世。列宁的这部著作是适应资本主义由自由竞争阶段发展到垄断阶段，即帝国主义阶段，无产阶级及其政党处于社会主义革命前夜这个新的历史条件的迫切需要，在反对帝国主义和考茨基主义的激烈斗争中写成的。

第一，《帝国主义论》是在资本主义由自由竞争阶段发展到垄断阶段，社会经济发生了深刻变化的历史背景下写作的。

19世纪末20世纪初，资本主义国家的社会经济发生了深刻变化，自由竞争为垄断所代替。在欧美各主要资本主义国家，垄断组织已控制了一系列工业部门和银行系统，成为全部社会经济生活的基础。垄断组织在国内建立统治的同时，竭力向外扩张，以扩大他们压迫、奴役的剥削范围。这时，"垄断组织和金融资本的统治已经确立、资本输出具有特别重大的意义、国际托拉斯开始分割世界、一些最大的资本主义国家已把世界全部领土瓜分完毕"[①]。这标志着资本主义进入了垄断资本主义，即帝国主义阶段。

由自由竞争变成垄断，是资本主义经济发生的巨大转变，这是列宁研究的帝国主义本质特征，创新马克思主义理论的最主要的社会条件。正因为有了这样的社会条件，才使得认识垄断资本主义，即帝国主义的本质、特点和规律，实际上成为可能。而马克思和恩格斯由于所处的历史条件的限制，他们不可能进行这方面的理论阐释。正如毛泽东同志指出的那样："马克思不能在自由资本主义时代就预先具体地认识帝国主义时代的某些特异的规律，因为帝国主

---

① 《列宁选集》第3卷，人民出版社2012年版，第589页。

义……还未到来，还无这种实践。"① 新的历史实践是列宁主义及《帝国主义论》产生的客观条件。

第二，《帝国主义论》是在资本主义矛盾和斗争空前激化和第一次世界大战爆发的历史条件下写作的。

随着自由竞争资本主义发展成为垄断资本主义，马克思恩格斯所揭示的资本主义固有的内在矛盾不仅没有消除，仍然存在，仍然起作用，而且资本主义的一系列矛盾，特别是无产阶级和资产阶级、宗主国和殖民地、各资本主义国家之间的矛盾空前激化。正如毛泽东同志指出的："自由竞争时代的资本主义发展为帝国主义，这时，无产阶级和资产阶级这两个根本矛盾着的阶级的性质和这个社会的资本主义的本质，并没有变化；但是，两阶级的矛盾激化了，独占资本和自由资本之间的矛盾发生了，宗主国和殖民地的矛盾激化了，各资本主义国家间的矛盾即由各国发展不平衡的状态而引起的矛盾特别尖锐地表现出来了，因此形成了资本主义的特殊阶段，形成了帝国主义阶段。"② 20世纪初，资本主义各类矛盾的激化，引起阶级斗争空前激烈，工人罢工浪潮汹涌澎湃，席卷了整个欧洲。特别是俄国1905年的革命，结束了1871年巴黎公社以后出现的资本主义的"和平"发展时期，揭开了帝国主义阶段无产阶级革命的"序幕"。世界各地民族解放运动风起云涌，东方各被压迫民族和被压迫人民迅速觉醒。帝国主义国家之间的矛盾也日益加剧，它们为重新瓜分世界展开了尖锐的斗争。1898年的美西战争和1904年的日俄战争，就是帝国主义重新分割世界的开始。

1914年又爆发了两个帝国主义集团长期酝酿的第一次世界大战。这场战争使各交战国的经济面临破产，给全世界人民带来了更

---

① 《毛泽东选集》第1卷，人民出版社1991年版，第287页。
② 《毛泽东选集》第1卷，人民出版社1991年版，第314页。

加深重的灾难，使各国无产阶级革命的情绪空前高涨。在战争造成的经济破坏和政治危机的基础上，各国革命形势日益成熟。德、法、英等国的无产阶级掀起了波澜壮阔的反战运动和罢工运动。在当时的俄国，工人罢工、农民起义和士兵暴动不断发生，革命运动迅猛异常。所有这一切都表明，世界进入了一个新的政治动荡和革命风暴的时期，无产阶级社会主义革命已成为不可避免的直接的实践问题。毛泽东同志指出："帝国主义给自己准备了灭亡的条件。殖民地半殖民地的人民大众和帝国主义自己国家内的人民大众的觉悟，就是这样的条件。"① 帝国主义是驱使全世界的人民大众走上消灭帝国主义的伟大斗争的资本主义发展的特殊阶段。

第三，《帝国主义论》是在马克思主义与机会主义特别是"考茨基主义"的激烈斗争中写就的。

列宁曾经指出："马克思主义在理论上的胜利，逼得它的敌人装扮成马克思主义者。"② 当资本主义进入帝国主义阶段，无产阶级夺取政权，建立社会主义制度的伟大历史任务已经提到日程上来的时候，背叛马克思主义的第二国际机会主义思潮泛滥起来。伯恩斯坦和考茨基是这股思潮的主要代表，他们打着马克思主义的旗帜，却干着篡改马克思主义的事情，公然背叛马克思主义，背叛无产阶级和社会主义运动。第一次世界大战爆发和以伯恩斯坦为首的右派公开叛变后，打着马克思主义旗号而以"中派"面目自居的考茨基主义则成为当时攻击马克思主义的主要威胁。由于右派伯恩斯坦主义，特别是具有极大欺骗性的"中派"考茨基主义的泛滥，使得在怎样对待帝国主义、怎样对待战争和革命等一系列问题上，成为当时国际共产主义运动所面临的最尖锐、最迫切的问题。以列宁为代

---

① 《毛泽东选集》第4卷，人民出版社1991年版，第1483页。
② 《列宁选集》第2卷，人民出版社2012年版，第307页。

表的马克思主义路线同以伯恩斯坦,特别是考茨基为代表的机会主义路线展开了针锋相对的斗争。这是一场关系到捍卫马克思主义的真理性,关系到无产阶级革命、社会主义事业成败的大论战。

这场论战主要围绕以下问题展开:

一是如何正确判断垄断资本主义,即帝国主义发展阶段的问题。考茨基在1914年给帝国主义下了一个背叛马克思主义的定义,认为帝国主义不是资本主义发展中的一个阶段,而是金融资本"情愿采取"的一种政策。他由此出发,抛出了一个臭名昭著的"超帝国主义论",胡说资本主义会经历一个"超帝国主义阶段",在这个阶段,各国金融资本将联合起来共同剥削世界,从而可以消除帝国主义的各种矛盾和冲突,出现"和平民主"的"新纪元"。考茨基这套谬论的目的,就是掩盖帝国主义的本质,抹杀帝国主义最深刻的矛盾,用美妙的幻景来欺骗群众,使他们放弃共产主义远大理想和争取社会主义胜利的革命斗争。

二是如何对待第一次世界大战和无产阶级革命的问题。在战争和革命的问题上,第二国际反马克思主义的机会主义者采取了完全错误的态度。当时参与第一次世界大战的各国垄断资产阶级的统治集团一方面加紧镇压蓬勃发展的无产阶级革命运动,同时开动全部宣传机器,散布种种谎言,拼命掩盖战争的帝国主义性质,诱骗人民群众为其卖命。第二国际以伯恩斯坦为代表的右派们,完全站在本国资产阶级一边,打出"保卫祖国"的虚伪口号,投票赞成政府的军事预算,公开支持帝国主义战争,堕落成为赤裸裸的社会沙文主义者,成为帝国主义战争的吹鼓手和辩护士。考茨基主义者们则玩弄不参加军事预算投票的诡计,实质上是在"保卫祖国"的口号下,煽动各国工人互相残杀,反对无产阶级革命。

在上述新的历史条件下,面对国际性的反马克思主义思潮的泛滥和革命形势的高涨，列宁一方面亲自参加革命斗争实践；另一方面进行了艰巨的理论研究工作，写下了捍卫和发展马克思主义的《帝国主义论》。毛泽东同志认为，列宁主义之所以成为帝国主义和无产阶级革命阶段的马克思主义，就是因为列宁"正确地说明了这些矛盾，并正确地作出了解决这些矛盾的无产阶级革命的理论和策略"①。列宁关于帝国主义的理论是对马克思主义的重大发展，揭示了新的历史阶段的特征和发展方向，解决了时代所提出的一系列重大课题，为无产阶级在新的历史条件下进行革命提供了理论和策略指南。

（二）关于《帝国主义论》的结构和主要内容

《帝国主义论》包括两篇序言，十章正文。正文所要回答的中心问题，就是在分析帝国主义五大特征和三大矛盾的基础上阐明：帝国主义是垂死的资本主义，是无产阶级社会主义革命的前夜，战争与革命问题是帝国主义和无产阶级革命阶段的时代主题。全书围绕这一中心步步深入地展开分析。

该书是从分析帝国主义的基本经济特征开始的。对于经济特征的分析，是在前六章进行的。帝国主义所以是资本主义发展的特殊阶段，首先因为它在经济上具有不同于前一阶段资本主义的重大特征。列宁把资本主义的这一特殊阶段在经济上的巨大变化，概括为五个基本经济特征：（1）"生产和资本的集中发展到这样高的程度，以致造成了在经济生活中起决定作用的垄断组织"；（2）"银行资本和工业资本已经融合起来，在这个'金融资本'的基础上形成了金融寡头"；（3）"与商品输出不同的资本输出有了特别重要的意义"；（4）"瓜分世界的资本家国际垄断同盟已经形成"；（5）"最大的资

---

① 《毛泽东选集》第1卷，人民出版社1991年版，第314页。

本主义列强已把世界上的领土瓜分完毕"。①

第一、二、三章主要是分析金融资本的形成和它在国内的垄断，揭露帝国主义国家内部的阶级矛盾，特别是无产阶级和资产阶级的矛盾；第四、五、六章主要是分析金融资本向外扩张和它在国际上的垄断，揭露帝国主义宗主国与殖民地的矛盾、帝国主义国家之间的矛盾，指出垄断是帝国主义的经济实质和最深厚的经济基础。

要理解帝国主义是资本主义发展的特殊阶段，首先必须弄清楚垄断的形成和发展，垄断所造成的后果以及它同自由竞争的关系等等。随着工业垄断的形成，银行业也形成了垄断，这就使银行和工业之间的关系发生了根本变化，银行具有了万能垄断者的新作用。在银行垄断资本和工业垄断资本融合生长的基础上形成了金融资本和金融寡头，它们控制了国家的经济和政治生活，对工人阶级和劳动人民进行沉重的剥削和压迫。帝国主义就是金融资本的统治。金融资本的统治加剧了国内争夺销售市场、原料来源和投资场所等方面的矛盾。为了追求高额利润，金融寡头便以各种方式竭力扩张，竭力掠夺别国特别是落后国家人民。这就必然引起资本输出、各资本家同盟从经商到瓜分世界市场、直至帝国主义列强把世界领土瓜分完毕并为重新瓜分世界领土而斗争。帝国主义的本性决定它必然推行霸权主义。争夺世界霸权，是帝国主义政策的主要内容。为了夺取地盘，瓜分势力范围，争霸世界，帝国主义战争是绝对不可避免的。列宁关于帝国主义是垄断资本主义的全部分析说明，帝国主义的本质就是垄断，就是掠夺，就是争霸，就是战争。

该书后四章，主要阐明帝国主义是资本主义的特殊阶段和它的

---

① 《列宁选集》第2卷，人民出版社2012年版，第651页。

历史地位，批判考茨基主义。第七章总结了前六章的内容，并在这个基础上给帝国主义下了科学的定义，批判了考茨基对帝国主义的错误定义和"超帝国主义论"；同时从帝国主义是资本主义的特殊阶段这个完备的定义中引出几个重要内容：（1）帝国主义是垄断资本主义；（2）帝国主义是寄生的或腐朽的资本主义；（3）帝国主义是垂死的资本主义。该书的整个结构，就是按照这个完备定义的内容来安排的。前六章分析了这个定义的第一个方面。

第八章是讲这个定义的第二个方面，帝国主义的寄生性和腐朽性，论述它的各种表现及其后果，特别是分析工人运动分裂的经济基础，揭示帝国主义的寄生性和腐朽性同机会主义的必然联系。第九章集中、全面地批判了考茨基关于帝国主义的谬论，揭露了考茨基主义的反马克思主义的本质。第十章是全书的总结，它概括阐明了完备定义的三个方面，着重指出了帝国主义的历史地位，即帝国主义是垂死的资本主义，是无产阶级社会主义革命的前夜。

（三）关于学习《帝国主义论》应该掌握的重点

今天距《帝国主义论》的写作时间已过去一个多世纪了，100多年来世情发生天翻地覆的变化，出现了许多前所未有的阶段性的新变化新特征。纵观人类社会发展的时代变迁及形势变化，不变中有变，变中有不变。马克思主义经典作家当时作出的个别具体结论可能会有局限，但所判定的时代根本性质没有改变，垄断资本主义的本质没有改变，帝国主义的本性没有改变，资本主义的基本矛盾没有改变，资本主义不可遏制的必然灭亡的总趋势没有改变。《帝国主义论》揭示的是普遍的真理，列宁主义是进入20世纪的马克思主义新的理论形态，回答了资本主义发展到垄断阶段新的时代问题，列宁主义的基本原理没有过时。当然，也不能拘泥于列宁的个别具体结论。坚持马克思列宁主义是一个重大原则问题，马克思列宁主义仍然是我们党今天指导思想的理论基础。今天学习《帝国主义论》及其中贯穿的列宁主义的原则、立场、观点和方法，重点应掌握以下四点。

第一，学习掌握列宁是怎样灵活运用马克思主义立场、观点和方法分析、认识、解决问题的。"立场"是一个根本问题，这是马克思主义者观察认识问题的唯一立足点和出发点。通过研读《帝国主义论》，可以明白无误地认识到，列宁首先是站在工人阶级及其劳动大众的立场上，站在马克思主义所一贯坚持的人民的立场上。"观点"就是一个理论指导问题，是掌握什么样的理论武器来指导实践的。列宁揭示帝国主义本质与特征，得出无产阶级和社会主义革命的新的理论，是按照《资本论》的基本原则，运用马克思主义经典作家所阐述的基本原理剖析垄断资本主义的本质与特征，从而得出正确结论的。"方法"就是一个方法论的问题，是运用什么样的分析方法剖析问题的。马克思主义的唯物论、辩证法、唯物史观的方法论，马克思主义的阶级分析方法，是分析问题最犀利的解剖刀，列宁运用马克思主义的基本方法，深刻揭示了垄断资本主义的本质、特征和趋势，找出解决问题的思路和办法。立场、观点、方法是管总的，管根本的，管长远的，是我们学习《帝国主义论》首先要领会把握的精神实质。

第二，学习掌握列宁是怎样紧紧抓住最基本的经济事实，从最基本的经济现象入手分析，科学揭示垄断资本主义本质及其特征的。从客观存在的基本经济事实出发认识社会问题，这是马克思主义一切从实际出发、具体问题具体分析的活的灵魂，是马克思《资本论》的基本思路，也是唯物史观的基本方法。商品是最基本的经济细胞，马克思正是抓住了资本主义这一基本经济事实，揭示了整个资本主义的基本矛盾，得出了资本主义必然灭亡和科学社会主义的科学原理。列宁则抓住了垄断这一从自由竞争资本主义转变到垄断资本主义的最重要的经济事实，从而揭示了帝国主义的灭亡规律，得出了科学社会主义的新结论。今天，应借鉴马克思《资本论》、列宁《帝国主义论》分析思路，从现代资本主义基本经济事实的变化分析出发，认清当代资本主义本质及其矛盾的新表现。

第三，学习掌握列宁是怎样始终坚持矛盾和阶级观点，运用矛盾和阶级分析方法揭示垄断资本主义基本矛盾、阶级关系和阶级矛盾的。 毛泽东同志指出："阶级斗争，一些阶级胜利了，一些阶级消灭了。这就是历史，这就是几千年的文明史。拿这个观点解释历史的就叫做历史的唯物主义，站在这个观点的反面的是历史的唯心主义。"[①] 世界上充满了矛盾，人类社会也是如此。在阶级社会中，社会矛盾集中表现为阶级矛盾，阶级社会充满了阶级矛盾。分析阶级社会现象，必须从社会矛盾分析入手，进入到阶级矛盾和阶级斗争分析，这是唯物主义历史观的基本原理。坚信矛盾和阶级观点，并运用于社会历史现象的具体分析，就是真正地坚持唯物史观，而不是口头上坚持唯物史观。现在对社会历史问题，对国内外形势抓不住实质，理不出头绪，找不对主线，说不到点子，找不准解决问题的正确对策，就是在矛盾观点及其矛盾分析方法，阶级观点及其分析方法这个唯物史观的根本世界观方法论上出了毛病。列宁正是运用矛盾和阶级分析这一基本方法，揭示了垄断资本主义的矛盾实质、阶级关系和阶级本质，为我们认清垄断资本主义理出了一条清晰的线索，指出了明确的斗争战略和策略。

第四，学习掌握列宁是怎样把时代判断和形势分析作为基本前提，敏锐地认识到时代本质没有改变，时代特征却发生了新变化，

---

① 《毛泽东选集》第4卷，人民出版社1991年版，第1487页。

捕捉到时代新主题,从而提出马克思主义政党指导具体实践的战略策略问题的。对时代和时代问题的分析判断,对形势和格局的分析判断,是指导无产阶级政党制定战略策略的重要依据。列宁遵循马克思主义经典作家的唯物史观和时代观,坚持了马克思恩格斯所判断的世界正处于资本主义社会形态占统治地位的世界历史时代,该时代充满了社会主义与资本主义两种力量、两条道路的斗争,资本主义必然为社会主义、共产主义所替代的历史必然规律的唯物史观的总结论,同时透彻地分析了当时资本主义所发生的阶段性新变化,从而正确地判定时代的新特征和新问题,剖析了国内外形势的新变化,指出虽然时代的根本性质没有变,但是时代特征却发生了巨大的阶段性变化,得出了战争与革命是该时代的主题,作出了当时已处于帝国主义和无产阶级革命时代,处于无产阶级社会主义革命前夜的正确判定,从而形成社会主义革命有可能在帝国主义统治的薄弱环节率先突破的"一国胜利"论的重要结论。《帝国主义论》是马克思主义的丰富宝库。学习《帝国主义论》,需要深刻理解和掌握列宁创作《帝国主义论》,科学分析垄断资本主义,即帝国主义的本质、矛盾、特征、必然趋势和得出科学社会主义的重要结论而贯穿的马克思列宁主义的立场、观点和方法,理解和掌握马克思列宁主义基本原理和基本观点,学习和树立列宁的实事求是态度、问题意识以及创新精神、批判精神和革命精神。列宁的马克思主义的立场、观点和方法,科学的判断和论述为我们如何看待今天时代根本性质没有改变,但却发生了重大阶段性变化,时代主题发生了重大转换,提供了基本遵循;为我们如何看待当代资本主义,即当代帝国主义本质没有改变,但却出现了许多新情况新变化,出现了许多过去没有的新特征,提供了理论指南;为我们同当代资本主义,即当代帝国主义开展斗争,并最终取得胜利提供了思想武器。

在这里需要特别说明的是，列宁所讲的"帝国主义和无产阶级革命时代"使用的"时代"概念，并不是指资本主义大的"历史时代"，仅仅是指资本主义大的"历史时代"所经历的一个阶段，是资本主义大的"历史时代"发展的一个"阶段"的意思。我在后文还要详尽地论述这个时代问题。

二 马克思主义的社会形态演变一般规律理论和大的"历史时代"理论是科学认识当代资本主义的两个重要依据

科学认识当代资本主义，即当代帝国主义，需要认真重温马克思主义的社会形态演变一般规律理论和大的"历史时代"理论。只有真正理解和掌握马克思主义社会形态演变一般规律理论和大的"历史时代"理论，才能正确剖析和判断当代资本主义，即当代帝国主义。

马克思主义唯物史观是分析说明一切社会历史现象的世界观方法论，是科学认识资本主义，科学认识帝国主义的最锐利的思想武器。马克思主义关于社会形态演变一般规律理论和大的"历史时代"理论是马克思唯物史观的重要组成部分，运用唯物史观理论观察、分析、判断资本主义本质、矛盾、规律以及必然灭亡趋势，必定要运用这两个理论，这两个理论是科学剖析认识资本主义，也是科学剖析认识当代资本主义，即当代帝国主义的重要依据。

（一）社会形态演变一般规律理论对于认识当代资本主义，即当代帝国主义的意义

坚持一切从社会存在出发来说明社会历史问题，是唯物史观的

基本观点。唯物史观认为最基本的社会存在就是生产方式的存在，就是"经济的社会形态"的存在。生产力决定生产关系，生产力与生产关系的统一，构成社会生产方式，一定的生产方式是一定的"经济的社会形态"的基础和本质，生产关系的总和构成社会经济基础，在经济基础之上形成上层建筑，生产力与生产关系、经济基础与上层建筑的统一构成一定的"经济社会形态"，人类发展史也就是社会形态的发展史。人类历史上的任何一个社会形态，都是生产力与生产关系、经济基础与上层建筑的统一，都是以社会生产方式为基础和本质的。唯物史观主张，一切都要从生产力决定生产关系、经济基础决定上层建筑，从而从生产方式所决定的人类"经济的社会形态"出发来认识人类社会历史现象，而不是相反，这是唯物史观放之四海而皆准的真理，是不可违背的根本原理。

人类社会形态的演进，最主要是源于生产力的发展。人类的生产工具从旧石器升级到新石器，到青铜器、铁器，再到机器、电子、信息、互联网、人工智能……生产力逐步提升，促使生产关系，从而使生产方式不断发生变化，引起社会形态从原始社会进步到奴隶社会，再进步到封建社会，再进步到资本主义社会。譬如，原始社会生产力的进步，导致人们的分工发生根本变化，进而引起剩余产品出现，产生了私有制，代替了原始共产主义公有制。经济基础决定上层建筑，经济结构的变化引发社会结构从母系社会向父系社会过渡，为私有制社会的形成奠定经济基础。经济结构的变化引起了政治结构、阶级结构、社会结构的变化，从原始社会到奴隶社会，到封建社会，到资本主义社会，经社会主义社会过渡到共产主义社会，这就是人类社会历史的客观发展规律，这个规律是必然的、不以人的意志为转移的。

马克思主义唯物史观创立了"社会形态""经济的社会形态"范畴，揭示人类社会历史发展客观规律，形成了关于人类社会经过原始社会、奴隶社会、封建社会、资本主义社会，经过社会主义社会的过渡而达到共产主义社会的"五种社会形态"演变发展的一般规律理论，也可称为"五形态"说。"社会形态""经济的社会形态"范畴、"五形态"说客观地反映和揭示了人类社会历史发展的普遍规律和必然趋势，是马克思主义唯物史观的重要原理，是唯物史观的重要组成部分。

关于"社会形态""经济的社会形态"范畴，马克思虽然没有撰写过专著，但围绕着这一问题留下了大量论述。马克思在1851年撰写的《路易·波拿巴的雾月十八日》这部名著中提出"社会形态"概念。他写道："新的社会形态一形成，远古的巨人连同复活的罗马古董——所有这些布鲁土斯们、格拉古们、普卜利科拉们、护民官们、元老们以及凯撒本人就都消失不见了。冷静务实的资产阶级社会把萨伊们、库辛们、鲁瓦耶-科拉尔们、本杰明·贡斯当们和基佐们当做自己真正的翻译和代言人；它的真正统帅坐在营业所的办公桌后面……"① 马克思这里使用了"社会形态"这一范畴，是为了表明资本主义社会是人类历史发展的一个新的历史阶段，是不同于以往的社会形态。根据日本学者大野节夫的考证，形态（Formation）这一用语是马克思从当时的地质学术语中借用过来的。该词在当时的地质学中用以表示在地壳发展变化的进程中先后形成的不同岩层，一个形态就是一个不同的岩层单位。可以看出，马克思使用"社会形态"这一范畴，意在表明人类社会的发展也是由不同的历史层次、不同的历史阶段、不同的社会样态构成的。对

---

① 《马克思恩格斯选集》第1卷，人民出版社2012年版，第669—670页，着重号为作者所加。

于"社会形态"的理解，可以从马克思提出的"经济的社会形态"这一范畴作进一步考察，即从经济这一视角把握人类的"社会形态"。马克思在《〈政治经济学批判〉序言》中说"大体说来，亚细亚的、古希腊罗马的、封建的和现代资产阶级的生产方式可以看做是经济的社会形态演进的几个时代"①。对于何为经济的社会形态，马克思在《资本论》第二版跋里作出了进一步解释，"我的观点是把经济的社会形态的发展理解为一种自然史的过程。不管个人在主观上怎样超脱各种关系，他在社会意义上总是这些关系的产物"②。经济的社会形态的自然史过程，即社会发展的过程是"受一定规律支配的自然史过程，这些规律不仅不以人的意志、意识和意图为转移，反而决定人的意志、意识和意图"③。由此可以得出，马克思认为社会形态演进规律与自然界的演进规律类似，是不以人的意志为转移，具有生产的、经济的、物质的因素所决定的客观必然性，"社会形态""经济的社会形态"范畴是对人类社会历史演进一般规律的科学概括。

关于"五形态"说，早在马克思主义创立的初期，马克思恩格斯在1846年合著的《德意志意识形态》一书中，就第一次提出人类社会经过五种所有制形式：（1）部落所有制；（2）古代公社所有制和国家所有制；（3）封建的或等级的所有制；（4）资产阶级的所有制；（5）未来共产主义所有制。④ 这里部落所有制指的是原始共产主义社会的公有制；古代公社所有制和国家所有制指的是奴隶社会私有制；以下类推指的是封建社会私有制、资本主义社会私有制、共产主义私有制。马克思恩格斯揭示了五种社会形态的五

---

① 《马克思恩格斯选集》第2卷，人民出版社2012年版，第3页，着重号为作者所加。
② 《资本论》（第二版），人民出版社2004年版，第10页，着重号为作者所加。
③ 《资本论》（第二版），人民出版社2004年版，第21页，着重号为作者所加。
④ 《马克思恩格斯选集》第1卷，人民出版社2012年版，第148—149页。

种所有制基础，奠定了五种社会形态的经济基础和生产关系本质的依据。

在1848年发表的《共产党宣言》中，马克思恩格斯说明："在过去的各个历史时代，我们几乎到处都可以看到社会完全划分为各个不同的等级，看到社会等级分成多种多样的层次。在罗马，有贵族、骑士、平民、奴隶，在中世纪，有封建主、臣仆、行会师傅、帮工、农奴，而且几乎每个阶级内部又有特殊的阶层。"① 紧接着，他们又说："从封建社会的灭亡中产生的现代资产阶级社会并没有消灭阶级对立，它只是用新的阶级、新的压迫条件、新的斗争形态代替了旧的。"② 在这里马克思已经明确清晰地点出奴隶社会、封建社会和资本主义社会。

在《1857—1858年经济学手稿》中，马克思论述了四大社会形态。他强调指出："家长制的、古代的（以及封建的）状态随着商业、奢侈、货币、交换价值的发展而没落下去，现代社会则随着这些东西同步发展起来。"③ 马克思讲到了原始社会、奴隶社会、封建社会和资本主义社会四种社会形态。

1859年1月，在《〈政治经济学批判〉序言》中，马克思关于五种社会形态的表述十分清晰了，"大体说来，亚细亚的、古代的、封建的和现代资产阶级的生产方式可以看作是经济的社会形态演进的几个时代。资产阶级的生产关系是社会生产过程的最后一个对抗形式……人类社会的史前时期就以这种社会形态而告终"④。在1867年出版的《资本论》中，马克思充分论证了共产主义代替资本主义的必然性。到此为止，可以说，马克思关于"五形态"的提

---

① 《马克思恩格斯选集》第1卷，人民出版社2012年版，第400—401页。
② 《马克思恩格斯选集》第1卷，人民出版社2012年版，第401页。
③ 《马克思恩格斯全集》第30卷，人民出版社1995年版，第108页。
④ 《马克思恩格斯选集》第2卷，人民出版社1995年版，第33页。

法已经形成，但还不能说马克思已然十分精确地确立"五形态"理论。比如，虽然马克思肯定"古代"社会之前还有一个社会形态，但他对原始社会形态的概括却只是初步提到"亚细亚"的社会形态。在马克思那里，古代的社会显然是指古希腊、古罗马的奴隶社会，但"亚细亚"是指什么社会形态，其属性是什么，马克思当时意指原始社会，但尚未明确其科学定义。后来，历史科学有了一定发展，特别是历史学家摩尔根的《古代社会》一书出版，对原始社会提供了详尽的研究材料，这使马克思对原始社会有了明确的科学界定，这一科学认识集中反映在1880年到1881年间他关于《古代社会》一书的摘要中。

最后，恩格斯利用马克思批语，经过研究，于1884年撰写了《家庭、私有制和国家起源》一书。恩格斯在该书中写道："摩尔根证明：美洲印第安人部落内部用动物名称命名的血族团体，实质上是与希腊人的氏族、罗马人的氏族相同的；美洲的形式是原始的形式，而希腊—罗马的形式是晚出的、派生的形式；原始时代希腊人和罗马人的氏族、胞族和部落的全部社会组织，跟美洲印第安人的组织极其相似；氏族，直到野蛮人进入文明时代为止，甚至再往后一点，是一切野蛮人所共有的制度（就现有资料而言）。摩尔根证明了这一切以后，便一下子说明了希腊、罗马上古史中最困难的地方，同时，出乎意料地给我们阐明了原始时代——国家产生以前社会制度的基本特征。"① 对原始社会给出了明确阐释。到此为止，马克思主义经典作家关于"五形态"说已经完整成熟地形成了。在《家庭、私有制和国家起源》的结尾部分，恩格斯最后结论为："在既定的总的历史条件下，必然地带来了奴隶制。从第一次社会

---

① 恩格斯：《家庭、私有制和国家起源》，人民出版社2018年版，第91页。

大分工中，也就产生了第一次社会大分裂，分裂为两个阶级：主人和奴隶、剥削者和被剥削者。"① "随着在文明时代获得最充分发展的奴隶制的出现，就发生了社会分成剥削阶级和被剥削阶级的第一次大分裂。这种分裂继续存在于整个文明期。奴隶制是古希腊罗马时代世界所固有的第一个剥削形式；继之而来的是中世纪的农奴制和近代的雇佣劳动制。"②

从以上所引用马克思恩格斯经典作家的论述，可以明确地认为马克思恩格斯对原始社会、奴隶社会、封建社会、资本主义社会形态作出了科学分期，再加上对共产主义社会的论述，以及在《哥达纲领批判》一文中对共产主义社会第一阶段社会主义社会阶段和高级阶段"两个阶段"的论述，可以说，马克思主义经典作家已经科学概括了人类社会形态发展的最普遍的规律，构成了系统的唯物史观关于社会形态演变一般规律理论。

对于社会形态历史发展的分期，人们可以根据需要，对同一对象，按照特定的标准，从不同的角度加以划分。例如，以阶级斗争为线索，可以划分为阶级社会、阶级过渡社会和非阶级社会；以生产资料所有制性质为标准，可以划分为原始公有制社会、私有制社会、私有制向公有制过渡的低级形式的公有制为主体的社会和高级形式的公有制社会……但是，任何科学划分都不能离开唯物史观基本原理为指导，以生产力发展状况为判定标准，根据社会基本矛盾运动的规律，直接考察社会经济关系的性质和特征，按照五种"经济的社会形态"发展的顺序而进行的划分。"五形态"说是马克思对社会形态划分的主线索，是马克思主义社会形态演变一般规律理论的最主要内容。

---

① 恩格斯：《家庭、私有制和国家起源》，人民出版社2018年版，第180页。
② 恩格斯：《家庭、私有制和国家起源》，人民出版社2018年版，第195页。

社会形态演变一般规律理论最核心、最根本的要旨就在于说明，人类社会发展是囿于生产力与生产关系的矛盾运动所决定，由不同的历史阶段所构成，表现为不同的"经济的社会形态"的演进，从原始社会到奴隶社会，再到封建社会，从封建社会发展而来的资本主义社会同其前的其他社会形态一样，只是人类社会历经的一个历史阶段，必然由兴盛而走向灭亡，人类社会形态必将进入一个全新的历史进程，必然经过社会主义社会的过渡而进入共产主义社会，社会主义社会不过是共产主义社会的第一阶段。资本主义社会的发展历史，从生到灭的历史规律绝对跳不出马克思主义经典作家所概括的社会形态演变的一般规律。

只有依据社会形态演变一般规律理论，即"五形态"说，运用生产力与生产关系、经济基础与上层建筑基本矛盾运动规律的原理，运用阶级、阶级斗争、国家、革命、专政的观点，特别是运用马克思在创立这一理论过程中所贯穿的立场、观点和方法，剖析和判断资本主义社会，就可以明确认识资本主义社会形态不过是人类社会形态发展的一个必经阶段，同时也是代替旧的社会形态并必然走向灭亡的历史阶段，明确认识资本主义社会形态的形成、发展、必然灭亡的过程，明确认识资本主义必然为社会主义、共产主义所替代的必然趋势，就可以为正确认识资本主义，乃至当代资本主义，即当代帝国主义理出一条清晰的线索：可以清楚地弄明白资本主义社会形态是怎样从封建社会内部产生、形成，并确立的；可以清楚地弄明白资本主义的生产力、生产关系、经济基础、上层建筑的状况；可以清楚地弄明白资本主义生产力与生产关系，经济基础与上层建筑的社会基本矛盾运动状况、规律与趋向；可以清楚地弄明白资本主义社会的经济结构、政治结构、文化结构、阶级结构、社会结构；可以清楚地弄明白无产阶级作为资产阶级的对立面和掘墓人而产生，无产阶级与资产阶级的对立与斗争成为资本主义社会的阶级矛盾主线索；可以清楚地弄明白资本主义的发展进程、分期及每一个发展阶段的特征、矛盾；可以清楚地弄明白资本主义内部是怎样生长出新的社会形态因素，始终贯穿着社会主义与资本主义的矛盾斗争，怎样才能最终为社会主义所代替，并必然地发展到共产主义社会；可以清楚地弄明白无产阶级应当采取怎样的战略和策略，通过无产阶级的革命斗争夺取政权，建立无产阶级专政的社会主义国家，最后通过无产阶级专政过渡到共产主义社会……总之，对资本主义，尤其是对当代资本主义，即当代帝国主义的一切正确的认识和科学的判断就能够在科学的分析中形成。马克思恩格斯正是通过这样的理论逻辑的认识而完成了《资本论》，完成了对资本主义的最一般发展规律的科学揭示，创立了科学社会主义。列宁则是通过这样的理论逻辑认识而完成《帝国主义论》，完成对垄断资本主义，即帝国主义的科学认识，创立了无产阶级革命和无产阶级专政学说的。我们今天也必须沿着这样的理论逻辑，才能完成对当代资本主义，即当代帝国主义的科学认识。

（二）唯物史观大的"历史时代"理论对于认识当代资本主义，即当代帝国主义的价值

唯物史观大的"历史时代"理论是与社会形态演变一般规律理论相联系、相一致、相衔接的。只有既掌握了当代社会形态演变一般规律理论，又掌握了大的"历史时代"理论，才能对当代资本主义，即当代帝国主义的本质、特征、矛盾、斗争、主线、战略策略和发展趋势作出科学的判断。

关于时代问题，有各种各样的说法。有的提出"人类社会经过了石器时代、铁器时代、铜器时代、机器时代、电子时代"，现在"进入了信息时代"。还有的说，"人类历史经过了渔猎时代、农耕时代、工业时代，现在进入到后工业时代"。还有的说，"人类文明发展划分为原始文化时代、农业文明时代、工业文明时代和知识文明时代"，等等。这些说法是从某个学科角度，从某个视角出发对时代问题的概括，是有可取之处的。但是从马克思主义观点来看，一定要以马克思主义唯物史观来定义时代概念，才能形成正确的时代观和大的"历史时代"理论，以科学地认识时代，把握时代，引领时代，运用唯物史观大的"历史时代"理论科学认识当代资本主义，即当代帝国主义。

在唯物史观看来，时代概念具有广义和狭义之分。广义的时代概念是从大的历史观的角度对人类社会发展大的历史发展进程的判定，即大的"历史时代"观。狭义的时代概念是从某个特定的角度对某个社会发展阶段的判定。要把从大的历史观出发判断的广义的时代概念与从其他视角出发判断的狭义的时代概念区别开来。这两种时代概念既有区别，又是辩证统一的。不搞清楚广义的时代概念，不搞清楚大的"历史时代"观，就看不清狭义的时代所处的大的历史方位和国际条件。唯物史观关于大的"历史时代"的提法，是广义的时代概念，是从生产力所决定的生产关系出发，以社会经济形态为标准对人类社会发展的不同"历史时代"的判定尺度，这是唯物史观大的"历史时代"理论的基本点。

习近平总书记在党的十九大报告中指出："中国特色社会主义进入了新时代，这是我国发展新的历史方位"，这是运用辩证唯物主义和历史唯物主义立场观点方法科学判断世情国情，从党和国家发展角度提出来的，这个重要的科学判断是完全正确的。中国特色社会主义新时代与马克思主义所判断的大的"历史时代"在唯物史观基础上是一致的，同时又是有区别的。中国特色社会主义新时代特指中国特色社会主义已经站在一个新的历史起点上，进入一个新的历史阶段，处在一个新的历史方位上，这里的"新时代"是狭义的时代概念。只有站在大的"历史时代"背景上，从我国新时代的特殊国情条件出发观察分析，才能深刻认识中国特色社会主义进入新时代和习近平新时代中国特色社会主义思想的伟大意义。

尽管前文已经引过，但我在这里还是引用马克思恩格斯在《共产党宣言》中的一些经典论述，来说明什么是唯物史观的大的"历史时代"理论，唯物史观大的"历史时代"理论主要包括时代概念的科学定义、大的"历史时代"判断标准、人类社会"历史时代"的划分及每一个历史时代的本质、主题和特征、我们当前处在什么样的历史时代这些基本问题。

在《共产党宣言》1883 年德文版序言中，恩格斯说："每一历史时代的经济生产以及由此必然产生的社会结构，是该时代政治的精神的历史的基础，由此从原始土地公有制解体以来，全部历史都是阶级斗争的历史，即社会发展各个阶段被剥削阶级和剥削阶级之间、被统治阶级和统治阶级之间的斗争历史，而这个斗争现在已经达到这样的阶段，即被剥削被压迫阶级（无产阶级），如果不同时使整个社会永远摆脱剥削、压迫和阶级斗争，就不再能使自己从剥削它压迫的那个阶级（资产阶级）下解放出来。"①

在《共产党宣言》"一、资产者和无产者"中，马克思恩格斯进一步说明："在过去的各个历史时代，我们几乎到处都可以看到社会完全划分为各个不同的等级，看到社会等级分成多种多样的层次。在罗马，有贵族、骑士、平民、奴隶，在中世纪，有封建主、臣仆、行会师傅、帮工、农奴，而且几乎每个阶级内部又有特殊的阶层。"紧接着，他们又说："从封建社会的灭亡中产生的现代资产

---

① 《马克思恩格斯选集》第 1 卷，人民出版社 2012 年版，第 380 页，着重号为作者所加。

阶级社会并没有消灭阶级对立，它只是用新的阶级，新的压迫条件，新的斗争形态代替了旧的。"①

在《共产党宣言》"一、资产者和无产者"中，马克思恩格斯明确指出："我们的时代，资产阶级时代，却有一个特点，它使阶级对立简单化了。整个社会日益分裂为两大敌对的阵营，分裂为两大相互直接对立的阶级：资产阶级和无产阶级。"②

根据以上马克思主义经典作家的论述，关于唯物史观大的"历史时代"理论，可以得出这样的结论：

第一，马克思主义唯物史观大的"历史时代"概念，是指占统治地位的社会形态所历经的整个历史进程。

马克思主义经典作家明确提出了大的"历史时代"概念的科学含义。唯物史观的大的"历史时代"概念是指占统治地位的社会形态所历经的整个历史进程，该历史时代的进程从该社会形态取代前一社会形态在人类社会占据统治地位起，历经兴盛、衰落，直到为下一社会形态所取代而不再占据统治地位止。当然，每一个历史时代又可以划分为不同的发展阶段。

第二，必须以唯物史观为武器，把"经济的社会形态"作为历史时代根本判断标准。

唯物史观是判断历史时代的思想武器。运用唯物史观判断历史时代，就要看一看该历史时代的生产力是什么，生产关系是什么，经济基础是什么，由经济基础所决定的上层建筑又是什么。也就是说，从生产力所决定的生产关系、经济基础，以及由这一基础所决定的"经济的社会形态"出发来判断历史时代。看一看占据统治地位的"经济的社会形态"的本质是什么，也就知道该历史时代是什

---

① 《马克思恩格斯选集》第1卷，人民出版社2012年版，第400—401页。
② 《马克思恩格斯选集》第1卷，人民出版社2012年版，第401页。

么，说明了大的"历史时代"的判断标准。

第三，马克思恩格斯按照唯物史观关于社会形态演变一般规律理论，根据"经济的社会形态"的根本性质来划分历史时代，把历史时代划分为原始社会、奴隶社会、封建社会、资本主义社会和共产主义社会（社会主义社会是共产主义社会的第一阶段）等历史时代。

马克思主义经典作家认为，人类历史已先后历经原始社会历史时代、奴隶社会历史时代、封建社会历史时代、资本主义社会历史时代，未来社会将经过无产阶级专政的社会主义过渡，而进入消灭阶级剥削、压迫与阶级斗争的新的历史时代，即进入共产主义社会历史时代。

第四，我们今天仍然处于马克思主义经典作家所判断的历史时代。

马克思恩格斯在《共产党宣言》中明确指出，我们的时代，即"资产阶级时代"。从时代的根本性质和大的历史进程来看，目前我们仍然处于马克思主义经典作家当时所揭示的资本主义社会历史时代。马克思主义经典作家认为人类社会的历史时代已经前进到资本主义社会代替封建社会而占据统治地位的历史发展进程。从全球范围来讲，现在仍然是资本主义社会形态占主要地位的历史时代，而这个时代又是新的社会形态即经过社会主义过渡而进入共产主义社会，逐步最终取代资本主义社会的历史时代。在该历史时代，资本主义社会并没有消灭阶级对立，只是用新的阶级对立形式代替了旧的，无产阶级及其广大被剥削阶级如果不通过推翻最后一个剥削社会，即通过消灭最后一个剥削阶级的社会革命，使整个社会永远摆脱剥削、压迫和阶级斗争，否则就不能解放全人类，从而也就不可能最终使无产阶级自己解放自己，就不可能以一个新的社会形态取代资本主义社会形态，进入一个新的历史时代。共产主义必然代替资本主义，但需要经过一个漫长的历史过程。当然，在今天世界资本主义体系内已经产生了相当的社会主义因素，在全世界已经产生了若干社会主义国家。但是，新的社会形态在全世界并不占据统治地位。有研究认为，"当今世界95%以上的国家建立的是资本主义制度。在资本全球化的进程中，不仅自然资源、土地、矿产等公共资源被私有资本所圈占，就连我们赖以生存的水源、空气、语言、文化，甚至物种和人类基因等也被逐步私有化了。按照西方左翼学者的说法，这种私有化已经把人类逼到整体灭绝的边缘"①。

第五，资本主义社会固有的不可克服的内部矛盾必然导致其灭亡。

在资本主义社会历史时代的一个特点，就是社会日益分裂为两大互相直接对立的阶级。在资本主义的整个发展进程中，其内在矛盾不断激化，经历了激化、缓和，再激化、再缓和……直至激化到再也不能缓和而导致最终灭亡。

第六，指出资本主义社会历史时代所要解决的时代问题。

经过了无产阶级革命和无产阶级专政，消灭人类历史最后一个阶级社会——资本主义社会，使人类进入一个没有剥削、压迫、阶级差别和阶级斗争的无阶级的新的社会形态，这是历史时代赋予无产阶级及其政党所需要回答的时代命题。

我们现在处在一个什么样的历史时代，面临着什么样的时代问题，这是我们研究认识当代资本主义，即当代帝国主义必须首先需要回答的问题。搞明白了唯物史观大的"历史时代"理论，搞明白了马克思在阐明唯物史观大的"历史时代"理论所贯穿的立场、观

---

① 秦宣：《大数据与社会主义》，《教学与研究》2016年第5期。

点、方法就可以对我们所处的当今时代是什么样的历史时代，它的时代本质是什么、时代特点是什么、时代矛盾是什么、时代主线是什么、时代分期又是什么，我们应当树立怎样的时代观，就有了明确清楚的认识，就可以分析判断当代资本主义，即当代资本主义的本质、特征、矛盾、主线、发展规律和发展趋势，就可以科学判定当代资本主义，即当代帝国主义了。以唯物史观来看，马克思主义关于大的"历史时代"的判断是不能否定的，如果否定了，就会误认为资本主义的基本矛盾不存在了，误认为马克思主义过时了，就会否定马克思主义。

三 资本主义历史时代发展所经历的不同历史阶段和发展时期

列宁指出，"只有首先分析从一个时代转变到另一个时代的客观条件，才能理解我们面前发生的各种重大历史事件。这里谈的是大的历史时代。每个时代都有而且总会有个别的、局部的、有时前进、有时后退的运动，都有而且总会有各种偏离运动的一般型式和一般速度的情形。我们无法知道，一个时代的各个历史运动的发展会有多快，有多少成就。但是我们能够知道，而且确实知道，**哪一个阶级**是这个或那个时代的中心，决定着时代的主要内容、时代发展的主要方向、时代的历史背景的主要特点等等"①。要认识资本主义发展规律、必然灭亡趋势及特征，必须从它们所处的时代及该时代主要阶段的主要状况入手加以分析。

世界历史进入资本主义历史时代，这是一个漫长而曲折，充满

---

① 《列宁全集》第26卷，人民出版社1990年版，第142—143页。

血与火的生死博弈的历史进程。在这个历史进程中，一方面贯穿了新兴资产阶级与封建统治阶级的殊死搏斗；另一方面贯穿了资产阶级对农民阶级和无产阶级的剥削和压迫，贯穿了剥削阶级与被剥削阶级的压迫与反压迫、剥削与被剥削的斗争。资产阶级与封建地主阶级的激烈斗争主要是在资本主义发展的革命时期，在这一时期，资产阶级与农民阶级、工人阶级的矛盾又是次要的。在资产阶级形成、发展、壮大的过程中，同时孕育了它的对立面无产阶级的形成和壮大，资本主义的发展过程始终贯穿着与社会主义两种意识形态、两种阶级力量、两种社会命运的反复较量。资本主义社会和世界上一切事物一样，同人类以往社会形态一样，都有一个孕育、产生、确立、发展、兴盛、衰落，直至灭亡的历史过程。从世界近代以来的历史来看，资本主义经历了孕育、成长、形成、发展的革命上升阶段，发展到了高峰，开始下降，逐步走向它的反面，进入下降衰落阶段，直至走向灭亡。

　　按照唯物史观的观点来看，"经济的社会形态"是人类社会不同历史时代的标志。唯物史观认为，人类历史经过了原始社会、奴隶社会、封建社会、资本主义社会，经过社会主义社会的过渡而发展到共产主义社会五种社会形态，社会生产方式是决定社会形态性质的根本因素，每一种社会形态都体现了人类历史发展的一个历史时代，这就是马克思主义的历史时代观。我们的时代是"资产阶级时代"①，这就是马克思主义经典作家对我们所处时代的科学判定，我们所处的时代，仍然是资本主义生产方式占统治地位的历史时代。在资本主义历史时代，如果不算资本主义的孕育准备阶段，资本主义已经经历了两个发展阶段，正在经历着第三个发展阶段。每

---

① 《马克思恩格斯文集》第2卷，人民出版社2009年版，第32页。

个发展阶段又经历若干不同的发展时期。在资本主义历史时代，在资本主义社会形态母体内已经孕育形成了社会主义这一新的社会形态因素，但目前尚不占据世界体系的统治和主导地位。

第一，资本主义孕育阶段，即封建社会向资本主义社会的过渡阶段（14世纪到15、16世纪之交）。

马克思指出："资本主义社会的经济结构是从封建社会的经济结构中产生的。后者的解体使前者的要素得到解放。"[①] 在全世界普遍处于封建制度统治的封建社会历史时代，资本主义在封建社会母体中度过了二三百年的孕育阶段，资本主义生产方式的形成是在封建母体内不断孕育生长，最后破壳而出的过程。14世纪到15世纪、16世纪之交，是封建社会逐步瓦解，资本主义社会因素逐步形成，资本主义萌芽出现，向资本主义社会过渡的准备阶段。

从世界历史进程来看，资本主义生产关系最早发生在西欧。14到15世纪，伴随西欧若干城市封建结构的逐步解体，西欧手工业生产技术和农业生产技术取得进步，扩大了社会分工，商品生产和交换也发展起来了，在地中海沿岸的某些城市已经零星而稀疏地孕育了资本主义生产的萌芽。资本主义生产关系率先并主要在西欧开始萌生，至16世纪初西欧诸国手工业生产分成许多专业化部门，专门行业数量大为增加，在西欧的一些城市已经开始孕育出资本主义生产方式萌芽。资本主义萌芽产生的具体体现：一是由商人资本家掌握的资本主义手工工场出现形成了；二是商人资本家控制小生产者，把他们变成雇佣工人，雇佣关系的出现标志着资本主义生产关系的产生。资本主义的产生成长过程，也就是在封建社会母体中孕育形成的过程，是资本主义社会逐步代替封建社会的过程，这个

---

① 《马克思恩格斯文集》第5卷，人民出版社2009年版，第822页。

过程是一个漫长的、不断较量、逐步发展的过程。

圈地运动、舆论斗争、宗教改革是资本主义过渡阶段的三板斧。经过14世纪由封建贵族开始的直到18世纪由新生资产阶级继续的圈地运动，发端于14世纪的意大利，经15世纪到16世纪极盛的资产阶级文艺复兴运动和16世纪始于德国的宗教改革，资本主义在欧洲封建社会的母体中逐步孕育成熟。

剥夺农民的圈地运动，对于开始出现的资本主义生产关系产生了巨大的推动作用。早在14世纪，随着养羊业、毛纺业的发展，封建地主贵族圈占农村公有土地、农民私有土地和租地农民的土地在英国已经出现。15世纪的最后30年到16世纪，直至18世纪，新兴资产阶级对农民土地的暴力剥夺，已经成为资本主义生产方式成熟发展的重要推力。圈地运动实现了生产者和生产资料的分离，为资本主义农业夺取了土地资源，为资本主义的城市工业提供了劳动力和原材料。一方面造就了新的生产力的活劳动——工人阶级。圈地运动让农民失去生产资料，成为到市场上出卖劳动力，为别人劳动才能生存的自由劳动者，为资本主义准备了活劳动；另一方面造就了新生的资产阶级，剥夺了农民的土地，为资产阶级积累了财富和资本，也使资产阶级发展起来了。圈地运动使封建社会自给自足的生产方式逐步解体，让位给资本主义的手工业工场，如纺织工场。

毛泽东同志指出，"凡是要推翻一个政权，总要先造成舆论，总要先搞意识形态方面的工作。无论革命也好，反革命也好"①。始于意大利的资产阶级文艺复兴运动是资产阶级革命的舆论准备，是资产阶级的意识形态斗争。

---

① 《毛泽东年谱（1949—1976）》第5卷，中央文献出版社2013年版，第153页。

16世纪最早爆发于德国的宗教改革是一场反对封建教会的革命运动，它由意识形态斗争转变成群众的政治斗争。在中世纪的欧洲，天主教是封建制度最顽固的政治堡垒，它"把整个封建的西欧联合成一个大的政治体系……它给封建制度绕上一点神圣的灵光。它按照封建的方式建立自己的教阶制，最后，它自己还是最有势力的封建领主，……想把每个国家的世俗的封建制度成功地各个击败，就必须先摧毁它的这个神圣的中心组织"①。宗教改革是资产阶级政治斗争的工具，宗教斗争是资产阶级的政治斗争。16世纪欧洲宗教改革拉开了资产阶级革命的序幕，反对天主教会的宗教改革浪潮席卷欧洲社会，农民和平民成为反对教会的主力，爆发了农民战争，农民起义斗争极大地动摇了欧洲封建制度的基础。

资本主义生产关系的形成与资产阶级的形成是一个同步的过程。在资本主义生产关系形成过程中，资产阶级作为人类历史上最后一个剥削阶级也逐步形成了。资产阶级在它形成的过程中，造就了它的对立面工人阶级，资产阶级形成了，同时早期的工人阶级也就孕育产生了。

第二，资本主义确立阶段，即资本主义原始积累阶段（16世纪到18世纪中期）。

马克思在《资本论》中指出："虽然在14世纪和15世纪，在地中海和某些城市已经稀疏地出现了资本主义的萌芽，但资本主义时代是从十六世纪才开始的。"②"世界贸易和世界市场在16世纪揭开了资本主义现代生活史"③ 16世纪是资本主义原始积累的开端，是欧洲资本主义生产方式形成确立的开端，是资本主义社会形态形

---

① 《马克思恩格斯选集》第3卷，人民出版社2012年版，第761页。
② 《马克思恩格斯全集》第23卷，人民出版社1972年版，第784页。
③ ［德］马克思：《资本论》第1卷，人民出版社2004年版，第823页。

成确立的开端,也是世界资本主义历史时代的开端。从经济基础、生产关系上来看,资本主义历史时代开端的标志是资本主义工场手工业出现。从上层建筑、政治制度上看,资产阶级的经济实力发展到一定程度,产生了政治要求,需要掌握国家政治权力,爆发了资产阶级革命。资产阶级革命导致资本主义经济和政治制度的全面确立。16世纪恰恰是欧洲资本主义工场手工业形成,并爆发资产阶级革命,建立资本主义经济制度和政治制度的开端时期。从16世纪到18世纪中期是资本主义的原始积累阶段,有人也称为重商主义或手工工场阶段。

任何新的生产方式的孕育形成,首先应归功于生产力的发展,生产力的变化引起了生产关系的变化,新的生产力与新的生产关系的结合,产生了新的生产方式。资本主义生产方式是封建社会自给自足经济发展到资本主义商品经济的必然产物。资本主义生产关系形成的过程是封建生产关系在广大农村逐步衰落并解体,资本主义生产关系逐渐伴随着城市发展而兴起的过程。资本主义生产方式的萌发的具体体现是工场手工业的出现。雇佣关系是资本主义生产关系的基础和本质特征,这种关系的出现标志着资本主义生产关系的产生,工场手工业的形成是资本主义生产方式开始成熟的重要表现。工场手工业集中体现了资本主义生产方式的雇佣关系。15—16世纪,资本主义生产关系在欧洲孕育成长,完成了从家庭手工业向工场手工业的转变。从16世纪开始,资本主义在欧洲逐渐成熟起来,逐步形成了工场手工业生产方式,16世纪下半叶资本主义工场手工业生产方式在欧洲已经开始占据统治地位。在16世纪资本主义生产方式因素逐步成熟的基础上,欧洲爆发了价格革命,促进了商业贸易,商业资本发展起来了,推动封建社会向资本主义社会过渡。资本主义世界的商业中心随之而改变,由葡萄牙转到西班牙,到16—18世纪，英国成为世界经济最活跃的国家，逐步发展成为资本主义的商业中心。

资本主义生产方式的确立过程就是资本主义原始积累过程。所谓原始积累，首先是资本主义物质基础、资本财富的积累，是资本主义生产力的积累，同时又是资本主义生产关系、经济基础、上层建筑的全面积累。原始积累是资本主义生产方式最初的积累方式，是建立资本主义经济基础的最野蛮的经济剥夺，是资本主义经济实力的积累，是资产阶级为了建立资本主义生产方式而进行的经济斗争。资本主义的原始积累主要是通过圈地运动、地理大发现、殖民制度、奴隶贸易、商业战争、价格革命而完成的，充满了血腥的剥夺、杀戮、流血和战争。除了赤裸裸的暴力掠夺，资产阶级还利用国债制度、税收制度、保护制度等，以比较隐蔽的方法掠夺人民的财富。

圈地运动是资本主义原始积累的起点。从14世纪开始，到15世纪末形成的大规模的圈地运动，至16世纪得到更大程度的推进，17—18世纪进入鼎盛，圈地运动是资本主义原始积累的始作俑者，这血淋淋的原始积累手段，造成资本主义快速发展。原始积累实际上从14世纪圈地运动就开始了，一直发展到15世纪80年代，特别是经过16世纪的高潮至18世纪资本主义原始积累完成。原始积累，一方面发展了资本主义的生产力；另一方面在发展资本主义生产力的同时，发展了资本主义的生产关系。原始积累为资本主义工业革命创造了物质条件，进行了财富准备，极大地推动了资本主义生产力和生产关系的发展，建立了资本主义生产方式逐步占据世界历史的统治地位。16—18世纪中期，是资本主义占领欧洲，进而从欧洲向全世界进军的阶段，或称资本主义工场手工业阶段，是资本主义生产方式逐步占据统治地位的阶段，是资本主义的确立阶段，也是资本主义的原始积累阶段。

15世纪末16世纪初的地理大发现，是资本主义原始积累的重要手段，导致欧洲国家的殖民扩张，是世界历史上一次重要事变，为新兴资产阶级提供了广阔的活动舞台，推动资本主义生产力加速成长，是加速资本主义生产方式孕育形成的重要因素。马克思和恩格斯说："美洲的发现、绕过非洲的航行，给新兴的资产阶级开辟了新天地。东印度和中国的市场、美洲的殖民化、对殖民地的贸易、交换手段和一般商品的增加，使商业、航海业和工业空前高涨，因而使正在崩溃的封建社会内部的革命因素迅速发展。"[①] 1492年哥伦布发现美洲，1522年麦哲伦完成绕地球一周的航行，地理的大发现、新大陆的发现，引发了16世纪欧洲的殖民扩张，殖民扩张中的野蛮掠杀，如屠杀土著居民、抢夺金银财宝、侵占土地、奴役土著居民等，促成了殖民制度、奴隶贸易和殖民掠夺，这些残酷野蛮的行动加大了资本主义原始积累的力度和速度。

16—17世纪，和地理大发现一同发生并迅速促进商业资本发展的商业革命，在封建社会生产方式过渡到资本主义生产方式过程中起着主要推动作用，促进了新航路的开辟、殖民扩张和世界市场的形成，促进了世界贸易，促成了价格革命，促进了资本主义经济的兴盛，加速了封建主义的衰落和资本主义的发展。原始积累为资本主义的兴起提供了动力，为资本主义生产方式的形成积累了财富和资本，奠定了资本主义物质基础，推动了资本主义发展。

任何一个历史时代，即社会形态，无论是原始社会，还是奴隶社会，还是封建社会，还是资本主义社会，其成熟确立的标志是该

---

① 《马克思恩格斯文集》第2卷，人民出版社2009年版，第32页。

社会的经济制度和政治制度是否占据该社会的主体地位。任何社会形态的经济制度都是该社会生产关系的总和，即经济基础的本质体现，任何一个社会形态的政治制度都是与该社会经济基础相适应的政治的上层建筑的本质体现，当一个社会形态的经济制度和政治制度占据该社会的主体地位，就标志着该社会形态已经确立，也就是该历史时代已经确立。换句话来说，看一个历史时代即社会形态是否成熟确定，首先要看该社会的生产方式是否占据了该社会的主体地位，与经济基础相适应的政治的上层建筑是否占据该社会的主体地位。一个社会形态的经济制度和政治制度，社会的经济基础和上层建筑在该社会中是否占据主体地位，是衡量一个社会形态是否成熟确立的标志。

随着资本主义经济基础在欧洲的形成，欧洲的资产阶级提出了掌握政权的政治要求，利用国家的力量维护和发展资本主义生产方式，于是资产阶级革命的时代就来临了。在西欧，爆发了四场疾风暴雨式的资产阶级革命，在欧洲乃至世界上产生了重大影响：一是16世纪的尼德兰革命；二是17世纪的英国革命；三是18世纪的法国大革命；四是19世纪的欧洲革命。

16世纪初期到16世纪下半叶，在欧洲尼德兰爆发了第一场资产阶级革命，建立了欧洲第一个资产阶级共和国，史称"尼德兰革命"，这意味着代表资本主义生产方式的新兴的资产阶级，已经带着夺取政权的要求走上政治舞台，标志着疾风暴雨式的欧洲资产阶级革命的到来。

人类历史上任何一场社会革命都是经过腥风血雨的反复斗争，没有任何一场社会革命是顺顺利利一蹴而就的。英国17世纪40年代爆发了资产阶级革命，到1688年资产阶级革命成功，经过半个世纪的反复争夺，终于推翻了封建制度，确立了资产阶级专政的政治统治，彻底确立了在英国占统治地位的资本主义生产方式。马克思把英国革命看作"欧洲范围的革命"，认为它"宣告欧洲新社会的政治制度"，"意味着新社会制度的胜利，资产阶级所有制对封建所有制的胜利"。① 英国革命是资本主义历史时代替代封建主义历史时代的一场标志性的革命。英国资产阶级革命是一种剥削制度替代另一种剥削制度革命，是资本主义历史时代的大革命，是人类历史由封建社会历史时代向资本主义历史时代转变的标志性的历史事件。

17世纪的英国革命迅速引起了欧洲及全世界接二连三的资产阶级革命。从17世纪的英国革命到18世纪法国大革命，再到1848年欧洲革命，欧洲资产阶级在反反复复的反封建斗争中获得了决定性胜利。资产阶级革命说明，具备经济实力的资产阶级已不满足于自身的经济地位，需要掌握政权，并通过政权的力量巩固自己的经济实力。资产阶级革命的成功表明资本主义经济制度和政治制度在世界历史上占据了统治地位，宣告资本主义制度在世界历史上战胜了封建主义制度。资产阶级革命确立了资产阶级经济制度和政治制度的统治地位，资本主义经济制度和政治制度的确立标志着资本主义社会的确立。

第三，资本主义成熟阶段，即资本主义自由竞争阶段（18世纪中期到19、20世纪之交）。

18世纪中叶爆发的英国工业革命是资本主义成熟并发展到自由竞争阶段的开端和标志。从18世纪60年代到19世纪20世纪之交，是资本主义自由竞争阶段，其基本经济特征主要表现为自由竞争占据经济主导地位，工业资本居资本统治地位，商品输出是对外输出

---

① 《马克思恩格斯选集》第1卷，人民出版社1995年版，第318页。

的主要形式，由大规模的商品输出、激烈的商品和贸易竞争，疯狂的殖民掠夺发展到对世界领土的瓜分和争夺。

17世纪英国资产阶级革命为18世纪英国工业革命扫清了政治上的障碍。英国18世纪工业革命是资本主义从工场手工业到大工业生产的一次重大转变。从家庭手工业到工场手工业是资本主义生产的第一次历史性转变，从工场手工业到大工业生产又是资本主义生产的第二次重大历史性转变。这两次转变彻底确立了资本主义生产方式的统治地位，并使资本主义社会走向成熟。16世纪以来工场手工业在欧洲逐渐成熟起来，到18世纪中期英国爆发了工业革命，标志着资本主义从工场手工业开始向大机器工业过渡，过渡到自由竞争资本主义阶段。工业革命从18世纪中期英国开始一直到19世纪40年代，以蒸汽机的发明和应用为标志，实现了自然力代替人力的革命，致使机器制造业和交通运输业的革命性变革和蓬勃发展。工业革命给资本主义带来了三大转变，一是由农业社会转变为工业社会；二是从手工业生产转变为机器生产；三是由手工业生产机器转变成机器生产机器。英国工业革命带来了欧洲乃至北美更大范围的工业革命，推动资本主义加速成熟。

经历工业革命，英国乃至整个资本主义社会阶级对立简单明了化了，整个社会日益分裂为两大直接对立的阶级——资产阶级和工人阶级。关于英国工人阶级的最终形成的大致时间，恩格斯指出："英国工人阶级的历史是从上个世纪后半期，随着蒸汽机和棉花加工机的发明而开始的。"[①] 工人阶级最终成为一个阶级，是伴随着工业革命所造就的大工业生产方式的形成而完成的。

---

① 《马克思恩格斯文集》第1卷，人民出版社2009年版，第388页。

资产阶级的形成发展是不平衡的，资本主义的发展确立也是不平衡的，从欧洲到北美，再向亚洲、拉美、南美、非洲扩展，全世界逐步进入资本主义世界历史。

欧洲资产阶级革命的成功，向横跨欧亚大陆的俄罗斯蔓延。1861年俄国废除封建农奴制，俄国开始迅速走上了资本主义发展道路。

资产阶级革命向美洲进军。在北美洲，美国资本主义的生产方式也已经发展到了非革命不可的地步了。18世纪七八十年代，爆发了独立战争，使美国摆脱了殖民统治，19世纪60年代爆发了南北战争，美国资产阶级民族民主运动全面扫清了资本主义发展道路，资本主义政治制度在美国占据了统治地位，美国迅速走上了资本主义的发展道路。

19世纪60年代，资产阶级革命向亚非拉进军。在亚洲，19世纪的日本明治维新是不彻底的资产阶级革命，日本进行了从封建社会向资本主义社会的转变。中国1911年爆发了民族资产阶级领导的辛亥革命。19世纪中叶，亚洲掀起了反对封建主义和殖民主义的资产阶级民族民主革命的高潮。这些历史事件标志着亚洲开启了资本主义历史时代。

在拉美，18世纪末19世纪初，拉美殖民地爆发了一系列独立解放战争，属于资产阶级民族民主革命范畴。

在非洲，19世纪中叶以来展开了反殖民主义斗争，到20世纪中叶以来，许多殖民地国家和民族陆陆续续相继独立，选择了资本主义的发展道路。

资产阶级革命向全世界蔓延，资本主义生产方式及其经济、政治制度向全球进军。经过150多年的资产阶级革命，资本主义从欧洲扩展到全世界，确立了资本主义生产方式和经济政治制度在全世界的统治地位，资本主义完成了统治世界历史时代的历史使命。

资本主义历史时代的确立并占据世界历史的主体地位，是一个漫长的、由量变到质变的过程。资本主义在世界各国的发展是不平衡的，发生并确立的时间有早有晚，但可以说，只有经过工业革命，封建社会才最终完成了向资本主义社会的转变。先是资本主义生产方式萌芽在封建社会母体内的生成发展，逐渐成熟，经过几个世纪的成长，直至工业革命才使资本主义生产方式占据了世界经济的主导地位，最后形成确立，代替了封建社会生产方式。

资本主义生产方式发展使得资产阶级产生了政治要求，开始了旨在夺取政权的资产阶级政治革命。资产阶级政治革命的成功和胜利，建立了资产阶级专政的国家，凭借上层建筑的力量进一步推进资本主义生产关系的发展。19世纪中期以来，资本主义生产方式在世界的统治地位得以巩固，在全球全面确立了资本主义政治经济制度。刚开始的英国资产阶级革命是带有妥协性的革命，建立了君主立宪制，后来爆发的一系列的资产阶级的彻底革命，使得资产阶级民主制也发展起来了。资本主义经济政治制度统治地位得以巩固，封建社会退出历史统治舞台，资本主义进入了自由竞争资本主义成熟阶段。

第四，资本主义最高阶段，即垄断资本主义，也即帝国主义阶段（19、20世纪之交至今）。

19世纪末20世纪初，资本主义由自由竞争发展至垄断，进入垄断资本主义发展阶段。垄断资本主义，即帝国主义是资本主义发展的最高阶段，也是资本主义的最后阶段。

从整体上来说，到了垄断资本主义阶段，资本主义从上升革命阶段进入了下降反动阶段。当然垄断资本主义阶段也分若干个时期，最高阶段是一个过程，这个过程呈现出波浪式的、有升有降的逐步发展的过程，最高阶段发展到高峰期则开始下降。说资本主义进入下降、衰退、反动阶段是就总体、长期而言，并不排斥垄断资本主义在某个时期的发展、某个局部（如某些国家、地区）的发展。垄断资本主义的发展，有一个从私人垄断发展到国家垄断，再发展到今天的国际金融垄断的逐步发展的过程。垄断资本主义发展迄今为止大体上分三个时期，已经经过了两个时期，从私人垄断时期到国家垄断时期，现在进入第三个时期国际金融垄断资本主义时期。

与垄断资本主义发展的三个历史时期相一致，科学社会主义运动发展也经历了三个历史时期。第一个时期是与私人垄断资本主义大体吻合的帝国主义和无产阶级革命时期；第二个时期是与国家垄断资本主义大体吻合的社会主义发展由高潮进入相对低潮时期；第三个时期是与国际金融垄断资本主义时期大体吻合的社会主义走出低潮时期。

第一个时期，私人垄断资本主义时期（19、20世纪之交至20世纪40年代"二战"前后）。 经过19世纪中叶以来的自由竞争资本主义的迅速发展，从19世纪70—90年代世界资本主义向帝国主义过渡，到19世纪末20世纪初，资本主义由自由竞争发展到垄断，进入私人垄断资本主义时期。私人垄断是资本主义发展的第一个垄断形式，也是垄断资本主义发展的第一个时期。

19世纪最后30年，资本主义开始由自由竞争阶段向垄断阶段发展。自由竞争资本主义在19世纪60年代到70年代发展到顶点。于1873年爆发了严重的经济危机和欧洲经济的长期萧条，促使资本快速集中，垄断组织加速成长，促成了资本主义从自由竞争向垄断阶段的过渡转折。列宁指出："帝国主义作为资本主义的最高阶段，到1898—1914年间先在欧美然后在亚洲最终形成了。美西战争（1898年），英布战争（1899—1902年），日俄战争（1904—1905年）以及欧洲1900年的经济危机，这就是世界历史新时代的主要历史标志。"① 在私人垄断资本主义时期，一方面，资本主义有了更加迅速长足的发展，比18、19世纪资本主义的发展更为迅猛，科技创新带动了生产力的发展，资本主义大工业生产从"棉纺时代"依次进入"钢铁时代""电气时代"，社会化大农业生产方式已经形成，国际贸易、资本输出、金融资本有了极大发展，整个世界全部卷入资本主义市场体系的旋涡，形成了资本主义世界体系；另一方面，资本主义基本矛盾越来越激化，越来越尖锐，19世纪上半叶，即1825年英国爆发了第一次经济危机。从那时开始，资本主义进入了轮番爆发经济危机的阵痛之中。"一战""二战"前后的世界性经济危机，导致资本主义社会矛盾异常激烈，致使两次世界大战爆发，"一战""二战"是资本主义基本矛盾白热化的集中表现。特别是1929—1933年世界性经济危机爆发，使资本主义的矛盾空前激化、引发"二战"。接连爆发的世界经济危机和两次世界大战表明，资本主义逐渐呈现严重的下降衰退迹象，资产阶级越发走向反动。

第二个时期，国家垄断资本主义时期（"二战"后至20世纪八九十年代）。 "二战"结束以来，在西方主要发达资本主义国家，凯恩斯主义盛行，主张国家干预经济，主要是在北美、欧洲和日本，尤其是在美国，资本主义由个人垄断发展到国家垄断，国家垄断资本主义在全球空前而普遍地发展起来，垄断资本主义进入国家垄断时期。国家垄断资本主义的特征是垄断资本同国家政权相结合，国家的经济干预调控作用日益加强，国家直接干预经济的一切

---

① 《列宁选集》第2卷，人民出版社1972年版，第884页。

部门，推进国有化，以保证垄断资本的最大利润和资本主义制度的巩固。20世纪50—70年代既是资本主义国家垄断发展期，又是工人运动和社会主义运动风起云涌的时期。

在国家垄断资本主义时期，社会主义力量、民族民主力量经历了一个由高潮到低潮乃至低谷的过程，资本主义却呈现了由低潮向高潮的发展过程，世界资本主义经历了一个较长的和平发展时期。

"二战"后，两大阵营冷战、国际局势紧张、"两超"争霸，资本主义进入一个新的发展时期。一方面，社会主义和民族民主解放运动出现高潮，社会主义力量和争取独立解放的民主主义力量得到极大加强，形成了以苏联为首的社会主义阵营和争取民族解放的反帝反封建反殖民运动的最广泛的统一战线；另一方面，资本主义陷入空前的困难而不得不进行改良，资本主义不得不放低身段，改变过去的某些政策，导致资本主义开始呈现相对缓和的发展。推动资本主义自我改良的动力，一是来自蓬勃兴起的社会主义运动。20世纪上半叶兴起的社会主义高潮对资本主义自我调整和改良产生了巨大压力，如果资本主义不进行改良和调整就难以生存，同时社会主义运动成功的因素也使资本主义有了可资借鉴的经验；另一方面，资本主义自身存在的严重危机和矛盾也迫使其必须进行调整与改良。否则，它必难以为继。

20世纪30年代发生的史无前例的资本主义经济大危机、大萧条，第二次世界大战的战争动乱，几乎把资本主义制度逼上灭绝的边缘，迫使资产阶级政治家进行反思，在一定程度上吸取了资本主义矛盾激化所带来的"一战""二战"的惨痛教训，较为深入地认识到资本主义在发展进程中所暴露出来的，把其带入毁灭的某些制度弊端，汲取社会主义所主张的某些社会政策，同时采纳了凯恩斯的国家干预理论作为对自由放任的资本主义市场经济理论的补充和替代，进行了一系列的资本主义的自我调整和改良，调整资本主义及其发展模式的某些弊端，对资本主义做了某些必要的社会改良。譬如，资本主义统治阶级从剥削工人阶级和劳动人民的高额利润中，从发达资本主义国家对发展中国家的盘剥利润中拿出一部分利润用于民生，实行高额累进税和遗产继承税，对工人阶级及人民大众实行"福利政策"，以缓和社会矛盾，倡导高福利、高工资、高税收的"三高"政策，加大社会保障、社会救助、社会福利的力度，增加中等收入群体数量，形成"两头小中间大"一度稳定的"橄榄形"社会格局，这在一定程度上缓和了"二战"之前绷得十分紧张的阶级矛盾。再譬如，垄断资本主义各国的资本家利益集团收买并豢养了一批工人贵族，一些工人政党和工会组织堕落成资本家阶级的帮佣。经过资产阶级的某些改良和政策调整，工人阶级和其他劳动人民群众的生活条件比"二战"前有较大改善，阶级矛盾和阶级斗争在一定程度上有所缓和，资本主义进入了相对缓和的发展时期。一方面，资本主义生产力有了高速发展，高新技术的发展带动了生产力的发展，从"电气时代"进入"电子时代""信息时代""人工智能时代"，资本主义进入全球化进程；另一方面，资本主义生产关系的局部改良使其生产关系、经济基础有了很多新的变化，国家垄断代替私人垄断，成为资本主义最基本的重要特征。

大体从 1948 年前后到 1970 年前后是资本主义国家发展的"黄金时期"。资本主义经过 20 多年的高速发展，积累了社会财富，也积累了生产过剩和矛盾，产生了严重的"滞胀"问题，出现了"滞胀"综合征和经济危机，产生了经济停滞、高失业率与高物价上涨同时并存的现象。1973—1975 年波及各主要资本主义国家的极其严重的经济危机是发达资本主义各国从高增长趋于相对停滞的转折点。凯恩斯主义的实施到 20 世纪 70 年代以来的资本主义危机、衰退，造成新自由主义取代凯恩斯主义的契机。紧接着1979—1983年美国和西欧诸国爆发了又一轮严重的经济危机，陷入比1973—1975年更为严重的危机旋涡，时间长达四年之久尚未见底。这两次经济危机表明，国家干预和调节经济的凯恩斯主义并不是万灵药方，于是80年代以后，英国首相撒切尔夫人和美国总统里根极力推介新自由主义以取代凯恩斯主义，主张国家干预经济的凯恩斯主义失去了魅力，新自由主义逐渐兴起。当然虽有"滞胀"综合征，但资本主义不是没有发展，也并不排斥某些发展，只是发展整体放缓、下降。进入20世纪90年代初，西方发达国家又陷入一场新的经济衰退和增长停滞，于是英国首相布莱尔又提出"第三条道路"，企图把国家干预主义与新自由放任主义的某些方面结合起来，以推进经济的发展。布莱尔"第三条道路"的本质还是遵从新自由主义的原则。

20世纪70年代末80年代初，新自由主义受到美国当政者的青睐与推崇，成为西方国家主流经济学派和西方经济政策的指导思想。到了20世纪下叶，以美苏为首的两大阵营的对峙冷战加剧，发展到八九十年代东欧剧变、苏联解体，"两超"变"一超"，"两霸"变"一霸"，垄断失去对手和制衡力量，社会主义进入低潮。新自由主义嚣张一时，不可一世，资本主义再次进入相对高速发展时期。当然，资本主义的缓和只是相对缓和，发展只是相对发展，并没有消除资本主义整体停滞下降和固有矛盾。

20世纪八九十年代东欧剧变、苏联解体，标志着社会主义跌入低谷，而国家垄断资本主义却发展到了高峰。从八九十年代到世纪末，新自由主义取代凯恩斯主义，成为资本主义主流意识形态，新自由主义是对全球产生重大影响的资产阶级政治经济学理论，"华盛顿共识"就是新自由主义的"杰作"。资本主义经过凯恩斯主义到新自由主义的政策调整，资本主义又有了一定的发展。资本主义的少数预言家鼓吹的社会主义"终结论"和资本主义"千年王国"论就是其理论反映。西方掀起反共反社会主义的高潮，新自由主义大肆流行，巩固和扩大了西方垄断资本主义的影响力。

第三个时期，国际金融垄断资本主义时期，即当代资本主义、当代帝国主义时期（20世纪末至今）。 20世纪末以来，新一代超巨型跨国公司，特别是超巨型跨国金融公司的大发展和对外扩张，促进资本主义由国家垄断时期进入了国际金融垄断时期。

资本主义在这个时期也有一个从高向低的发展进程，从发展的最高处开始下降。在这一进程中，自20世纪八九十年代东欧剧变、苏联解体之后，又发生两起国际性的重大事变：一是2008年爆发的国际金融危机；二是2020年暴发的世界性新冠肺炎疫情。大肆推行新自由主义，带来近30年的资本主义无序和持续扩张发展，造成严重的生产过剩，必然结果是2008年爆发国际金融危机，新自由主义破产。

2008年爆发的国际金融危机是人类进入21世纪的一件带有转折性的历史事件，是资本主义发展至高峰开始迅速衰退的标志。2008年国际金融危机和欧洲债务危机开启新一轮资本主义经济下行，这是20世纪八九十年代以来资本主义扩张所积累的严重的全球生产过剩，及其所产生的一系列结构性矛盾的必然结果。以2008年爆发的美国次贷危机所引发的国际金融危机以致全球经济危机为转折点，当代资本主义不可避免地跨进了萧条期，美国的衰落就是典型。

"两超"变"一超"，美国"一超"独霸，大打"单边主义""霸权主义"牌，少数社会主义国家被围剿，发展中国家成为军事入侵和经济盘剥的对象，标志着资本主义发展到了其生命的最高阶段的高峰期。发展至高至极,恰恰是进一步衰落并日益走向反面的起始。从东欧剧变、苏联解体至2008年国际金融危机仅仅不到30年时间,资本主义整体开始呈现明显的又一轮衰退。东欧剧变、苏联解体之后,独霸全球控制全世界财富的欲望推动美国帝国主义接连发动了一系列世界性的局部战争,消耗了它的力量,使美国踏上了衰落下降的不归之路。不可一世的美国,从支持北约东扩,打压俄罗斯,到打着反恐旗号,接连发动海湾战争、阿富汗战争、南斯拉夫战争、利比亚战争、叙利亚战争……从美苏对立到美俄对仗、美朝对峙、美委对斗、美伊对决……美国虽然穷凶极恶、不可一世,但色厉内荏、力不从心。

2008年国际金融危机对美国是一击重拳,十年后2020年新冠肺炎疫情暴发更是雪上加霜,造成世界经济大衰退,加速了资本主义的整体衰落,特别是加快了美国帝国主义衰落的速度。美国衰退之前,经过"一战""二战"的折腾,英国早已从"日不落"帝国落魄成美国的小伙伴,欧洲其他国家,如法国、意大利等自"二战"后也进入了衰退期。日本、德国在"二战"后,作为战败国,在美国扶持下很快地发展起来了,但又迅速开始了下降期。

与此形成鲜明对照的是,中国特色社会主义成功战胜了2008年国际金融危机,并在2020年至今的抗疫斗争中取得了决定性胜利,彰显了社会主义制度的优越性,意味着社会主义从低谷走出,向上向前发展,高歌猛进。

由于资本主义生产方式,从私人垄断、国家垄断到国际垄断,从工业资本垄断到商业资本垄断,再到金融资本垄断,在资本主义私有制条件下,生产资料和财富越来越集中到少数金融资本垄断寡头和少数金融资本垄断寡头利益集团手中。高新技术发展和经济全球化带来更大规模的生产社会化与更加集中的资本主义私人占有的矛盾越发激化，表现为一系列危机与局部战争的爆发。垄断资本主义的生产力越来越社会化、全球化，促成了生产关系的调整和转化，生产资料私有制向更为集中、更为垄断的方向发展，也就是说，资本主义的生产力和生产关系相背而行、越发矛盾，私人占有更向少数国际金融垄断资本寡头手里集中，而生产却越发社会化，资本主义的基本矛盾不仅没有消除，反而更为尖锐激化。从自由竞争到私人垄断，再到国家垄断，再到国际金融垄断，三次转变并没有解决资本主义的基本矛盾，反而使基本矛盾更加激化，导致经济危机10年左右一轮，愈演愈烈，规模越来越大，从没有间断过。"二战"后的世界性局部战争也从未间断过。资本主义的基本矛盾表现为无产阶级与资产阶级、社会主义国家与资本主义国家、垄断资本主义国家，发达国家与发展中国家之间的矛盾越发激化。

关于国际金融危机垄断资本主义，本文专门辟章论述，这里点到为止，不多赘言。

四 当今仍处于马克思恩格斯所判定的资本主义历史时代，仍处于列宁所判定的垄断资本主义，即帝国主义发展阶段

如果从资本主义萌生孕育开始算起，资本主义已经走过了六七百年的历史了；如果从它形成确立算起，也已经走过了四五百年的历史了。回顾资本主义孕育、出生、确立、成长、发展直至从顶峰开始下降的历史进程，观潮起潮落，可以得出以下几个结论性的判断。

第一，我们现在仍处在马克思主义经典作家马克思恩格斯所判断的资本主义历史时代，处于列宁所判断的垄断资本主义，即帝国主义发展阶段。

习近平总书记在2017年9月29日中共中央政治局集体学习时明确指出："时代在变化，社会在发展，但马克思主义基本原理依然是科学真理。尽管我们所处的时代同马克思所处的时代相比发生了巨大而深刻的变化，但从世界社会主义500年的大视野来看，我们依然处在马克思主义所指明的历史时代。这是我们对马克思主义保持坚定信心、对社会主义保持必胜信念的科学根据。"[①] 马克思主义所指明的历史时代是什么样的时代呢？我在第二部分中已经阐明，马克思恩格斯按照唯物史观关于社会形态演变理论，根据"经济的社会形态"的根本性质来划分历史时代，把历史时代划分为原始社会、奴隶社会、封建社会、资本主义社会等历史时代，经过无产阶级专政的社会主义过渡，将进入共产主义社会历史时代。社会主义社会是共产主义社会的第一阶段。他们在《共产党宣言》中明确指出："我们的时代，资产阶级时代。"[②] 他们在这里所讲的"时代"概念不是我们从党和国家发展角度所提出的中国特色社会主义进入"新时代"的时代概念，而是唯物史观所阐述的大的"历史时代"的时代概念。从时代的根本性质和大的历史进程来看，从全球范围来讲，我们现在仍然处于资本主义社会形态占主导地位的历史时代，而这个时代又发展到经过社会主义过渡，最终取代资本主义而进入共产主义的历史阶段，充满了社会主义与资本主义两种制度、两条道路、两种命运的斗争。

当然，我们当下所处的大的历史时代，在其发展进程中，又分为不同的发展阶段。如果从资本主义原始积累算起（当然，在原始积累资本主义阶段之前，资本主义还有一个孕育准备阶段），到完成原始积累确立资本主义制度的自由竞争资本主义，到今天的当代

---

① 《习近平谈治国理政》第2卷，外文出版社2017年版，第66页。
② 《马克思恩格斯选集》第1卷，人民出版社2012年版，第401页。

资本主义，我们所处的历史时代已经经历了两个阶段，正处在第三个阶段。第一个阶段是原始积累资本主义阶段，这是资本主义形成确立阶段，也是资本主义的上升、革命阶段，这个阶段一方面是资本主义血腥残酷的物质财富积累阶段，也是资本主义生产方式的积累阶段，既存在资产阶级对工人阶级、农民阶级和其他劳动人民的剥削，又存在资产阶级领导受封建阶级统治压迫的各阶级向封建主义展开的革命斗争，资产阶级革命是该时代阶段性主题。第二个阶段是自由竞争资本主义阶段，这就是马克思恩格斯写作《资本论》时他们所看到的世界，工人阶级和社会主义运动的兴起是该时代的阶段性主题。第三个阶段是垄断资本主义阶段，又可以称作帝国主义阶段。资本主义从竞争走向垄断，就是列宁写作《帝国主义论》时所看到的世界。资本主义以垄断代替竞争，进入资本主义发展进程中最后的、腐朽的、垂死的发展阶段。垄断资本主义就是帝国主义，帝国主义是资本主义的最高阶段，也是最后阶段。在该阶段，帝国主义把世界瓜分完毕，为争夺殖民地而"狗咬狗"地打了起来，爆发了两次世界大战。无产阶级革命兴起，科学社会主义从理论走向实践。列宁把这个阶段称作无产阶级革命和帝国主义时代。列宁这里讲的时代不是指的大的"历史时代"，而是指大的"历史时代"的不同历史阶段，是指垄断资本主义的私人垄断时期，认为该时代阶段性主题是革命与战争。爆发了十月革命、中国革命以及东方殖民地与半殖民地国家的民主革命，出现了一个社会主义阵营和一系列摆脱殖民统治的发展中国家。

  现在处在什么样的阶段，有三种不同的看法。第一种看法认为现在仍处在列宁所判定的垄断资本主义，即帝国主义阶段，然而情况发生了巨大变化，已经从私人垄断发展到国家垄断，现在进入了垄断资本主义新的发展时期，即国际金融垄断时期；第二种看法认为现在已经进入一个新的阶段，进入资本主义的第四个发展阶段了，有的叫新帝国主义阶段，有的叫国际垄断资本主义阶段，有的叫金融垄断资本主义阶段，有的叫现代资本主义阶段等等；第三种看法认为，当代资本主义已经发展到可以"和平过渡"到社会主义的阶段了。究竟是原来的阶段还是新阶段，是什么样的阶段？可以讨论。笔者认为，历史发展的每一个阶段和每一个阶段之间并不是截然分开、完全不同的，历史发展阶段是有连续性的，同时每个阶段又具有与其他阶段不同的特征。比如，整个资本主义历史时代是一个完整的、连续的，具有自己本质特征的历史进程，同时它又在发展进程中形成不同的发展阶段，如原始积累资本主义阶段、自由竞争资本主义阶段、垄断资本主义阶段。而资本主义历史时代的每一发展阶段，又分为不同的发展时期，如垄断资本主义阶段，及经过私人垄断时期、国家垄断时期，发展到当代的国际金融垄断时期。然而，不论资本主义发展何阶段何时期，它都不能完全截断与前后阶段以及各个时期的连续性与同一性。垄断资本主义以垄断为主，但竞争依然存在。当今的垄断资本主义仍然保留着垄断资本主义，即帝国主义的特征，但又有新的变化。列宁分析的垄断资本主义，即帝国主义的特征它都有，同时又形成新的特征。笔者认为，当代资本主义，即当代帝国主义的确呈现出新的变化和特征，但它仍然是垄断资本主义，仍然是帝国主义，只不过是经过私人垄断、国际垄断两个发展时期，进入国际金融垄断新的发展时期，呈现出许多新型帝国主义的新特征，但资本主义，垄断资本主义，即帝国主义的基本特征依然存在，当代资本主义更不是已经发展到"和平过渡"到社会主义新阶段了。

不管如何判断，马克思主义所指明的大的历史时代没有改变，资本主义的基本矛盾没有改变，垄断资本主义即帝国主义的基本特征没有改变，资本主义灭亡，社会主义胜利的历史必然趋势，没有改变。由于殖民地或半殖民地人民的斗争、工人阶级的斗争，争取独立和社会主义的斗争、争取和平与发展的斗争成为一波又一波的时代潮流。当今，垄断资本再用过去压迫剥削本国工人阶级及其广大人民群众的榨取办法，再用直接野蛮掠夺殖民地或半殖民地人民的盘剥办法已经过时了，形势迫使垄断资本改变了掠夺方式，采取了间接的盘剥办法，如金融掠夺。争取和平与发展成为时代阶段性主题。

总体上看，当下我们仍然处于资本主义生产关系占统治地位的历史时代，然而该历史时代已经前进到社会主义逐步取代资本主义的历史进程，也就是说资本主义经过革命阶段、兴盛阶段以后，正处于衰落阶段，当然其衰落期也是很漫长的，在漫长的衰落过程中并不排斥个别的、局部的、一时的发展。资本主义的替代物——社会主义以及将来的共产主义，已经从"一个幽灵"即弱小的新生儿阶段走向现实实践阶段，在资本主义社会体系内部形成了崭新的社会形态——社会主义社会，占世界人口不到四分之一的中国，已经成功地走出了中国特色社会主义道路，世界社会主义力量不断壮大，进入一个新的发展进程。资本主义下降，社会主义上升。虽然在该进程中，社会主义相比资本主义来说仍然不占优势，但它却是不可忽视的社会进步力量，代表着人类的未来。辩证法告诉我们，一切新生事物都是不可战胜的，社会主义必胜。

在准确判断历史时代的基础上，可以对当前国际社会基本矛盾、主要矛盾和发展态势作出判断。当今世界是资本主义生产方式占统治地位的世界，分析当今世界基本矛盾，绕不开对资本主义社会基本矛盾的分析。马克思主义经典作家认为资本主义社会基本矛盾是生产的社会化和资本主义私人占有的矛盾，这个基本矛盾表现在阶级关系上就是工人阶级及广大劳动人民与资产阶级的矛盾，表现在社会制度、发展走势和道路选择上，表现为社会主义与资本主义两条道路、两种制度、两个前途、两种命运、两股阶级力量的矛盾与斗争。在今天，特别是社会主义代替资本主义的博弈更为尖锐、更为激烈，也更为突出。这正像习近平总书记所指出的那样，科学社会主义创立至今，社会主义和资本主义两条道路、两种制度的斗争一刻也没有停止，决不是今天才有的。①

当然，按照辩证法来看，社会主义的发展也是曲折地前进、波浪式发展、螺旋形上升的，绝不是一帆风顺、一马平川、一路凯歌的。放在大的历史时空跨度上观察，作为代表新的社会形态的社会主义，从空想主义到科学社会主义理论，从科学社会主义理论到社会主义实践运动，从社会主义实践运动到社会主义制度现实；从1848年《共产党宣言》问世，到十月革命胜利，再到中国革命胜利和社会主义阵营的形成，一路向前发展，当然其中也有挫折和起伏。20世纪80年代末90年代初，东欧剧变、苏联解体，社会主义一下子跌入低谷。从那时到现在三十年过去了。"三十年河东，三十年河西"，中国高举社会主义旗帜，坚持改革开放，走出了一条中国特色社会主义道路，"风景这边独好"。而西方资本主义诸国经过2008年的国际金融危机和2020年新冠肺炎疫情的打击，迅速呈现大萧条。社会主义走出低谷，资本主义进入新一轮衰落。这就是社会主义与资本主义两种社会形态斗争的现状与趋势。

资本主义发展到今天，资本主义社会基本矛盾没有改变，而是更为尖锐、更为激化。资本主义社会的基本矛盾，展开为社会主义与资本主义之间的矛盾、国际垄断资本主义、资本主义国家内部工

---

① 参见洪晓楠、邱金英《当代文化帝国主义思潮研究》，人民出版社2018年版，第277—278页。

人阶级及广大人民群众与资产阶级之间的矛盾、国际金融垄断资本主义国家与其他发展中国家之间的矛盾、国际垄断资本主义国家之间的矛盾。从这些矛盾现实出发观察世界，就可以对国际问题、国际关系、国际局势及其走向作出科学判定。资本主义的基本矛盾在国际金融垄断资本主义时期，必然转为不断爆发的国际性金融危机，乃至全面性的世界经济危机、资本主义的制度危机。这种危机是国际社会的各类矛盾更加激化的集中表现。这是当前一切国际斗争激化、争端激烈、战争爆发的总根源、总原因，当前国际上各类热点、焦点问题，爆发各类争端，都是由这类矛盾引发的。

第二，资本主义及其代表性阶级——资产阶级在上升期曾是进步的、革命的。

"资产阶级在历史上曾经起过非常革命的作用。"[①] 资本主义社会代替封建主义社会是人类社会生产方式的一次伟大革命，是人类历史的一次伟大进步。资本主义在形成发展进程中，以极大的创造力和极其迅猛的速度，创造了超过封建社会几千年才能创造出来的经济政治文化文明，推动生产力的发展，创造了强大的物质财富、精神财富和制度财富，对人类社会做出了历史性的重大贡献。资本主义在全世界夺取经济统治地位和政治统治权的进程中，经历了前赴后继、曲折反复的革命过程，显示出资产阶级的历史进步性和革命性，显示出资本主义社会相比封建社会的制度优越性。

第三，资本主义及其统治阶级资产阶级步入衰落期，成为落后的、反动的。

当资产阶级建立并巩固了自己的经济政治统治，并作为统治阶级把资本主义经济政治制度推向了顶峰，主导了全世界，也就开始

[①] 《马克思恩格斯选集》第2卷，人民出版社2009年版，第33页。

了资本主义及其统治阶级资产阶级的下降衰落，资产阶级堕落为落后的、反动的阶级，资本主义社会进入了不可遏制的下降期，这是资本主义作为人类最后一个剥削社会不可克服的内在矛盾运动所决定的，也是资产阶级的剥削阶级本性所决定的，是任何人所改变不了的。19世纪末20世纪初资本主义由自由竞争阶段发展到垄断阶段，资本主义开始进入整体的衰退期。当然，资本主义进入发展的衰退期，是就总体趋势而言的，并不排斥在整个衰退进程中会出现一时的发展，局部的上升，暂时的稳定，间隔的繁荣。

第四，资本主义无论是在上升的革命时期，还是在下降的落后时期，其剥削的本性都是一如既往不可改变的。

马克思说："资本来到世间，从头到脚，每个毛孔都滴着血和肮脏的东西。"① 在封建社会母体中，资本主义一出生就暴露出"嗜血"的剥削阶级本性。新兴的资产阶级是靠剥夺农民阶级，剥削工人阶级，靠强盗般的圈地运动、殖民掠夺，靠战争屠杀，而完成资本主义原始积累，进入到高速发展阶段，并维持至今的世界统治地位。然而不论是在上升期还是下降期，其剥削阶级本性都是不可改变的，尤其是进入下降衰落期后，寄生、腐朽和垂死性更强化了其残酷、狡猾地压迫剥削世界人民的本性。当人民奋起反抗，建立新的社会制度时，它会拼命地反对，甚至不惜血本，用战争和屠杀，维护资本主义制度的存在，保障资产阶级政权的稳固。

第五，资本主义历史时代一方面积累财富，一方面积累贫困，始终贯穿着两极分化、阶级矛盾激化和激烈的阶级斗争。

资产阶级出于对该阶级整体利益、根本利益的考量权衡，也会采取一些缓和矛盾、减缓两极分化的政策和举措，但从根本上是解

---

① 《马克思恩格斯选集》第2卷，人民出版社1995年版，第266页。

决不了两极分化和阶级对立问题的。资本主义的两极分化表现为两个方面，一方面是穷人与富人的分化与对立，一方面是穷国与富国的分化与对立。西方发达资本主义国家凭借雄厚的国家实力，通过资本垄断、不等价交换、资本输出等手段，特别是依靠国际金融垄断资本的输出和国际循环，加强对发展中国家的盘剥，在国际市场上大肆掠夺，攫取高额利润，造成穷人越穷，富人越富；穷国越来越穷，富国越来越富，两极分化和对立越来越大。

第六，资本主义历史时代始终贯穿社会主义与资本主义、无产阶级与资产阶级的矛盾斗争。

资本主义在其萌芽期就产生了社会主义思想和运动，资产阶级一出现就造就了它的对立面和掘墓人无产阶级。"资产阶级不仅锻造了置自身于死地的武器；它还产生了将要运用这种武器的人——现代的工人，即无产者。"① 在资本主义从萌生、发展到衰落，直至灭亡的整个历史进程中，始终贯穿着资产阶级和工人阶级两大社会力量、资本主义与社会主义两种社会前途命运的矛盾斗争，只不过经过了从社会次要矛盾上升为社会主要矛盾的转化。当资产阶级处于革命期，资本主义与封建主义、资产阶级与封建阶级的矛盾是社会主要矛盾，资产阶级与工人阶级、社会主义与资本主义的矛盾会暂时处于次要矛盾地位。当资本主义社会替代了封建社会以后，无产阶级和资产阶级、社会主义与资本主义之间的矛盾就会上升为社会主要矛盾。历史越前进，社会主义越发展，无产阶级越强大，资本主义越下降，资产阶级越落后退步，这种斗争就越激烈，这不是以人们的意志为转移的。

总而言之，正如习近平总书记指出的，"就从国际金融危机看，

---

① 《马克思恩格斯选集》第 1 卷，人民出版社 2009 年版，第 38 页。

许多西方国家经济持续低迷、两极分化加剧、社会矛盾加深,说明资本主义固有的生产社会化和生产资料私人占有之间的矛盾依然存在,但表现形式、存在特点有所不同"①。我们现在所处的仍然是列宁所判定的资本主义发展的最高阶段,即垄断资本主义,也即帝国主义阶段,垄断的基本特征没有改变,帝国主义本性没有改变,资本主义的基本矛盾没有改变。当然也发生了重大改变,垄断的特征从个人垄断发展到国家垄断,再到国际金融垄断,形成了垄断资本主义经济基础垄断的第三个重要形式,进入了垄断资本主义,即当代帝国主义发展的第三个时期。当代资本主义就是国际金融垄断资本主义,即新型帝国主义,出现了一系列新矛盾、新问题和新特点。

五 资本主义发展当代新形态——国际金融垄断资本主义,即新型帝国主义及其新变化、新特征

对当代资本主义,即当代帝国主义的认识,实质上是同一个问题的两个方面,当代资本主义就是当代帝国主义。当代资本主义已经发展到什么样的程度,特征是什么?如何定义当代资本主义,当代资本主义还是不是帝国主义,当代帝国主义又发生了哪些变化?这是必须回答的重大理论与现实问题。如果对这些重大理论与现实问题缺乏科学的认识和判断,就很难正确地认识和判断当前的国际形势和世界格局,就很难制定开展国际斗争和推动国内发展的正确的战略策略。

关于当代资本主义,即帝国主义,对于这一重大的理论和实践问题,国内外理论界、学术界从多方面、多层次、多角度开展研

---

① 习近平:《在哲学社会科学工作座谈会上的讲话》,人民出版社2016年版,第14页。

究，学者们议论纷纷，各持己见，仁者见仁，智者见智。依据当代资本主义，即当代帝国主义的发展新特征，冠之以各种称谓。大体上分为两派：一派是站在垄断资本主义的立场上，为帝国主义寻找理论论据，为帝国主义的侵略政策和行径作辩护，甚至提出建议，如最早提出当代资本主义是"新帝国主义"的首推罗伯特·库珀，他从新自由主义的立场出发，把当今"新帝国主义"分为"自愿帝国主义""邻国帝国主义""合作帝国主义"三类，为西方垄断资本主义大国对发展落后国家的政治、经济、军事上的侵略的政策和行为提供合理化的论证，库珀的"新帝国主义"论，是以美国为首的西方霸权主义理论的延伸。①

另一派是站在批判当代资本主义，即当代帝国主义的立场上，对当代帝国主义作出某些批评，力图对其给出新的定义，其中西方马克思主义思潮和西方左翼的许多学者就属于这一派。譬如，"二战"结束后，英国安东尼·布鲁厄的《马克思主义的帝国主义理论》，美国哈里·马格多夫的《帝国主义时代——美国对外政策的经济学》，美国罗纳德·H.奇尔科特的《批判的范式：帝国主义政治经济学》都在一定程度上肯定了马克思列宁主义的帝国主义理论，对当代帝国主义新发展进行了批判研究。冷战结束后，美国迈克尔·哈特与意大利安东尼奥·奈格里著的《帝国》，美国迈克尔·赫德森的《金融帝国——美国金融霸权的来源和基础》，美国威廉·J.罗宾逊的《全球资本主义论——跨国世界中的生产、阶级与国家》，美国约翰·贝拉米·福斯特的对晚期帝国主义的研究等等，都对金融垄断资本主义进行了批判性的研究。20世纪八九十年代，美国学者道格拉斯·凯尔纳认为，当代资本主义已进入技术

---

① 参见孙玉健《"新帝国主义论"与马克思主义的帝国主义理论》，中国社会科学出版社2017年版，第16—20页。

经济、技术政治和技术文化高度结合的技术资本主义阶段。关于资本主义是技术资本主义等与技术相接近的称谓纷纷被提了出来。如还有的认为当代资本主义已经发展到新福特资本主义、后福特资本主义、福利资本主义、公司帝国主义、赌场资本主义、涡轮资本主义、景观资本主义、超工业资本主义、后工业资本主义、认知资本主义、媒介资本主义、虚拟资本主义、信息资本主义、数字资本主义、生态资本主义、知识垄断资本主义、文化帝国主义等。法国学者托马斯·皮凯蒂在《21世纪资本论》中，考察了西方发达资本主义国家自18世纪工业革命以来（1700—2012年）在收入、资本、人口、增长率等方面的历史数据，认为不平等、两极分化在资本主义历史上长期存在，并没有随着经济增长而衰减、解决，在今天更为尖锐激烈。① 正如习近平总书记指出的，"当代世界马克思主义思潮，一个很重要的特点就是他们中很多人对资本主义结构性矛盾以及生产方式矛盾、阶级矛盾、社会矛盾等进行了批判性揭示，对资本主义危机、资本主义演进过程、资本主义新形态及本质进行了深入分析。这些观点有助于我们正确认识资本主义发展趋势和命运，准确把握当代资本主义新变化、新特征，加深对当代资本主义变化趋势的理解"②。其中许多人肯定了列宁帝国主义理论的基本方面，对帝国主义的新变化、新特征作出了较为深入的研究，提出了一些新的理论根据，对当代资本主义作出揭露和批判。巴西的特奥托尼奥·多斯桑托斯提出依附理论，明确指出了帝国主义是一种腐朽的制度，趋向于形成食利国，资产阶级越来越依靠"剪息票"过日子。③ 但是，许多人对当代资本主义的认识都有一个根本的缺陷，

---

① 参见［法］托马斯·皮凯蒂《21世纪资本论》，巴曙松等译，中信出版社2014年版。
② 《习近平谈治国理政》，外文出版社2017年版，第67页。
③ 参见［巴西］特奥托尼奥·多斯桑托斯《帝国主义与依附》，杨衍永等译，社会科学文献出版社1999年版。

就是离开了马克思列宁主义关于资本主义的科学认识。有人称为在当代资本主义研究中,存在"马克思主义失语""帝国主义失踪"的问题。

对于当代资本主义还是不是帝国主义,绝大多数人认为现在仍然是帝国主义。比较一致的意见是帝国主义依然存在,并且发展到了新帝国主义阶段,称为新帝国主义,有的称为晚期帝国主义,还有的称为文化帝国主义、媒介帝国主义、信息帝国主义、公司帝国主义。当然,这里讲到的相当多的持"新帝国主义"的说法同最早称为"新帝国主义"的罗伯特·库珀的说法是不同的,他们中间的绝大多数不是站在维护帝国主义的立场上,而是站在批判帝国主义的立场上。美国《每月评论》主编约翰·贝拉米·福斯特把当代帝国主义称为晚期帝国主义。他认为,晚期帝国主义就是帝国主义发展的一个新阶段,既是经济停滞时代,又是美国霸权衰落和全球代谢断裂时代的帝国主义。晚期帝国主义具有普遍垄断金融资本、生产全球化、新形式的价值转移等特征。晚期帝国主义更具有侵略性,在意识形态上表现为新自由主义,代表了资本主义世界秩序的历史终点。[①] 比较一致的意见是,认为当代资本主义已经由国家垄断向国际垄断转变,新帝国主义是垄断资本主义发展阶段的最新表现。

学界对当代帝国主义的本质特征,当代帝国主义产生的时代条件,当代帝国主义的经济基础,当代帝国主义的类型,当代帝国主义的霸权逻辑,当代帝国主义与新自由主义,当代帝国主义全球化,当代帝国主义的矛盾和危机,当代帝国主义与民族国家的关系,当代帝国主义的发展趋势等重要问题,均展开了广泛深入的研究。

---

① 参见牛田盛《晚期帝国主义:资本主义世界秩序的历史终点》,《世界社会主义研究》2020年第6期。

对当代资本主义，即当代帝国主义种种称谓判定往往都只是注重从生产力方面做出某些分析判断。科学技术也是生产力，是第一生产力，从科学技术角度观察当代资本主义的新变化是毫无疑问的。譬如技术资本主义的类似提法，实质上也是从生产力视角观察当代资本主义新特征所作出的判断，认为资本主义已经进入与技术高度结合的阶段，即技术资本主义阶段，也并非毫无道理。马克思主义政治经济学当然注重对于生产力的研究，认为生产力是社会历史发展的最终原因，也是资本主义发展的最终原因，但是马克思主义政治经济学更强调政治的经济学，强调研究生产关系，从生产关系看生产力，看社会形态的发展变化。因此，必须不仅从生产力视角，更要从生产关系视角对当代资本主义的本质特征作出科学的分析判断，仅仅从生产力方面对当代资本主义作出判断定义，显然是不充分、不深刻的，不能触及当代资本主义的社会阶级关系本质。

尽管如此，虽然说法不一，但有一条是共识：当代资本主义已经发生了新的变化，具有了新的形式，呈现新的特征，发展到了一个新的时期。笔者认为，资本主义在"二战"后虽然仍然保持着垄断特征，但是已经从私人垄断转向了国家垄断，转变的时间大体是"二战"以后到20世纪八九十年代。在进入20世纪东欧剧变、苏联解体之后的一段时期以来，当代资本主义又由国家垄断发展到国际金融垄断。当代资本主义的经济基础是国际金融资本垄断，当前正处于国际金融垄断资本主义时期，帝国主义也进入了一个新的发展时期，成为新型帝国主义。这个判断我在前文中已经提出，下面继续展开论证。

其表现特征为：

第一，科技创新和生产力发展呈现前所未有的速度和质量，极

大地推动了国际金融垄断资本的迅速聚集、集中和发展。

"生产的不断变革,一切社会状况不停的动荡,永远的不安定和变动,这就是资产阶级时代不同于过去一切时代的地方。"① 当垄断资本主义发展到当代国际金融垄断时期,全球掀起了新一轮科技革命浪潮,科技创新日新月异,生产力发展突飞猛进,呈现前所未有的态势。科技革命是资本主义生产力和经济快速发展的直接动力。科技革命促进了资本主义的发展,在资本主义发展史上,已经发生了三次科技革命,当前正在进行着第四次科技革命。

第一次科技革命从19世纪20年代开始到19世纪中期,是由新的工具机引发产生新的动力机,即蒸汽机的发明与应用,所带来的一次科技革命,可称"蒸汽革命"。到了19世纪60年代,英国爆发了由第一次科技革命带来的工业革命。英国纺织业完成了由以人力、畜力和水力为基本动力的工场手工业转为以蒸汽技术为动力的机器大工业的转变,科技革命引发了工业革命。第一次科技革命乃至工业革命期间,资本剥夺了农民和手工业劳动者,使他们沦为雇佣劳动者,土地、机器、厂房等生产资料越来越集中到少数资本家手中,资本主义私有制得以巩固成熟确立,进入了自由竞争资本主义阶段。

第二次科技革命从19世纪70年代开始到20世纪初"一战"结束,电力动力克服了蒸汽动力的局限性,蒸汽技术转变为电气技术,电的发明应用使人类社会生产方式和生活方式发生了深刻变革,也称"电力革命"。第二次科技革命带来了第二次工业革命,电动机、内燃机、化学工业、钢铁工业获得了突破性进展,极大地推动垄断取代自由竞争成为全部经济生活的主要现象,资本主义从

---

① 《马克思恩格斯选集》第2卷,人民出版社2009年版,第34页。

自由竞争发展到私人垄断，资本主义走向最后阶段。

第三次科技革命，萌发于19世纪末20世纪初，兴起于"二战"后，20世纪40—50年代至50—60年代进入高潮，是一场电子技术的革命，又称"电子革命"。第三次科技革命引发了以电子计算机的发明和应用为标志的第三次工业革命，对此称为产业革命更为合适，资本主义由电气时代进入电子时代，生产的自动化和专业化程度极大提升，创造了巨大的劳动生产率，发达资本主义国家的生产总值超过了过去200多年生产产值的总和，从1948年到1973年，世界工业增长了353%，故人们称这段时期为"世界经济黄金时代"。

20世纪70年代以来，在世界范围内又掀起了一轮新的科技浪潮，发生了第四次科技革命，即以信息技术的广泛应用为标志的科技革命，也可称"信息革命"。第四次科技革命引发第四次工业革命，更准确地说是第四次产业革命，信息技术、智能技术、生物技术、新材料和新能源极大发展。信息革命，一方面，大大提高了劳动生产率，为生产力发展开辟了新的空间，推动金融业、信息产业、智能产业、生物生命产业、新能源新材料产业等新业态诞生和发展，促使产业结构发生重大变化，第一产业比重大大下降，第二产业不升不降、有升有降，第三产业比重迅速提升，达到60%以上，造就了资本主义物质财富的进一步积累和增加；另一方面，致使金融垄断资本加快了聚集化、国际化的进程。信息化、人工智能、机器人、互联网、大数据、云计算、物联网、5G技术、区块链等前沿技术驱动下的科技风潮，推动资本主义生产方式向数字化、智能化方向发展，生产关系趋向松散化、多元化、复杂化，形成以技术创新为手段的获取超额利润的新方式。一方面，资本主义以技术创新作为资本积累和扩张的新手段，极大地促进了国际金融垄断资本的聚集和集中发展，极大地强化了国际金融垄断资本对全球一切产业的渗透、融合和控制，推动金融垄断资本越发全球化；另一方面，生产力越来越社会化，推动资本主义生产关系和上层建筑向更为私有化、更为垄断化方向发展的同时，新的社会因素，如股份制、工人持股、国有化等，在资本主义内部也日益积累。然而，资本主义私有制本质并没有改变，技术创新是在私有制条件下的创新，技术创新导致技术私有化和技术垄断，私有化和垄断从根本上遏制生产力和新产业发展，制造高科技产业泡沫，加剧资本主义业已存在的内在矛盾。新技术革命既是资本主义不断发生新变化的重要表现，又是资本主义不断出现新变化的推动原因。

第二，垄断资本主义已经形成了新的垄断形式——国际金融资本垄断，到了其最新的发展时期——国际金融垄断资本主义，国际金融垄断资本主义是新型帝国主义。

列宁在《帝国主义论》中指出，"生产的集中；由集中而成长起来的垄断；银行和工业的溶合或混合生长，——这就是金融资本产生的历史和这一概念的内容"[①]。"集中在少数人手里并且享有实际垄断权的金融资本，由于创办企业……而获得大量的、愈来愈多的利润，巩固了金融寡头的统治，替垄断者向整个社会征收贡税。"[②] 列宁明确论述并预见了金融资本与金融寡头的形成及其作用，认为金融资本垄断就是垄断资本主义经济基础。对于当代资本主义来说，生产和集中，进一步扩大、加深、加剧了垄断，并日益向国际化金融垄断资本聚集，国际金融垄断资本在全球的统治进一步扩张和加深。剩余价值生产是资本主义的客观规律，获取垄断利润是垄断资本主义的绝对规律。可以说国际金融资本垄断就是国际

---

① 《列宁选集》第2卷，人民出版社1972年版，第769页。
② 《列宁选集》第2卷，人民出版社1972年版，第775页。

金融垄断资本主义最深厚的经济基础。获取超额金融垄断利润是国际金融垄断资本剥削掠夺的基本方式。在国际金融垄断资本主义条件下，国际金融垄断资本利用国际跨国股份公司、通过世界金融市场从全球获取超额利润。

当今，国际金融资本垄断成为当代资本主义最突出、最鲜明、最主要的特征。金融资本垄断是发达资本主义剥夺全世界的最重要的手段。金融资本具有极强的流动性，天然具有跨国资本特性。20世纪70年代以来，在全球化的世界进程中，在新自由主义思想的影响引导下，西方发达资本主义国家，首先是美国加速了金融资本聚集、集中、垄断的速度。特别是进入21世纪，资本主义一个最鲜明的特征就是金融垄断资本越来越国际化，国际金融垄断资本的世界性统治地位越发确立。金融垄断资本在世界经济中占据主导地位，一方面造成国际金融垄断资本主义的经济更加虚拟化，国际金融市场日益扩大，金融衍生工具迅速发展；另一方面，发展中国家越加贫困，受到国际金融危机的冲击，国际金融垄断资本的控制。资本的本性是不断实现自身的增值和扩张，金融垄断资本主义在全球化运动中不断推进国际投资、国际贸易、国际信贷……不断增值、不断积累、不断聚集，在经济全球化中愈益起着决定性作用。国际金融资本通过资本借贷获取超额利润，通过利息形式瓜分实体经济的剩余价值。有人把国际金融垄断资本主义称为借贷资本主义不无道理。

冷战时期，世界形成了社会主义与资本主义两大阵营，形成两大市场体系。苏联解体以后，在当今经济全球化的世界里，两个市场体系变成统一的资本主义世界市场体系，成为由美国国际金融垄断资本控制主导的统一的世界市场体系，国际金融垄断资本越发寡头化、跨国化、全球化，国际金融资本得到空前加强，其作用无孔不入、无处不在，任何国家、民族、地区、领域、范围都逃脱不了其控制，都受到其影响与冲击。在全球的科技、投资、生产、销售、银行、金融、贸易、服务以及世界规则、秩序方面，国际金融垄断资本都占据了统治支配地位。在国际金融垄断资本的推动下，资本和财富迅速集中，在全球形成空前规模的以金融为核心产业的国际化的大财团、大寡头和大富豪，在世界取得优势统治地位。一方面，国际金融资本越来越集中在极少数国际金融垄断资本寡头手里，在垄断资本主义世界体系中形成了绝对统治地位；另一方面，国际金融垄断资本的国际化程度越来越高，形成了由少数跨国性质的金融垄断资本寡头控制的新型国际金融垄断资本组织，如新一代超巨型跨国金融公司、世界银行、国际货币基金组织、美洲开发银行、关税和贸易总协定（世贸组织）……以金融垄断资本为核心的超巨型跨国公司在资本主义世界体系里的核心关键作用越来越突出。跨国公司经过100多年的发展，特别是20世纪以来，经过第一代、二代、三代到第四代超巨型跨国公司，开始了其更大的发展，不仅规模巨大、实力雄厚、地位突出、垄断强大，更重要的是以国际金融垄断资本为核心与产业资本相融合，形成了超巨型国际金融——产业垄断资本寡头，控制了全世界。以国际金融垄断资本为灵魂和核心的超巨型跨国公司在垄断资本主义国家权力支持下爆发式地增长，形成了国际金融资本垄断寡头利益集团。目前，跨国公司的总产值已占资本主义世界总产值的三分之一以上，它控制了50%的国际贸易，80%的工艺研制，30%的国际技术转让。它们的分（子）公司的销售额（不包括公司内部销售额）相当于世界出口额的70%。[①] 已经发展成世界范围的生产、交换和积累完整体

---

① 尹雨虹：《跨国公司对世界经济的影响》，《商》2013年第9期。

系，全面控制了世界范围的生产与再生产过程。

国际金融垄断资本主义的实质就是金融垄断资本国际化，金融资本在国际的运动中不断聚集、集中、增强，形成占绝对优势的垄断地位。以国际金融资本垄断为主要特征，表现为：（1）资本垄断不是一般的资本垄断，而是金融资本垄断，金融资本垄断在资本主义体系中占据绝对的控制地位；（2）金融资本垄断已不是国家垄断，已经发展成为国际垄断，资本和财富迅速地集中在少数国际金融垄断资本寡头手里，垄断组织已不再是国际"托拉斯"，而是在资本主义世界经济体系中已经形成跨国的、统治全球的、空前巨大的财团、富豪和寡头，控制优势产业，占据国际产业链、贸易链，在世界经济体系中拥有绝对的话语权；（3）资本输出已经不是一般的资本输出，而是金融资本的输出，金融资本输出成为资本输出的最主要的财富剥夺形式，通过金融垄断资本输出掠夺世界财富。

国际金融垄断资本向全球化垄断发展，一方面得到垄断资本主义国家的支持；另一方面日益摆脱国家权力的各种监管。国际金融垄断资本寡头对国家政府的决策影响日益膨胀，国际金融垄断资本家集团控制着资本主义国家的经济命脉，形成院外利益集团，影子内阁、影子政府，对资本主义国家政策起着至关重要的作用，国家成为大金融资本家的代言人。美国通用、福特、美孚、摩根、花旗等超巨型的国际金融垄断资本集团代表国家本质，同时又不受任何国家权威的约束，超越国家主权，这就加剧了国际金融垄断资本跨国公司与垄断资本主义主权国家的矛盾，国际金融垄断资本与产业资本、与本土资本的矛盾也在加剧。

美国国际金融垄断资本力量，依靠美国政府强力维护和推行，得到进一步加强，加速在全世界的扩张，华尔街势力深嵌美国政治之中，加大了全球化力度，取得了资本主义世界体系的主导地位，获得了绝对统治权，从工业资本主义演变成金融资本主义。在美国国内，国际金融垄断资本已经从企业的生产和经营领域扩展到整个经济生活、政治生活，在取得对工业、货币、商业活动的控制之后，又扩展到政府运作和普通人民的日常生活。在国际上，美国国际金融垄断资本把大量剩余资本向金融领域和海外转移，推动国际金融垄断资本主义发展，剩余价值的生产和实现已经全面地国际化了。结果一方面使得美国作为一极和世界其他各国作为一极的分化更加突出尖锐；又一方面，致使美国主权国家能力削弱，国家政权地位下滑，让位给国际金融垄断寡头；另一方面，国际金融垄断寡头又利用美国国家政权力量打压损害他国主权，美国国家政权成为国际金融垄断资本剥夺其他国家和民族利益的打手。

国际金融垄断资本主义是国际金融垄断资本通过金融资本控制国家生产、国家投资、国际流通、国际交换、国际市场，对发展中国家进行经济盘剥、政治压迫、军事威胁的垄断资本主义，是新型帝国主义。其基本特征是：（1）超巨型跨国金融公司成为世界经济、世界市场的主宰力量；（2）国际金融垄断投资与扩张成为国际资本投资的主要形式；（3）生产和资本日益集中、集聚在全球金融资本垄断寡头手中；（4）国际金融垄断资本利用国家力量，并且超越国家力量控制、统治全球；（5）美国新型帝国主义已经形成独霸世界的霸权地位。

第三，形成一小撮国际金融垄断资产阶级阶层，构成垄断资产阶级的最高统治集团，是国际金融垄断资本主义统治阶级的最高层，构成国际金融垄断资本主义，即新型帝国主义的一个鲜明的阶级特征。

随着当代资本主义生产力和生产关系的新变化，给资本主义的统治阶级——资产阶级也带来了新变化。对于这些新变化，资产阶级的学者则鼓吹"资产阶级消失论""资产阶级衰减论"竭力抹杀资产阶级和工人阶级的阶级矛盾和对立。国际金融垄断资本主义的新变化，并没有使"资产阶级消灭"或"减少"，而是生产资料更加集中在少数资产阶级手中，资产阶级的剥削本质更加凸显，资产阶级与工人阶级的对立更加尖锐。资产阶级发生了新的变化，主要表现为：（1）极少数的国际金融垄断资产阶级阶层已经形成；（2）以"剪息票"为生的资产阶级阶层日益扩大；（3）形成了资产阶级的特殊阶层——跨国公司的高级经理人阶层。

20世纪末21世纪初，英文名称"跨国资本家阶级"一词流行起来。可以把国际金融垄断资本家们称为"跨国金融垄断资本家阶层"，他们是当代资产阶级最有权势的最高阶层，该阶层由世界金融垄断资本寡头构成，代表跨国金融垄断资本利益集团，构成跨国金融垄断企业、组织的主要拥有者。国际金融垄断资本家集团是20世纪下半叶在资本主义历史发展中出现的资产阶级新阶层，他们控制着金融领域的跨国大公司，通过国际金融垄断资本控制了全世界的主要生产资料，控制着国际性的金融机构，并通过国际性的金融手段、工具和组织控制着世界上的重要产业，该阶层已经超越任何国家政权，成为全球资本主义体系生产资料的主要所有者。

美国是全球国际金融垄断资本家集团的大本营。国际金融垄断资本寡头主要聚集在美国，如华尔街国际金融垄断寡头。美国是国际金融垄断资产阶级阶层的总基地，美国当权者是国际金融垄断资产阶级利益的总代表。以美国国际金融资本垄断寡头为首的国际金融垄断资产阶级阶层主要由发达资本主义国家的国际金融垄断利益集团构成，它们与发展中国家的金融垄断资本利益集团联手构成国际金融垄断资本寡头控制的跨国金融资本利益集团。该阶层的领导层是国际金融垄断资本寡头，与国际产业资本垄断寡头融合，是二者的结合、融合，合而为一，如美国的金融—军工财团、金融—能源财团、金融—IT 财团等，构成剥削全世界的国际金融资本垄断霸权集团。

第四，国际金融垄断资本主义向经济空心化、虚拟化迅速发展，强化了国际金融垄断资本主义，即新型帝国主义的食利性、寄生性、腐朽性和垂死性。

列宁认为，"资本主义的一般特性，就是资本的占有同资本在生产中的运用相分离，货币资本同工业资本或者说生产资本相分离，全靠货币资本的收入为生的食利者同企业家及一切直接参与运用资本的人相分离。帝国主义，或者说金融资本的统治，是资本主义的最高阶段，这时候，这种分离达到了极大的程度。金融资本对其他一切形式的资本的优势，意味着食利者和金融寡头占统治地位，意味着少数拥有金融'实力'的国家处于和其余一切国家不同的特殊地位"[①]。本来服务于实体经济的金融资本，越发脱离实体经济，成为金融高利贷资本，从而支配实业乃至整个社会。当今，金融高利贷资本聚集于美国，美国成为超高利贷帝国主义，产生更为严重的寄生性和腐朽性。

垄断资本金融化、国际化的过程就是产业空心化、虚拟化的过程，就是实体经济和虚拟经济相分离的过程。在这一过程中，国际金融垄断资本主义经济愈益证券化、数字化、虚拟化，实体经济迅速衰退，美国就是典型。随着世界银行体系的发展，商业银行、保险公司、证券公司等形形色色的金融机构、金融中介服务业融合聚集，形成庞大的、无所不包的金融垄断资本世界性体系，通过向政府贷款、代销，发行政府债券，持有公债，强化对经济的控制和

---

① 《列宁选集》第 2 卷，人民出版社 2012 年版，第 624 页。

"吸血",加剧了资本主义的投机性和寄生性。

资本输出,特别是金融垄断资本输出成为国际金融垄断资本向外扩张发展的主要形式。美国把大量实体产业转移到国外,从制造业大国转变成过度依赖海外产业的以虚拟经济为主体的资本主义金融帝国,金融经济越来越膨胀,实体经济越来越衰退,产业越发集中在以金融、房地产为代表的高端服务业,整个经济泡沫化越发严重,不可避免地陷入"社会生活金融化"困局,出现虚拟经济发展,实体经济衰退的双重问题。金融垄断帝国主义是资本主义的"虚胖和浮肿"的表现,也是资本主义"走下坡"的征候。曾几何时,美国是世界第一制造业大国,但是随着金融垄断资本地位的形成,美国制造业占GDP比重逐渐下降,金融业占比逐渐增加。据统计,1960—2020年间,美国金融业占比从14%增加到21%,制造业占比从27%下降到11%,贸易占比从17%下降到10.87%。与此同时,金融业的利润从17%增加到高于30%,制造业的利润从49%降至10.6%,缩减了三分之二以上。1947—2012年间,美国GDP增长63倍,其中制造业增长30倍,金融业增长212倍。1980年左右,全球金融体系中的衍生品交易量微乎其微,2019年利率衍生品占全部衍生品名义本金比例超过80%。截至2019年底,利率衍生品占总风险敞口比重为80.39%。全球流动性金融资产与全球GDP之比1980年为109%,2013年为350%。2019年,入围世界500强的企业中,金融企业共有113家,相比世界500强企业43亿美元的平均利润,113家金融企业的平均利润则超过61亿美元。

美国经济在全球化过程中进一步空心化和虚拟化,经济空心化、虚拟化的必然结果是导致美国制造业外流、工人失业、两极分化加速、社会矛盾加剧,加重了美国国际金融垄断资本主义的权重，加重了美国资本主义的食利性和腐朽性。再加之，美国国内的过度消费，成为纯粹的消费国，造成极大的生态灾难，更加重其腐朽性。一小撮最富有的、最有权势的国际金融垄断资本家阶层，连带整个垄断资产阶级进一步食利化、寄生化和腐朽化。列宁认为，"垄断，寡头统治，统治趋向代替了自由趋向，极少数最富强的国家剥削愈来愈多的弱小国家，——这一切产生了帝国主义的这样一些特点，这些特点使人必须说帝国主义是寄生的或腐朽的资本主义"[1]。列宁在《帝国主义论》中明确指出，帝国主义的腐朽性表现在两个方面：一是停滞，二是寄生。所谓停滞，就是帝国主义的生产和技术发展存在着停滞的趋势，这是帝国主义腐朽性的基本表现，美国的经济停滞集中表现为实体经济、工业产业大量外移，严重衰退。所谓寄生，就是帝国主义逐渐丧失了通过本国的生产发展满足自身消费的能力，美国现在主要是靠金融掠夺全世界，成为最大的食利国，造就了庞大的食利者阶层。列宁把帝国主义的寄生和腐朽相提并论，称帝国主义就是寄生或腐朽的资本主义。

第五，美国作为国际金融垄断资本的总代表，推动在全球化条件下国际金融资本向全世界全面扩张，操纵世界经济治理权和世界政治统治权，世界唯一超级大国国际金融垄断资本主义的美国，作为头号新型帝国主义国家企图建立单极世界，维持其霸主地位。

美国是国际金融垄断资本家的国家，是代表国际金融垄断资本利益的。恩格斯在《反杜林论》中指出，"无论转化为股份公司，还是转化为国家财产，都没有消除生产力的资本属性。在股份公司那里，这一点是十分明显的。而现代国家却只是资产阶级社会为了

---

[1] 《列宁选集》第2卷，人民出版社2012年版，第684页。

维护资本主义生产方式的共同的外部条件使之不受工人和个别资本家的侵犯而建立的组织。现代国家,不管它的形式如何,本质上都是资本主义的机器,资本家的国家,理想的总资本家。它愈是把更多的生产力据为己有,就愈是成为真正的总资本家,愈是剥削更多的公民。工人仍然是雇佣劳动者,无产者。资本关系并没有被消灭,反而被推到了顶点"①。

金融资本的全球性流动是资本主义由国家垄断发展到国际金融资本垄断的突出表现。金融资本在全球化进程中实现了全球性的流动,从而颠覆性地改变了全球的资本结构和经济结构,极大地强化了金融垄断资本在世界市场资源配置中的支配地位。与昔日"日不落"帝国英国直接统治世界的殖民体系不同的是,美国国际金融垄断资本通过美国政府主导的国际规则,凭借经济、政治、军事实力维持美国国际金融垄断资本主义世界统治,它通常通过制定一系列的规则、制度,并经由国际化的跨国金融组织,如世贸组织、国际货币基金组织等控制统治全世界。比如,统治世界的美元体系是通过"布雷顿森林"体系而确定其美元霸主地位的。1944 年在美国东部山区的一个小镇上召开了布雷顿森林会议,通过了美元等同于世界货币,等同于恒定的黄金值,美元与黄金挂钩的决定,美元作为世界货币的特殊地位由此而确定,从而确立了美元纸币在国际市场结算中的垄断地位,美元纸币"窃取"了黄金作为世界货币的符号地位。1971 年 8 月 15 日,美国总统尼克松发表了 20 分钟的著名演说,宣布美元不同黄金挂钩,多国货币也不必与美元挂钩,宣布布雷顿森林体系解体。而之后在牙买加召开会议,达成"牙买加协议",美元彻底脱离了黄金和实物货币,成为靠美国信用、由美国

---

① 《马克思恩格斯全集》第 20 卷,人民出版社 1971 年版,第 303 页。

印钞发行的货币，"美元成为了一纸不能兑换的白条"①。从此，"美国靠在全球发行美元、国债、股票以及大量金融衍生品这样的虚拟渠道，使全世界的实体资源（自然资源、劳动资源和资本资源）不停地流进美国。美国生产货币，其他国家生产商品"②。美国依靠自身经济、科技和军事实力使美元成为霸权货币，成为世界财富的收割机。美国国际金融垄断资本主义通过"美元加美军"对全球进行疯狂地扩张、控制、掠夺、压榨，也使得世界反霸权主义、反单边主义成为世界潮流。当代资本主义的多重矛盾越发激化、尖锐，由美国主导的资本主义世界秩序陷入前所未有的危机之中。

从20世纪80年代中期起，世界进入了经济全球化的发展阶段，也是垄断资本主义由国家垄断进入国际金融垄断时期。世界经济全球化是资本主义占主导地位的全球化，是少数发达资本主义国家占主导地位的全球化，是国际金融垄断资本主义，也是美国新型帝国主义占主导地位的全球化。在世界国民经济总量中，美、欧、日等国占70%，在世界出口贸易中占70%以上，在世界的对外投资中占90%以上，它们的跨国公司在世界生产和世界市场中占强大优势。美国是国际金融垄断资本主义最强的超级大国，在世界经济中占有最大份额，是经济全球化的主导国，它凭借自己的超级优势地位操纵了国际组织、干涉国际事务，把自己意志强加于他国，最大限度地压榨他国，牺牲他国，最大限度地实现自己的利益。经济全球化，为国际金融资本的扩张提供了新的机遇，同时又使资本主义不可克服的内在矛盾扩展到全世界，加速资本主义的灭亡。

第六，当代资本主义就是当代帝国主义，国际金融垄断资本主

---

① 余斌：《新帝国主义是帝国主义的最后阶段》，《世界社会主义研究》2021年第4期。
② 杨圣明：《美国金融危机的由来与根源》，《人民日报》2008年11月21日。

义就是新型帝国主义，新型帝国主义的帝国主义本性和特征并无根本改变，反而变本加厉地得到了强化。

金融垄断资本是帝国主义形成的起点，从根本上反映了帝国主义霸权。国际金融垄断资本是新型帝国主义的实质，国际金融垄断资本决定新型帝国主义的霸权本性。国际金融垄断资本是在帝国主义体系下积累起来的，是新型帝国主义最深厚的经济基础。列宁给予帝国主义以明确的定义，他在《帝国主义论》中所讲的帝国主义是专指垄断资本主义，指出帝国主义是资本主义的最高阶段，也是最后阶段。20世纪80年代法国学者博德认为，以1873年资本主义危机为开端延续到1895年世界性经济大衰退，开始进入垄断资本主义，即帝国主义时期。① 许多学者认为，资本主义从自由竞争进入垄断，发展为帝国主义，到"一战"爆发，帝国主义进入鼎盛时期。国际金融垄断资本在垄断资本主义主权国家基础上，凭借经济全球化、军事霸权、垄断和帝国主义的世界制度，把帝国主义发展到了极端。十月革命是结束帝国主义鼎盛的新纪元开端。

当代帝国主义是国际金融垄断资本主义支撑的新型帝国主义，为国际金融垄断资本的对外扩张，全球套利，进一步开辟了空间，同时又放大了垄断资本主义的结构性危机，强化了国际金融垄断资本主义不可克服的内在矛盾。新型帝国主义不仅没有改变帝国主义的本质，反而更加充斥了贪婪、野蛮、残忍、侵略的帝国主义本性，使其本性更加多样性和隐蔽性，充分表现了垄断资本主义的垂死性。前文提到美国《每月评论》主编约翰·贝拉米·福斯特把当代帝国主义称为晚期帝国主义，预见到资本主义的终结。② 总而言

---

① ［法］米歇尔·博德：《资本主义史：1500—1980》，吴艾美等译，东方出版社1986年版，第148—149页。
② 参见牛田盛《晚期帝国主义：资本主义世界秩序的历史终点》，《世界社会主义研究》2020年第6期。

之,国际金融垄断资本主义是新型的帝国主义,晚期的帝国主义,是垄断资本主义发展的巅峰期、最高形式,也是最新阶段、垂死阶段。

第七,国际金融垄断资本主义,即新型帝国主义生产力与生产关系,经济基础与上层建筑的新转变,使得其阶级阶层结构,阶级矛盾和阶级斗争发生了新的变化。

20世纪70年代以来,由于资本主义的调整和改良,世界上发达资本主义国家的工人运动总体上趋于低潮,主要表现为:劳资冲突、工人罢工、示威游行数量和规模趋于减少,资产阶级实施了某些缓和阶级矛盾和抑制两极分化的政策,工人阶级在满足基本生活资料和生活条件方面有了一定的改善,阶级矛盾趋于缓和。当然,工人阶级受剥削的地位并未发生根本改变,阶级矛盾和阶级斗争只有一时缓和并未停止,而是波浪式地向前、向更尖锐方向发展。

面对资产阶级和工人阶级的新变化,资本主义社会结构的新变化,西方资产阶级代言人,当然也有一些学术界的代表人物认为,马克思主义阶级划分理论,关于资本主义两大阶级对立的理论,已经被历史所超越,已经过时了,要彻底抛弃马克思主义关于阶级与阶级分析的全部概念、范畴和方法,认为资本家已经是"人民资本家"了,普遍的无产阶级生活方式已经不存在了,传统意义上的工人阶级已经不存在了,现在是"告别工人阶级"的时候了。事实上,随着资本主义社会的发展,马克思主义经典作家总是根据新情况、新变化,不断发展、补充、丰富他们的阶级理论和他们对资本主义社会阶级状况的分析。例如,在《资本论》中,马克思指出:"为了从事生产劳动,现在不一定要亲自动手;只要成为总体工人的一个器官,完成他所属的某一种职能就够了。"[①] 提出了"总体

[①] 《马克思恩格斯全集》第23卷,人民出版社2009年版,第582页。

工人"的概念。马克思恩格斯还分别提出了"商业无产阶级"[①]"脑力无产阶级"的提法[②]。列宁提出"技术无产阶级""官吏无产阶级"[③]"工程师无产阶级"的提法[④]。残酷的阶级对立和阶级斗争现实也一再说明马克思主义的阶级理论和对资本主义社会阶级状况的分析并非过时。果然，2008年金融危机和新冠肺炎疫情暴发以来，发达资本主义的内部矛盾和阶级矛盾又趋于强化，工人运动和国际共产主义运动由低潮向高潮起步。

虽然无产阶级和资产阶级仍然是当代资本主义社会的两大对立阶级，但阶级阶层结构呈现多层次、多样态新变化。资产阶级本身发生了极大的分化，形成资产阶级的宝塔型层级结构：最高层是极少数的国际金融垄断资本家寡头阶层；第二层是与金融资本联合的，以军工—能源—IT为主体的国际金融—产业垄断寡头阶层；第三层是占据各产业垄断地位的产业垄断资本家阶层；第四层是以经理资本家、食利者阶层、中小企业资本家等构成的一般资产阶级阶层。

工人阶级也发生了极大的层级变化：第三产业的工人阶层超过第二产业和第一产业的工人阶层比例；白领工人数量和增长速度均超过蓝领工人；从事信息、金融等中介服务业的"知识工人"增多，"非知识工人"减少；国际垄断资本主义使得食利者阶层增加，工人阶级内部一些群体产生蜕化，阶级结构发生变化；工人阶级不同阶层的收入差距在扩大，资本家宁愿以更高的薪酬雇佣知识水平高的雇员，出现所谓"中间阶级"阶层或群体。

面对工人阶级的新变化，西方资产阶级代言者们故意提出了许

[①] 《马克思恩格斯文集》第7卷，人民出版社2009年版，第334—335页。
[②] 《马克思恩格斯文集》第4卷，人民出版社2009年版，第446页。
[③] 《列宁全集》第6卷，人民出版社1986年版，第268页。
[④] 《列宁全集》第38卷，人民出版社1986年版，第368页。

多工人阶级消亡的观点。比如以马尔库塞为代表的"无产阶级历史使命消失论",普兰查斯等人的"工人阶级缩减论",马勒和高兹的"工人阶级本质改变论"……这些观点都是从根本上否认工人阶级的阶级性质和历史使命。工人阶级新变化并不意味着工人阶级消灭,也不意味着工人阶级和资产阶级对立与斗争消失,相反,虽有变化和缓和,但从总体、根本和长远来看是不可能缓和消失的。恩格斯指出:"从他们的行列中产生出这样一种脑力劳动无产阶级,他们负有使命同自己从事体力劳动的工人兄弟在一个队伍里肩并肩地在即将来临的革命中发挥重要作用。"① 譬如,在当代资本主义那里,股份制这种资本的所有形式并没有改变资本的私有制的本质,也没有造成资本所有权的实质性的转移,没有改变资本的本质。股份控股自然掌握在少数垄断资本家或资本家利益集团手里,现在国际金融垄断资本只需占有3%—5%的股份就可以控股,股票发行越大,越分散,小股东越多,对垄断资本家阶级控股越有利。工人持有几张股票所带来的变化,对影响控制股份公司是微不足道的,工人持股没有任何实质的意义,只是形式上的意义。所谓"人民资本主义"的说法,只不过是骗人的把戏。再譬如,当代资本主义采取了一些改善工人生活条件、提高收入和福利待遇的政策,对提高工人收入、改善工人生活条件起到一定作用,但这只是工人出卖自己的劳动力价值的支付形式的变化,并没有改变和减轻资本对工人剩余价值的剥削。马克思指出,"吃穿好一些,待遇高一些,私有财产多一些,""实际上不过表明,雇佣工人为自己铸造的金锁链已经够长够重,容许把它略微放松一点","不会消除奴隶的从属关系和对他们的剥削,同样,也不会消除雇佣工人的从属关系和对他们的

---

① 《马克思恩格斯选集》第4卷,人民出版社1995年版,第435页。

剥削"①。"所谓资本迅速增加对工人有好处的论点，实际上不过是说：工人把他人的财富增加得越迅速，工人得到的残羹剩饭就愈多，能够获得工作和生活下去的工人就越多，依附资本的奴隶人数就增加得愈多。""这样我们就看出：即使最有利于工人阶级的情势，即资本的尽快增加改善了工人的物质生活，也不能消灭工人的利益和资产者的利益即资本家的利益之间的对立状态。利润和工资仍然是互成反比的。"②

第八，国际金融垄断资本主义，即新型帝国主义的发展，在加大资本主义私人占有制和资本主义固有的内在矛盾的同时，也在其内部增加了新的社会因素，为新的社会形态的诞生创造了新的社会因素与条件。

马克思恩格斯在《共产党宣言》中指出："资产阶级除非对生产工具，从而对生产关系，从而对全部社会关系不断地进行革命，否则就不能生存下去。"③ 毫无疑问，当代资本主义越发展，就会为未来社会创造出更多成熟的社会因素和条件，且不讲科技革命推动生产力发展所创造的物质文明为未来社会提供了物质财富，也不讲资本主义所创造的精神文明为未来社会提供了有益成分，仅从生产关系方面来看，高新技术的发展推动生产力发展，使得生产社会化程度不断提高，这就要求与之相适应的生产资料私人所有制形式和资本占有形式向社会化方向发展。譬如，股份资本所有制、法人资本所有制，虽然它们在性质上仍是一种资本剥削雇佣劳动的关系，本质上仍然是资本主义的私人占有制，但它的垄断资本私人所有制却包含着生产关系集体化、社会化的发展趋向。譬如，国有经济、

---

① 《马克思恩格斯全集》第 23 卷，人民出版社 1972 年版，第 678 页。
② 《马克思恩格斯文集》第 1 卷，人民出版社 2009 年版，第 734 页。
③ 《马克思恩格斯选集》第 1 卷，人民出版社 1995 年版，第 275 页。

合作经济、合伙经济的发展，虽然本质上仍然是资本主义的私人占有制，但也体现了某种集体化、社会化的趋势。譬如，在资本加大对剩余价值的盘剥，加大贫富差距分化的同时，分配形式上出现了某些兼顾公平和社会福利、社会保障普遍化的趋向。譬如，在企业管理制度和劳资关系上，产生了职工参与企业决策，职工持股等制度，也具有某些公平因素。

当然，尽管当代资本主义内部产生了一系列新的社会因素，比如有些垄断资本主义国家的工人持股越来越普遍，脑力劳动者比例越来越大等，但这些现象只是意味着在资本主义母体内部孕育产生新的社会形态因素，但并不说明资本主义生产资料占有的私人性质已经改变，也不能说明资本主义可以"和平长入"社会主义。

能不能运用马克思列宁主义立场、观点、方法科学分析和认识国际金融垄断资本主义，即新型帝国主义的新变化、新特征，得出马克思主义的正确结论，直接关系到社会主义、共产主义的前途命运、兴衰存亡。资本主义的政治家们总是利用他们的意识形态的代言人，把当代资本主义的新变化、新特征，或者说成是资本主义制度发生了根本改变，资本主义制度可以万古长青、永不死亡；或者说成是资本主义制度可以逐步地为新的社会因素所取代，资本主义即将"和平长入"社会主义，资本主义可以和平转换或过渡为社会主义。究其实质，虽然国际金融垄断资本主义，即新型帝国主义呈现出许多新的特征，但本质并没有发生根本改变。国际金融垄断资本主义，即新型帝国主义的新变化、新特征说明，一方面，资本主义还是有一定的自我调节能力，资本主义在短期是不会灭亡的，资本主义在发展进程中，会进一步为未来社会积累物质、制度和文化的条件；另一方面，资本主义制度的剥削本性和帝国主义的侵略本性并没有改变，社会主义经历一个长期的发展过程，必然代替资本主义的总趋势没有改变。国际金融垄断资本主义的新变化不是资本主义根本规律、根本矛盾、根本趋势、根本性质的改变。

对于当代资本主义的新变化，存在两种截然对立的思想倾向：一种倾向是看不到资本主义的新变化；另一种倾向是夸大资本主义的新变化，把资本主义的新变化说成是资本主义本质的根本改变；错误地认为这种新变化是"和平长入"社会主义的先兆。过分夸大资本主义变化的思想倾向，把资本主义的新变化夸大为社会主义社会的"和平到来"，大大超过忽视资本主义新变化的思想倾向。

资本主义是随着时间的变化、条件的变化而不断变化的，对于历史上曾经出现的资本主义的新变化，做出极端错误的、违背马克思主义原理的，首推第二国际的修正主义代表人物伯恩斯坦。当19世纪末20世纪初，资本主义发生了由自由竞争向垄断转变的新变化时，他得出了资本主义可以"和平长入"社会主义的错误结论，导致欧洲绝大多数共产党右转，转变成民主社会主义，成为资本主义的帮佣，国际共产主义出现严重倒退。列宁坚持马克思主义立场、观点、方法，科学认识当时资本主义的新变化，得出了垄断资本主义就是帝国主义，是资本主义发展的最高、最后阶段的科学判断，高举科学社会主义大旗，领导了俄国十月社会主义革命成功，推动国际共产主义运动掀起新高潮。20世纪50年代，资产阶级右翼学者夸大资本主义新变化，把资本主义新变化说成是资本主义根本性质的改变。如，美国学者阿道夫·贝利在1954年推出《20世纪的资本主义革命》一书，认为股份公司的发展，使美国资产阶级发生了革命，与旧资本主义完全不同了。[①] 美国商会会长艾力克·

[①] 参见［美］阿道夫·贝利《20世纪的资本主义革命》，钟远蕃译，商务印书馆1961年版，第6、19、96页。

约翰斯通在《不受限制的美国》中首次提出"人民资本家"概念①。美国工党右翼理论家约翰·斯特拉彻1956年推出《现代资本主义》,认为资本主义将和平过渡到社会主义。②随后,一批右翼学者纷纷著书立说,认为当时的资本主义已经不再是一种剥削制度,它与旧资本主义有本质的区别。鼓吹"趋同论",说社会主义和资本主义两种类型国家沿着现代化的共同道路,将走向自由和民主。③

20世纪七八十年代,当代资本主义发生了一系列新的变化,戈尔巴乔夫错误地判断,当代资本主义的新变化说明资本主义已经具有社会主义的特征,鼓吹资本主义的根本性质已经改变,马克思主义关于社会主义和资本主义的结论和思维已经过时,鼓吹所谓"新思维",放弃马克思主义和科学社会主义,最终造成东欧剧变、苏联解体,国际共产主义运动跌入低潮。当今,面对资本主义的新变化,某些人提出了"人民资本主义""资本民主化""新工业国""后工业社会"等理论观点,企图解释当代资本主义的新变化趋势,改变对资本主义本质的认识,为资本主义当"辩护士"。比如,有的认为,工人持股就是资本家了,持股工人越来越多,资本就具有了人民性,成为"人民资本主义"。实际上,股份制这样一些社会化形式的资本主义生产关系的出现,是资产阶级在资本主义生产关系范围内对生产力的迅猛发展的迫不得已的适应与调整,并不是对资本主义私有制的根本改变。中国共产党人在以邓小平为核心的中央领导集体带领下,正确看待当代资本主义新变化,坚持马克思主义,坚持社会主义,走出了一条中国特色社会主义道路,推动国际共产主义运动走出低潮。

---

① 参见徐崇温《当代资本主义新变化》,重庆出版社2004年版本,第15页。
② 参见[英]约翰·斯特拉彻《现代资本主义》,姚增广等译,上海人民出版社1960年版。
③ 参见[美]约瑟夫·熊彼特《资本主义、社会主义与民主》,吴良健译,商务印书馆1999年版。

六 国际垄断资本主义，即新型帝国主义的新变化没有根本改变其本性

尽管当代资本主义，即国际金融垄断资本主义，又新型帝国主义发生了一系列重大的新变化，这些新变化仅仅是对垄断资本主义，即帝国主义的矛盾、特征、本质的强化，而不是根本改变。

列宁对垄断资本主义，即帝国主义的科学判断依然有效，并没有过时。列宁的《帝国主义论》是我们全面观察、认识国际金融垄断资本主义，即新型帝国主义的有效思想武器。巴西学者马塞洛·费尔南德斯认为，目前的国际形势更接近列宁的设想，帝国主义概念依然有效，垄断资本主义处于主流，而且依然是用来描述剥削、财产、阶级斗争和革命转型方面的最好方式。①

在列宁科学揭示垄断资本主义的垄断本质，作出帝国主义就是资本主义的垄断阶段，是资本主义的最高阶段、最后阶段的科学结论之前，许多人，如霍布森、希法亭、卢森堡、考茨基、布哈林和库诺夫等都对垄断资本主义，即帝国主义做过理论探讨，他们有的是马克思主义者，有的是非马克思主义者，尽管他们对垄断资本主义即帝国主义做了多方面、多视角的研究，提出一些有价值的看法，但总体上并没有揭示垄断资本主义，即帝国主义的本质，有的甚至做了错误的判断。

列宁在对垄断资本主义进行了全面分析的基础上揭示了垄断资本主义，即帝国主义的本质，对垄断资本主义，即帝国主义下了一个简短又极为概括明确的科学定义："帝国主义是资本主义的垄断

---

① 参见［巴］马塞洛·费尔南德斯《帝国主义与体系稳定性问题》，陈文旭译，《国外理论动态》2018年第11期。

阶段。"① 他概括了帝国主义的五个基本特征，"（1）生产和资本的集中发展到这样高的程度，以致造成了在经济生活中起决定作用的垄断组织；（2）银行资本和工业资本已经融合起来，在这个'金融资本'的基础上形成了金融寡头；（3）与商品输出不同的资本输出有了特别重要的意义；（4）瓜分世界的资本家国际垄断同盟已经形成；（5）最大资本主义列强已把世界上的领土分割完毕。帝国主义是发展到垄断组织和金融资本的统治已经确立、资本输出具有特别重大的意义、国际托拉斯开始分割世界、最大的资本主义国家已把世界全部领土分割完毕这一阶段的资本主义"。② 列宁从对帝国主义本质和特征基本分析出发，明确得出帝国主义经济政治发展不平衡、帝国主义就是战争、帝国主义是无产阶级社会主义革命前夜、社会主义革命有可能在帝国主义统治的薄弱环节率先取得胜利等一系列马克思列宁主义的创造性结论。

列宁对帝国主义的定义和概括并没有过时，仍然适用于国际金融垄断资本主义，即新型帝国主义，列宁所概括的垄断资本主义，即帝国主义的本质和特征，在国际金融垄断资本主义，即新型帝国主义那里，其本质和基本特征并没有根本改变，只不过表现得更为突出、更为鲜明、更为发展、更为隐蔽、更为狡诈，变得更加贪婪，更加腐朽，更富有侵略性和垂死性，带来更激烈的世界性矛盾和全球性问题。尽管国际金融垄断资本主义，即新型帝国主义出现了许多新的变化和新的特点，但这只不过是把帝国主义的固有本质特征发展到极致，同时又随着马克思主义和科学社会主义愈益显示出时代的真理性，新型帝国主义表面上越发装扮得更容易让人们接受。

---

① 《列宁选集》第 2 卷，人民出版社 1995 年版，第 651 页。
② 《列宁选集》第 2 卷，人民出版社 1995 年版，第 651 页。

第一，国际金融垄断资本主义的垄断本性和特征并没有改变，新型帝国主义只是使垄断向着更为集中、更为深厚、更为贪欲的方向发展。

列宁认为，垄断是垄断资本主义，即帝国主义最深厚的经济基础，是垄断资本主义，即帝国主义最基本的经济特征。列宁《帝国主义论》关于帝国主义就是垄断资本主义的定义，关于帝国主义的经济基础就是垄断的科学概括，关于产业资本与银行资本相互融合所形成的金融资本对资本主义的全面垄断控制开始形成金融寡头的判断，仍然是正确的。然而时至今日，列宁所讲的金融垄断资本同当代国际金融垄断资本不可同日而语了，在新的历史条件下，国际金融资本垄断的帝国主义新特征已经形成。无论私人垄断，还是国家垄断，还是国际垄断，无论是工业资本垄断，还是金融资本垄断，还是国际金融资本垄断，国际金融垄断资本的本质仍是垄断，只不过其垄断的形式更为集中、更为聚集、更为深厚、更为嗜血、更为狡诈、更为两重性。这种新的变化是资本主义不可克服的内在矛盾驱动的必然结果，是资本主义发展历史必然性的表现，谁也改变不了。虽然垄断更为集中了，整体上越发成为生产力发展的阻碍因素，但也不是完全阻断生产力的发展，国际金融垄断资本主义仍能表现出一时的跳跃式发展，不完全排斥发展。

第二，无止境地追求利润最大化是一切资本的本性，国际金融垄断资本主义追求利润最大化的本性并未改变，反而变本加厉，导致新型帝国主义控制全球、独霸全球的贪欲更为强烈，更富有侵略性，霸权主义、欺凌主义、单边主义成为其突出表现。

国际金融垄断资本无止境地追求利润最大化进一步强化了其投机性、侵略性和短期行为，强化了新型帝国主义的霸凌主义和侵略本性。美帝国主义集中表现出新型帝国主义的全部本性，金融资本扩张流向全世界，利润回流到西方发达资本主义国家，特别是流入美国，这是发达国家盘剥落后国家的铁证。

在新型帝国主义心目中，新型帝国主义的国家机器成为霸权主义、欺凌主义、单边主义的侵略工具。新型帝国主义认为世界一切都是它的，它搜刮世界财富，拼命控制世界的欲望越发激烈，驱使它拼命掠夺、欺诈、控制全世界，乃至不惜下血本发动战争。

第三，当代资本主义雇佣关系这一资本主义的本质关系并无根本改变，新型帝国主义奴役全世界、掠夺全世界的本性反而得到进一步扩张。

雇佣关系是资本主义生产关系的核心基础，是资本主义的本质性关系。在国际金融垄断资本主义世界体系内，公司的管理人员也是受雇者，虽然一些工人在公司中持有股份，但他们仍然是工人阶级，所谓"中产阶级"实际上是收入较高的雇工，只是资产阶级政治家为了模糊工人阶级与资产阶级的阶级分野、对立而发明的骗人之说。工人阶级仍然是被剥削、被压迫的被统治阶级，资产阶级仍然是剥削阶级、统治阶级。工人阶级与资产阶级的雇佣关系、剥削关系，阶级对立关系并未发生根本改变。

第四，资本主义经济危机并未消除，金融危机成为国际金融垄断资本主义经济危机的主要表现形式和最大风险源，新型帝国主义是无法克服经济危机困扰的，必然从其独霸世界的侵略行为中，从危机阵痛中走向毁灭。

国际金融垄断资本控制的超巨型跨国公司内部的有组织和有计划性与资本主义世界市场体系的无政府状态的矛盾，世界生产能力无限扩大趋势与世界范围内有效需求不足的矛盾，必然造成严重的生产过剩、金融泡沫和通货膨胀，必然导致以金融危机为主要形式的资本主义世界性的经济危机。从 20 世纪 90 年代以来资本主义经济危机愈加频繁,几乎连成一串了,从90年代初日本泡沫经济崩溃,经济长期低迷,到1992年、1993年、1995年欧洲货币体系动荡和危机。1994年墨西哥金融危机,1997年亚洲金融危机,1998年俄罗斯金融风暴,1999年巴西金融危机,2001年阿根廷债务危机,直到2007年美国次贷危机引发2008年国际金融危机,2009年希腊等欧盟国家的欧盟主权债务危机,2020年新冠肺炎疫情造成的世界性经济大萧条等,就是例证。资本主义总危机频发,往往从一国危机一下子演变成世界性、结构性、全局性、系统性危机,经济危机扩展到政治民主危机、生态危机、价值观危机和制度性危机。危机造成工人阶级和广大劳动群众结构性失业,工人阶级和广大人民群众相对贫困加剧,加重了社会阶级矛盾。经济危机持续的周期越来越长,间隔越来越短,危害越来越大,资本主义自我调节、局部改革的余地、空间越来越小。从2008年国际金融危机爆发至今,资本主义尚未从危机阴影中走出来,又遇上更严重的新冠肺炎疫情的冲击,资本主义世界进入了史无前例的大危机、大萧条、大衰落的进程之中。

马克思恩格斯虽然生活在自由竞争资本主义阶段,尽管帝国主义还没有充分发展起来,但他们已经明确提出了资本主义总危机的思想。据中国社会科学院学者陶大镛考证,马克思在《资本论》中尽管没有使用"总危机"的明确提法,但不止一次地谈到"总危机"这个范畴。他举例马克思在《资本论》第1卷第二版跋里所指出的,"使实际的资产者最深切地感到资本主义社会充满矛盾的运动的,是现代工业所经历的周期循环的各个变动,而这种变动的顶点就是普遍危机"[①]。他考证郭大力、王亚南译本将"普遍危机"

[①] 《马克思恩格斯文集》第5卷,人民出版社2009年版,第23页。

译成"全面的危机",认为"普遍危机"实际上就是"总危机"。认为马克思恩格斯原文或中文译文虽不一致,但关于"总危机"的含义都是一致的。①

列宁进一步丰富了马克思恩格斯关于资本主义总危机的思想,明确提出资本主义总危机理论。在分析帝国主义是资本主义的最高阶段,分析垄断资本主义的经济、政治特征的基础上,他提出垄断资本主义国家经济政治发展不平衡,致使垄断资本主义内部多重矛盾激化,形成了资本主义总危机,形成帝国主义是无产阶级和社会主义革命前夜的科学论断。列宁认为,资本主义总危机是整个世界资本主义体系的全面危机,是垂死的资本主义和新生的社会主义之间的生死博弈,包括世界资本主义制度趋于灭亡和社会主义制度趋于胜利的整个历史时期。资本主义总危机的根本特点是帝国主义国民体系的危机、市场问题的尖锐化以及由此产生的生产过剩、企业经营开工不足、经常的大批失业和资本主义周期性危机;资本主义总危机不是一时的,而是包括整整一个历史时期,是伴随着垄断资本主义的整个历史时期。列宁认为,资本主义总危机不是一时的行动,而是一个很长的激烈的经济政治动荡和尖锐的阶级斗争的时期,整个资本主义彻底崩溃和社会主义社会诞生的时期。"资本帝国主义时代是成熟的、而且过度成熟的资本主义时代,这时的资本主义已面临崩溃的前夜,已成熟到要让位给社会主义的地步了。"②

列宁正确指出,帝国主义经济政治发展不平衡,致使资本主义内在矛盾激化,造成资本主义的总危机,引发了第一次世界大战,战争导致革命,爆发了俄国十月社会主义革命。列宁科学地预见第

---

① 参见陶大镛《资本主义总危机的理论和现实》,原载《经济研究》编辑部编《论当代帝国主义》,上海人民出版社1984年版,第85页。
② 《列宁全集》第27卷,人民出版社1990年版,第118页。

一次世界大战后，还会引发由帝国主义矛盾引起的第二次世界大战。第一次世界大战之后，帝国主义国家发展的不平衡规律的作用又一次剧烈地破坏了资本主义世界体系内部的平衡，资本主义总危机的爆发导致帝国主义阵营重新分为两大敌对阵营，引爆了第二次世界大战。"二战"后，并没有从根本上消除垄断资本主义的内在矛盾，由于社会主义阵营的出现，产生了与资本主义世界市场体系相对立的社会主义世界市场体系，垄断资本主义的经济势力受到削弱，它们控制的地盘受到了挤压而变小，夺取世界资源的范围缩小，世界市场销售条件不断恶化，造成新的需求不足、生产过剩、工人失业、国内矛盾加剧，从而强化了社会主义与资本主义、垄断资本主义各国之间的矛盾。东欧剧变、苏联解体，美国帝国主义独霸世界，形成了美国一家控制的统一的资本主义世界市场体系，与美抗衡力量相对变弱，世界进入了一度相对缓和的发展时期。然而，这种缓和是暂时的，并没有从根本上消除资本主义总危机产生的根本原因。

列宁之后，斯大林坚持了列宁关于资本主义总危机的理论。斯大林认为，资本主义总危机是一个世界性的历史发展过程，他把总危机看作一个长期而剧烈的经济和政治的动荡过程。斯大林在《苏联社会主义经济问题》中指出，资本主义总危机是"既包括经济，也包括政治的全面危机"[①]。当然，斯大林关于世界存在社会主义和资本主义两大市场体系，挤压了资本主义市场体系，使垄断资本主义内在矛盾加剧，资本主义总危机加深的具体结论，由于条件的变化而需要调改和修补，但资本主义总危机的理论仍然闪烁着真理的光芒。

---

① 《斯大林选集》（下），人民出版社1979年版，第582页。

从 20 世纪 50 年代到今天 21 世纪 20 年代，资本主义发展的历史进程证明了马克思主义经典作家关于资本主义总危机的理论是正确的，虽然经过"二战"后一段时间资本主义相对缓和发展至今，乃至虽然资本主义在苏联解体以来一段时间发展至高峰，但资本主义从来没有停止过阵发式的危机。中国特色社会主义的和平发展取得了成功，若干社会主义国家成功地站稳了脚跟，欧洲垄断资本主义成立了统一的欧共体，欧洲、日本等主要垄断资本主义地区和国家与美国霸权相抵触，一系列发展中国家，如俄罗斯、伊朗等与美国等西方垄断资本主义相抗衡，反对单边主义、霸权主义成为世界潮流，进一步挤压美国垄断的世界资源和市场，垄断资本主义的世界性矛盾趋于激化，接连爆发了更为严重的经济萧条，如 2008 年的国际金融危机和新冠肺炎疫情引发的新的经济危机，致使资本主义的总危机进一步加深、加剧，以美国为首的西方垄断资本主义不可避免地走上了衰落的不归之路，资本主义陷入了不可遏制的总危机之中。事实证明，资本主义总危机是资本主义的经济、政治、意识形态、制度在内的全面的危机，是总体走向崩溃的危机。

马克思列宁主义关于"资本主义总危机"理论是值得我们重新重视考量的。

第五，掠夺、欺压和剥削弱小国家和民族是国际金融垄断资本主义的必然行为和本质表现，国际金融垄断资本主义强化了资产阶级专政实施阶级统治镇压的国家职能，新型帝国主义就是强权，就是侵略，就是战争。

资本主义实行的是资产阶级专政，资产阶级民主制只不过是资产阶级专政的一种表现形式，是资产阶级专政的遮羞布。在新型帝国主义那里，资产阶级民主的遮羞布，需要就用一下，不需要干脆撕掉。新型帝国主义大力强化其国家强力机器，扩军备战，武装到牙齿。从国内到国外，谁触动它的利益，它就依靠强力压服谁、打服谁，谁反抗它，它就会动用武力乃至加以剿灭。国际金融垄断资本主义一切都在变，不变的是国际金融垄断资本对本国工人阶级及广大劳动人民剥削的本质，对发展中国家盘剥的本质，是新型帝国主义战争狂人的本性。国际金融垄断资本加大了建立在新殖民主义基础上的资本主义对外扩张，美国通过美元的霸主地位"剪全世界的羊毛"而形成了巨大的金融利润，大部分都落入了美国国际金融垄断资本家阶层的口袋之中，美帝国主义就是新型帝国主义。

第六，国际金融垄断资本主义争霸斗争更为激烈，在当今表现为美国一超独霸，为了谋取和维持霸权不断发动战争。

霸权主义、欺凌主义、强权政治、单边主义，让美国国际金融垄断资本把帝国主义的侵略本性发挥得淋漓尽致，现在是美国新型帝国主义独霸世界。相互争霸和恃强凌弱是垄断资本主义处理国家关系的常态。17世纪英荷为争夺海上霸权多次发生战争。17世纪末到18世纪英法之间多次爆发争夺欧洲霸主地位的战争。19世纪普法战争、俄国与英法之间的克里米亚战争，都是为了争夺霸权。19世纪的美西战争是为了争夺美洲大陆。"一战""二战"的发起都是由帝国主义国家之间因争夺地盘、资源、利益而发生的战争所致。进入21世纪也是如此，美国新型帝国主义为了推行单边主义，依靠国际金融垄断资本的力量，以及科技、军事实力，谋取世界霸权，维持其霸主地位，不惜发动了多场战争。

学者杨守明认为，2008年爆发的21世纪首轮国际金融危机，不仅是自1929年西方经济大萧条以来，现代资本主义发展史上的又一历史转折点，而且开启了21世纪帝国主义新一轮全面升级的侵略扩张进程。他指出，国外共产党认为，由2008年国际金融危机引发和加剧了帝国主义国家之间的竞争与战争,是当代帝国主义侵略扩张持续升级的直接诱因;服从和服务于金融垄断资本,是当代帝国主义侵略扩张持续升级的根本原因。① 美帝国主义在给以叙利亚为中心的地中海中部地区,以乌克兰、克里米亚为中心的黑海地区,以也门为中心的阿拉伯半岛,以伊朗为中心的中西亚地区,以委内瑞拉为中心的加勒比地区带来战火硝烟、战争频仍和危机四伏的同时,引发了世界范围内的紧张局势和安全危机。

第七,国际金融垄断资本主义,即新型帝国主义尽管出现了一些新变化、新特征,但资本主义的基本矛盾依然存在,国际金融垄断资本主义,即新型帝国主义的资本主义,即帝国主义的本质没有变,资本主义必然灭亡,社会主义、共产主义必然代替资本主义的历史趋势没有改变。

国际金融垄断资本主义进一步加剧两极分化,工人阶级与资产阶级、社会主义与资本主义,发展中国家与发达国家的矛盾与斗争呈现新的特点,新型帝国主义加剧了国际金融垄断资本主义的内外矛盾,越发显示已经走到资本主义发展的最后阶段。

资本主义必然导致两极分化,国际金融垄断资本主义并没有遏制两极分化、社会分裂、阶级对立的趋势,反而进一步加剧了日趋严重的贫富分化、社会分裂、阶级对立,形成了强资本、弱劳动的世界格局,资本与劳动的对立这一资本主义固有矛盾不仅没有消除,反而更加深化、尖锐、激烈。国际金融垄断资本主义的发展导致金融投机盛行,产生大规模资产泡沫,失业严重,造成贫富悬殊,不平等加剧,加速社会分裂,引发社会危机,两极分化致使越来越多的人加入无产阶级队伍。在国际金融垄断资本主义国家内

---

① 参见杨守明《金融危机以来国外共产党对当代帝国主义的分析和批判》,《当代世界与社会主义》2019 年第 3 期。

部，一边是富人，另一边是穷人。美国最富有的50人与最贫穷的1.65亿人拥有的财富相等，1%最富有的人净资产是最贫困人口的16.4倍。① 产业空心化，对依靠普通制造业生活的一般技能工人就业形成了致命打击，造成大规模失业，相当规模的人靠救济金度日。美国爆发的"占领华尔街运动"明确提出1%对99%的抗争，就是两极分化的集中反映。在当代资本主义世界体系内，穷人和富人、穷国和富国迅速分化，贫富悬殊，加剧了资本主义的固有的不可克服的内在矛盾，加重其垂死性。

国际金融垄断资本主义导致阶级矛盾和对抗国际化、全球化。在资本主义世界体系中，发展中国家是穷国，发达国家是富国，一边是富国，另一边是穷国，资本主义世界体系内富国与穷国的矛盾更为激化。马克思所揭示的资本运动必然带来一端积累财富，而另一端积累贫困的必然性，在发展中国家与发达国家的贫富悬殊中得到充分体现。国际金融垄断资本通过不平等的交换，使得发展中国家生产的剩余价值向发达国家转移，穷国内部的两极分化贫富悬殊也更为尖锐，劳动人民的贫困化和两极化也向发展中国家转移，发展中国家与发达国家的差距持续扩大，富国越来越富，穷国越来越穷。发展中国家与发达国家两极分化是国家金融垄断资本主义世界体系内资本与劳动对立的表现。资本主义所讲的世界各国之间的共存关系，实质上是依附关系，是发展中国家对发达国家即国际金融垄断资本主义国家的依附，穷国对富国的依附。

与20世纪80年代以来的国际工人运动处于低潮形成鲜明对比的是，2008年以来主要发达资本主义国家，如美国、英国、法国、

---

① 新华社：《综述：华丽外袍下爬满虱子——且看美国"人权教师爷"斑斑劣迹》，2021年3月24日。

比利时等国家工人阶级及广大劳动人民掀起了新一轮罢工高潮，如，法国 2006 年 3 月发生的百万工人大罢工、2016 年 3 月的"黑夜站立"、2018 年 11 月开始的"黄马甲运动"，美国 2011 年 9 月"占领华尔街"运动、2020 年 11 月"黑人命也是命"的抗争运动，2019 年 2 月比利时大罢工等，都直指资本主义制度和新自由主义意识形态，呈现出新的特点；当代资本主义国家的民族、种族、宗教之间的冲突，不同阶级、阶层、族群、党派对立日益撕裂、更为激烈化、不断尖锐化；资本主义民主政治日益成为"金钱政治"，选举成为"有钱人的游戏"；资产阶级表现出对工人阶级和广大劳动人民空前的冷漠；工人阶级并没有放弃对资本主义剥削制度和资产阶级的反抗，体现出工人阶级及广大劳动群众对社会主义的向往；彰显了工人阶级的团结，表现出集体斗争的力量；体现了工人阶级政党对工人运动领导的必要性和迫切性。

美国政府日益受制于国际金融垄断资本的制约，美国垄断资本主义国家机器已经沦为少数国际金融垄断资本权贵的"金融寡头政体"。美国的国家机器、国家权力集中体现为总统制，当代美国的总统制的本质是金融垄断资本家利益集团的代理人制，美国金融垄断资本家集团对总统的控制力越来越强，仅 2020 年美国大选花费达到创纪录的 140 亿美元，经费主要来自金融垄断资本家集团，美国的总统选举制是一种典型的虚假民主，只不过是美国垄断资本控制的"金钱民主"。国际金融垄断资本攫取越来越多的超额利润造成国家控制的公共财富日益贫瘠，政府债台高筑，形成财政赤字。1945 年美国公共债务只有 2580 亿美元，1990 年冷战结束前达 3.2 万亿美元，截至 2020 年底，美国债务总量已超过 23 万亿美元。美国每年仅支付的公共债务利息就超过 2700 亿美元。据美国著名学者安德森·维金推算，美国每获得 1 美元 GDP，必须借助 5 美元以上的新债务①，美国正是靠这种"钱生钱""钱滚钱"的办法掠夺全世界，同时也加重了自身的债务危机。美国政府多次发生停摆现象就是例证。自美国国会预算程序于1976年正式执行以来，美国政府共出现过19次停摆，且停摆基本呈现越来越严重的态势，在2018年12月到2019年1月特朗普执政期间，美国政府就出现了历史上最长的一次停摆，停摆时间长达35天。

负债累累的美国政府迫切需要增加公共财富以减少社会压力，这就需要政府加大税收，而加大税收又会招致反弹，有穷人的反弹，也有富人的反弹。特别是富人的反弹给美国政府造成新的负担和压力，这又导致政府为买好国人而减税，特别是对富人和大公司减税力度更大。减税的结果是给政府带来更大财政压力，迫使政府削减公共开支，加重政府的社保、医保压力，这就进一步加剧社会分化和不平等，逼迫美国新型帝国主义运用国家机器加强对全世界的盘剥，加强军事预算，加大军工生产力度，把内部矛盾向外部转移，导致连续对外用兵，通过战争消耗刺激本国经济畸形发展，以喂饱金融垄断资本家填不饱的肚子。新型帝国主义的强权政治、霸凌主义加剧了社会分裂与对立，这是新型帝国主义挥之不去的恶癔。

社会化大生产和资本主义占有之间的矛盾是资本主义生产方式不可克服的对抗性矛盾，发展到国际金融垄断资本主义，资本主义基本矛盾不仅没有消除，反而更加尖锐化。列宁指出："生产社会化了，但是占有仍然是私人的。社会化了的生产资料仍旧是少数人的私有财产。表面上大家公认的自由竞争的一般架子依然存在，但是少数垄断者对其余居民的压迫更加百倍地沉重、显著和令人难以

---

① 钮文新：《美国债的未来》，《中国经济周刊》2011年第31期。

忍受了。"① 国际金融资本主义的私人占有制与社会化、国际化大生产之间的矛盾、资本与劳动之间的矛盾，在经济全球化进程中演化为一系列具体矛盾，表现为世界生产的无限扩大与世界市场有限的矛盾，跨国公司内部有组织、有计划的生产与资本主义世界市场体系的无组织、无计划的矛盾，表现为发达国家与发展中国家的矛盾，社会主义国家与资本主义国家之间的矛盾，各发达资本主义国家之间的矛盾，资本主义国家内部各资本家之间的矛盾，资本主义国家内部工人阶级与资产阶级的矛盾，世界社会主义与资本主义、无产阶级与资产阶级的矛盾，这些矛盾都在酝酿、激化，其中社会主义与资本主义，工人阶级与资产阶级是矛盾的主线。垄断资本主义国家与社会主义国家之间的矛盾，发达国家与发展中国家的矛盾，发达国家之间的矛盾越来越激化。这些矛盾导致世界经济总供给与总需求的矛盾越发激化……经济发展的严重失调和各国发展的更加不平衡，造成严重的生产过剩、通货膨胀、金融泡沫，进而导致世界不断发生阵发性的金融动荡危机和经济危机。如前文所述，从20世纪90年代初日本泡沫经济崩溃，到2008年国际金融危机，新冠肺炎疫情带来的世界经济大萧条，资本主义世界体系一直处在危机动荡之中。

国际金融垄断资本主义，即新型帝国主义已经进入曲折而又较长的衰亡进程。当代资本主义的基本矛盾由一国扩展到全球，资本主义基本矛盾全球化。虽然资本主义基本矛盾在某个时刻，某个国家、地区有所缓和，但缓和总体是解决不了的，总体矛盾愈演愈烈。资本主义自我调控矛盾的能力越来越弱化，余地越来越小。

国际金融垄断资本主义，即新型帝国主义进入了总的衰落下降

---

① 《列宁选集》第2卷，人民出版社2012年版，第593页。

期，美国的迅速下降衰落就是典型。2021年8月15日，阿富汗塔利班占领首都喀布尔，进而解放包括反塔利班武装盘踞的潘杰希尔省的阿富汗全境，并宣布成立临时政府，建立正式国家。美国从阿富汗撤军，入侵阿富汗20年失败，这是世界百年未有之大变局的标志性事件。表明美国新型帝国主义11年反恐失败，大规模武装干涉单边推行国际霸权的行为已经力不从心。美国已经完成全球战略重点收缩，把战略重心从全面海外干涉收缩到印太地区，大力拉拢战略盟友。这一方面说明，美国的侵略性和险恶；另一方面也说明，美国实力下降，力不从心。侵略阿富汗是美国历史上海外用兵最长的战争，代价高昂，耗费巨大，消耗了美国的实力。据美官方统计，美在阿富汗花费1万亿美元，国外民间机构统计实际花费达2.26万亿美元。阿富汗和伊拉克两场战争合并计算，到2050年美国政府连本带息需支付8万亿美元。

第八，资本主义与社会主义，资产阶级与无产阶级决定人类未来命运与前途的斗争，解决谁胜谁负的最后问题，必然通过意识形态斗争反映出来，又往往聚焦在意识形态斗争上，意识形态的较量表现得越发白热化。

"二战"后，出现一个强大的苏联和社会主义阵营，社会主义运动和反帝反殖民主义的民族民主运动风起云涌，特别是经过朝鲜战争和越南战争两场战争，垄断资产阶级的政治家、思想家们日益认识到单靠军事力量难以彻底打败工人阶级政党、社会主义国家和一切社会进步力量。为了维持垄断资本主义的世界统治地位，它们发明了一手抓军事围剿，一手抓意识形态斗争，运用所谓的"巧实力""软实力"，发动"民主人权运动""和平演变""颜色革命"等等，打了一场旷日持久的意识形态战争，促使苏联垮台，社会主义进入低潮，世界上仅存五个社会主义国家，共产党和社会主义运动受到重创。这场暂时的历史性大倒退，使得资本主义政治家们更加相信意识形态的作用，更加巧妙地运用意识形态力量，企图通过"和平演变""颜色革命"的途径，搞垮世界社会主义和国际共产主义力量。当然在推进"和平演变"战略的同时，它们从来没有放弃经济压制与军事打击。

国际垄断资本主义，即新型帝国主义对社会主义和一切民主和平的进步力量打一场意识形态战争，大力推行对全世界的"文化侵略"战略，企图通过"和平演变""颜色革命"，改变社会主义国家的颜色和颠覆一切不听它们控制的民族和国家的政权。

20世纪中叶，以美国为首的新型帝国主义国家推行"文化扩张"战略，企图以一种更隐蔽、更欺骗的方式延续帝国主义在经济、政治和文化上的全球统治。美国学者赫伯特·席勒在提出文化帝国主义概念时指出，美国作为信息与文化产品流动的控制中心，通过资本的指挥支配着全世界、包括边缘地区的信息渠道，而"信息的自由流动"恰恰作为一种神秘话语掩盖了支配的实质。[①] 冷战结束后，"文化帝国主义"一度"话语的消逝"，但这并不影响新型帝国主义以新的面貌"复活"。

进入21世纪，在知识经济、经济全球化和信息技术革命三重效应叠加下，美国新型帝国主义凭借其文化和媒体、互联网和信息资源的垄断，主导国际话语权，通过大众文化的商业化和市场化运作，在全世界大行"文化殖民""文化霸权"与"文化帝国主义"，加大意识形态的攻击力，迫使社会主义国家和文化弱势国家趋于"美国化"，给世界多样化生态造成极大破坏。这种"新型帝国主义"在文化侵略方面有四个新特征。

---

① 参见［美］赫伯特·席勒《大众传播与美利坚帝国》，刘晓红译，上海译文出版社2006年版。

一是通过美元与知识产权垄断，形成不平等的国际分工和两极分化的全球经济和财富分配。锡耶纳大学经济学教授乌格·帕咖洛①将21世纪资本主义称作"知识垄断资本主义"，其核心特征是在全球或一定区域内通过对知识的垄断，包括专利垄断、著作权垄断、申遗垄断、商业秘密垄断、植物基因开发垄断等，从发展中国家攫取高额垄断利润，掠夺社会财富，限制甚至扼杀发展中国家的科技创新，最终遏制社会主义国家和一切发展中国家的发展甚至生存。20世纪90年代中期以来，发达的新型帝国主义国家的国际垄断企业控制了全世界80%的专利和技术转让及绝大部分国际知名商标，并因此获得了大量收益。

二是通过全球信息资源垄断，利用国际信息秩序不平衡的结构性矛盾，构建"媒介帝国主义"和"信息帝国主义"。新传播技术生态中呈现以下四个新问题：发达的网络社交平台加剧文化间的不信任、不理解；"数字资本主义"导致数据伦理及相关社会问题；"数字鸿沟"催生知识的"阶级性"和信息资源的"圈层"特权。这种网络文化霸权是新型帝国主义殖民逻辑的数据化表现，其本质是利用传播技术的"黑箱"，将平台中立性和技术性演绎为一种可以掩盖资本入侵网络民族主权的"神话"。

三是通过对世界文化产业体系的垄断和文化资本化带来文化上血腥的"剥夺性积累"，推行文化"圈地运动"和"可口可乐殖民主义"。商业化和市场化产品和服务的"自由选择"，带来的是个人"真正自由的遮蔽"；好莱坞电影向世界观众的大脑中植入去历史化的个人英雄主义，满足着人的视觉欲望；商业广告为全世界带

---

① 乌格·帕咖洛（Ugo Pagano）是锡耶纳大学经济学教授和经济学博士课程主任，并任教于剑桥大学。著有《经济理论中的工作与福利》，主要研究领域为经济学和法律，撰写了大量组织经济学、生物经济学、民族主义和全球化、知识产权和当前经济危机等方面的文章。

来消费主义的狂欢，输出价值观以及商品的同质化需求；西方媒体设置全球新闻的议事日程，播送着所谓的"客观"报道，而非西方的、非资本主义的、来自社会底层的声音被遮蔽。人们在享受不加思考的标准化、同质化的生活中却不得不接受"美式民主文化"。

四是通过国际话语权垄断进行意识形态和价值观输出，威胁各民族国家的文化认同和文化主权。西方大国主要是"通过媒介霸权、话语控制、意识形态输出、殖民文化传播等来建立起话语霸权或文化霸权"。西方发达垄断资本主义文化在国际交往中首先通过强大的媒介力量，形成具有绝对优势的话语控制。在当今世界，如果某种话语在文化领域成为一种主导性的话语，实际上就限制了其他文化的传播和发展，西方的话语霸权隔断的正是弱势国家的文化传统之根，使得弱势国家的传统文化与西方资本的所谓现代文化之间存在深度断裂，造就一大批无家可归的"文化难民"和"无根民族"。新型帝国主义引发了多重文化危机：世界文化的多样性生态环境遭到破坏，各民族国家的文化认同和文化主权受到威胁，人类精神文明总体发展进程受阻。全世界弱势国家应该联合起来，共同抵抗文化强势的新型帝国主义国家的文化侵略。

总之，新型帝国主义进一步加强意识形态的攻击力，大肆传播"普世价值""宪政民主""历史虚无主义""资产阶级民主人权"，企图通过"和平演变""颜色革命"颠覆社会主义国家政权和一切反对霸权主义的民族国家政权。

第九，国际金融垄断资本主义，即新型帝国主义各国经济政治发展不平衡仍然是普遍规律。

世界经济政治发展不平衡是资本主义的绝对规律，是资本积累扩张规律发生作用的必然结果。国际金融垄断资本主义不仅没有使这条规律消失，反而使规律加重，社会两极分化急速扩大，经济危机连续爆发、贫困人口增多就是这条规律起作用的结果。这条规律决定发达资本主义国家经济政治的地位逐渐削弱,最强大的国际垄断资本主义国家美国的霸主地位日益下降,发展中国家、社会主义国家在不平衡规律的作用中,其地位和作用逐步上升。

列宁在《帝国主义论》中通过对帝国主义各国经济政治状况的分析,得出了一个重要结论,帝国主义各国经济政治发展是不平衡的,今天这个结论仍然是正确的,新型帝国主义各国的经济政治发展依然是不平衡的。帝国主义各国发展不平衡的规律是由资本主义制度的本质所决定的,在资本主义世界市场体系内,市场经济的规律决定了资本主义国与国、地方与地方、企业与企业之间呈现经济发展有高有低、有快有慢、有大有小,这是在市场经济体制中追逐超额利润的结果,造成了国家、地区、企业的跳跃式的、不平衡的发展,国际金融垄断加剧了这种不平衡。国际金融垄断资本主义经济的不平衡,决定了它军事、文化、政治实力的不平衡性。"一战"前的英国独霸、冷战时的美苏争霸、现在的美国独霸,帝国主义国家之间对霸权的争夺,都说明了不平衡规律的确定性。不平衡规律的结果就是战争,靠战争解决问题。不平衡规律使得社会主义革命有可能在薄弱环节突破,十月革命如此,中国革命如此,一系列东方革命也是如此。"二战"后,资本主义国家发展呈多样性,有先发国家,也有后发国家;有中心国家,也有外围国家;有穷国,也有富国;有霸主国家,也有非霸主国家,造成今天单边主义与多边主义之争的复杂多变的国际格局。

20世纪50年代初,美国发动的朝鲜战争,能够一呼百应,组织起庞大的联合国军。到了20世纪90年代,美国发动海湾战争、南斯拉夫战争、利比亚战争动员力已经下降,但尚能够动员西方资本主义强国,拼凑起来联军,但到了叙利亚战争、与伊朗对抗时,已很难纠集起西方资本主义国家联合军事行动了。美国新型帝国主义的霸主地位在下降,不可一世的美帝国主义必然受到不平衡规律的惩罚。

对于国际金融垄断资本主义,即新型帝国主义,我们必须从马克思主义的立场、观点、方法来认识它的新现象、新变化和新特征。一方面,国际金融垄断资本主义创造了比国家垄断资本主义更先进、更强大的劳动率和生产力,推动了高新科技新的一轮革命和信息智能变革,掀起了新浪潮,进一步推动了全球化发展,极大地增加了社会的物质财富,为新的社会形态的成长成熟提供了必要的物质条件。列宁说,"任何一个马克思主义者都不会忘记,资本主义比封建主义进步,而帝国主义又比垄断前的资本主义进步"[①]。马克思在《〈政治经济学批判〉序言》中指出,"无论哪一个社会形态,在它所能容纳的全部生产力发挥出来以前,是决不会灭亡的;而新的更高的生产关系,在它的物质存在条件在旧社会的胎胞里成熟以前,是决不会出现的"[②]。国际金融垄断资本主义比国家垄断资本主义、私人垄断资本主义、自由竞争资本主义都进步,这就是历史发展的辩证法。我们还应看到国际金融垄断资本主义具有一定的自我调节和局部改良的能力,还有一定的空间容纳生产力的发展,它还有一定的回旋余地和生存的时间,社会主义取代资本主义将是一个曲折、复杂、反复的历史进程;而更重要的一方面,我们应当认识到国际金融垄断资本主义的经济实力、政治实力、军事实力、科技实力、文化实力,建立在经济实力基础上的控制世界的实力显著增强,资产阶级对工人阶级和一切被剥削民族的压榨和统治手段更严厉、形势更多样、剥夺更残酷、压榨更巧妙。新型帝国主义本性没有改变,它的侵略性、寄生性、腐朽性、垂死性只是得到进一

---

① 《列宁选集》第2卷,人民出版社2012年版,第770页。
② 《马克思恩格斯选集》第2卷,人民出版社1995年版,第3页。

步强化，而并没衰减乃至消失。

七　应当采取的国际斗争战略策略

在国际斗争中分清敌我友，是制定并采取正确的斗争战略与策略，最大限度地团结一切可以团结的国际力量，最大限度地孤立与我为敌的极少数，以最大的努力和可能构造有利于我的和平发展的国际环境的首要问题和必要前提。

毛泽东同志在中国革命初期即开宗明义地指出："谁是我们的敌人？谁是我们的朋友？这个问题是革命的首要问题。中国过去一切革命斗争成效甚少，其基本原因就是因为不能团结真正的朋友，以攻击真正的敌人。"[①] 开展国内改革与建设如此，开展国际斗争合作也是如此，做好国内工作如此，推进国际工作也如此。在国际斗争合作中，处理好国际关系，分清敌我友，是正确开展国际斗争要解决的首要问题。

从当前国际斗争态势来看，可以简明扼要地说美帝国主义就是中国人民和世界人民的共同对手。美帝国主义国家统治集团是美国极少数国际金融垄断资本家利益集团及其政治代理，是中国人民和全世界一切爱好和平、争取发展的人们的共同对手。我们这里所讲的美帝国主义指的是极少数的美帝国主义者，即美国国际金融垄断寡头利益集团的资本家及其政治代表——美国国家政权的最高统治者。坚决反对美帝国主义的全世界各国的工人阶级、广大劳动人民及其政党，包括美国人民是我们的战友，一切反对美国霸权主义，赞成多边主义的、受到美帝国主义欺负的国家、地区及其政治代表

---

① 《毛泽东选集》第 1 卷，人民出版社 1991 年版，第 3 页。

是我们的朋友，包括反对美国单边主义的垄断资本主义国家及其政治代表，包括美国一切对华持友好态度，主张与华合作的势力也是我们应该团结的对象。

就国家制度性质来划分，当今世界可以分为社会主义制度的国家和资本主义制度的国家两大类。就国家经济发展水平来划分，又可以分为发达国家和发展中国家两大类。按国家制度性质来划分的两大类国家与按国家经济发展水平来划分的两大类国家有交叉重复。所谓发达国家，即发达资本主义国家，即国际金融垄断资本主义国家，包括美国、英国、法国、德国、日本、加拿大、澳大利亚等，占世界各国的少数。所谓发展中国家，即相对落后的国家，占世界各国的大多数。发展中国家在制度上又可以分为社会主义和资本主义两种社会制度性质不同的国家，发展中国家当然而然地包括走上社会主义道路的社会主义国家，还包括走上资本主义道路的相对落后的资本主义国家。"二战"后，一系列殖民地半殖民地国家和地区通过民族民主革命，推翻了垄断资本主义列强的殖民统治，取得了国家独立。其中一部分国家和民族由资产阶级民主革命转变为社会主义革命，走上了社会主义道路，如，"二战"后亚洲的中国、朝鲜、越南、蒙古等国家，东欧的波兰、罗马尼亚、南斯拉夫、捷克斯洛伐克、匈牙利、保加利亚等国家；20世纪五六十年代走上社会主义道路的亚洲的老挝和拉丁美洲的古巴。一部分国家和民族则走上了资本主义的发展道路，如印度等一大批亚非拉地区的前殖民地半殖民地的国家与民族。然而20世纪八九十年代，东欧剧变、苏联解体，这一历史性变化导致苏联各加盟共和国及东欧一系列社会主义国家，还有亚洲的蒙古国放弃了社会主义制度，走上了资本主义发展道路。到目前为止，世界上仅存的社会主义国家为五个，中国、朝鲜、越南、古巴、老挝。

发展中国家有一个共同点,都曾是帝国主义的殖民地或半殖民地,受到过帝国主义列强的压迫和剥削,现在又饱受国际金融垄断资本主义,即新型帝国主义的盘剥和欺负。有一个共同的民族愿景:都希望在和平的大环境下迅速发展起来,追求和平与发展是他们的共同愿望和要求。

从中华民族振兴的大局出发,我们中国要致力于打造建设社会主义现代化强国,完成包括国家统一在内的中华民族伟大复兴中国梦伟业的国际和平环境,这就需要最大限度地孤立极少数,团结最大多数。建立人类命运共同体是建立国际统一战线的伟大战略构想,也是世界人民共同憧憬和争取的世界大同的愿景。

我们现在迫切需要在国际斗争和国际合作中分清敌我友,依靠真正的战友,团结真诚的朋友,孤立与之作坚决斗争的极少数的敌人。在 20 世纪,美苏两超争霸时,毛泽东同志认为,苏联已经堕落为社会帝国主义了,提出了"三个世界"的理论。毛泽东同志认为,美苏两个超级大国为第一世界国家,英法德日等垄断资本主义国家为第二世界,中国等社会主义国家和广大发展中国家为第三世界。采取的战略策略是依靠第三世界,团结第二世界,最大限度地孤立并与之斗争的是第一世界。当然即使对第一世界也要分化瓦解,分别采取不同的斗争策略。"三个世界"理论符合冷战时期的世界格局态势,依据"三个世界"理论所制定的国际斗争和对外工作的战略策略,是有利于团结一切可以团结的力量,最大限度地孤立极少数,为我国创造和平发展环境的。正如十九届六中全会决议所指出的那样:"党提出划分三个世界的战略,作出中国永远不称霸的庄严承诺,赢得国际社会特别是广大发展中国家尊重和赞誉。"① 尽

---

① 《中共中央关于党的百年奋斗重大成就和历史经验的决议》,人民出版社 2021 年版,第 12 页。

管时过境迁，半个多世纪过去了，世界格局发生了翻天覆地的变化，但毛泽东同志提出的"三个世界"理论至今仍然具有现实和理论指导意义。

从目前世界格局来看，美国是一超独霸，为第一世界，是全世界追求和平与发展的国家、民族与地区人民的共同对手，西欧和日本、加拿大、澳大利亚等发达资本主义国家为第二世界。中国、俄罗斯等发展中国家为第三世界。以此划分，我们开展国际合作与竞争的战略策略就十分清晰了。当然，对"第一世界"美国而言，也要采取两手策略，两手对两手，以斗争求合作、求和平、求发展。丢掉幻想，准备斗争。要善于把美国人民同美国最高统治阶层的国际金融垄断资本利益集团及其代理人区别开来，把坚决与我为敌的一小撮最野蛮的国际金融资本利益集团同愿与我发展合作关系的资本家利益集团区别开来，把美国最高统治集团中对华主张"鸽派"政策的同主张"鹰派"政策的也要区别开来，分别采取不同的策略。对"第二世界"，要看到发达资本主义国家也不是铁板一块，它们之间也是矛盾重重。现在西欧发达资本主义各国，由于本国资本的利益也受到美国国际金融垄断资本的欺压，故离心离德，我们应区别对待。一定要坚定不移地坚持与"第三世界"团结起来，要巩固、发展与俄罗斯的战略伙伴关系，抱团取暖。要同其他四个社会主义国家发展友好关系，同一切发展中国家建立友好合作关系，比如同巴基斯坦、伊朗、柬埔寨等进一步发展战略伙伴友好关系，把我们的朋友团结得越多越好。

新帝国主义是帝国主义的最后阶段*

余 斌

一 新帝国主义阶段的界定

21世纪初,英国首相顾问罗伯特·库珀(Robert Cooper)公开鼓吹世界需要一种"新的帝国主义"。美国《华盛顿邮报》专栏作家塞巴斯蒂安·马拉比(Sebastian Mallaby)也声称,治理国际社会无政府的混乱状态需要帝国主义。实际上,早在20世纪70年代,新帝国主义就已经出现了。

列宁在《帝国主义是资本主义的最高阶段》中指出,资本主义转化为帝国主义的时间,在欧洲是20世纪初。他指出,资本主义的一般特性就是资本的占有同资本在生产中的运用相分离,货币资本同工业资本或者说生产资本相分离,完全靠货币资本的收入为生的食利者同企业家及一切直接参与运用资本的人相分离。帝国主义或者说金融资本的统治是资本主义的最高阶段,这时候的这种分离达到了极大的程度。帝国主义的特点恰好不是工业资本,而是金融资本。因此,对自由竞争占完全统治地位的旧资本主义来说,典型

---

* 原载《世界社会主义研究》2021年第4期。

的是商品输出；对垄断占统治地位的帝国主义来说，典型的则是资本输出。

列宁所说的帝国主义阶段一直延续到第二次世界大战结束之后。这时，美国成为世界上实力最雄厚的帝国主义国家，趁英法德日等旧帝国主义国家衰败，美国强化了其在帝国主义集团中的垄断和霸权地位，标志性事件就是1944年7月的布雷顿森林会议确定了美元霸权。布雷顿森林体系的要害是将美元纸币与黄金挂钩，其他国家纸币则与美元纸币挂钩，并确立了美元纸币在国际贸易结算中的垄断地位，从而使美元纸币窃据了世界货币即黄金的货币符号地位。

这时的美帝国主义仍然是旧式帝国主义。由于存在与以苏联为首的社会主义集团抗衡的需要，欧美帝国主义国家之间加强了合作，矛盾冲突不像两次世界大战之前那么紧张，其他帝国主义国家借机得到了比美国更快速的发展，影响了帝国主义国家之间原有的实力对比。1970年前后，"美国首先在生产领域遇到了来自西德、日本的挑战，后者在制造业方面的仿效竞争使它在生产领域失去了支配地位，这就截断了美国霸权的一个关键的支柱。为应对来自生产领域的威胁，美国力图以它的金融力量进行反击，以求维持它摇摇欲坠的霸权地位"[①]。列宁指出，除"发展不平衡"外，改变帝国主义之间实力对比的另一个因素就是"战争"。正是越南战争的失败和大量消耗给了美帝国主义以沉重的打击。

越南战争的巨大开支迫使美国政府和美国金融寡头联手滥印美元纸币来获取用于战争的物资。随着大量美元纸币投入美国市场和大量物资被战争消耗，通货膨胀势不可当，商品价格攀升，进口变

---

① 段忠桥：《资本帝国主义视野下的美国霸权——戴维·哈维的〈新帝国主义〉及其意义》，《中国社会科学》2009年第2期。

得有利可图。这样，过剩的美元被源源不断地输送到国外换购相对廉价的进口商品，在向国外输出通货膨胀的同时，美国的国际贸易收支自然出现大量逆差。当出口美国的国家要求美国用黄金兑现过剩美元纸币时，布雷顿森林体系就维持不下去了。该体系在1973年瓦解，美元纸币与黄金不再直接挂钩，美国私有中央银行——美联储也趁机摆脱了用黄金兑现美元纸币的责任，美元已经成为一纸不能兑现的白条。

但是，美元并没有随着布雷顿森林体系的瓦解而退出其所窃踞的世界货币符号地位。因为美帝国主义不择手段地迫使石油输出国组织只用美元进行石油结算，并通过中东战争提高石油的美元价格，从而成功迫使石油进口国不得不储备美元白条，并将其作为世界货币符号来使用。从此之后，"美国靠在全球发行美元、国债、股票以及大量金融衍生品这样的虚拟渠道，使全世界的实体资源（自然资源、劳动资源和资本资源）不停地流进美国。美国生产货币，其他国家生产商品"[①]。

显然，这时的帝国主义出现了不同于旧帝国主义的具有典型意义的经济特征——白条输出。新帝国主义出现了。

二 新帝国主义的白条输出

相比旧帝国主义的资本输出，新帝国主义的白条输出具有更强烈的帝国气息和掠夺性。因为旧帝国主义输出的是价值相当的资本，凭借资本来获得剩余价值、得到别国的"进贡"，而新帝国主义首先迫使别国用自己的生产资本和商品来换取他的白条，凭借白

---

① 杨圣明：《美国金融危机的由来与根源》，《人民日报》2008年11月21日。

条的发行权攫取别国的铸币税，得到第一重"进贡"收益，然后再把换来的别国生产资本作为自己的资本输出，去获得进一步的剩余价值，得到第二重"进贡"收益。

法国波拿巴皇帝创办的动产信用公司，曾经想用发行自己的股票或其他证券而得来的资金去收购各种工业企业的有价证券，以使自己变成法国各种工业的所有者，并使皇帝本人变成最高董事。旧帝国皇帝没能做到的事，新帝国主义的金融寡头们却以更为轻巧的无本万利的方式做到了。

为了维护美元白条的地位，使其他国家的纸币缺乏含金量，西方经济学家刻意强调黄金不再是货币、黄金没有用、黄金不如房屋保值等，让其他国家不再储备黄金，而美国自身却一点也没有放弃对黄金储备的控制。

不过，要可持续地利用白条输出掠夺世界各国人民，美国必须一方面迫使其他国家保有美元白条即持有美元储备，不能用这些储备的美元白条去购买美国的商品，否则这些白条就只是单纯的交易媒介，美国就攫取不了别国的铸币税了；另一方面，美国也必须适当地回收一些美元白条，进行重复性利用。当然这种回收不是兑现，而是近似无偿地收回。对于这一点，美国凭借其在国际经济、军事甚至思想领域的霸权地位是不难做到的。

美国用另一种白条即国家债券来换回并掩护纸币白条。纸币白条是发行纸币的金融寡头自己的债务，而国家债券则是全体民众的债务。金融寡头利用自己掌控的国家政权发行国债、回收纸币白条，再以救市的理由拿纸币白条购买自己手上的垃圾债券，进而把自己的债务转嫁到国内全体民众的身上。

对于其他国家，美国则利诱其购买美国国债。这些国家之所以同意用美国国债替换美元白条，一方面是因为美国国债支付利息；

另一方面是西方经济学家不断鼓吹美国国债的安全性和保值性。实际上，从布雷顿森林体系开始崩盘的 1971 年到 2010 年的 39 年中，1 盎司黄金的美元价格从 35 美元上升到 1278.5 美元，这意味着在这 39 年中美国通货膨胀的实际水平不低于 9.66%，只要美国国债的利息率的平均水平低于 9.66%，购买美国国债就不能保值，而是损失巨大。

为了强迫世界各国增持新帝国主义的国债白条，掩护纸币白条的输出，美国利用自己操控的国际金融垄断机构——国际清算银行的"巴塞尔委员会"制定《巴塞尔协议》，将美国的国债白条"定义"为高流动性资产，以提高流动性比率的名义，强迫参与国际金融业务的各国商业银行增持美国国债白条。

新帝国主义还利用自己掌控的国际金融市场制造危机和陷阱来回收美元白条。最典型的是 20 世纪末由美国金融大亨乔治·索罗斯亲自发动金融袭击，制造东南亚金融危机，掏空了东南亚一些国家的美元储备。这样，美国不仅不用担心东南亚国家拿这些美元白条向自己索回失去的财富，而且迫使这些国家不得不事后进贡更多的财富，以便换些美元白条回去储备起来。

具有讽刺意味的是，美国爆发金融危机后，美元白条相对于其他国家的纸币白条不仅没有贬值，反而升值。这一方面是因为，在这场危机中，像马克思生前的英国一样，美国也以破产的方式赖掉了不少美国所欠的世界其他国家以及普通民众的债务，其中中国企业在海外被欠账千亿美元，美国成重灾区；另一方面是因为，美元白条窃据了世界货币符号的地位，得以利用危机造成的货币短缺所引起的对美元白条暂时性巨大需求而"坚挺"起来。但是，同真正的世界货币即黄金相比，美元大大贬值。这充分说明美元白条的"坚挺"只是相对于虚弱的其他纸币白条而言，在真正的货币面前美元白条是极其虚弱的。

三　新帝国主义的知识租权

旧帝国主义曾经利用发明专利权谋求自己在产业方面的竞争优势。与旧帝国主义相比，新帝国主义有过之而无不及。即便专利技术能够降低生产成本，专利权也被用来抬高价格。美国诺贝尔经济学奖获得者约瑟夫·斯蒂格利茨（Joseph Eugene Stiglitz）指出：当我们为医学试验室里发现导致女性乳腺癌的基因而欢呼时，那些病人会叫苦连天。这是因为当采取基因技术治疗这些患者疾病时，她们每次都要被收取专利费；当这些人不能承担因为专利而昂贵的药费时，显然会导致不必要的死亡，这些医药专利的申请者显然是剥削者；如果单独一方或者局部利益团体对知识使用拥有绝对的权力，这就人为地增加了垄断，垄断因素又扭曲了社会资源的分配，并最终抑制更多的创新。[①]

知识租权即通常所谓的知识产权，是指法律所许可的权利人对某种非物质形态的智力产物所享有的专有权利。授予并保护知识产权的所谓理由是，没有有效地保护措施就没有动力进行革新。对知识产权进行适度的保护，能促使潜在的发明者投身研究与发展。西方法学界还把作为财产权的知识产权视为人权。

但是，把财产权视为人权是典型的物对人的统治。恩格斯早就指出："利益霸占了新创造出来的各种工业力量并利用它们来达到自己的目的；由于私有制的作用，这些理应属于全人类的力量便成为少数富有的资本家的垄断物，成为他们奴役群众的工具。商业吞

[①] 《美著名经济学家：美知识产权体系不适合中国》，http://www.mingong123.com/news/26/2007-7-27/102623BJ423.html。

并了工业,因而变得无所不能,变成了人类的纽带;个人的或国家的一切交往,都被溶化在商业交往中,这就等于说,财产、物升格为世界的统治者。"① 斯蒂格利茨指出:"大多数的重要创新——计算机、晶体管、镭射激光的基本理念,以及 DNA 的发现——都不是因为金钱的诱惑而诞生。这些都是对知识的渴求的产物。"② 迈克尔·皮瑞曼(Michael Perelman)也指出:"当大量的知识产权被掌握在极少数公司手中,与知识产权休戚相关的垄断必定提高价格水平。这样的体制将使数以百万计的人陷于贫穷,并且阻碍这些人对一般劳动的扩大发挥潜能。此外,追求知识产权对高等教育也产生很大的不良影响。"③

对于新帝国主义的金融寡头来说,他们作为食利者本来就完全脱离了生产,不接触生产过程,对生产不感兴趣,而知识租权恰恰给了他们一个不用生产就可以收租的好机会。许多发明的知识租权的最大受益者并不是发明人,而是收购发明专利权的人。随着新帝国主义的兴起,风险投资也兴盛起来,美国的苹果公司和微软公司都是金融寡头的风险投资培育起来的。风险投资对于发明专利项目一直高度关注,他们通过对早期的研发工作进行少量的投资,就能掌握高科技公司的大量股权。一旦研究成果转化成熟,市场前景显露,就到金融寡头创办和控制的各类股权市场上进行交易,获得暴利;有时也长期持有其股权以凭借其知识租权长期获利。

随着新帝国主义攫取知识租权,知识产权就成为国际事务中最

---

① 《马克思恩格斯文集》第 1 卷,人民出版社 2009 年版,第 105 页。可见,在资本主义社会里,作为财产权的知识产权,跟财产权一样,都只是奴役别人的工具。
② 《斯蒂格利茨:知识产权加剧世界不平等》,http://www.guancha.cn/sidigelici/2013_07_17_158737.shtml。
③ [美]迈克尔·皮瑞曼:《知识产权与马克思的价值理论》,靳立新摘译,《国外理论动态》2004 年第 8 期。

重要的因素。知识产权之争就从利益得失上升为所谓正义与邪恶的较量。新帝国主义凭借其政治、经济和军事实力，尤其是其所控制的巨大市场容量来强行推广其知识租权。知识产权最终与贸易挂钩，被纳入乌拉圭回合谈判，最终形成了《与贸易有关的知识产权协议》，成为连斯蒂格利茨都加以指责的套在世界各国人民尤其是发展中国家人民头上的枷锁，扩大了发达国家与发展中国家的南北差距。新帝国主义在攫取知识租权的同时，还竭力破坏他国的自主创新能力，妨碍别国也拥有知识产权。

目前，知识租权已经与健康权、受教育权、自决权、发展权这些西方社会也承认的人权之间产生了激烈的冲突。正如马克思所指出的："从人类精神的一般劳动的一切新发展中，以及这种新发展通过结合劳动所取得的社会应用中，获得最大利润的，大多数是最无用和最可鄙的货币资本家。"① 新帝国主义除了利用自身的知识租权收租外，还利用高科技手段窃取别国的政治经济军事信息和侵犯别国的知识租权。当美国"棱镜门"泄密者斯诺登（Edward Joseph Snowden）揭露了这一切后，为了捉拿他，欧美新帝国主义肆意践踏国际法，迫降并搜查被怀疑藏有斯诺登的玻利维亚总统座机。

四 新帝国主义的碳贡赋

纸币白条的发行权和知识租权已经不足以满足新帝国主义金融寡头们凭借权力掠夺的胃口，他们试图把控制人们的生存生活权作为他们最大限度地攫取利益的手段。碳排放权就是生存生活权，这是因为人们的呼吸和生产都需要排放二氧化碳。

---

① 《马克思恩格斯文集》第7卷，人民出版社2009年版，第119页。

在世界气候变化谈判过程中，以美欧为主体的新帝国主义国家不仅拒绝为发达资本主义国家在过去数百年里肆意排放的二氧化碳承担责任，反而联手对中国等发展中国家的减排施加压力，试图通过限制发展中国家的碳排放来阻碍发展中国家的发展。在哥本哈根世界气候大会上，由新帝国主义起草的丹麦文本规定，到2050年，发展中国家人均温室气体年排放量须限制在1.44吨，而发达国家的人均年排放量为2.67吨，大约比发展中国家多1倍。这显然对发展中国家不公平，其目的是要发展中国家向发达国家购买不足的碳排放许可量。

新帝国主义企图通过凭空规定这样一个权利来迫使全世界人民为了生存生活而向掌握这种权利及其分配的新帝国主义者缴纳"封建性贡赋"，实现其全球帝国之梦想，最终全面建成新帝国主义。

通过渲染全球变暖的危害，包括美国好莱坞电影的宣传，新帝国主义已经成功地将碳排放减排的义务强加到世界人民头上，凭空造出一个数百亿欧元的市场。据预测，全球碳交易市场有望超过石油市场，成为世界第一大市场，达到3万亿美元的规模。

但是，与石油不同，也与土地甚至技术不同，二氧化碳并不是生产要素，而至多只是生产的副产品。让生产企业为排放二氧化碳付出成本，其实就是征收产品税。如此巨额的产品税将对商品生产和国际贸易产生巨大的影响，成为生产企业和消费人群的巨大负担。这种碳贡赋正是新帝国主义反对世界人民的措施，尽管它打着维护生态环境的旗号。

一旦碳交易被普遍实行，新帝国主义就可以凭借其金融实力操控碳交易，哄抬碳排放权的价格，从而对世界各国的生产活动造成严重的干扰和破坏，并从中牟取暴利。发达国家还可以通过国际投资和国际贸易，将碳排放量大的项目向发展中国家转移，挤占发展中国家的碳排放空间，从而限制发展中国家的发展空间。

随着碳交易的普遍实行，碳排放的核查和监管也会成为至关重要的因素。这最终会给新帝国主义掌控的国际组织到发展中国家进行经济核查的权利，从而也就给新帝国主义国家直接干涉和全面掌控其他国家的经济内部事务提供了契机，而这正是新帝国主义的全球帝国治理所必需的。

最重要的是，旧帝国主义是资本的占有同资本在生产中的运用相分离，资本占有的利润还要来自对生产过程的直接剥削，而新帝国主义则完全脱离了生产过程，直接通过碳贡赋攫取一个又一个国家的整体利益。再也没有比碳贡赋更高效的剥削手段了，这达到了人类历史上剥削社会的终点。新帝国主义是帝国主义的最后阶段，也是资本主义的最后阶段，是一切人类剥削社会的最后阶段。

五 新帝国主义之争

一超独大的美国是新帝国主义的主要国家，但欧洲和日本等新帝国主义国家也在快速发展。第二次世界大战后，欧美日等帝国主义国家联手对付东方的社会主义国家。随着苏联解体，欧美日等新帝国主义国家之间的矛盾也日益突出。"统一的欧洲正在变得越来越不像盟友，而是竞争对手。同时，美国也不可能与欧洲建立有效而长期的合作关系，美欧难以弥合政治上的分歧，这些利益冲突将令美国与欧盟渐行渐远。"①

欧元白条的诞生刺激了新帝国主义国家重新瓜分白条输出势力范围的竞争。这场竞争也可以说是一场瓜分经济领土的竞争。在维

---

① 官进胜：《新帝国主义：历时与共时的视角》，《上海行政学院学报》2004年第6期。

护美元霸权的伊拉克战争中，法德两国表现不积极，这并不是由于观念上的不同，而是白条输出利益上的差异。

在2008年美国引发的国际金融危机中，欧元和日元受到的冲击远比美元更甚。这是因为，在经济全球化的国际贸易和国际金融活动中，大量的信用货币都是以美元来计价的，因而在美国金融危机打乱了世界信用机制后，世界各国大量的信用货币都要转化为美元。这使美元的需求量大增，许多国家纷纷抛售其他可兑换货币来换取美元，使得欧元和日元相对于美元更贬值。美元的发行者利用这场危机带来的美元货币短缺，不仅摆脱了长期滥发美元导致的美元信用丧失的风险，还借机滥发大量的美元从而大赚了一笔，并获得了救市的好名声。

危机之后，欧洲新帝国主义国家痛定思痛，试图加强欧元区的政治联合，以强化欧元白条输出的势力范围。美国则希望欧元区解体，并鼓吹一些国家应当退出欧元区。同时，美国还利用日本和菲律宾在中国周边挑起事端，对中国予以"警告"。

如今，能够输出纸币白条的国家和地区最主要的是以美国为核心的美元白条区和以欧洲大陆为核心的欧元白条区，其次是依附这两大区域或处于这两大区域夹缝中的英国和日本。法德联合的欧元白条区的新帝国主义实力远超单独一个欧洲大国，其与美帝国主义之间的新帝国主义竞争的规模大大超过了第二次世界大战前的旧帝国主义之间的竞争。

英国曾是旧帝国主义的头号国家，尽管已经没落，却仍不甘愿完全融入欧洲。然而，欧洲新帝国主义的发展趋势正在日益融合，就像马克思时代的德国日益融合一样。英国的"脱欧"很像当年奥地利退出旧德国，其后果也会像当年普鲁士联合几个小公国成立新德国一样，形成新欧洲。在旧帝国主义时代，德国曾想用"欧洲联邦"对抗美利坚合众国。随着欧盟内部一体化的加强,美帝国主义将面临一个强劲的竞争对手。

日本帝国主义知道,美国不愿增加其在帝国主义方面的竞争对手,对日本有所警惕。因而,日本提出"中国威胁论",利用美国遏制中国的企图以及经济危机给美国造成的力不从心,争当挑起地区摩擦的急先锋,以此换取美国许可其发展军事力量,许可其解禁集体自卫权,就像当年希特勒利用英国的默许来恢复德帝国主义的实力一样。

虽然美国在德国和日本都有自己的驻军,日本所使用的美国军火也有利于美国的控制,但第二次世界大战前英国对德国控制失败的教训犹在,一旦美国对日本控制失败,美国也会深受其害。

总之,随着新帝国主义的发展、各帝国主义集团实力的变化,新帝国主义之间的争斗无可避免,这给未来世界经济的发展和国际安全局势蒙上了阴影。要知道,正是当年的英法帝国主义集团与德帝国主义集团以及日本帝国主义与美帝国主义的争斗引发了两次世界大战。

六 新帝国主义的终结

日裔美籍学者福山于 20 世纪 80 年代末提出"历史终结论",其实质就是认为人类社会形态会以当时如日中天的新帝国主义为终结。但是,美国金融危机前后的事态发展表明,面临终结的恰恰是新帝国主义。

威廉·塔布(William Tabb)担心美国会因失去竞争力和维护帝国运行成本过高而破产。斯蒂格利茨和琳达·比尔姆斯(Linda J. Bilmes)通过详细的计算分析后认为,按照保守估计,美国在伊拉克战争的总开支将达 3 万亿美元,甚至可能超过美国在第二次世界大战中的 5 万亿美元(按通胀率折算)开支。如此巨大的成本,显然是新帝国主义不能承受之重。

在与社会主义集团对抗时,新旧帝国主义曾经对本国工人阶级做了较大的让步,甚至采取了收买本集团内部工人阶级的政策,形成了所谓"福利国家"的模式。但是,东欧剧变和苏联解体后,新帝国主义国家纷纷享受"和平红利",大幅削减工人福利,收回曾对工人阶级作出的一些让步。尽管如此,欧洲的主权债务危机表明,如今这种模式居然也成了新帝国主义不能承受之重。

马克思指出,"如果现代工业不是在周期性循环中经过停滞、繁荣、狂热发展、危机和极度低落这些彼此交替、各有相当时期的阶段,如果工资不是因这些阶段彼此交替而有高有低,如果厂主和工人之间不是进行着经常的、与工资和利润的这些波动密切联系着的战争,那末,大不列颠和全欧洲的工人阶级就会成为精神萎靡、智力落后、内心空虚、任人宰割的群众,这样的群众是不可能用自己的力量取得解放的,正如古希腊罗马的奴隶不能用自己的力量取得解放一样"[①]。显然,随着这场由美国金融危机引起的新帝国主义国家的经济危机和福利的大幅削减,新帝国主义集团内部的工人阶级及其他群众的反抗也会日益加强。美国发生"黑人的命也是命"的骚乱正是这一反抗的体现。

列宁在谈到俄国革命形势时指出,"在多数情况下,对于革命来说,仅仅是下层不愿象原来那样生活下去是不够的。对于革命,还要求上层不能象原来那样统治和管理下去"[②]。就新帝国主义的上层而言,"任何一个民族都不会容忍由托拉斯领导的生产,不会容

---

① 《马克思恩格斯全集》第 9 卷,人民出版社 1961 年版,第 191 页。
② 《列宁全集》第 23 卷,人民出版社 1990 年版,第 313 页。

忍由一小撮专靠剪息票为生的人对全社会进行如此露骨的剥削"①。事实上，美国爆发的"占领华尔街"运动，就是新帝国主义内部以产业资本家和小资产阶级为主体的中上层民众对金融寡头统治的一次示威。

但是，指望以产业资本取代金融资本的统治，指望虚拟经济让位于实体经济，这只不过是产业资本家的幻想。金融资本是产业资本自身的产物，虚拟经济的存在延缓了实体经济的危机。不废除产业资本就不可能废除金融资本，也不可能摆脱金融资本的统治，甚至连多少限制一下金融资本都极为困难，而且"每一个对旧危机的重演有抵消作用的要素，都包含着更猛烈得多的未来危机的萌芽"②。

虽然新帝国主义拥有强大的毁灭地球和人类的武器库，但这并不能阻止新帝国主义的终结。相反地，新帝国主义不得不把大量的财富用于军事工业，不断研发无人机等不用人或少用人参与战斗的武器，这恰恰表明了新帝国主义的脆弱性，表明新帝国主义不敢相信和依托任何人。

新帝国主义已经脱离生产，从而不再促进生产力的发展，他们甚至要废掉技术更先进的华为5G手机。新帝国主义已经阻碍生产力的发展，当生产力一旦开始突破这种障碍时，整个新帝国主义社会就会陷入混乱状态。新的更高的生产关系即社会主义生产关系已经在资本主义世界中破土而出，并以自身的实践提供了正反两方面的经验，世界人民已经拥有科学的马克思主义作为指导。既然如此，新帝国主义的终结和资本主义的全面灭亡就不仅是不可避免的，而且是并不遥远的，这也是百年未有之大变局出现的原因。

---

① 《马克思恩格斯文集》第3卷，人民出版社2009年版，第558页。
② [德]马克思：《资本论》第3卷，人民出版社2004年版，第554页。

美国帝国主义是资本主义的没落阶段
——兼谈新冠肺炎疫情对国际战略格局的影响*

张文木

列宁说,"资本家瓜分世界,并不是因为他们的心肠特别狠毒,而是因为集中已经达到这样的阶段,使他们不得不走上这条获取利润的道路"①。同样的道理,一个生机勃勃的美国被这般送入末途,也不是资本家"心肠特别毒辣",它是美国人建立的这类绝对资本主义(或称"原教旨资本主义")制度使然。美国人太热爱自由了,以至将自由绝对化,结果由"自由"造成的制度反成了打倒美国自由的力量:为自由而挣脱欧洲,为了捍卫和巩固革命得来的自由成果又将自由绝对化,结果绝对自由及建立于其上的片面信仰又将自由葬送。这样的结局确实需要今天的美国人乃至新成长起来的中国青年反思。

这次全球性的新冠肺炎疫情将美国问题突出地提了出来,在化解这次世界范围内的疫情大流行灾难方面,美国的应急体制与中国的比较,真是相形见绌。人们不由得提出"世界将向何处去"的问题。目前的世界已从列宁所说的资本主义最高阶段跌入

---

* 原载《世界社会主义研究》2021 年第 4、5、6 期。
① 《列宁全集》第 27 卷,人民出版社 2017 年版,第 388 页。

没落阶段,其表现是金融资本迅速向高利贷资本返祖,军工资本和高利贷资本迅速结合并向法西斯方向逆行。基辛格说这次"新冠病毒大流行将永远改变世界秩序"①。列宁曾将20世纪初的帝国主义看作"资本主义的最高阶段"②,我们认为,21世纪初的美国代表着资本主义"最高阶段"之后的没落阶段。人类曾有过封建社会的没落阶段,现在我们正经历资本主义的没落阶段。本文讨论的正是这个问题,需要说明的是,本文中的"美国"的概念主要不是指作为民族国家的美国,而是指在国际垄断资本统治下的"美帝国"③。

一 高利贷帝国主义是当今美帝国的鲜明特征

今天能够决定美国外交政策方向的不是白宫而是华尔街。美国建国之初,其外交就已经半是主义,半是生意;可到今天,美国外交已没有主义,只有生意。白宫制定美国外交政策的前提是偿还债权人即华尔街财团的借款,因而华尔街财团而非美国白宫的表态往

---

① 《基辛格:新冠病毒大流行将永远改变世界秩序》,http://world.people.com.cn/n1/2020/0405/c1002-31662365.html。
② "帝国主义作为资本主义的最高阶段,到1898—1914年间先在欧美然后在亚洲最终形成了。"《列宁全集》第27卷,人民出版社2017年版,第323页。
③ 中美之间的矛盾的本质是中国与"美帝国"之间的矛盾。美国人民面临的真正敌人不是白宫,而是"美帝国"。毛泽东始终是这样区分的。1961年8月18、19日,毛泽东在杭州会见巴西友人,谈到美国时说:"我说的美国人,指的是美国政府、垄断资本,不是讲美国人民,美国垄断资本不仅对中国人民不友好,对世界各国人民也是不友好的。它不仅压迫社会主义国家,也压迫民族主义国家或争取民族独立的人民。"在谈到中国和巴西的关系时,毛泽东说:"现在障碍只有美帝国主义。"在谈到巴西发展时,毛泽东说:"为什么北美能有一个美国,南美就不能有一个'美国',我讲的不是帝国主义,是讲经济、文化上强大的巴西。"1965年11月25日,毛泽东在接见外宾时说:"我们反对美国帝国主义,只是限于反对帝国主义分子,一定要把美国帝国主义分子同美国人民划分清楚。现在美国人民起来反对他们的政府的侵略政策,我们表示高兴,表示欢迎。"1966年8月21日,毛泽东在会见赞比亚友人时说:"美帝国主义是我们的对头。我们对美国的了解也是逐步的,就像你们了解英国一样。"参见中共中央文献研究室编《毛泽东年谱(1949—1976)》第5卷,中央文献出版社2013年版,第9、543、615页。

往就是美国外交政策变动的风向标。①

在建国之初，美国政府就在"不自由，毋宁死"的原则下主动削弱政府对社会的监管权力②，其中包括削弱国家对企业遑论银行的控制和监管权力，因此美国国家一直没有建立起独立的国家财政。③ 这使得在美国制定外交政策时就需要资本财团的资金支持，而外交政策实施能力的大小要以从华尔街债权人那里可以借出钱的多少为前提。因此，在每次重大政策实施前，美国政府的第一件事就是借钱。这使得美国政府从独立之日起就失去了独立的财政能力，它的财政得靠资本财团支持，以至于后来美国日益异化为由一小撮债权财团控制的"半殖民地"国家④（如图1所示）。

由图1我们可以看出，美利坚民族通过独立战争摆脱了英国殖民地地位的同时，又在借贷中落入了华尔街金融财团⑤的控制：政府借贷的规模越来越大，这使得美国政府在华尔街的债务陷阱中越陷越深且不能自拔。到第二次世界大战时，美国政府的借贷规模已大大超出了国内生产总值。美国在赢得第二次世界大战并成了世界的"主人"后，却彻底成了华尔街的债奴。借来的钱是要还的，大规模的借贷迫使美国白宫外交政策为还钱而不是为民族利益而制

---

① 张文木：《美国政治结构与外交政策》，《国际关系研究》2013年第3期。
② "'小政府'原则是杰斐逊政治思想的一个重要组成部分。'小政府'（又称'有限的政府'）意味着取消常备军与大大缩小官僚机构……因为他认为一个拥有庞大的官僚系统和常备军的机构臃肿的政府，就是一个压迫人民的政府。因此，为了保障人民的自由民主权利，为了减轻人民的税务负担，就必须取消常备军和精简官僚机构，以便实现一个'小政府'。这是杰斐逊终身追求的一个政治目标。"参见刘祚昌《杰斐逊全传》（上），齐鲁社2005年版，第788页。
③ 随着美国联邦储备系统（美联储）的影响力和权力越来越大，同时，美国国会也一直支持美联储货币政策的独立性，因此，1951年，美联储与财政部签署一项协议，美联储的决策不受财政部的影响。至此，美联储成为世界上独立性最强的中央银行之一。参见王华庆《央行·人民币：中国经济可持续发展中的基石作用》，中国金融出版社2016年版，第10页。
④ 参见王华庆《央行·人民币：中国经济可持续发展中的基石作用》，中国金融出版社2016年版，第7—10页。
⑤ 华尔街金融财团是集中在华尔街的、提供融资货币的资本家垄断集团，它根据预期效益为美国实体经济提供融资，其中获得最大最有力支持的是赢利最大的军工资本集团。

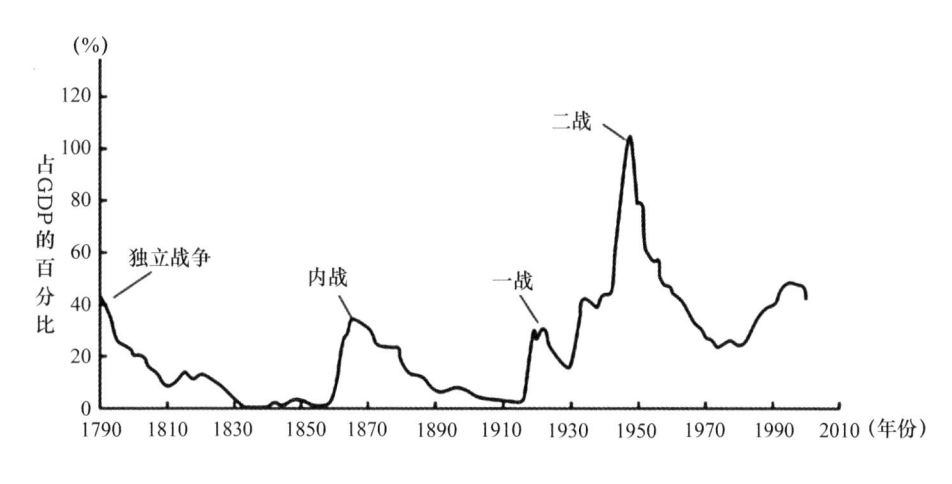

图 1 美国政府债务

数据来源：[美]曼昆：《经济学基础》第 2 版，梁小民译，生活·读书·新知三联书店 2003 年版，第 422 页。

定。第二次世界大战中，美国取得了胜利，但战争中从华尔街借来的债务却不能因胜利而一笔勾销。为此，必须找个理由再发动美国人民根本不需要的朝鲜战争和越南战争。美国第 34 任总统艾森豪威尔意识到这一变化的危险，他在卸任时"感到有必要就这些发展的危险性向全国再次发出警告"，他说：

> 庞大的军事编制和巨大的军火工业的这种结合，在美国是前所未有的。它的整个影响——经济的、政治的甚至精神的——在每座城市、每个州政府、每个联邦政府机构里都能感受到。我们承认这种发展是绝对必要。然而我们不可不看到它是牵连广远的。我们的劳动、资源和生计全都同它有牵连；我们的社会结构本身也是如此。
>
> 在政府的各种会议上，我们必须防止军事—工业复合体有意无意地施加不正当的影响。促成这种大权旁落的有害现象的

潜在势力，目前存在，今后也将继续存在。

我们绝不可让这种结合的压力危及我们的自由和民主进程。我们不可掉以轻心。只有保持警惕和深明事理的公民集体，才能迫使巨大的工业和军事防务机器去紧密配合我们的和平方法和目标，这样，安全和自由才能共存共荣。①

艾森豪威尔说这是他"在白宫岁月告终之际所能留给我国人民的一个最有挑战性的咨文"②，文中尖锐地指出了美国当时已出现的"大权旁落"即指军工财团支配政府决策的现象。集中于华尔街③的军工财团——即使在和平时期——需要的并不是面包而是战争，艾森豪威尔回忆道："许多集团发现防务经费的不断增加对他们自己甚有好处。向来关心百分之百的安全的各军种，也很少对拨给它们的款项感到满意，即便那是个慷慨的预算。昂贵的军火的制造商们肯定喜欢他们所获得的利润，而开支越大，利润就越高。在潜在利润的刺激下，有势力的国会院外集团跳出来力争愈来愈庞大的军火开支。于是这种特殊利益的蛛网越织越大。"④

但是，能拉动军火工业的只能是战争，最好是由美国直接发动的战争。为了巩固其在美国已形成的反客为主的政治地位，这个华

---

① ［美］德怀特·D. 艾森豪威尔：《艾森豪威尔回忆录》（四），樊迪、静海等译，东方出版社2007年版，第479—480页。

② ［美］德怀特·D. 艾森豪威尔：《艾森豪威尔回忆录》（四），樊迪、静海等译，东方出版社2007年版，第480页。

③ 华尔街（Wall Street）原为1792年荷兰殖民者为抵御英军侵犯而建筑的一堵土墙，从东河一直筑到哈德逊河，沿墙形成一条街而得名。后拆除了围墙，但"华尔街"的名字却保留下来并成为美国和世界的金融、证券交易中心，通常把华尔街作为垄断资本的代名词。鉴于第二次世界大战后美国金融资本在国际上的统治地位，华尔街越来越多地失去民族性，因而它已异化为国际垄断资本的代名词。本文正是从后一种意义使用这一词语的。

④ ［美］德怀特·D. 艾森豪威尔：《艾森豪威尔回忆录》（四），樊迪、静海等译，东方出版社2007年版，第480页。

尔街"军工复合体"从部门利益出发就操纵舆论不断制造敌人，以此促使美国外交不断强势升级。只要有战争，美国的军工集团就有军火赢利，由此它在美联储从而在美国就有巩固的地位。巨大的利润——庞大的国内枪支销售利润只是他们的保底——增加了军工财团的收入，华尔街财团再拿出其中部分通过美联储反哺白宫财政。

  1940年至1945年二战结束，美国的债务总额从500亿美元快速上升至2600亿美元，债务总额占GDP的比重从50%上升至历史上最高的121%。实际上，从第二次世界大战伊始，美国逐年提高其债务上限额度，从最初的490亿美元，上升至1945年的3000亿美元。此后，在美国债务上限历史上，就再也没有低于1000亿美元的时期了。[①]

  今天，在美国"虽然在观念上，政治权力凌驾于金钱势力之上，其实前者却是后者的奴隶"[②]。满世界耀武扬威的美国政府在国内已成了华尔街的债奴，其外交活动基本就是为了清偿债务。由图1可知，美国政府在第二次世界大战中的天量借贷直到20世纪70年代才基本偿清。我们看到，正是为了还债，这期间美国外交不得不选择有悖于美国国家利益的朝鲜战争和越南战争，直到越南战争结束时，美国政府才将第二次世界大战中借来的债务基本还清，这是美国尼克松新政得以推出的前提。

  但尼克松要推动新外交还得靠借贷维持，昨天的债权人是华尔街军工资本集团，但美利坚民族在朝鲜战争和越南战争之后实在打

[①] 戴金平、张素芹、邓郁凡：《主权债务危机：国家信用神话的破产》，厦门大学出版社2012年版，第186页。

[②] 《马克思恩格斯全集》第1卷，人民出版社1956年版，第448页。

不动了，这样，在20世纪70年代，尼克松及时将其债权人从华尔街军工资本集团转为华尔街金融资本集团。直至特朗普上台之前，美国政府从对军工资本集团的依赖转为对金融资本集团的依赖，美元的支撑点从军工转向石油。研究这一时期美国外交的着眼点主要是华尔街金融集团的利润表现而不再是军工集团的利润表现。里根时期美国对金融集团的依赖大幅深化。美国财政赤字高居不下，里根政府策划并推动了苏联解体，使美国从中获得超额"浮财"，这在相当程度上缓解了美国政府的财政危机。1992年后，美国财政赤字大幅下降。在1998—2001年间，美国财政已有盈余（如图2所示）。

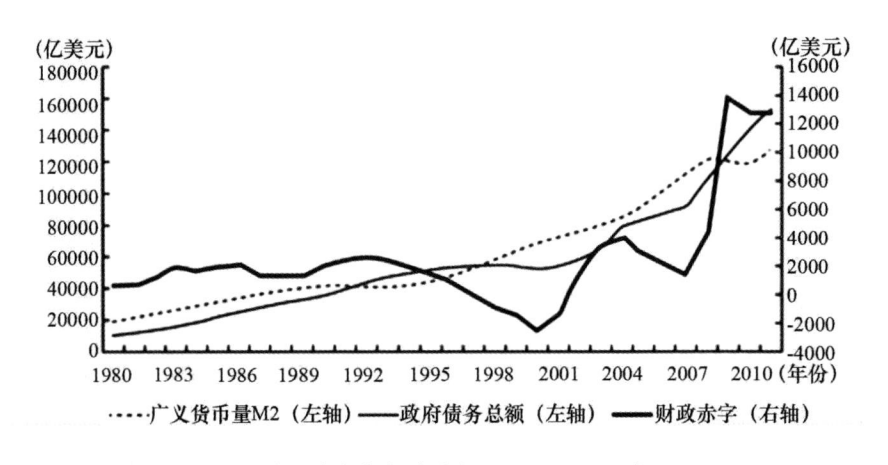

图2 美元发行额与赤字额（1980—2011年）

数据来源：美国国会预算办公室，国际货币基金组织，世界银行。转引自史正富《超常增长：1979—2049年的中国经济》，上海人民出版社2016年版，第70页。

为了保证美元在世界原油价格的独控地位，2001年美国发动了阿富汗战争，2003年又发动了伊拉克战争。但美国在阿富汗和伊拉克人民的反抗中陷入困境，由此美国政府失去了对中东石油的专享权力。2008年美国宣布从伊拉克部分撤军，与此同时，美国的国债也大幅飙升，财政赤字更是直线上升。其间，美国政府对华尔街从以前的相对依赖变为绝对依赖：财政赤字的不断积累，导致了美国政府债务不断攀升。截至 2012 年底，美国政府的净债务累计达到 13.11 万亿美元，政府净债务对 GDP 的比率达到 83.77%；与此同时，美国政府的总债务累计达到 16.78 万亿美元，政府总债务对 GDP 的比率达到 107.18%[①]（如图 3 所示）。

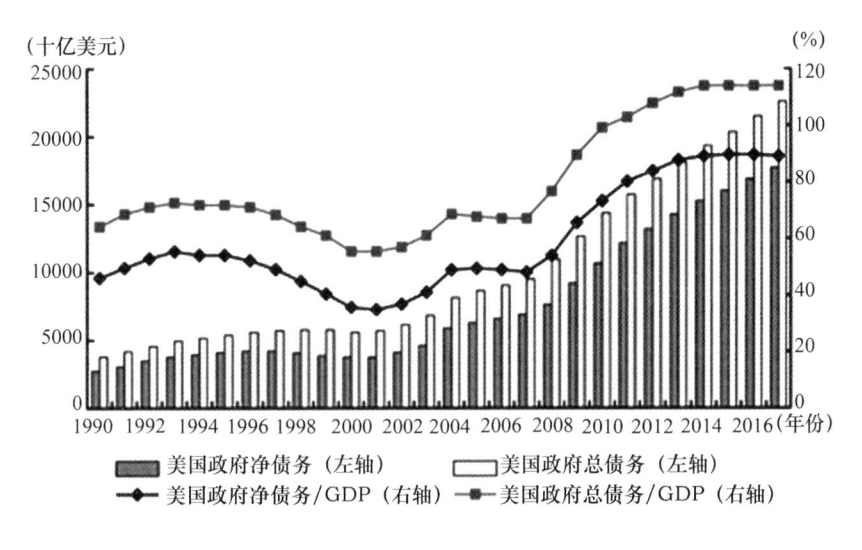

图 3 美国政府债务（1990—2016 年）

数据来源：根据国际货币基金组织网站 WEO 数据库绘制，参见羌建新《国际货币金融体系变革与中国》，中国发展出版社 2015 年版，第 118 页。

由图 3 可见，截至 2016 年，美国政府总债务与 GDP 的比重已接近美国历史的最高点即 1945 年第二次世界大战结束时的水平（参考图 1）。问题是 1945 年美国政府大举借贷是为了打赢正义的反法西斯战争，而 2016 年的高债务率是为了非正义的入侵阿富汗和伊拉克的战争。同一形式下却是完全对立的内容。

至此，美国在 300 多年里从欧洲的造反者、北美的创业者最终竟

---

① 羌建新：《国际货币金融体系变革与中国》，中国发展出版社 2015 年版，第 118 页。

异化为华尔街的债奴，美国政府从一个独立自主的为美国国家利益服务的机构异化为为华尔街债权人服务的买办集团，并于 20 世纪下半叶从军工帝国主义①转变为以金融产品营利为目的的帝国主义，列宁称这样的国家为"高利贷帝国主义"②，不同的只是，当时列宁说的是法国，现在轮到美国来扮演这个角色了，而美利坚民族这一时期也就整体性地——回归到当年犹太人"夏洛克"的老本行——转为高利贷民族。自 1980 年即里根之后，历史的发展印证了马克思在《论犹太人问题》中的结论：犹太教与基督教的精神在美国合二为一了。③

二 美国的蜕变：从一个向上的正常国家向帝国转变

（一）凡是现实的东西都是合乎理性的

黑格尔说："凡是合乎理性的东西都是现实的；凡是现实的东西都是合乎理性的。"④ 黑格尔这里说的"理性"是反映事物本质的规律，是上升的因素。当事物发展进入它的否定阶段后，它就是反"理性"的和不"现实"的了⑤。今天的美国已与理性相悖，进

---

① 笔者提出"美国军工帝国主义"的概念基于已有的相关专题的研究。毕业于西点军校，参加过越战的美国波士顿大学国际关系教授安德鲁·巴切维奇（Andrew Bacevich）在《美国新军国主义》一书中明确提出："我们时代的美国人已经陷入军国主义的困境了。"另外，美国学者查默斯·约翰逊（Chalmers Johnson）的《帝国的悲哀：军国主义、秘密状态和共和国的终结》、诺姆·乔姆斯基（Avram Noam Chomsky）的《霸权还是生存：美国对全球统治地位的追求》、卡尔·博格斯（Carl Boggs）主编的《战争主宰者：美帝国时代军国主义及其后座力》等，都是研究美国军国主义的力作。

② "法国帝国主义与英国殖民帝国主义不同，可以叫做高利贷帝国主义。"参见《列宁全集》第 27 卷，人民出版社 2017 年版，第 378 页。

③ "基督教起源于犹太教，又还原为犹太教。基督徒起初是理论化的犹太人，因此，犹太人是实际的基督徒，而实际的基督徒又成了犹太人。"参见《马克思恩格斯全集》第 1 卷，人民出版社 1956 年版，第 450 页。

④ ［德］黑格尔：《法哲学原理》，范扬、张企泰译，商务印书馆 1961 年版，第 11 页。

⑤ "在日常生活中，任何幻想、错误、罪恶以及一切坏东西、一切腐败幻灭的存在，尽管人们都随便把它们叫做现实。但是，甚至在平常的感觉里，也会觉得一个偶然的存在不享受现实的美名。因为所谓偶然的存在，只是一个没有什么价值的、可能的存在，亦即可有可无的东西。但是当我提到'现实'时，我希望读者能够注意我用这个名词的意义……"参见［德］黑格尔《小逻辑》，贺麟译，商务印书馆 1980 年版，第 44 页。

入反理性存在，其自身的否定因素已大于肯定因素，用黑格尔的话说，它已"不配享受现实的美名"①。即使如此，我们研究美国也不能有片面性，美国今天的腐朽性是从昨天的进步性来的，找不到美国否定因素的规定性即进步因素就说不准今天美国腐朽和没落的本质。黑格尔还说："世界上没有一个真正恶人，因为没有一个人是为恶而恶，即希求纯否定物本身，而总是希求某种肯定的东西，从这种观点说，就是某种善的东西。"②黑格尔这句话的深刻性在于我们不能够戴着有色眼镜看待当前的美国，这也是马克思在研究资本主义时采取的态度。马克思说："我决不用玫瑰色描绘资本家和地主的面貌。不过这里涉及的人，只是经济范畴的人格化，是一定的阶级关系和利益的承担者。我的观点是：社会经济形态的发展是一种自然历史过程。"③今天我们对美国的研究也不能用有色眼镜，只有如此，我们才能揭示出美国曾经历的一个"既不能跳过也不能用法令取消自然的发展阶段"④。

事实上，早期美利坚民族是向善的，与其他民族——比如早期美国人决心摆脱的不列颠民族——不同的只是，美国人选择的这种"善"即不受约束的和放任的自由原则所产生的必然性使自己比较快地从自由走向被奴役，从进步走向反动。

（二）共命运：犹太教与清教联袂登上新大陆

索罗斯身上有两个附在今天美帝国身上的重要符号，这就是高

---

① ［德］黑格尔：《小逻辑》，贺麟译，商务印书馆1980年版，第44页。
② ［德］黑格尔：《法哲学原理》，范扬、张企泰译，商务印书馆1961年版，第151页。
③ 《资本论》第1卷，人民出版社1975年版，第12页。
④ "一个社会即使探索到了本身运动的自然规律，——本书的最终目的就是揭示现代社会的经济运动规律，——它还是既不能跳过也不能用法令取消自然的发展阶段。但是它能缩短和减轻分娩的痛苦。"［德］马克思：《资本论》第1卷，人民出版社1975年版，第11页。

利贷和犹太人。有人说"不了解清教徒的思想，就无法了解美国"①，沿着这个深刻的见解，同样也会发现：不了解犹太教，就既不能了解清教，也不能了解美国。

马克思说："商人资本和生息资本是最古老的资本形式。"② 世界各民族早期都有过高利贷活动，但操持高利贷营生时期较长的，大概就是犹太民族，以至在中世纪欧洲，犹太人在许多文学作品中都被"奸商"化了。莎士比亚笔下的高利贷商犹太人"夏洛克"就成了奸商和贪婪的同义词，以至马克思都说："犹太人的想象中的民族是商人的民族，一般地说，是财迷的民族。"③ 其实，今天浪迹于欧洲和北美的犹太民族原本是一个反高利贷的民族。他们最初生活在中东的西奈半岛："住在死海以西的山区南部的称为犹太人部落，住在巴勒斯坦土壤丰美之地的称为以色列部落。"④ 公元前11世纪，扫罗建立了统一的以色列-犹太国家。这个国家位于欧亚非的交通枢纽上，是一条重要的国际商道，在这条商道上产生了较早的以专营货币为生的商业民族。那时中东一带放高利贷的还不主要是犹太人，相反，犹太人还是高利贷活动的受害者。公元前925年，以色列-犹太王国分裂。"此后南方由大卫的后裔继续统治，称犹太；北方另立王朝，称以色列。"⑤ 史称"以色列人的经济比较发达，高利贷活动随之增长，被剥夺土地和生产资料的人也迅速增多。即使在经济比较落后的犹太，到公元前8世纪，穷人也已遭受债务盘剥"⑥。生活在两河流域的古代巴比伦更是承认高利贷为正

---

① 转引自王帅等编《驴象之争200年：美国总统选举制深度透视》，经济日报出版社2001年版，第217页。
② [德]马克思：《资本论》第3卷，人民出版社1975年版，第674—675页。
③ 《马克思恩格斯文集》第1卷，人民出版社2009年版，第53页。
④ 周一良、吴于廑主编：《世界通史·上古部分》，人民出版社1973年版，第844页。
⑤ 周一良、吴于廑主编：《世界通史·上古部分》，人民出版社1973年版，第845页。
⑥ 周一良、吴于廑主编：《世界通史·上古部分》，人民出版社1973年版，第846页。

当业务。颁布于公元前18世纪的《汉谟拉比法典》（以下简称《法典》）认为，高利贷是巴比伦人日常商业活动中的一种行为。《法典》第89条规定贷谷的利息高达本金的1/3，贷银则达1/5。《法典》第96条更规定债务人如无谷物和银子还债，应以其他不动产作抵。①

显然，古犹太人并不是天生高利贷者，相反，他们是在前基督教时期一直秉持反对高利贷的信念。在古代欧洲民族的宗教教义中，犹太教和基督教都认为高利贷是有罪的，在前基督教时代，犹太人是较早禁止高利贷的民族。高利贷（usury）来自拉丁词"usura"，意为对贷款索取利息——任何利息。② 根据《旧约》的记载，上帝通过摩西将禁止借贷的律法给了以色列人，禁令最早出现在摩西的第二部书《出埃及记》中，"我民中有贫穷人与你同住，你若借钱给他，不可如放债的向他取利"③。值得注意的是，摩西律法颁布之际，犹太人仍是游牧民族，没有复杂的贸易体系；"同为上帝的子民，邻人之间（而非商人和顾客之间）的借贷不啻为抢劫"④。

犹太人经营高利贷业务是从古罗马消灭犹太国之后才开始的。公元前64年，庞培把犹太置为属国，受叙利亚总督节制。罗马统治给犹太人带来苛重的捐税和各种掠夺，犹太人奉为神圣的耶路撒冷神庙⑤在罗马统治的十年内遭到两次洗劫，引起犹太人于公元前53年、公元6年和公元66年的起义，最后一次起义史称"犹太战

---

① 周一良、吴于廑主编：《世界通史·上古部分》，人民出版社1973年版，第85页。
② 王乐兵：《担保法专论》，对外经济贸易大学出版社2018年版，第24页。
③ 《旧约·出埃及记·二十二章》，转引自周一良、吴于廑主编《世界通史资料选辑·上古部分》，商务印书馆1962年版，第171页。
④ 王乐兵：《担保法专论》，对外经济贸易大学出版社2018年版，第24页。
⑤ 上古时代的神庙也担负着银行的某些职能。比如古希腊的帕特农神庙以及卫城之上的雅典娜神庙，被雅典人视为"他们的国库"，位于古罗马城市广场的卡斯托尔和波吕克斯神庙，这里都是"民众交易包税人公司股份、竞拍政府合同的场所"。[美]威廉·戈兹曼：《千年金融史：金融如何塑造文明，从5000年前到21世纪》，张亚光、熊金武译，中信出版社集团2017年版，第67、74页。

争"，对罗马打击最大，这也导致罗马人对犹太人屠城式灭国，此后犹太人就没有了自己的国家。

失去祖国的犹太人此后就只能与钱相依为命，钱就成了犹太人的"祖国"。1844年，马克思在《论犹太人问题》一文中说："我们不是到犹太人的宗教里去寻找犹太人的秘密，而是到现实的犹太人里去寻找宗教的秘密。"[①] 那么，什么是现实的"犹太人的秘密"呢？马克思说得很直接："犹太人的世俗礼拜是什么呢？实际需要，自私自利。犹太人的世俗礼拜是什么呢？经商牟利。他们的世俗的神是什么呢？金钱。"[②] 但钱最怕的是什么？最怕没人借，这就使得以货币为生的犹太人的需要与以实体生产为生的人的需要产生了对立。也就是说，现实世界越是需要货币，犹太人在他们所在国家的地位就越高。与实体生产者的需要相反，犹太人最需要的是借贷的环境，这就是破产、疫病、灾荒等，最好就是战争，它们都能创造出对金钱的巨量需求。在欧洲的历史中，一旦出现革命或战争，君主们就急需金钱，这时他们就会给予犹太人比较宽容的待遇。比如，在12世纪末，"借贷业已经成为法国犹太人最重要的职业"[③]。而且，由于犹太人的借贷业对整个国家经济的重要性，借贷业在各国获得了法律的认可，1190年法国的特许状承认了犹太人放贷业的合法性即是一个证明。哈布斯堡王朝的德意志国王和神圣罗马帝国皇帝弗里德里希三世（Friedrich Ⅲ，1415—1493年）遇到财政困境，他便"宣布对犹太人的保护，给他们发了许多赦免书，从而减轻了因对犹太人采取的特别经济措施而给人民带来的负担"[④]。在欧

[①] 《马克思恩格斯文集》第1卷，人民出版社2009年版，第49页。
[②] 《马克思恩格斯文集》第1卷，人民出版社2009年版，第49页。
[③] 转引自张淑清《试论中世纪欧洲借贷业中的犹太妇女》，载于潘光、汪舒明、罗爱玲主编《犹太人在美国——一个成功族群的发展和影响》，时事出版社2010年版，第291—292页。
[④] ［黎巴嫩］萨比尔·塔伊迈：《犹太通史》，张文建、王复译，商务印书馆1992年版，第110页。

洲其他的国家中，"犹太人也是最重要的放贷者"，犹太放贷者因此成为许多国家中的特殊阶层。1796年拿破仑为了获得犹太人对其欧洲政策的财政支持，法国政府在1808年11月15日颁布的《宪法》第十条和第十五条就规定：

  1．全体信仰犹太教的国民，享有其他国民所享有的一切权利和自由。
  2．非我国国民但居住在我国国内的犹太人，享有其他外国人所享有的一切权利和自由。
  3．废除一切仅加给犹太人的捐税。①

"这样，在法国、荷兰和德国的一些州，犹太人与其人民之间的社会差别逐渐消失。"②但是在没有战争的时候许多犹太人就放高利贷，马克思说："由此产生了民众对高利贷的憎恶，这种憎恶在古代世界达到了极点。"③对高利贷的憎恶导致欧洲人对犹太人的偏见由此产生。莎士比亚写的《威尼斯商人》④则是这种偏见的文学反映。英国学者丹·哈德卡斯耳在1843年出版的《银行和银行家》一书中写道：

  犹太人，伦巴第人，高利贷者，吸血者，是我国最早的银行家，是我国原始的金融业者。他们这种人简直可以说是不顾

---

  ①　［黎巴嫩］萨比尔·塔伊迈：《犹太通史》，张文建、王复译，商务印书馆1992年版，第121—122页。
  ②　［黎巴嫩］萨比尔·塔伊迈：《犹太通史》，张文建、王复译，商务印书馆1992年版，第121—122页。
  ③　［德］马克思：《资本论》第3卷（下），人民出版社2004年版，第675页。
  ④　莎士比亚在《威尼斯商人》中讽刺了犹太高利贷商人夏洛克的心胸狭窄和贪婪。

廉耻……后来，伦敦的金匠加入了他们的行列，整个说来……我国最早的银行家……是一伙很坏的人，他们是贪得无厌的高利贷者，是铁石心肠的吸血鬼。①

这种偏见导致欧洲从古代起直至20世纪40年代发生一波又一波的针对犹太人的有系统的大迫害。欧洲一些人试图用种族灭绝的方式来解决所谓犹太"奸商"问题②，事实上这反而强化了犹太人对未来历史特别是对美国历史的影响力。

与其他民族一样，犹太民族也是一个伟大的民族，不幸的是，罗马对犹太的灭国政策让这个民族失去了祖国，他们不得不将金钱当作自己的"祖国"，并被迫选择了一种与实物生产的民族不同的价值趋向：没有祖国就把钱搂得特别紧，就把钱当生命。其他民族有土地、有国家，可以从事物质生产。犹太人没有土地，只能从事被亚里士多德认为的"最不合乎自然"③的钱生钱的事业。在外汇市场中，货币对国家是没有感情的④，就这样，在现实中，没有祖国的犹太民族便与可以随意游移于多国间的货币有了生死相托般的"依赖"，我们在后面的历史中可以看到，与钱的命运捆绑在犹太民族的品质中打下了与实体经济相对立的印记。马克思说：

---

① ［德］马克思：《资本论》第3卷（下），人民出版社2004年版，第691页。
② 值得说明的是，与资产阶级不同，马克思指出了犹太人从中解脱出来的道路就是消灭私有制。马克思说："一种社会组织如果能够消除做生意的前提，从而能够消除做生意的可能性，那末这种社会组织就会使犹太人不可能产生。他的宗教意识就会像烟雾一样，在社会的现实的、蓬勃的空气当中自行消失。另一方面，假如犹太人承认了自己这个实际本质毫无价值，因而尽力消除它，那他就会摆脱自己以前发展的范围，直接从事于人类解放，为反对人类自我异化的极端实际表现而奋斗。"参见《马克思恩格斯全集》第1卷，人民出版社1956年版，第446页。
③ "所谓'利息'正是'钱币所生的钱币'。我们可以由此认识到，在致富的各种方法中，钱贷确实是最不合乎自然的。"参见［古希腊］亚里士多德《政治学》，吴寿彭译，商务印书馆1965年版，第32页。
④ 法国谚语："没有一块土地没有地主""货币没有主人"。转引自［德］马克思《资本论》第1卷，人民出版社2004年版，第168页。

"资本在历史上起初到处是以货币形式,作为货币财产,作为商人资本和高利贷资本,与地产相对立"①,"富裕地主因高利贷而遭到破产,小生产者被敲骨吸髓,这二者造成了大货币资本的形成和集中"②。

凡事都有两面性:高利贷既然出现在人类历史中,它就一定有它的积极性即黑格尔说的"合乎理性"的方面。高利贷在历史从封建社会向资本主义社会转变及此相伴的资产阶级登上历史舞台的历史进程中,都起到了积极的推动乃至革命的作用。恩格斯说:"自从阶级对立产生以来,正是人的恶劣的情欲——贪欲和权势欲成了历史发展的杠杆"③,马克思看到这一点,他写道:

> 高利贷在资本主义以前的一切生产方式中所以有革命的作用,只是因为它会破坏和瓦解这些所有制形式,而政治制度正是建立在这些所有制形式的牢固基础和它们的同一形式的不断再生产上的。④

> 但是,这个过程会在多大的程度上像在现代欧洲那样使旧的生产方式废除,并且是否会以资本主义生产方式代替它,这完全要取决于历史的发展阶段以及由此产生的各种情况。⑤

13—19世纪,犹太人及其商业活动在推进欧洲资本主义过程中成了一支"举足轻重、令人生畏"的积极力量。黎巴嫩历史学者萨比尔·塔伊迈(Sabir Taimai)在《犹太通史》一书中写道:

---

① [德] 马克思:《资本论》第1卷,人民出版社2004年版,第171页。
② [德] 马克思:《资本论》第3卷,人民出版社2004年版,第672页。
③ 《马克思恩格斯选集》第4卷,人民出版社2012年版,第244页。
④ [德] 马克思:《资本论》第3卷,人民出版社2004年版,第675页。
⑤ [德] 马克思:《资本论》第3卷,人民出版社2004年版,第672页。

自 13 世纪到 19 世纪初，所有商业城市里的犹太人都参与了资本主义商业活动的发展，随后又参与了企业管理、开银行和控制资本的各项活动。

由于犹太人散布在欧洲的商业城市里，因此，离商业发展的场地很近。在封建基督社会里，尽管他们中间很多人都为封建王公们服务过，但却难于从事大规模的渗透和控制活动。在依赖封建基督教而维系的犹太实体的废墟上开始发展资本主义商业活动的阶段到来时，继承了理财本领——从事经纪人、借贷和投机倒把——的犹太人，看到跃上这一时代的领导地位的时机已经到来。刚刚进入 19 世纪，犹太人就具有了即便在控制工业资本发展运动时都不曾具有的意识。到 19 世纪末，他们已成为一支举足轻重、令人生畏的力量。

19 世纪给犹太人创造了从事上述活动的许多机会。当欧洲爆发了工业革命，特别是英国的工业革命不断发展壮大时，在城市居民的各个阶层中，在旧有的封建时期的主宰们中间，出现了掌握着领导和控制权的新的经济力量。犹太人不愿意放弃领导这一重要的历史潮流的机会。于是，他们在各个商业城市中心，显示出他们特殊的能力。到 19 世纪初，开始出现新的聚集的犹太社团，几乎成了这个资本主义工商业发展的先锋和主宰。①

但是，当欧洲"封建基督教"大本营罗马天主教皇的权力在新教（对应的也可称"资本主义基督教"）改革中被削弱、资本主义登上历史舞台后，资产阶级的商业本性已不再局限于犹太族群；换

---

① ［黎巴嫩］萨比尔·塔伊迈：《犹太通史》，张文建、王复译，商务印书馆 1992 年版，第 123—124 页。

言之，犹太人的商业本性已扩展为早期资产阶级的普遍品性。他们之间的差别只是资本自由的尺度。新教中的清教徒坚持绝对自由——这在资本主义上升时期是"合乎理性"，而新教的另一部分即欧洲皇室则要求相对自由，即资本必须受国家节制。最终一部分激进的资产阶级以宗教（清教）的名义与欧洲曾和封建贵族妥协的资产阶级（比如英国女皇、拿破仑皇帝等，他们是贵族化的资产阶级）决裂并在信仰理念上向犹太教的经典《旧约》"皈依"。

对欧洲这场发生在新教内部的冲突不能简单地用"旧的封建势力"或"新生的资本主义力量"来评价。欧洲大陆国家驱赶清教的政策是吸取欧洲近千年的政教二元冲突无谓消耗人物资源的教训，在打败天主教后他们不能允许将来资本强大后再与国家冲突——这显然是合理的选择。从清教徒方面看，他们代表新兴资产阶级，他们刚刚登上历史舞台，在他们蕴藏的巨大的生产力能量尚未释放之前，他们也是不能接受欧洲国家尤其是皇室国家的控制的——这也是合理的选择。

清教徒坚决反对世俗国家控制资本的信念与长期没有了祖国的犹太人一拍即合。双方的合作首先是理念的接近。清教徒在《新约》中找不到有利于自己的解释，便从犹太教经典《旧约》中寻找思想资源。比如清教徒主张的"上帝选民"的思想就是从犹太教中衍生而来[①]，而这个打破等级制的思想却为刚刚从封建社会脱胎而来的欧洲资产阶级皇室，尤其是英国皇室所不容。双方矛盾激化的结果就是英国皇室大规模驱赶清教徒以及被驱赶的清教徒与犹太

---

① 犹太人相信他们是上帝选民。根据《圣经》的说法，上帝与犹太人之间这种特殊关系的传说源自亚伯拉罕。上帝要求亚伯拉罕和他的家人离开美索不达米亚的家乡，来到迦南。为了回报亚伯拉罕的忠诚和顺从，上帝承诺他将成为一个伟大民族的祖先，而且他的子孙将继承迦南的土地。上帝与亚伯拉罕之间的约定就是著名的"圣约"。参见［英］西蒙·亚当斯、威尔·福勒等《世界历史百科》，陈日华译，黑龙江科学技术出版社 2008 年版，第 156 页。

教徒——为抵抗欧洲皇室——完成了历史性的大结盟,这种结盟是建立在理念融合之上的,因而可以说是天作之合。二者融合的结果就是美利坚精神和美利坚合众国在北美大陆的诞生。

关于此方面的研究,美国"当代保守主义运动的思想导师"拉塞尔·柯克(Russell Kirk)有较大的贡献。作者"上下纵横三千多年,将美国秩序的根基牢牢锚定在《旧约》中的先知时代"①。柯克在1974年出版的《美国秩序的根基》一书中单列"旧约与新美国"一节,他写道:

> 正如希伯来人所了解的,有种超越时间的道德秩序。西奈山秩序通过其基督教和犹太教的形式依然在给美国注入活力。
>
> 在殖民地时代的美国,任何接受过基础教育的人都熟知一本书:《圣经》。旧约和新约同样重要,因为美国殖民地在建立时恰逢对希伯来文化的学术研究重新火热起来,而且早期美国基督教信仰的加尔文主义特征强调以色列的遗产。
>
> 马吉安派(Marcionism)②是基督徒试图从犹太人教义中排除出去的异端,在早期的美国没有追随者。在美国革命前,只有少数犹太人在殖民地定居,而且直到19世纪最后几十年人数才增多。不过,以色列的遗产在美国的影响力大于在欧洲的影响力。
>
> 新英格兰的清教徒们不仅以十诫和《利未记》与《申命记》来建构他们共同体的秩序,而且一直将他们自己比作以色

---

① [美]拉塞尔·柯克:《美国秩序的根基》,张大军译,江苏凤凰文艺出版社2018年版,第1页。
② 约在公元2世纪中叶,从土耳其移居罗马的马吉安认为基督徒认可的只能是新约,旧约没有权威性,应剔出正典。他反对福音中有犹太信仰。犹太人的雅威不是上帝,只是工匠神,犹太神只会使人类蒙受苦难,直到基督来临。

列和犹大的百姓。清教徒们认为自己在上帝的指引下正再次经历希伯来人的磨难和成就。

尼尔·里摩尔（Neal Riemer）评论道，"因为旧约的核心主题便是从奴役和压迫中得自由"，以色列和犹大的遗产滋养了美国的自由。

不过，虽然如此，如果不诉诸于律法和先知，美国的政治理论和体制以及美国的道德秩序便不可能获得很好的理解、维系或更新。"我们信仰上帝"这一美国信念重新确认了与诺亚、亚伯拉罕、摩西以及预言中最后日子里的以色列之子们所立的圣约。地上的耶路撒冷从来都不是座雄伟的城市：今天，生活在纽约市的犹太人远远多于在所罗门最光辉灿烂的日子里生活于巴勒斯坦所有地区的居民。不过，比起清教徒们创建的波士顿、荷兰人创建的纽约或因杰斐逊主义者和汉密尔顿主义者在政治上的妥协而诞生的华盛顿，永恒的耶路撒冷这座灵性之城对美国秩序的影响更大。当地上之城灰飞烟灭时，信心和盼望却会永存：这实际上是以色列在上帝主权之下的经历的主要教训。①

犹太人对金钱的归属感是由于没有祖国。马克思在《共产党宣言》中说"工人没有祖国"②，是由于资本尤其是高利贷资本没有祖国③。"资本不是一种个人力量，而是一种社会力量。"④ 确切地

---

① ［美］拉塞尔·柯克：《美国秩序的根基》，张大军译，江苏凤凰文艺出版社2018年版，第46、47页。
② 《马克思恩格斯选集》第1卷，人民出版社2012年版，第419页。
③ "资本是不知道爱国的。"参见［美］拉铁摩尔《中国的亚洲内陆边疆》，唐晓峰译，江苏人民出版社2010年版，第131页。
④ 《马克思恩格斯选集》第1卷，人民出版社2012年版，第415页。

说，比较高利贷资本而言，工业资本对祖国还是有些归属感的，因为工业资本不能自己生产和消费自己，它需要通过社会消费它生产的商品才能增殖。而生产商品就需要工业矿产和劳动力，这些都是以国家和民族的存在为前提的。在工业资本（马克思有时称"产业资本"）和高利贷资本之间，只有高利贷资本对祖国的依存感最低。美国独立战争时帕特里克·亨利（Patrick Henry）那篇《不自由，勿宁死》①的著名讲演之所以当时那么鼓舞人心，就是他道出了来到北美的"上帝选民"视资本高于国家的心声——而这正是与他们原来的祖国英国的价值观相对立的地方，当时的英国已接受黎塞留（Armand Richelieu）②式的国家至上的理念，将宗教乃至资本都归属于国家利益。与中国经历了 200 多年战国时代折磨后人民选择了秦王嬴政的道理一样，欧洲选择黎塞留的国家至上理念——与之相应的是黑格尔的国家哲学——是在欧洲经历数百年并最终解决了政教二元冲突后血写的经验。

当年其信念与犹太教义非常接近的清教徒（这部分人心中的"上帝的选民"则是工业资本）与犹太教徒（这部分人心中的"上帝的选民"则是金融乃至高利贷资本）天然结盟后来到北美大陆，他们在倒掉英国国教这盆"洗澡水"时，因用力过猛把洗澡盆里的"孩子"（指国家观念——笔者注）也倒了出去，以致当美国在工业资本与金融资本联手在第二次世界大战中打败欧洲霸权后，便在 20 世纪 70 年代初尼克松执政时期出现分裂，石油美元取代军工美元，至 20 世纪 80 年代里根时期，金融资本大规模扩张且反客为

---

① ［美］J. 艾捷尔：《美国赖以立国的文本》，赵一凡、郭国良译，海南出版社 2000 年版，第 14—17 页。
② 黎塞留（1585—1642 年），法国政治家、外交家，法王路易十三的宰相，天主教的枢机，在法国政务决策中具有主导性的影响力，对内恢复和强化专制王权，对外谋求法国在欧洲的霸主地位，为路易十四时代的兴盛打下了基础。

主，民生工业资本（与军工资本相对——笔者注）受到重创，进入21世纪后，美国整体性地转变为高利贷帝国主义。

"重大的历史转折点有宗教变迁相伴随。"① 美国学者拉塞尔·柯克（Russell Kirk）在《美国秩序的根基》一书中单列"旧约与新美国"一节，柯克这里说的"新美国"，是指清教教义与犹太教教义融合后形成的与欧洲资产阶级新教各国不同的美国。这个美国因清教教义与犹太教教义融合而强大：在它面前，"一切神都要退位"②；同样，当其他神退位后，在两教教义中埋得很深的矛盾即货币与商品从而高利贷资本与工业资本的矛盾③逐渐升级，又以工业资本屈服、高利贷资本的权杖肆虐美国并最终毁掉美国而告终。

三 新美国：在资本面前，"一切神都要退位"

马克思说："货币对不动的、不可分割的财产起瓦解作用。"④ 只要世界陷入货币依赖，货币的持有人就成为世界的主人，世界上用的货币量越大，这些人的权力就越大，地位就越高。可以说，是罗马人用灭族灭国的暴行将一个本不愿靠与货币为伍的犹太民族在后来的历史中逼成了有名的"高利贷民族"⑤，又是货币将犹太人送到历史舞台的聚光灯下。因此，不研究货币，就读不懂犹太人，而读不懂犹太人，就读不懂美国。

确切地说，犹太人以民族的身份与高利贷活动发生联系是从12

---

① 《马克思恩格斯选集》第4卷，人民出版社2012年版，第241页。
② 《马克思恩格斯全集》第46卷，人民出版社1980年版，第446页。
③ 高利贷资本与工业资本的矛盾，可以用马克思的这句话——"货币对不动的、不可分割的财产起瓦解作用"来解释。参见《马克思恩格斯全集》第31卷，人民出版社1998年版，第332页。
④ 《马克思恩格斯全集》第31卷，人民出版社1998年版，第332页。
⑤ 张力升：《重回耶路撒冷：犹太人的三千年》，金城出版社2009年版，第36页。

世纪末开始的，此后各国对四处流亡的犹太人的经济活动范围越来越多地加以限制。比如，有许多国家就规定"犹太人作为外民，不能拥有土地……犹太人又被排斥在行会之外，各种手工业经营被有效地阻止。因此，犹太人从事农业和手工业的极少。而犹太人作为一个主要定居在城市的民族，从事商业的比较多；加上早期基督教禁止其教徒放贷取息……于是，犹太人充当放贷者的就相对较多"①。这样就在欧洲普遍产生了对犹太人的偏见。比如莎士比亚笔下的放贷人"夏洛克"的形象就是这种偏见的文学表现。在这里，"犹太人"几乎被丑化为"贪婪者"的同义词。尽管如此，我们还是不能否认犹太民族为人类的历史进步作出了杰出的贡献。至于其中少数人在后来的历史上参与帝国主义寡头垄断集团瓜分世界的活动，并成为世界历史的反动力量，从阶级分析的角度看，那只是犹太民族中的上层剥削阶级的行为，这笔账不能算在整个犹太民族的劳苦大众身上。

与20世纪80年代中国改革开放之初面临的美元紧缺的经历相似，15世纪至18世纪，欧洲自由贸易广泛开展，一时间金银货币紧缺，这刺激了欧洲盛行"重商主义"经济理论，重商主义将金银货币存量的增长当作财富增长的标志。②重商主义的提出和金银货币短缺的现实提升了手持大量货币并具有娴熟货币经营能力的犹太人的社会地位。在这个过程中犹太人站在新兴资产阶级一边，帮助欧洲新兴资产阶级打败了天主教，消除了欧洲"则中一国而二君二

---

① 石竞琳：《美国历史上反犹主义的宗教文化根源》，转引自潘光、汪舒明、罗爱玲主编《犹太人在美国——一个成功族群的发展和影响》，时事出版社2010年版，第74页。
② 18世纪意大利经济学家彼得罗·维里（1728—1797年）认为："尽管增加每一种商品的卖者的人数，尽量减少买者的人数，这是政治经济学的一切措施的枢纽。"转引自［德］马克思《资本论》第1卷，人民出版社1975年版，第154页，注释94。

王也"① 的政教二元冲突的历史难题。当然在这个历史性的资产阶级大借款的过程中，犹太货币商们也名利双收，赚得盆满钵满。

罗马天主教会在与欧洲世俗政权的斗争中败北并随后隐退，是欧洲资产阶级对历史进步的一大贡献，也无疑为欧洲资产阶级伴随着民族国家登上历史舞台扫清了障碍。② 但是，当欧洲民族国家走到前台之后，那里的资产阶级与这些曾经支持过他们的犹太货币商们的矛盾也就随之上升，后者要在新国家中有自己的统治权力。1805 年，拿破仑政变成功——这当然少不了这些货币商的帮助，次年他便邀请法国知名犹太人召开会议。拿破仑借用古代犹太法庭的称呼将这次会议命名为"伟大的公会"③，其目的就是要确保这些曾在推翻旧政权的大革命中帮助过他的犹太商人对法国新政权的忠诚。俄国在打败拿破仑后随即"卸磨杀驴"，加入排犹行列——排犹在欧洲一直延续到 1945 年第二次世界大战结束，其目的与拿破仑一样，就是遏制这些货币商的政治欲望。

这些在欧洲资产阶级革命中作出巨大贡献的犹太货币商们的"从政"欲望最先在英国遭到了清算。英国王权要将宗教置于国家的监督之下，伊丽莎白一世（Elizabeth I）期间，英国完成了脱离罗马教廷的新教改革，确立了教廷必须服务于英王即国家的宗教属性。但这遭到新教中失意的清教徒（实则是新兴的工商资产阶级）的反对，后者只承认《圣经》是信仰的唯一权威，强调所有信徒在上帝面前一律平等。

---

① 黎翔凤：《管子校注·轻重甲篇》，中华书局 2004 年版，第 1425 页。
② "欧洲因政教二元矛盾导致的地缘政治破碎化也使欧洲因祸得福，这就是欧洲城市商品经济（市场经济的前身）和市民阶级（资产阶级的前身）比东方中国以更快的速度登上历史舞台。"参见张文木《基督教佛教兴起对欧亚地区竞争力的影响》，清华大学出版社 2015 年版，第 81 页。
③ ［美］林赛·波特：《光明会：阴谋论的前世今生》，韦民、王春燕译，海南出版社 2010 年版，第 100 页。

事实上，同一"上帝"在清教徒眼里与欧洲大陆的资产阶级的认识是有区别的，前者的"上帝"就是新兴的工商资本主义——正如犹太人的"上帝"就是手中的货币一样，后者的"上帝"则是欧洲王朝国家。清教徒们不甘心在资本的起步阶段就受制于国家，相反，他们要让世俗王权为资本让位，国家要根据"上帝选民"①的原则，以资本的多少来确定国家的统治者。一句话，资本面前无国家。马克思说：

> 钱是以色列人的妒忌之神；在他面前，一切神都要退位。金钱贬低了人所崇奉的一切神，并把一切神都变成商品。金钱是一切事物的普遍的、独立自在的价值。因此它剥夺了整个世界——人的世界和自然界——固有的价值。金钱是人的劳动和人的存在的同人相异化本质；这种异己的本质却统治了人，而人则向它顶礼膜拜。②

马克思这段论述也道出了犹太教从而清教的本质，即在资本面前，包括国家在内的"一切神都要退位"③。

也正因此，清教徒为英国王室所不容，并于16世纪末17世纪初遭到英王室的驱逐，其中大多数人迁往北美。④ 这些人来到北美

---

① 在17世纪初的英国，最早源起于加尔文的清教徒们发起宗教改革运动，试图在基督教内部进行"纯洁"工作。自称为"上帝的选民"的新教各教派自认为"出淤泥而不染"，竭力通过自己在尘世的行为来证明上帝对自己的"恩宠"，在虔诚的清教徒身上，这一点表现得尤为强烈。清教徒们本想在英国推进宗教改革，实现梦寐以求的神圣理想。但是由于他们的主张反映的是新兴阶级的要求和利益，很难为守旧的以王权为代表的统治阶级所容忍。
② 《马克思恩格斯文集》第1卷，人民出版社2009年版，第52页。
③ 黑格尔说："神自身在地上的行进，这就是国家。"参见［德］黑格尔《法哲学原理》，范扬、张企泰译，商务印书馆2009年版，第259页。
④ "在其发表《独立宣言》时，美国人中有80%是清教徒，天主教徒占总人口的0.8%，信仰基督教的人口占美国总人口的绝对多数，而犹太教徒仅占总人口的0.1%。"参见潘光、汪舒明、罗爱玲主编《犹太人在美国——一个成功族群的发展和影响》，时事出版社2010年版，第76页。

的同时也就确立了今天的美国的立国精神即"五月花"号①原则,这个原则的核心是契约精神。历史上对契约精神贡献最大的是没有国家的犹太人,契约是平权的人之间的一种私法约定,它是社会团体组建和管理的基础,其间排除了纵向的国家权力及其管理体系。由于没有国家,社团就成了犹太人所依赖的命运共同体。犹太人靠社团在世界各国生存②,也靠社团向世界扩张。③ 可以说,社团及其必需的契约精神是犹太民族对世界文明的一大贡献,这也是犹太民族在世界民族之林中得以"合乎理性"地长期存在的前提。身为犹太人的马克思汲取犹太社团及其契约文明并将其改造为未来国家消亡后人类的组织形式,马克思在《共产党宣言》中说:"代替那存在着阶级和阶级对立的资产阶级旧社会的,将是这样一个联合体,在那里,每个人的自由发展是一切人的自由发展的条件。"④

但是,与马克思的自由人联合体本质不同的是,犹太人带给美国的契约社团是私有制下没有祖国的人群在其他国家生存和发展的联合方式。在这里,人的横向契约打破了国家的垂直权力,取而代之的是确立了资本的垂直权力。这样,人对物(资本)的管理就假

---

① 1620年7月,102名英国清教徒满怀希望地登上"五月花"号邮船,离开南安普敦港,驶向梦想之地——新大陆。历经风浪、饥饿、疾病等磨难,5个月后,疲惫不堪的旅客们在普利茅斯登陆,踏上了充满希望但又荒凉野蛮的新大陆。途中,他们在船长、清教改革家威廉·布雷福德(William Bradford)的主持下,订立了被认为是美国民主基石的《五月花号公约》,宣誓以上帝的名义在新大陆进行清教改革试验,"弘扬上帝的荣耀,推进基督的信仰,同舟共济,以契约的形式组成政府……并且要随时制订,拟定和设计那种公认最为适合殖民地全体人民利益的公平法律条例法令法规、以及设立治理机构……以求自我完善,把北美大陆建成新的耶路撒冷"。参见王帅等编著《驴象之争200年》,经济日报出版社2001年版,第215页。

② 从12世纪开始,英国各主要城镇开始出现较为固定的犹太人聚居地,中世纪英国的犹太社团已初具规模。参见杨鹏飞、李家莉主编《欧亚文明研究:历史与交流》,甘肃文化出版社2014年版,第108页。

③ "以色列经济发展的源头可以追溯到上世纪末,在大规模犹太移民基础上形成的巴勒斯坦地区犹太人社团经济。"参见杨光主编《中东的小龙:以色列经济发展研究》,社会科学文献出版社1997年版,第1页。

④ 《马克思恩格斯选集》第1卷,人民出版社2012年版,第422页。

以"自由""民主"的名义,变成了物对人的管理,人的尺度异化为物的尺度。为了防止在未来的新国家中重演在欧洲刚刚经历过的"卸磨杀驴"①的噩梦,在刚登陆美国的清教先驱及后来美国的开国领袖心目中,新国家必须是由遵守契约的商人绝对控制并为资本服务的工具,这样的共识形成了《五月花号公约》的本质。

《五月花号公约》精神使从犹太教分离出来的基督教在美国以清教的名义再次向犹太教"还原"②。这使得建国以后的美国人在清教精神中不自觉地成了犹太化了的美国人;这时的犹太人也脱离了他们在欧洲大陆的社团闭合的特性,转变为美国化了的犹太人。马克思概括得很深刻,他在《论犹太人问题》一文中写道:"基督教起源于犹太教,又还原为犹太教。基督徒起初是理论化的犹太人,因此,犹太人是实际的基督徒,而实际的基督徒又成了犹太人。"③

来自欧洲大陆的清教徒到北美大陆后,皈依于资本和商人的契约精神使犹太裔与非犹裔族群的价值分野——与欧洲相比——变得模糊多了。美国社会精英阶层对犹太人也不像欧洲那样排斥,而是广泛接纳。他们在"民主""自由"(本质是资本不受节制和自由放任)的旗帜下统一了起来。在这种文化中,"反犹主义在美国主流社会中逐渐变成一种在政治和道德上都是不正确的行为而难以获得支持"④。历史上犹太人第一次可以不受任何制

---

① 意指欧洲皇室利用新兴的资产阶级打败天主教后又要控制资本的后果。
② 1630年3月29日,英国国王下令将1500名离经叛道的清教徒以押解的方式强行迁居北美。他们在领袖约翰·温斯罗普(John Winthrop)的带领下,建立了马萨诸塞湾殖民地,严格按照清教戒律管理。他在布道时自豪地宣称将建立照亮世界的"山巅之城"。参见王帅等编著《驴象之争200年》,经济日报出版社2001年版,第215页。
③ 《马克思恩格斯文集》第1卷,人民出版社2009年版,第54页。
④ 潘光、汪舒明、罗爱玲主编:《犹太人在美国——一个成功族群的发展和影响》,时事出版社2010年版,第90页。

度性排斥，靠自己的奋斗可以挤入国家权力中枢和社会上层。据统计，美国的犹太人只占全国人口2%，但美国资产排名前400位的人中，23%是犹太人。美国资产排名前40位的人中，40%是犹太人。世界亿万富翁排名前400位的人中，15%为犹太人。① 不仅如此，犹太人在美国的政治生活中发挥着举足轻重的作用。目前美国联邦储备委员会（以下简称美联储）更是犹太人云集。包括历任美联储主席在内，美联储最高委员会的成员几乎都是犹太人［直到2018年杰罗姆·鲍威尔（Jerome Powell）就任美联储主席才打破了这个惯例］，比例接近100%。而美联储下属的12家地区储备银行的行长也多是犹太人。这些犹太人中，曾任纽约联邦储备银行行长的蒂莫西·盖特纳（Timothy F. Geithner）后来成为奥巴马政府第一任财政部部长，曾任旧金山联邦储备银行行长的珍妮特·耶伦（Janet L. Yellen）女士则在2014—2018年任美联储主席。② 经过几代人的努力，犹太人已经全面融入主流社会，成为对美国政治有着重要影响力因而不能忽视的群体。"从受教育程度、职业、收入等方面来看，美国犹太人都已经爬到美国各社会群体的顶端。"③

2006年3月，哈佛大学肯尼迪学院网站上发表约翰·米尔斯海默（John J. Mearsheimer）和斯蒂芬·沃尔特（Stephen M. Walt）的研究报告认为，在美国已经形成了一个以美国犹太人为核心的"以色列游说集团"，这个集团"在美国中东政策制定中拥有无与伦比的力量，操控着美国的政治体系，它们的影响如此之大，以至于任何关于美国对以政策的公开辩论都难以在国会发生；只要涉及

---

① 高宏德等编著：《经济社会管理常用数据手册》，成都时代出版社2006年版，第244页。
② 温宏轩：《资本的进化与博弈》，九州出版社2016年版，第162—163页。
③ 潘光、汪舒明、罗爱玲主编：《犹太人在美国——一个成功族群的发展和影响》，时事出版社2010年版，第87页。

以色列，任何潜在的批评者也会沉默寡言"①。

　　米尔斯海默等将犹太民族整体划入"精英阶层"也是不对的。马克思说的"一切神都要退位"，当然也要包括犹太人中的那些不利于资本增殖或者说被资本淘汰的人群。犹太人来到美国后很快出现贫富两极分化，与犹太族群相对立的是阶级的划分。清教徒的绝对资本主义实践使犹太人很快分化为剥削阶级和被剥削阶级：少数犹太美国人进入美国统治者阶层，大多数犹太美国人却被抛入被压迫的无产阶级行列。完整的"被压迫民族"意义上的"犹太人"在美国已不存在，取而代之的是进入压迫阶级的犹太人——他们已归入美国垄断资本家阶层，而落入被压迫阶级行列的犹太人则与贫困美国人划为一体。

　　调查显示，在近590万美国犹太人中，约有60万人生活在贫困之中，有人认为这还是相当保守的统计；1969年，美国人口普查局的调查也表明，犹太人处于贫困线以下的人口比例，高于爱尔兰人、英格兰人、德国人、意大利人、俄国人和波兰人。② 对犹太人贫富分化问题有专门研究的美国学者杰拉尔德·克雷夫茨（Gerald Krefetz）在《犹太人和钱——神话与现实》（1982年）一书中写道："衡量犹太人贫困的另一种方式是考察纽约市，这里有着世界上最多的犹太人口。纽约的犹太人构成全市人口的18%，占全国犹太人的21%。在120万个纽约犹太人中，15%或18.42万个犹太人是穷人或濒临贫困的人，而另有5%的人其收入处于贫困和劳动统计局规定的低收入水平之间：在这个城市中，总数为24.56万的犹太人，或者说五分之一的犹太人是潜在的福利救

---

① 潘光、汪舒明、罗爱玲主编：《犹太人在美国——一个成功族群的发展和影响》，时事出版社2010年版，第83页。

② ［美］杰拉尔德·克雷夫茨：《犹太人和钱——神话与现实》，顾骏译，生活·读书·新知三联书店1991年版，第271、273页。

济对象。"① 克雷夫茨根据对美国犹太人的经济状况研究发现:"犹太人在美国社会中既是最富的群体,同时又差不多是最穷的群体。"② 克雷夫茨的研究也告诉我们,将"犹太人"归入民族学中的"负面清单"显然是不合适的;同样将犹太民族整体性归入精英阶层也是不合适的。

四 美国的蜕变:美国从军工帝国向高利贷帝国转变

在进入下面的讨论之前,需要说明的是,鉴于前述犹太人到美国后其血统种族的意义已大为模糊,在后面的讨论中,笔者笔下的"犹太人"的概念已脱离了种族或血统语境,它更多的是一种"美国犹太人"或"犹太美国人"语境下的表述。

(一) 银行私有化改革,站起来的美国人又跪倒在资本的权杖之下

犹太人在美国政治地位的迅速上升不仅仅是犹太人凭其聪明才智个人奋斗的结果,更是一种制度设计的结果——其直接目的是要确保这些已经在美国事业有成的大货币商们不能重蹈在欧洲被"卸磨杀驴"的覆辙,而制度设计的突破口恰恰就是从控制新国家的经济血脉即银行入手:在国库空虚、社会需要货币支持时及时推进所谓"金融改革"以推动货币商们对国家银行的控制,并通过这种控制实现对国家的政治控制。

1791 年美国政府在费城建立的合众国银行(Bank of United

---

① [美]杰拉尔德·克雷夫茨:《犹太人和钱——神话与现实》,顾骏译,生活·读书·新知三联书店1991年版,第274页。
② [美]杰拉尔德·克雷夫茨:《犹太人和钱——神话与现实》,顾骏译,生活·读书·新知三联书店1991年版,第273页。

States，也译美国银行）可以说是美国中央银行的原型，它集中体现了《五月花号公约》的社团契约原则。时任财政部长亚历山大·汉密尔顿（Alexander Hamilton）希望按照英格兰银行的模式建立中央银行，代替政府管理财政并监督国家的货币发行，设立公司制中央银行——由国家特许、私人投资者所有，合众国银行在这种理念下诞生了。财政部账户设在该银行，对于未按规定保持一定数量黄金或白银的银行，合众国银行拒绝接收它们的票据，以此来维持货币存量和贵金属供应之间的关系。意想不到的是，汉密尔顿设计的金融制度带动了华尔街的发展。当时汉密尔顿的官邸就在华尔街上，而纽约银行就在汉密尔顿官邸的对面，汉密尔顿去世后一直被安葬在华尔街上的三一教堂侧面，以至后来有人称亚历山大·汉密尔顿为"华尔街之父"[①]。

当时美国也有一些人担心汉密尔顿的设计会导致寡头控制美国金融，而州银行也纷纷表示该行的设立影响了它们的银行券发行。因此，20年经营许可期限过后，合众国银行的经营并没有获得延续。这样，州银行开始没有约束地发行银行券，造成市场纸币泛滥、通胀高涨。美国国会不得已于1816年决定在费城再设立一家合众国银行，这样，第二合众国银行诞生了，许可期限仍为20年。20年期限到期后，国会同意该行换发许可证继续经营，但被时任总统安德鲁·杰克逊（Andrew Jackson）否决，否决的主要理由是可能会形成一个由银行家和工业家组成的精英圈子，这会影响个人自由，造成政府集权。这就是美国建国后两次设立中央银行都失败的原因。

在没有中央银行后，美国政府（财政部）也曾试图发展各种替

[①] 刘晓东：《全球金融中心华尔街》，吉林人民出版社2012年版，第110—111页。

代机构来取代中央银行的功能和地位，其中之一就是通过一些统称票据交换所的机构，如成立于1853年的纽约清算所、成立于1858年的费城清算所来清算票据，行使中央银行的部分职能，但这些机构都无法像第一合众国银行和第二合众国银行那样能够保持美国的金融稳定。20世纪美国已是世界上最大的经济体，但其银行业危机发生的频率远远高过拥有中央银行的欧洲国家。金融风险已成为美国社会一个很大的问题，特别是1907年10月14日的那场金融危机，恐慌使得几乎所有储户都涌到了纽约各银行门前。不幸的是，此时美国缺乏一个最后贷款人——中央银行来应对这场危机。最终，政府、银行家们，特别是纽约票据清算所发挥了关键作用，才平息了这场金融危机。为了保持金融稳定，1913年，美国总统伍德罗·威尔逊（Woodrow Wilson）签署了《联邦储备法》，依据该法案，1914年成立了美国联邦储备系统（the Federal Reserve System, the Fed），以履行各项中央银行职能，包括银行业监管，货币政策的制定、实施以及支付清算。为了防止国家集权，该系统只是在华盛顿设立了联邦储备委员会（也称为联邦储备系统理事会）和联邦公开市场委员会，后者是货币政策的执行机构。此外，在全美选择了12个储备区，每个区设立一个独立的联邦储备银行，主要负责银行业监管（纽约联邦储备银行还被授权负责货币政策的公开市场操作）和管理25家分支机构。这12家联邦储备银行的股东都是成员银行（国民银行）和合格的州注册银行，但股份不能转让。联邦储备银行由独立的董事会管理，所有权属于私营性质，但联邦储备银行执行的却是中央银行职能。[1]《美联储法案》的始作俑者参议员尼尔森·奥利奇（Nelson Aldrich）在1914年7月《独立》杂志

---

[1] 参见王华庆《央行·人民币：中国经济可持续发展中的基石作用》，中国金融出版社2016年版，第7—10页。

对他的采访中透露:"在这个法案之前,纽约的银行家只能控制纽约地区的资金。现在,他们可以主宰整个国家的银行储备金。"① 当时对《美联储法案》持坚决反对意见的议员查尔斯·林德伯格(Charles A. Lindbergh)在众议院发表的演讲中说道:"这个法案(《美联储法案》)授权了地球上最大的信用。当总统签署这个法案后,金钱权力这个看不见的政府将被合法化。人民在短期内不会知道这一点,但几年以后他们会看到这一切的。到时候,人民需要再次宣告《独立宣言》才能将自己从金钱权力之下解放出来。② 这个金钱权力将能够最终控制国会。如果我们的参议员和众议员不欺骗国会,华尔街是无法欺骗我们的。如果我们拥有一个人民的国会,人民将会有稳定的生活。国会最大的犯罪就是它的《货币系统法案》(《美联储法案》)。这个银行法案是我们这个时代最严重的立法犯罪。两党的头头和秘密会议再一次剥夺了人民从自己的政府得到益处的机会。"③

亲自签署了《美联储法案》的美国第28任总统伍德罗·威尔逊事后非常后悔地说:"美国这个国家的发展和我们所有的经济活动完全掌握在少数人手中。我们已经陷入最糟糕的统治之下,一种世界上最完全最彻底的控制。政府不再有自由的意见,不再拥有司法定罪权,不再是那个多数选民选择的政府,而是在极少数拥有支配权的人的意见和强迫之下的政府。这个国家的很多工商业人士都

---

① 转引自刘汉太《第四资本》,中国铁道出版社2012年版,第136页。
② 毛泽东也看出这一点。1965年美国记者埃德加·斯诺与毛泽东谈话结束时说:"希望在我走之前,请主席向美国人民说几句话,美国人民对中国是有好感的。"毛泽东一针见血地回答说:"祝他们进步。如果我祝他们获得解放,他们有些人可能不大赞成。我就祝那些认识到自己还没有解放的、生活上有困难的人获得解放……美国人需要再解放,这是他们自己的事。不是从英国的统治下解放,而是从垄断资本的统治下解放出来。"参见《毛泽东文集》第8卷,人民出版社1999年版,第411—412页。
③ 转引自刘汉太《第四资本》,中国铁道出版社2012年版,第136—137页。

畏惧着某种东西,他们知道这种看不见的权力是如此地有组织、如此地悄然无形、如此地互锁在一起、如此彻底和全面,以至于他们不敢公开谴责这种权力。"①

"经过与美国政府一百多年的激烈较量,国际银行家终于达到了他们的目的,彻底控制了国家货币发行权,英格兰银行的模式终于在美国被复制成功了。这个系统是私有的,它运作的全部目的就是利用别人的金钱来获得最大可能的利润。"② 威尔逊临终时无限悔恨地承认:"我在无意之中摧毁了我的国家!"③ 美联储成立后,美国政府失去发币权,留下的只有发债权,用国债到私有的中央银行美联储那里做抵押,才能通过美联储及商业银行系统发行货币。"1963年肯尼迪总统遇刺后,美国政府最终丧失了仅剩的'白银美元'的发行权。美国政府要想得到美元,就必须将美国人民的未来税收(国债),抵押给私有的美联储,由美联储来发行'美联储券',这就是'美元'。"④ 美国克林顿政府时期的劳工部长、经济学家罗伯特·赖克(Robert Reich)说:"这些核心公司宏伟的总部大厦就是美国资本主义的神殿,代表着国家的权力和信心。"⑤ 而此后的美国政府,用马克思的话说,"不过是管理整个资产阶级的共同事务的委员会罢了"⑥。

至此,美国主权的独立已沦为形式,由于国家信用转入华尔街资本集团手中,美国事实上已堕落为华尔街的债奴,美国——类似

---

① 转引自杜连功《合作,还是对抗:解读国际石油大棋局》,中国经济出版社2013年版,第82页。
② 刘汉太:《第四资本》,中国铁道出版社2012年版,第137页。
③ 杜连功:《合作,还是对抗:解读国际石油大棋局》,中国经济出版社2013年版,第82页。
④ 刘汉太:《第四资本》,中国铁道出版社2012年版,第133页。
⑤ 转引自杜文君《美国战争经济论》,中国财政经济出版社2009年版,第153页。
⑥ 《马克思恩格斯选集》第1卷,人民出版社2012年版,第402页。

于1949年前的近代中国——已堕落为华尔街操控的半殖民地国家。中国学者杜文君写道:"垄断财团既是美国经济的核心,更是美国政治生活浪潮中一支潜伏的暗流,有时甚至根本就是滋生美国战略决策的河床。垄断财团犹如一个首席乐师,只要弹出一串音符,国防部乃至总统就会随乐起舞。"①

19世纪前半叶美国的银行改革,很可能引起马克思恩格斯的注意。他们曾对美国走上社会主义道路的可能性寄予很大希望。② 为此,他们在1848年发表的《共产党宣言》中提醒未来的社会主义国家在完成所有制的改造、实现公有制后,还要特别注意"剥夺地产,把地租用于国家支出""通过拥有国家资本和独享垄断权的国家银行,把信贷集中在国家手里"③。1871年巴黎公社失败后,马克思和恩格斯都认为不将法兰西银行收为国有是巴黎公社失败的重要原因。1891年恩格斯在为马克思总结巴黎公社失败教训的著作《法兰西内战》写的导言中表达了这样的观点:"为什么公社在经济方面忽略了很多据我们现在看来是当时必须做到的事情。最令人难解的,自然是公社对法兰西银行所表示的那种不敢触犯的敬畏心

---

① 杜文君:《美国战争经济论》,中国财政经济出版社2009年版,第153页。
② 1864年11月马克思起草了第一国际中央委员会《致美国总统阿伯拉罕·林肯》的信,在信中马克思给林肯以高度的赞扬,说"从美国的大搏斗开始之时起,欧洲的工人就本能地感觉到他们阶级的命运同星条旗息息相关""欧洲的工人坚信,正如美国独立战争开创了资产阶级统治的新纪元一样,美国的反奴隶制战争将开创工人阶级统治的新纪元。他们认为,由工人阶级忠诚的儿子阿伯拉罕·林肯来领导他的国家进行解放被奴役种族和改造社会制度的史无先例的战斗,是即将到来的时代的先声"。1865年4月14日,林肯遇刺,当天安德鲁·约翰逊继任总统。5月,马克思代表第一国际中央委员会起草《致美国总统安德鲁·约翰逊》,告诫这位新总统不忘林肯"解放劳动"的伟大使命继续前进。马克思写道:"在这场战争结束之后,阁下,落在您肩上的任务就是用法律去根除那些已被刀剑砍倒的东西,领导政治改革和社会复兴的艰巨工作。深刻地意识到您的伟大使命,将使您在严峻的职责面前不作任何妥协。您将永远不会忘记,为开创劳动解放的新纪元,美国人民把领导的责任付托给了两位劳动伟人:一位是阿伯拉罕·林肯,另一位是安德鲁·约翰逊。"参见《马克思恩格斯全集》第21卷,人民出版社2003年版,第24—25、151页。
③ 《马克思恩格斯选集》第1卷,人民出版社2012年版,第421页。

情。这也是一个严重的政治错误。银行掌握在公社手中，这会比扣留一万个人质还有更大的意义。这会迫使整个法国资产阶级对凡尔赛政府施加压力，要它同公社议和。"①

"制度决定一个国家走什么方向。"② 2011年9月，美国出现"占领华尔街"运动，此后，美国民众的各式抗议活动层出不穷。

（二）银行的私有化迫使美国政府蜕变为华尔街的买办

同样的道理，美利坚民族在建立新国家的时刻没有及时建立由国家独控的国有银行既是美国迅速崛起并打败欧洲的重要原因，也是美国步入世界大国后迅速衰落的主要原因。我们看到，从独立之日起，美国政府就失去了独立的财政能力，而银行的私有化政策又导致政府力量先天不足，重大内政外交政策的实施如果没有财团同意借款，政府就随时面临"财政悬崖"。这导致政府对私人财团的依赖越来越深。从前文提到的图1可以看出，从独立战争到第一次世界大战，美国政府的债务与占国内生产总值的比例一直保持在30%—40%，到第二次世界大战期间这个比例迅速突破100%。③这说明，在美国面临着欧洲压迫的时候，摆脱这种压迫会得到全美各阶级的支持，这时的美国政府有比单纯的国有银行更强大的融资能力，这种能力又是美国迅速打败欧洲霸权的前提。但是，当美国打败欧洲，在第二次世界大战后成为世界霸主之后，美国的借债水平就成为政府对金融财团依赖程度的标尺。

比如说为了打赢第二次世界大战，政府大举借债可以理解，可在2016年的和平条件下美国政府的总债务与国内生产总值的比例再次突破100%，接近或达到第二次世界大战期间的债务水平，这

---

① 《马克思恩格斯选集》第2卷，人民出版社1972年版，第333页。
② 《毛泽东年谱（1949—1976）》第4卷，中央文献出版社2013年版，第321页。
③ 参见［美］曼昆《经济学基础》第二版，梁小民译，生活・读书・新知三联书店2003年版，第422页。

说明，此间美国政府从对华尔街财团相对依赖蜕化为绝对依赖。国家的财政一旦被资本财团控制，国家政治就失去了自主性，政府就会异化为财团的傀儡或曰买办。这个苗头从第二次世界大战期间的借款高峰中——这时欧洲败局已定——已经显现。1945年第二次世界大战结束，美国赢得反法西斯战争的胜利，但战争借款尚未偿还，美国政府必须考虑将堆积如山的军火库存消化掉以清偿所借债务。从1945、1953、1972年的债务偿还进度的节点分析，这些第二次世界大战所借的债务恰恰是通过朝鲜战争和越南战争消化美国的军工库存而解决的。1960年美国国家安全各部门雇用的人员达3700万人，有关国家安全的各项主要开支共为457亿美元，约占政府预算的58%，占国民生产总值的9%。1950—1959年，美国全国企业数量扩大了76.5%，而国防部开支则增加了246.2%。美国最大的50家公司获得了全部主要军事合同的65%。[①] 1960年6月8日，毛泽东在看到这份材料后批示："此件印发各同志。值得研究。美国为什么不愿意裁军呢？答案就在这里。这是资产阶级，特别是垄断资产阶级，需要一个庞大的军力和一个庞大的武器库。"[②] 1973年6月5日，他告诉越南劳动党第一书记黎笋说，越南战争"花了一千二百亿美元，打了十一年。一个不能讲越南话的美国兵，离开美国多少公里，跑到越南送死，那个能持久啊？其所以能打十一年，就是军火商人拼命要消耗那些B-52之类"[③]。现在回头看，当时美国政府发动对朝鲜和越南的侵略战争，是通过战争消化"庞大的武器库"以偿清第二次世界大战中的债务。

直到1972年尼克松访华之前，美国政府才偿清了第二次世界

[①] 《毛泽东年谱（1949—1976）》第4卷，中央文献出版社2013年版，第411页。
[②] 《毛泽东年谱（1949—1976）》第4卷，中央文献出版社2013年版，第411页。
[③] 《毛泽东年谱（1949—1976）》第6卷，中央文献出版社2013年版，第481页。

大战中的借款。还了钱,尼克松才能选择结束越南战争,才能与中国和解。此后直至特朗普政府之前,美国政府的财政来源才能从军工美元转向石油美元,从以前的通过"杀羊"的方式获利转为通过"割羊毛"的方式获利。美国铁路经办商詹姆斯·哈里逊·威尔逊(James Harrison Wilson)提出并得到西奥多·罗斯福(Theodore Roosevelt)高度赞赏的"外交就是管理国际商务"①的名言,道出了美国外交的买办本质。

(三)美国从军工帝国主义向高利贷帝国主义蜕变

第二次世界大战美国取得胜利的意义在于美国彻底摆脱了欧洲霸权,作为美国争霸对手的欧洲(大国)整体性地消失了,这时的美国与苏联双双步入了世界帝国的舞台。与此同时,美国也被华尔街的债务缠身并为华尔街军工债权人控制。20世纪90年代苏联解体,美国成了世界唯一的超级大国:不同的只是从美苏争霸时的军工帝国主义转变为独家剥削世界的金融—高利贷帝国主义。这时的美国政府的债权人又从军工财团转为华尔街金融集团。没有外敌的美国此后的外交就脱离了它的国家政治的本意:原本是为主义的外交,现在只是变成了一种生意②;美国外交的敌人这时已不是冷战中的对手,而是世界和平!

但是,客观地说,在美国没有摆脱欧洲压迫继而取得霸权之前,美国政府与美国财团们的目标还是一致的,他们都在为打倒欧洲霸权而团结奋斗,这时美国政府得益于军工集团的强大生产力和

---

① 转引自[美]孔华润主编《剑桥美国对外关系史》(上),王琛等译,新华出版社2004年版,第416页。
② "由于进入虚拟经济生存状态的资本主义国家,已经没有能力用经济增长和投资回报率等因素吸引国际资本流向本国,(美国)就只能通过战争手段来改变世界各主要资本市场的安全环境,打出一个在世界哪儿放钱都不安全,只能把钱借给本国的国际安全环境格局。"参见王建《货币霸权战争:虚拟资本主义世界大变局》,新华出版社2008年版,第111页。

金融集团的强大融资力。只是在第二次世界大战后——这时美国已打败欧洲并取得世界霸权,美国白宫才迅速倒在华尔街债权人脚下并成为财团谋利的政治工具。必须说明的是,打倒美国的并不是犹太人,而是美国人与犹太人共同接受的清教理念——它在政治上集中表现为400多年前的《五月花号公约》(1620年)原则。这个理念在建立了新美国的同时,置留于其中的矛盾胚胎也就逐渐展开:至20世纪这个共同体面临的反欧洲压迫的主要矛盾解决后,统一体中美利坚民族与资本的统一性成分就下降,对立性矛盾就上升。美国也就从一个正常国家转变为帝国,先是军工帝国(1945—1981年),后又转向金融—高利贷帝国(1980—2016年)[①],经过二者的短暂辉煌后,在21世纪初,美国快速衰落。

五 从进步到反动:美国高利贷帝国主义的形成——理论描述

(一) 高利贷的本性:"不能容忍任何其他共同体凌驾于它之上"

金融对一个地区政治经济发展的影响是巨大的。如前所述,它曾在短期内筹集巨大资金帮助资产阶级打败封建贵族并由此推动了人类历史的进步,它也在人类历史上——比如中国战国时期的吕不韦高利贷货币商和今天的华尔街金融集团——对现成的生产力造成巨大的破坏。各国都是在实践中吸取着经验和教训。一个民族所得到的教训越沉重,它所获得的经验也就越深刻,其控制风险的措施也就越实用,而中国就是这样的国家。

[①] 经过尼克松时期的准备和过渡,里根时期是美国军工帝国经过短暂的金融时期向高利贷帝国转轨的开始。

马克思对金融的两面性有过深刻阐述。马克思说："如果考察流通的形式本身，那么在流通中生成，产生，被生产的东西，是货币本身，此外再没有别的东西。"① 造成流通的主要原因是分工，而分工是造成现代社会进步的主要动力。分工越是丰富，社会就越需要流通；流通的形式越丰富，社会生产力就越发达。反之，"流通在社会再生产中所起的作用越是不重要，高利贷就越是兴盛"②。因此，只要私有制下的分工仍然存在，货币及其作用就不会消失。马克思说："只要交换价值仍然是产品的社会形式，废除货币本身也是不可能的。"③

但是，流通从而货币本身并不创造价值，它只有被价值所创造。如果离开流通的商品，那货币就是一堆废铁或废纸。马克思说："从货币和商品这两个点上开始的过程，它的反复并不是从流通本身的条件中产生的。这一行为不能由它自己重新发动起来。因此，流通本身不包含自我更新的原动力。它是从预先存在的要素出发，而不是从它本身创造的要素出发。商品必须不断地从外面重新投入流通，就像燃料被投入火中一样。否则，流通就会失去作用而消失。流通会在货币这个失去作用的结果上消失；货币只要不再和商品、价格、流通发生关系，就不再是货币，不再表现生产关系；货币所留下来的，只有它的金属存在，而它的经济存在则消灭了。"④

是有了商品即用于交换的产品才有货币，货币只有在流通中快速否定自己才能快速肯定自己。马克思说："货币作为一般财富的物质代表，只有当它重新投入流通，和特殊形式的财富相交换而消失的时候，才能够实现。在流通中，货币只有被支付出去，才会实现。如果我把

---

① 《马克思恩格斯全集》第31卷，人民出版社1998年版，第375页。
② ［德］马克思：《资本论》第3卷，人民出版社2004年版，第689页。
③ 《马克思恩格斯全集》第30卷，人民出版社1995年版，第95页。
④ 《马克思恩格斯全集》第31卷，人民出版社1998年版，第367页。

货币保留下来，它就会在我的手里蒸发为财富的纯粹的幻影。使货币消失，这正是保证货币成为财富的唯一可能的方式。花费积蓄来满足短暂的享受，这就是货币的实现。这样，货币又会被别的个人积蓄起来，不过那时同一过程又重新开始。货币对流通的独立性只是一种假象。因此，货币在它作为完成的交换价值的规定上扬弃了它自己。"①

货币不是商品，只是商品交换即流通才使某种金属或纸质的媒介成为货币商品。"商品的生成过程，从而商品的最初占有过程，发生在流通之外"②，而"货币是流通的产物"③。在货币短缺时，货币就给人造成它就是"财富"的假象，这时"货币是商品中的上帝"④。马克思说："货币本来是一切价值的代表；在实践中情况却颠倒过来，一切实在的产品和劳动竟成为货币的代表。"⑤ 在这个过程中，人们将具有价值尺度功能的货币假想成财富本身，并由此产生了货币拜物教。马克思说："货币拜物教的谜就是商品拜物教的谜，只不过变得明显了，耀眼了。"⑥ 比如欧洲资本主义早期的重商主义就把货币储备的增长误认为是财富的增长，这与中国改革开放之初也有人将美元外汇储备误解为国力强弱的标志一样。⑦ 在重商主义盛行时，欧洲社会脱实向虚，"货币硬化为贮藏货币，商品

---

① 《马克思恩格斯全集》第31卷，人民出版社1998年版，第367—368页。
② 《马克思恩格斯全集》第31卷，人民出版社1998年版，第348页。
③ 《马克思恩格斯全集》第31卷，人民出版社1998年版，第376页。
④ 《马克思恩格斯全集》第30卷，人民出版社1995年版，第173页。
⑤ 《马克思恩格斯全集》第30卷，人民出版社1995年版，第99页。
⑥ [德] 马克思：《资本论》第1卷，人民出版社2004年版，第113页。
⑦ "从经济因素来说，中日韩三国的经济增长，为东北亚区域意识的形成，提供了强大动力，奠定了坚实的基础。在当今世界区域意识的萌生与成长，说到底，是个经济问题。经济成就的大小、财力的强弱、科技水平的高低、美元储备量的多寡、知识经济进展的快慢等显示经济总体发展水平的各种指标，不仅是只承认实力的国际社会评判的依据，也是本地区各国自信心、自豪感、连带意识赖以形成的重要源泉。"参见宋成有、汤重南主编《东亚区域意识与和平发展》，四川大学出版社2001年版，第186页。

出售者成为货币贮藏者"①，在"货币拜物教"中财富增殖的手段就从囤积货物转为囤积货币②，人们的活动都集中到不产生价值的流通领域，这样社会物质生产"共同体"之外便形成了货币生产的"共同体"，后者是一群不创造任何价值并不停吸吮社会物质生产机能以货币生息货币的高利贷者。下面的话似乎说出了今天华尔街财团凌驾于美国政府权力之上的原因所在，马克思说：

> 货币本身就是共同体，它不能容忍任何其他共同体凌驾于它之上。但是，这要以交换价值的充分发展，从而以相应的社会组织的充分发展为前提。③"货币是商品中的上帝。"④

这里马克思指出了货币对实体经济的排斥和不服从本质，在条件不成熟时，即国家掌控银行时，货币会"委屈"自己成为商品的"仆人"，一旦银行控制了国家，那它就会撕下"金融""信用"等现代为生产服务的"仆人"外衣而直接显露出其"洪水期前"⑤的高利贷野蛮本性：以其虚幻的力量主宰真实的力量，用符号的世界主宰实体的世界。而要消除货币这个"恶习"的前提，马克思在1843年写的《论犹太人问题》一文中已有论述，1848年马克思在

---

① ［德］马克思：《资本论》第1卷，人民出版社2004年版，第150页。
② "范德林特以为商品价格决定于一个国家现有的金银量，他自问：为什么印度的商品这样便宜？他回答说：因为印度人埋藏货币。他指出，从1602年到1734年，他们埋藏的银值15000万镑，这些银最先是从美洲运到欧洲去的。从1856年到1866年这10年间，英国输往印度和中国的银（输到中国的银大部分又流入印度）值12000万镑，这些银原先是用澳大利亚的金换来的。"参见马克思《资本论》第1卷，人民出版社2004年版，第153页。
③《马克思恩格斯全集》第30卷，人民出版社1995年版，第175页。
④《马克思恩格斯全集》第30卷，人民出版社1995年版，第173页。
⑤ "为什么我们在分析资本的基本形式，分析决定现代社会的经济组织的资本形式时，开始根本不提资本的常见的、所谓洪水期前的形态，即商业资本和高利贷资本。"参见［德］马克思《资本论》第1卷，人民出版社2004年版，第186页。

《共产党宣言》中将其概括为:"消灭私有制。""共产党人可以把自己的理论概括为一句话:消灭私有制。"①

(二) 从自由资本主义到垄断帝国主义

"金融资本竭力追求的是统治,而不是自由"②,美国就是被绝对自由主义成就后又被其打倒的国家。它由主张资本绝对自由的清教精神催生,资本放任的天性在刚刚诞生不久的美国广袤的土地上得到几乎是无限制的自由扩张并造成巨大的生产力,用马克思的话说就是:"资产阶级在它的不到一百年的阶级统治中所创造的生产力,比过去一切世代创造的全部生产力还要多,还要大。"③ 这一点,在独立后不久的美国各地得到最充分的张扬,其间出现了饱含激情地"为一个新世界开始歌唱"④ 的诗人沃尔特·惠特曼(Walt Whitman)。他在《对各个州》一诗中写道:

> 对各个州,或它们中的任何一个,或者各州的任一城市,我说,多抵制,少服从,
> 一旦无条件地服从,就彻底被奴役喽,
> 一旦被彻底奴役,这个地球上就再没有哪个民族、国家、城市,还能恢复它的自由。⑤

可是,惠特曼写这首诗的时间是在美国建国后的近半个世纪,反抗、不服从、自由等几乎成了美国人无条件的信念和"法律",惠特曼在《我为他歌唱》一诗中写道:

---

① 参见《马克思恩格斯选集》第1卷,人民出版社2012年版,第414页。
② 转引自《列宁选集》第2卷,人民出版社2012年版,第748页。
③ 《马克思恩格斯选集》第1卷,人民出版社2012年版,第405页。
④ [美]惠特曼:《草叶集》,李野光译,北京燕山出版社2005年版,第13页。
⑤ [美]惠特曼:《草叶集》,李野光译,北京燕山出版社2005年版,第9页。

我为他歌唱,
我在过去的基础上把现今举起,
(如多年生树木从它的根上长出,现今也扎根于过去)
我以时间和空间将他扩展,并将永久的法则融合,
让他凭它们来使自己变成自己的法律。①

资本在美国早期的那任性的扩张,确实在美国呼唤出巨大的生产力,给美利坚带来完全不同于旧大陆欧洲的激情燃烧的岁月。惠特曼用饱浸感情的笔墨在《我听见美利坚在歌唱》一诗中写道:

我听见美利坚在歌唱,我听见种种不同的颂歌,
机械工的颂歌,每人以自己的心情歌唱,健壮而快乐,
木匠歌唱着,当他量着他的木板或横梁的时候,
泥瓦匠在准备上工或歇工时唱他的歌,
船夫唱着他船上所有的一切,水手在汽船的甲板上歌唱着,
鞋匠坐在他的板凳上歌唱,帽匠站立着歌唱,
伐木工人唱的歌,犁田的小伙子早晨出工或中午休息或日落时唱的歌,
母亲的美妙的歌声,或者年轻妻子工作时或姑娘缝洗时的美妙的歌声,
每人都唱属于他或她而不是属于别人的事情,
白天歌唱属于白天的事情——夜里是强健而友好的年轻小伙子们在晚会上,

---

① [美]惠特曼:《草叶集》,李野光译,北京燕山出版社2005年版,第8页。

张开嘴放声高唱，那歌声雄壮而悠扬。①

尽管他后来对美国资本主义有了更深刻的反思②，但在早期，惠特曼在他的诗中还是坚信美国清教信条，将"反抗""抵制""自由"等当作绝对原则。但是，真理多走一步就会变成谬误。令那些坚守"五月花"自由信念而签署《独立宣言》的国父们怎么也想不到的，是他们坚持并为此而与宗主国决裂的自由资本主义精神经过"否定之否定"式的运动，最终蜕变为"五月花"精神的对立物——垄断。真是历史的讽刺：自由战士为自由所打倒。

资本主义产生于欧洲，到美国后在没有任何旧制度的羁绊下得到充分发展，时至20世纪，西方各国，特别是美国从自由资本主义发展到垄断资本主义。对这一时期的垄断资本主义的本质揭示最为深刻的是列宁，列宁在《帝国主义是资本主义的最高阶段》一书中认为：20世纪的帝国主义已经从原来的"旧的资本主义"即自由资本主义进入"新的资本主义"③即垄断资本主义阶段。列宁写道：

旧的资本主义，即绝对需要交易所作为自己的调节器的自

---

① ［美］惠特曼：《草叶集》，李野光译，北京燕山出版社2005年版，第11页。
② 1871年，惠特曼在《民主的远景》一书中写道："历史是漫长悠远的。不管我们如何变换句式的组合，美国未来的问题在某些方面是无边的黑暗。骄傲、竞争、种族隔离、邪恶意志以及史无前例地放纵已经初见端倪。谁能驾驭这庞然大物呢？谁能给这庞然大物勒上缰绳呢？当我们选择炫耀未来时，我们前进的道路上却隐约出现巨大的不确定性以及可怕的致命黑暗。否认下面的事实是徒劳的：民主繁茂地成长为所有果实中最厚实的，有毒的，最致命的果实——并且带来了越来越坏的入侵者——它需要更新、更大、更强和更好的补偿和刺激。"转引自［美］罗伯特·贝拉《背弃圣约》，郑莉译，商务印书馆2016年版，第159页。
③ 在同文的其他地方，列宁还用"最新资本主义时代""资本主义发展的最新阶段"来概括自由资本主义进入垄断资本主义即帝国主义时代的特点。参见《列宁选集》第2卷，人民出版社2012年版，第639、595页。

由竞争的资本主义，正在成为过去。代替它的是新的资本主义，这种新的资本主义带有某种过渡性事件、某种自由竞争和垄断的混合物的鲜明特征。①

对于欧洲，可以相当精确地确定新资本主义最终代替旧资本主义的时间是在20世纪初。②

帝国主义最深厚的经济基础就是垄断。这是资本主义的垄断，也就是说，这种垄断是从资本主义成长起来并且处在资本主义、商品生产和竞争的一般环境里，同这种一般环境始终有无法解决的矛盾。③

帝国主义已经从萌芽状态生长为统治的体系，资本主义垄断组织在国民经济和政治中居于首要地位，世界已经瓜分完毕；另一方面我们看到，作为整个20世纪初期特征的已经不是英国独占垄断权，而是少数帝国主义大国为分占垄断权而斗争。④

垄断是自由的必然结果，同时又是对自由的否定。20世纪初的资本主义已进入帝国主义阶段，列宁说，"这种从竞争到垄断的转变，不说是最新资本主义经济中最重要的现象，也是最重要的现象之一"⑤，"如果必须给帝国主义下一个尽量简短的定义，那就应当说，帝国主义是资本主义的垄断阶段"⑥。列宁总结这个"最新资本主义"有五个特征：

---

① 《列宁选集》第2卷，人民出版社2012年版，第606页。
② 《列宁选集》第2卷，人民出版社2012年版，第588页。
③ 《列宁选集》第2卷，人民出版社2012年版，第660页。
④ 《列宁选集》第2卷，人民出版社2012年版，第669页。
⑤ 《列宁选集》第2卷，人民出版社2012年版，第585页。
⑥ 《列宁选集》第2卷，人民出版社2012年版，第650页。

（1）生产和资本的集中发展到这样高的程度，以致造成了在经济生活中起决定作用的垄断组织；（2）银行资本和工业资本已经融合起来，在这个"金融资本的"基础上形成了金融寡头；（3）和商品输出不同的资本输出具有特别重要的意义；（4）瓜分世界的资本家国际垄断同盟已经形成；（5）最大资本主义大国已把世界上的领土瓜分完毕。①

在论述了这五个特征之后，列宁进一步给出的定义是："帝国主义是发展到垄断组织和金融资本的统治已经确立、资本输出具有突出意义、国际托拉斯开始瓜分世界、一些最大的资本主义国家已把世界全部领土瓜分完毕这一阶段的资本主义。"② 列宁注意并强调了在这个历史从"旧资本主义"即自由资本主义转变为"新资本主义"即帝国主义或垄断资本主义的过程中，"在另一个现代资本主义先进国家北美合众国，生产集中发展得更加迅猛"③。据统计，在1904年，产值在100万美元以上的最大的企业有1900个，它们拥有140万工人，它们的产值有56亿美元。5年过后，在1909年，相应的数字为3060个企业，200万工人，产值90亿美元。④ "美国所有企业的全部产值，差不多有一半掌握在仅占企业总数百分之一的企业手里！"⑤

（三）从金融帝国主义快进到高利贷帝国主义

即使如此，我们也要知道"第一次世界大战前夜的世界是由欧

---

① 《列宁选集》第2卷，人民出版社2012年版，第651页。
② 《列宁选集》第3卷，人民出版社2012年版，第589页。
③ 《列宁选集》第2卷，人民出版社2012年版，第585页。
④ 参见《列宁选集》第2卷，人民出版社2012年版，第585页。
⑤ 《列宁选集》第2卷，人民出版社2012年版，第585页。

洲主宰的"①。列宁虽然强调了美国，但他研究的帝国主义的重点案例还主要是欧洲列强。列宁发现，这一时期造成资本主义企业快速进入垄断的重要推手是金融的力量，银行在推动工业资本集中的过程中，也要主宰工业资本力量，也就是说，在"新资本主义时代"，工业资本与金融资本的关系发生了主客置换。列宁写道：

> 银行基本的和原来的业务是在支付中起中介作用。这样，银行就把不活动的货币资本变为活动的即生利的资本，把各种各样的货币收入汇集起来交给资本家阶级支配。
>
> 随着银行业的发展及其集中于少数机构，银行就由中介人的普通角色发展成为势力极大的垄断者，它们支配着所有资本家和小业主的几乎全部的货币资本，以及本国和许多国家的大部分生产资料和原料来源。②
>
> 生产的集中；从集中生长起来的垄断；银行和工业日益融合或者说长合在一起，——这就是金融资本产生的历史和这一概念的内容。③
>
> 垄断是从银行生长起来的。④

与工业集中同步的还有银行业的发展和集中，本来是工业发展带动并支配着银行发展，但行业间的竞争导致投资规模的竞争，为了获得竞争优势就必须获得更多的融资，这样工业资本家在竞争中

---

① "第一次世界大战前夜的世界是由欧洲主宰的。在我们追溯1913年至1945年间的美国对外关系史时，重要的一点是应当认识到美国是在由欧洲军事、经济和文化主导下的世界体系当中得以建立并从事其对外事务的。"参见［美］孔华润主编《剑桥美国对外关系史》（下），王琛等译，新华出版社2004年版，第1页。
② 《列宁选集》第2卷，人民出版社2012年版，第597页。
③ 《列宁选集》第2卷，人民出版社2012年版，第613页。
④ 《列宁选集》第2卷，人民出版社2012年版，第684页。

便有了对银行的依赖，这种依赖使本来只有贮存货币功能的银行发展出融资的功能，这种功能使银行在激烈竞争并急需注资的企业面前有了生死予夺的权杖。让当年追求自由的"五月花"合众国开国元勋们无论如何也没有想到的是，这种主客异位的变化迫使工业资本屈服于金融资本，而"20世纪是从旧资本主义到新资本主义，从一般资本统治到金融资本统治的转折点"①。列宁对这一点特别看重，他写道：

> 资本主义的一般特性，就是资本的占有同资本在生产中的运用相分离，货币资本同工业资本或者说生产资本相分离，全靠货币资本的收入为生的食利者同企业家及一切直接参与运用资本的人相分离。帝国主义，或者说金融资本的统治，是资本主义的最高阶段，这时候，这种分离达到了极大的程度。金融资本对其他一切形式的资本的优势，意味着食利者和金融寡头占统治地位，意味着少数拥有金融"实力"的国家处于和其余一切国家不同的特殊地位。②

这是一个很关键的结论，本是服务于实体经济的金融资本，一旦反客为主，金融从而信用就失去了它的"合乎理性"即积极的意义，取而代之的就是金融向高利贷"返祖"，金融统治让位于高利贷统治。高利贷资本一旦支配工业从而整个社会，高利贷资本瓦解生产的本性就会使生产发生萎缩，社会出现寄生性腐朽，失去实体经济增长的支持，国家的上升势头就会被打断并转入衰落，当然这种上升和衰落都不是直线而是螺旋式显现的。列宁说："帝国主义

---

① 《列宁选集》第2卷，人民出版社2012年版，第612页。
② 《列宁选集》第2卷，人民出版社2012年版，第624页。

就是货币资本大量聚集于少数国家,其数额,如我们看到的,分别达到1000亿—1500亿法郎(有价证券)。于是,以'剪息票'为生,根本不参与任何企业经营、终日游手好闲的食利者阶级,确切些说,食利者阶层,就大大地增长起来。帝国主义最重要的经济基础之一——资本输出,更加使食利者阶层完完全全脱离了生产,给那种靠剥削几个海外国家和殖民地的劳动为生的国家打上了寄生性的烙印。"[1]

列宁这是在说法国,还说"法国帝国主义与英国殖民帝国主义不同,可以叫做高利贷帝国主义"[2],这话放到今天再读,怎么看都像是在说美国。列宁继续写道:

> 在世界上"贸易"最发达的国家,食利者的收入竟比对外贸易的收入高4倍!这就是帝国主义和帝国主义寄生性的实质。
>
> 因此,"食利国"(Rentnerstaat)或高利贷国这一概念,就成了论述帝国主义的经济著作中通用的概念。世界分为极少数高利贷国和极大多数债务国。[3]

列宁在论述帝国主义的腐朽性时所选取的样板是欧洲国家特别是英国,那时的美国还处于欧洲国家的"跟班"地位,在世界利益分割中,"英国、法国、德国、比利时和瑞士这5个工业国家,是'明显的债权国'……而美国仅仅是美洲的债权人"[4]。但到第二次世界大战后,欧洲整体性地在战争中衰落,美国取代英国成为世界

---

[1] 《列宁选集》第2卷,人民出版社2012年版,第661页。
[2] 《列宁选集》第2卷,人民出版社2012年版,第629页。
[3] 《列宁选集》第2卷,人民出版社2012年版,第662页。
[4] 《列宁选集》第2卷,人民出版社2012年版,第662页。

超级霸权国，20世纪90年代苏联解体后，"美国对手的垮台使美国处于一种独一无二的地位。它成为第一个也是唯一的一个真正的全球性大国"①。与此同时，列宁曾提出的关于帝国主义的论断便更为典型地体现在美国身上。

六　从被压迫民族到压迫民族：美国高利贷帝国主义的最终完成——现实描述

1945年，第二次世界大战以同盟国的胜利宣告结束，美国以战胜国的姿态成为帝国主义行列的老大，欧洲帝国主义在旧的世界体系即凡尔赛体系中的霸权已退出世界历史舞台，取而代之的是新的世界体系即雅尔塔体系及其中的美国的帝国霸权。此后，曾是同盟国的两个最大的国家——美国和苏联——进入全球争霸的冷战时期。

（一）军工和金融：美帝国主义的两个阶段

以尼克松访华和越战结束为界线，美帝国的历史可以分两个时期。此前由于有朝鲜战争和越南战争以及与苏联的军备竞赛，这一时期拉动美元增值的主要动力是军工，政府在对外军事行动的需求中保持大额的国防采购，由此为美国军工资本带来滚滚利润。如图4所示。

我们看到，在1940—1945年第二次世界大战中，美国国防支出占国内生产总值（GDP）的比重接近40%，此后至2009年国防支出在大幅增长的同时，其在GDP中的比重却大幅下降，基本保持在5%的水平。学者汪涛认为："如果仅为国家安全考虑的话，

---

① ［美］兹比格纽·布热津斯基：《大棋局——美国的首要地位及其地缘战略》，中国国际问题研究所译，上海人民出版社1998年版，第13页。

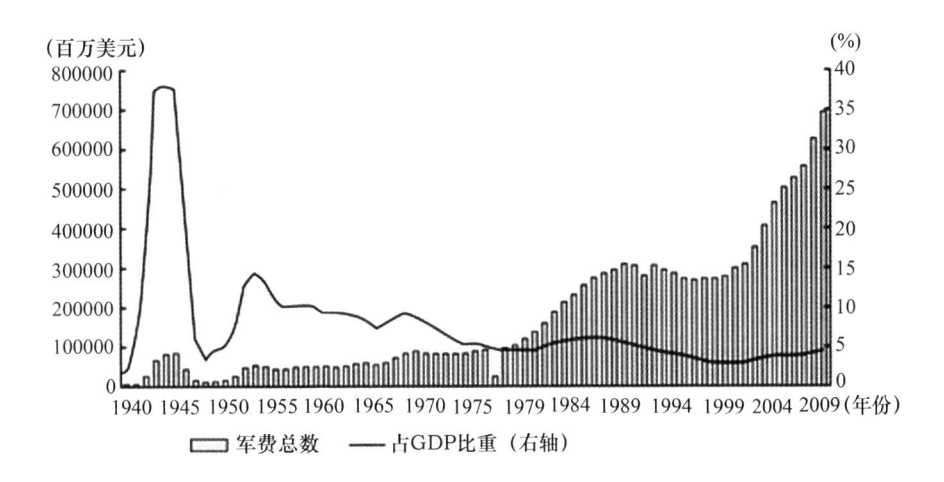

美国帝国主义是资本主义的没落阶段 / 175

图4 1940—2009年美国国防支出及占GDP比重

数据来源：汪涛：《纯电动：一统天下》，东方出版社2018年版，第147—148页。

这个比例合理的比值在1%—2%就足够了。就算以2%考虑，美国军费开支占GDP比例有3个百分点是超乎'常规'的，也就是美国军费开支中有一多半是自身安全不需要的。这个增加的投资如果不能获得比投资额高出3倍以上的收益，经济上就是不合理和难以常年维持的。也就是说，美国需要通过军费投入获得占GDP至少10%的收益，才能合理地解释其行为在经济上是合理的。事实上，真正获得的收益远超过这个数字，其原因只有通过美元霸权所获得的利益才能获得合理解释。"[1]

事实也正是如此。1951—1960年，美国实际国民生产总值（以下简称GNP）年增长率为3.2%，通货膨胀率只有2.7%；1961—1970年，实际GNP增长4.0%，通货膨胀率只有2.9%。这一时期美国经济的高增长、低通胀的健康发展显然与朝鲜战争和越

———————
[1] 汪涛：《纯电动：一统天下》，东方出版社2018年版，第147—148页。

南战争密切相关。如表1所示。

表1　　　　　　　　1951—1960年美国国民生产总值

年份	GNP（亿美元）		年增率（比上年）（%）			比1990年（%）	
	现价	1992年可比价	现价	可比价	通货膨胀	GNP增长	商品价涨
1951—1960	—	—	5.9	3.2	2.7	—	—
1951	3284	17023	15.3	7.9	7.4	—	3.15
1952	3455	17542	5.2	3.1	2.1	—	3.07
1953	3646	18328	5.5	4.5	1.0	—	—
1954	3648	18071	0.1	-1.4	1.5	—	—
1955	3980	19447	9.1	7.6	1.5	—	—
1956	4192	19807	5.3	1.9	3.4	—	3.14
1957	4411	20091	5.2	1.4	3.8	—	3.23
1958	4473	19860	1.4	-1.1	2.5	—	—
1959	4837	21130	8.1	6.4	1.7	—	—
1960	5037	21654	4.1	2.5	1.6	6.34	3.28

数据来源：参见张泽清《美国，你为何强大？》，中国城市出版社1999年版，第213页。

1951—1960年间，美国实际GNP增长最好的时期就是朝鲜战争时期。在战争停止的1954年，美国GNP增长率（可比价）从1953年的4.5%突降至-1.4%。1955年美国在越南开启"局部战争"，以阻止所谓"共产主义"在东南亚登陆，当年美国GNP大幅上涨，经济出现低通胀高增长，之后经济持续下滑，随后几年经济基本都处在不稳定的通胀环境中。20世纪60年代末，苏美关系缓和，美国扭转通胀，在1959年、1960年两年间经济虽处低通胀，但经济严重下滑，总体来看都没有达到朝鲜战争时的水平。但1951—1960年这10年平均下来，经济还是处于低通胀、稳增长的不错水平上，其间美国发动朝鲜战争对美国经济的贡献是重要因素。接下来的10年我们还可以看到越南战争对美国GNP增长的贡献。如表2所示。

表2　　　　　　　　1961—1970年美国国民生产总值

年份	GNP（亿美元）		年增率（比上年）（%）			比1990年（%）	
	现价	1992年可比价	现价	可比价	通货膨胀	GNP增长	商品价涨
1960—1970	—	—	6.9	4.0	2.9		
1961	5201	22076	3.3	2.0	1.3	—	—
1962	5603	23523	7.5	6.6	0.9	—	—
1963	5905	24464	5.4	4.0	1.4	—	—
1964	6324	25800	7.1	5.5	1.6	—	3.28
1965	6849	27430	8.3	6.3	2.0	—	—
1966	7499	29330	9.5	6.5	3.0	—	—
1967	7939	29979	5.9	2.6	3.3	—	3.46
1968	8642	31373	8.9	4.7	4.2	—	—
1969	9303	32217	7.7	2.7	5.0	—	—
1970	9771	32079	0.5	-0.4	0.9	9.40	3.82

数据来源：参见张泽清《美国，你为何强大？》，中国城市出版社1999年版，第213页。

1960—1970年，美国全面投入了战后时间最长的越南战争，这一时期恰恰是美国军工帝国主义的巅峰期，这10年也是美国经济基本都处在低通胀、高增长的时期。只是到1969年战争后期，美国经济才开始进入滞胀期。到1970年美国GNP增长率（可比价）竟跌到-0.4%，而通胀为0.9%。这显然是受越南战争将要结束的影响。

1971—1980年，美国外交的特点是域外无大战，国内由尼克松、基辛格开启的以中东石油为支撑点的华尔街金融资本正在全球布局。10年间实际GNP为3.7%，通货膨胀率却大大高于前两个10年达7.3%[①]，经济的增长率为高通胀严重稀释。造成这一时期经济滞胀的原因是外部大规模持久战争的停止，国家处在军工帝国难以为继、金融帝国及紧随其后的高利贷帝国布局尚未完成的过渡

---

① 参见张泽清《美国，你为何强大？》，中国城市出版社1999年版，第213—214页。

期。美国军工帝国主义时期经济的这一特点，中国学者杜文君在《美国战争经济论》一书中有比较深刻的分析。

> 每次战争爆发之时或之前，美国经济都正处在衰退之中，即经济衰退预示着战争的爆发。事实上，衰退本身也推动了对战争对象的认定和打击速度，当战争爆发后，美国经济迅速进入高涨期，从几场典型战争爆发的经济背景来看，适时认定和打击战争对象是美国减缓经济衰退、刺激经济复苏的重要手段。
>
> 因为每每在经济衰退之时，美国首先借助宏观政策的调整来缓解衰退，而这种宏观政策的变化首当其冲地反映在政府支出的变动上，美国政府往往在经济衰退时骤然增加军事开支，军费的迅速增加虽然不是市场的自发行为，它是政府强制行为的结果，但军事开支的增加与政府其他类型开支增加的效果却有异曲同工之妙，而且，衰退之时的政府军费开支无疑为全社会生产创造了一个全新的庞大市场，尤其军事工业生产（包括专用武器装备和通用军事消费品等）短期内扩增，迅速将军费支出的乘数效应引致到消费和投资走向上，从而使得社会总需求大幅上升，进而在短期内对宏观经济总量产生强烈的刺激作用，最终达到国内当时既定资源得到完全充分利用、释放经济衰退压力的目标。由于军费开支本身对宏观经济的涉及影响和刺激作用非常显著，军费开支的财富效应在一定程度上加大了战争决策者对战争红利的非理性预期，以致将缓解经济衰退寄希望于军费开支的顶峰阶段——战争时期。总之，美国在打击战争对象之时都与当时的国内经济衰退有一定关联。从总体态势上看，美国国力状态和战争频数呈正相关关系，但是在每次具体战争爆发前，美国经济却大多数处在低迷或者衰退状态，

这种奇妙的现象在美国战争决策中成为一道独特的风景线。①

20世纪70年代初的第四次中东战争、70年代末的伊朗霍梅尼革命和美国驻伊朗大使馆人质危机等，都加快了美国国内军工资本统治让位于金融资本的速度。20世纪80年代起美国国防支出虽大幅上扬，但军事支出在国内生产总值中所占的比重一直保持在5%—7%的低水平，这与此前15%—5%的水平相比已大幅下降（参见图4）。此后对美国GDP增长贡献率最大的产业由第二产业转向第三产业。20世纪80年代美国经济开启金融化进程，90年代美国金融化及其全球扩张进入大收获时期，其间美国的金融业利润收益迅速超过制造业。（如表3所示）

里根时期——经尼克松的准备和过渡——是美国军工帝国经过短暂的金融时期向高利贷帝国转轨的开始。20世纪80年代后美国金融业利润快速飙升。由表3可知，从20世纪60年代到90年代，美国金融业利润增长了1599%，制造业利润仅增长了393%。

表3　　　　　　　　美国各产业公司利润变化　　　　　　单位：亿美元

时期（20世纪）	国内产业总额	金融业	制造业
60年代平均	66.59	10.00	33.66
70年代平均	127.37	24.97	57.90
80年代平均	223.68	46.81	86.51
90年代平均	578.40	169.90	165.97

数据来源：根据Economic Report of the President 2005，转引自吕明元《产业结构升级与经济发展方式转型关系的实证研究与国际比较》，中国经济出版社2015年版，第210页。

图5、图6从长时段描述了美国三次产业的变化趋势，可以看

---

① 杜文君：《美国战争经济论》，中国财政经济出版社2009年版，第116页。

到，美国三次产业产值和就业份额从 20 世纪 20 年代开始已开始向第三产业倾斜，到 20 世纪 80 年代第三产业与第一产业即农业，特别是第二产业即工业之间的剪刀差迅速拉开，第三产业到 20 世纪 90 年代已赢得全面且不可逆的优势。

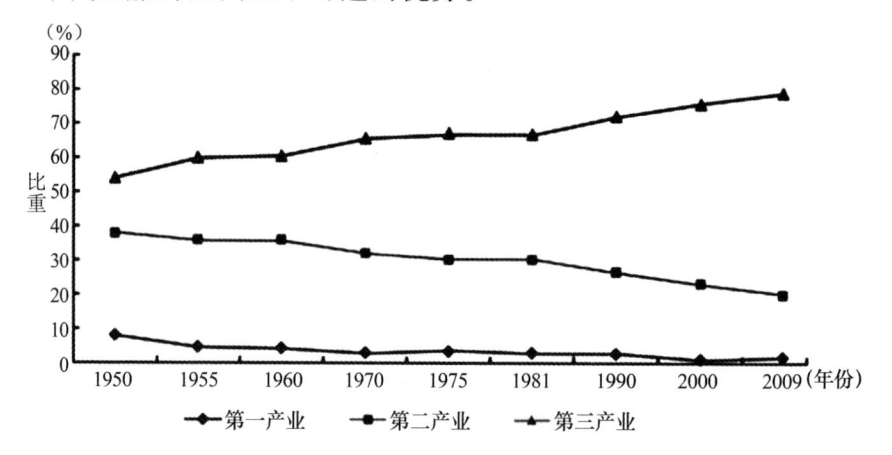

图 5　美国 1950—2009 年间三次产业的产值份额变化趋势

数据来源：叶提芳：《新常态下国际贸易对中国产业结构变迁的影响研究》，华中科技大学出版社 2017 年版，第 48 页。

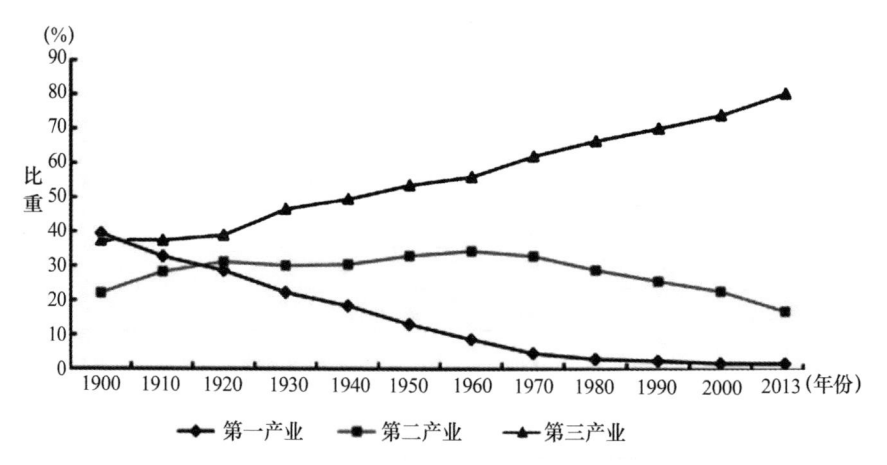

图 6　美国 1900—2013 年间三次产业的就业份额变化趋势

数据来源：叶提芳：《新常态下国际贸易对中国产业结构变迁的影响研究》，华中科技大学出版社 2017 年版，第 48 页。

在金融帝国主义向高利贷帝国主义转变的过程中，美国迎来了历史上最长的"繁荣"期。"在整个20世纪90年代，美国经济持续高增长。1992—2000年美国国内生产总值年均增长率达到3.8%，其中1998年为4.3%，1999年为4.2%，2000年达到5.2%。而1975—1990年美国GDP的增长率平均为2.4%。第二次世界大战后美国共出现过9次扩张期，前8次中最长的出现在20世纪60年代，达106个月，90年代初以来的扩张（到2001年3月）已达120个月，是美国历史上最长的扩张期。"① 显然，1992—2000年间，是美国高利贷获利最丰的时期，而此间由苏联解体——相当于一场战争——释放且流向美国的巨量浮财成了推高美元指数的助力，而此前推高8次"扩张期"的重要助力就是由战争拉动的军工生产。

20世纪80年代之前美国以军工拉动经济，美元坚挺的前提布雷顿森林体系是美元与黄金挂钩，"持有美元等于持有黄金"②，1971年尼克松宣布美元与黄金脱钩，布雷顿森林体系解体。美国的黄金储备无法支撑美元供给，为了保持美元在世界货币中硬通货的垄断地位，美元便与国际大宗商品，特别是石油挂钩。1975年石油输出国组织（OPEC）决定只接受美元作为原油支付货币，这意味着各国购买石油等大宗商品，就得增加美元储备，这就使得美元始终在国际外汇市场中处于中心地位。英国公共有限公司③（CMC Markets）的外汇首席策略分析师阿什拉夫·莱迪（Ashraf Laidi）认为："当OPEC在1975年决定只接受美元作为原油支付货币时，美元立即成了全球的储备货币，这也巩固了原油的重要地位。如果我们将20世纪五六十年代的布雷顿森林体系当作金本位，那么20世纪七八

---

① 高德步、王珏：《世界经济史》，中国人民大学出版社2001年版，第332页。
② 史正富：《超常增长：1979—2049年的中国经济》，上海人民出版社2016年版，第66页。
③ 英国公共有限公司（CMC Markets）作为外汇报价商成立于1989年，总部在英国伦敦，现已发展为世界领先的实时互联网交易公司。

十年代便是原油本位时代。"① 里根之前，美国是通过战争拉动美国的军工利润，尼克松停止越南战争后，便将美国的军事力量收缩至中东，强力控制中东石油。"美国对世界石油的控制关键是确保石油标价和结算使用美元，并且只能使用美元。"② 中国学者梁亚滨写道：

> 美国凭借在世界政治经济中的优势地位使石油利润全部转换成美元资本，同时使石油美元的流动绕开国际货币基金组织，完全按照美国的利益，以购买美国各种债券等金融资产的方式回流美国，弥补美国的财政和贸易赤字。实现这一目标的关键在于确立石油的美元标价和结算制度，同时说服石油出口带来的巨额顺差用来购买美国国债。美国对世界石油控制的关键是确保石油标价和结算使用美元，并且只能使用美元。③

需要说明的是，造成美国金融化速度加快的原因，除了石油以美元结算之外，中国在20世纪80年代启动的改革开放及同期亚洲"四小龙"经济的迅速发展拉动了亚洲对美元的超大规模的需求，此间美元指数④在1985年2月被推至历史最高收盘点位的164.72点。（如图7所示）

---

① 转引自魏强斌《原油期货交易的24堂精品课：顶级交易员的分析框架》（上），山西人民出版社2017年版，第51页。
② 梁亚滨：《霸权密码：美国霸权的金融逻辑》，新华出版社2012年版，第221页。
③ 梁亚滨：《霸权密码：美国霸权的金融逻辑》，新华出版社2012年版，第221页。
④ 美元指数（US Dollar Index，USDX），是衡量美元在国际外汇市场汇率变化的一项综合指标，由美元对六个主要国际货币（欧元、日元、英镑、加拿大元、瑞典克朗和瑞士法郎）的汇率经过加权几何平均数计算获得。布雷顿森林体系解体后，美元指数开始被选作参照点，最初的美元指数是100点。在过去的几十年间，美元指数曾在1985年2月达到历史最高收盘点位164.72点，2008年4月达到历史最低收盘点位71.33点。从1973年3月至今，美元指数93%的天数运行在80点以上，2007年金融危机以前美元指数基本未低于80点，金融危机以后在80点附近波动。2011年10月25日，美元指数的收盘价是76.19。参见上海市金融学会编《"十二五"时期金融发展形势和策略选择》，学林出版社2012年版，第40页。

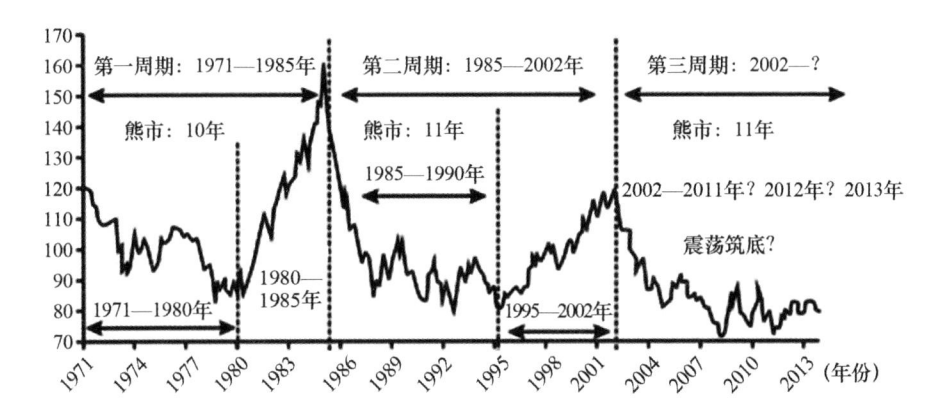

图7　1971年以来美元指数历史走势周期分析

数据来源：陈晓晨、徐以升：《美国大转向：美国如何迈向下一个十年》，中国经济科学出版社2014年版，第295页。

需要说明的是，1985年美元指数峰值的出现并不是国际油价推动的结果，因为同期的国际原油价格恰恰处在历史最低点。（如图8所示）

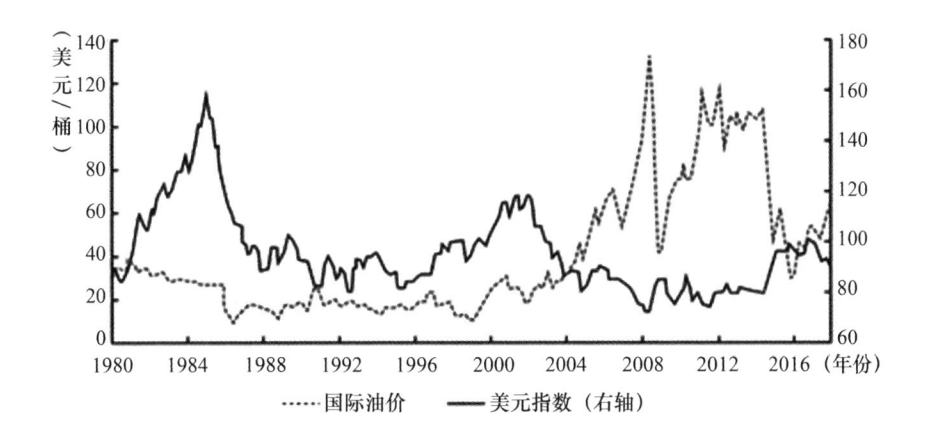

图8　油价与美元走势（1980—2016年）

数据来源：陶川：《全球宏观经济分析与大类资产研究》，中国金融出版社2018年版，第220页。

显然，1985年的美元峰值是1978年后中国改革开放和亚洲"四小龙"的快速发展共同推动的结果。此间，美国经济也在金融全球扩张的路线上获得发展。中国经济学者黄海州客观地指出了这一点，他写道："中国改革开放压低了全世界的通胀水平。新型全球化下发达国家可以从发展中国家进口大量的消费品，发展中国家进入发达国家的体系，如WTO，全世界的商品、资金能够更大范围地流动，大大压低了世界的通胀水平，所以说过去30年是全世界发财最好的时候。"①

1981—1990年间，美国总统里根推行"里根经济学"，其主要内容包括：削减政府开支和控制货币供应量的增长，降低通货膨胀率；减少个人所得税和企业税、加速企业折旧以刺激投资。里根经济学的总体思路是以供给学派的减税政策来对付经济停滞，以货币学派的控制货币供应量来对付通货膨胀。里根时期，美国实际GNP增长率比前十年虽有下降，为2.9%，通胀率却大幅减少，为4.6%②，但还是高于GNP实际增长。大规模的减税政策增加了个人可支配的货币和企业的流动资本——这是"里根货币供应学派"的本质，私人和企业可支配的货币总量大规模地增加和流动，是国家经济金融化的前提。

客观上说，里根经济政策推行后美国经济得到恢复。1984年，在里根上台的第四年，美国实际国民生产总值增长率达7%，通胀率被压至4%③，"超过了计划预定的4.5%指标，创30多年来的最高水平"④。大规模减税造成的部门和个人可支配性货币增加了美国百姓的满意度。1984年，谋求总统连任的里根要求选民回答"你

---

① 刘纪鹏主编：《未来世界的中国定位》，东方出版社2018年版，第8—9页。
② 参见张泽清《美国，你为何强大？》，中国城市出版社1999年版，第216页。
③ 参见张泽清《美国，你为何强大？》，中国城市出版社1999年版，第214页。
④ 马远之：《世界六百年与中国六十年》，广东人民出版社2015年版，第306页。

们是不是比四年以前生活得更好"的问题时，美国百姓回报里根的是48个州的压倒性胜利和高达60%的支持率。

值得提醒的是，里根时期经济的大面积收益却是在政府借贷和国际收支赤字以剪刀差的路线双向大规模扩大的时期。（如图9和图10所示）

这里，问题就出来了：谁见过负担着高额债务同时还没有多少实物产品出口的国家还会过上好日子？里根在他的第一个任期内做到了这一点。那人们就要问：美国政府用什么可以交换到美国百姓需要的实物产品？回答是：美元。从里根上台的1981年到特朗普上台的2016年，美国用全球化的方式推动美元商品化，造成世界需要坚挺美元——坚挺就会有高收益，美国大举借债，再转手输送给需要美元的国家，这些国家通过向美国输送高质量实物商品换回美元外汇，在这个循环过程中，美国百姓获得大量廉价生活日用品，过上不劳而获的富足日子。"2006年中国对美国产生贸易顺差1442.6

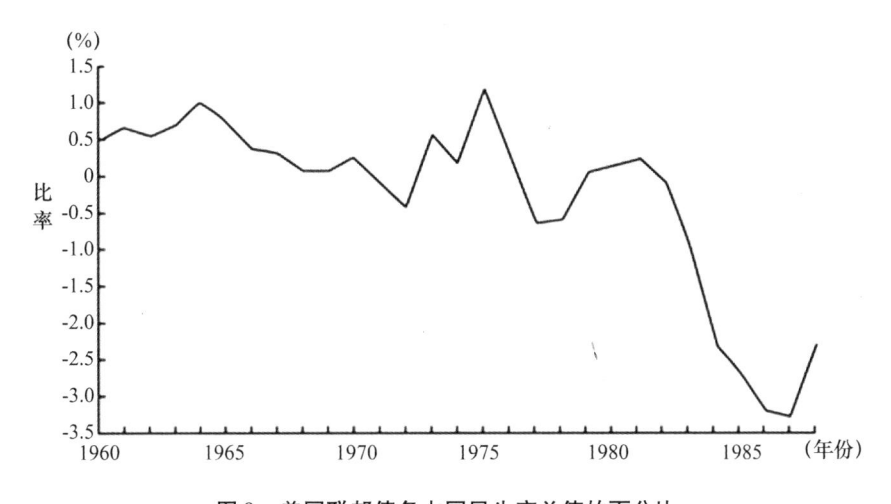

图9　美国联邦债务占国民生产总值的百分比

数据来源：[美]安塞尔·M.夏普等：《美国社会问题经济观》，申水平等译，航空工业出版社1992年版，第392页。

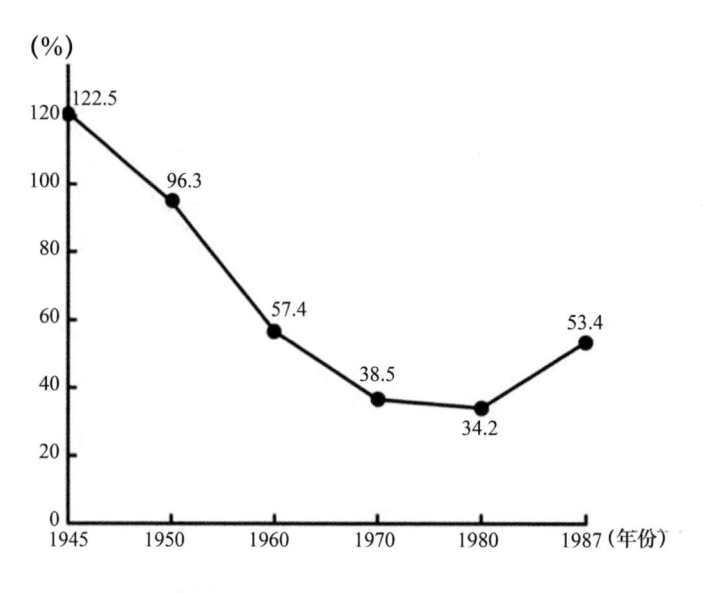

图10 美国国际收支占 GDP 比重（1945—1987 年）

数据来源：[英]罗思义：《别误读中国经济》，天津人民出版社 2018 年版，第 214 页。

亿美元，贸易顺差积累为中国的外汇储备，而中国外汇储备又将大部分比例投资到了以美国国债为代表的美元资产之上。"①

马克思说："现代信用制度创始人的出发点，并不是把一般生息资本革出教门，而是相反，对它予以公开承认。"② 美国的信用制度在里根时期开始以扩大金融杠杆的形式向高利贷制度暗度陈仓。

里根放松银根的政策增加了流动资本，理论上有利于老百姓的"大众创业"，但在现实中，亚洲新兴市场经济国家，尤其是在刚进入改革开放快车道的中国等国迫切需要扩大美元储备的历史条件下，美国国内新释放出来的庞大的货币流动性只投向美元处于优势地位的外汇市场以期获得超额回报，即使投资于这些新兴国家的产业也可获得

---

① 王建：《货币霸权战争：虚拟资本主义世界大变局》，新华出版社 2008 年版，第 19 页。
② [德]马克思：《资本论》第 3 卷，人民出版社 2004 年版，第 679 页。

比美国国内更优质的资源和更质优酬低的劳动力。(如图11、图12所示)

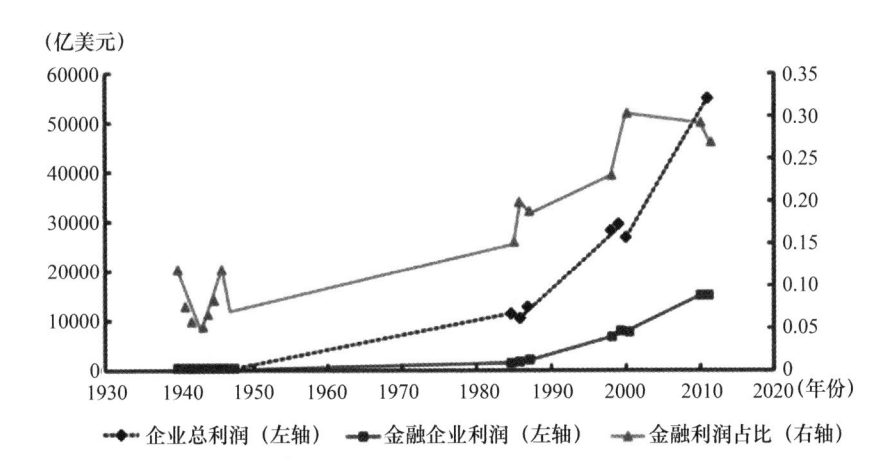

图11 美国金融产业的规模增长情况（1940—2011年）

数据来源：史正富：《超常增长：1979—2049年的中国经济》，上海人民出版社2016年版，第68页。

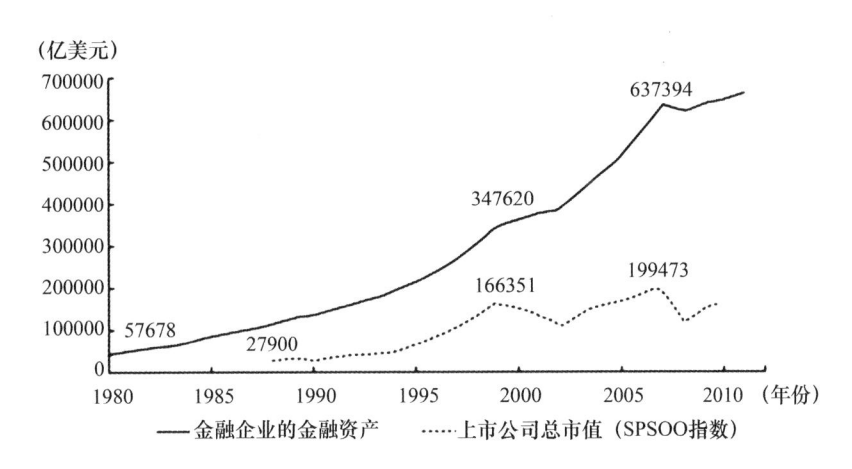

图12 美国金融与企业利润（1980—2011年）

数据来源：史正富：《超常增长：1979—2049年的中国经济》，上海人民出版社2016年版，第70页。

我们看到1980年后，美国经济中的金融业快速发展，金融利润再上台阶，在1980—2010年的30年间，金融收益远远高于企业利润收益,"20世纪40年代美国金融行业的利润在国民经济总利润中的占比基本在10%以下,1985年增长到15%以上,2000年更是高达30.59%"①。有资料说明:"美国一个国家自1996年以来,就通过国际资本的流入再转为支付进口,消耗掉了全球每年70%以上的剩余产品或净储蓄。"②"到20世纪90年代后期,世界货币市场的年交易额已经高达600万亿美元,是国际贸易总额的100倍,全球年金融产品交易额高达2000万亿美元,是全球年GDP总额的70倍。可以说,当代资本运动的主体已经转移到虚拟产品生产方面。"③

昨天"期票是犹太人的真正的神"④,现在金融衍生品成了美国人"真正的神"。这个"真正的神"通过"金融"的幌子虚伪过渡,使美国从军工帝国迅速向高利贷帝国转变。⑤

(二)从"G-W-G′"到"G-G′":美国高利贷帝国主义的出现及其反自然、反人类、反文明的本质

事实上,一个国家的民生依赖金融遑论高利贷的支撑是不能持久的,毕竟货币只是价值的尺度和商品交换的工具;而财富,不管是本国的还是他国的,都需要人的脑力和体力劳动在特定时间内的投入才能产出。这样便与资本化的货币即高利贷产生了矛盾。资本

---

① 史正富:《超常增长:1979—2049年的中国经济》,上海人民出版社2016年版,第69页。
② 王建:《货币霸权战争:虚拟资本主义世界大变局》,新华出版社2008年版,第19页。
③ 王建:《货币霸权战争:虚拟资本主义世界大变局》,新华出版社2008年版,第27页。
④ 《马克思恩格斯全集》第1卷,人民出版社1956年版,第448页。
⑤ 也有学者看到了这个转变,但作出笔者不尽同意的阶段划分。笔者认为"虚拟资本主义"属列宁说的"高利贷帝国主义",它由"军工帝国主义"转化过来的,是货币资本的返祖,是目前为止的资本主义最高阶段中的最野蛮、最腐朽的阶段。中国经济学家王建在2008年出版的《货币霸权战争:虚拟资本主义世界大变局》一书中认为:"在经历了自由资本主义和垄断资本主义两个历史阶段之后,以美国为代表的资本主义目前发展到了虚拟资本主义阶段……在自由资本主义、垄断资本主义时期,世界主要资本主义国家的资本还是以生物质产品为主,资本主义经济的基本矛盾和运行规律、帝国主义战争的性质等等,都是围绕物质产品的生产和流通产生的。但是进入虚拟资本主义之后,所有的这些都在发生着深刻的变化。"王建:《货币霸权战争:虚拟资本主义世界大变局》,新华出版社2008年版,第3页。

化的货币不同于一般的货币，一般货币是为了交换商品，资本化的货币却是为了交换货币。马克思说："在高利贷资本中，G－W－G′①形式简化成没有媒介的两极 G－G′，即交换成更多货币的货币。这种形式是和货币的性质相矛盾的，因而从商品交换的角度是无法解释的。"② 货币原本只是一种价值尺度，只是商品交换的媒介，在这个"媒介"短缺时，社会就出现囤积货币以增强商品交换的"权力"，当这种权力成为事实存在时，人们就为增加这种权力用人为囤积货币的方式使自己长期拥有商品交换的权力——本质是占有劳动产品的权力。这样就在货币商之间产生了竞争，竞争又促使货币拥有者从囤积转为直接放贷即用钱生钱。这时货币（G）使自己增值的对象已不是商品（W），而是处于不同利率中的货币（G′）；也就是说资本增殖的公式从 G－W－G′径直简化为 G－G′。当这种转换在一个国家中只是处于可控制的有限范围，那只是表明社会经济出现了问题，如果这种转换成了国家行为，那么这个国家就进入了快速腐朽进而衰落和瓦解的轨道。马克思说："货币对不动的、不可分割的财产起瓦解作用。"③ 马克思说的就是高利贷货币。高利贷货币与一般货币不同的是，一般货币依赖的是商品交换，商品的交换次数是它增值的原因；高利贷货币依赖的是货币兑换的频率，而货币兑换的频率不是由于社会生产状况，而是由于社会破产状况。大破产——最好是国家破产——才能产生对货币的大需求，从而产生货币兑换。里根时期美国经济加速经济全球化和金融化的进程，增强了美元在国际上的强势地位，到 20 世纪 90 年代，"G－G′"即用钱生钱成了美国全民的敛财方式。（如图 13 所示）

---

① "G－W－G′"是马克思《资本论》中货币转化为资本的著名公式。G 代表资本，W 代表商品，G′代表经过商品交换后已经增殖的资本。
② ［德］马克思：《资本论》第 1 卷，人民出版社 2004 年版，第 191 页。
③ 《马克思恩格斯全集》第 31 卷，人民出版社 1998 年版，第 332 页。

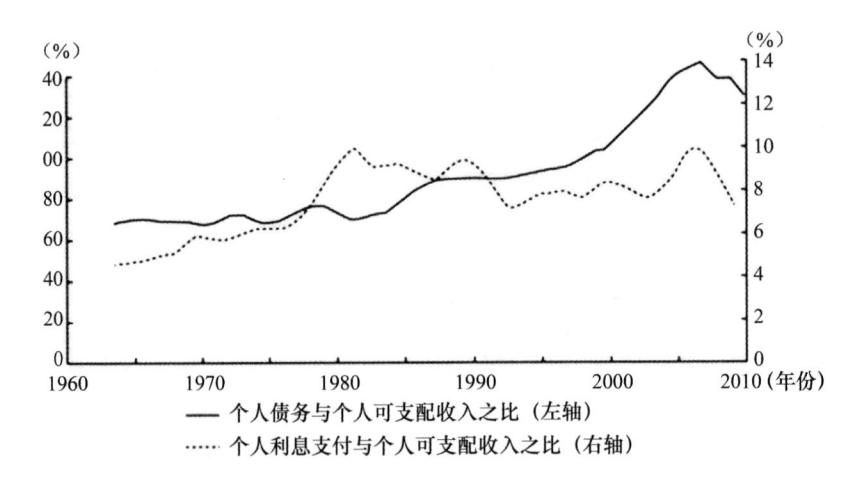

图 13　美国个人债务与利息支付（1963—2010 年）

数据来源：转引自李民琪等《资本的终结：21 世纪大众政治经济学》，中国人民大学出版社 2016 年版，第 198 页。

由图 13 可见，自 20 世纪 80 年代初期，中国的改革开放和亚洲"四小龙"快速发展，亚洲对美元出现巨大的需求，此间美元货币供应总量紧缩，导致美元利率飙升①，美国人的个人债务下降，利息支付却在升高，美国公民可支配收入也相应增长，但这却对美国工业造成巨大的贷款负担，也增加了美国百姓的潜在金融风险。1978 年中国改革开放，1982 年拉美经济危机爆发，这几件大事持续刺激了世界对美元的刚性需求，这使得美国金融产品自 20 世纪

---

① 100 美元在 1950 年兑换 275.00 元人民币，在 1955—1970 年的 15 年间，人民币对美元兑换一直固定在 100 美元兑换 246.18 元人民币的汇率上。参见张光平《人民币衍生产品》（上），中国金融出版社 2008 年版，第 226、227 页。从 1985 年人民币开始贬值，当年 100 美元兑换 293.57 元人民币，1990 年兑换 478.32 元人民币，2000 年可兑换 827.84 元人民币，2010 年为 676.95 元人民币，2018 年为 661.74 元人民币。1983—2000 年，中国实际利用外资金额从 22.61 亿美元增至 593.56 亿美元，至 2018 年又猛增至 1349.66 亿美元。人民币兑美元的汇率大幅上升导致中国外汇储备的快速增加。1978 年中国外汇储备仅有 1.67 亿美元，2000 年为 1655.75 亿美元，2018 年飙升至 30727.12 亿美元。参见国家统计局编《中国统计年鉴（2020）》，中国统计出版社 2020 年版，第 357、588 页。

80年代以后第一次进入丰收期,并由此造成美元指数自20世纪70年代以来出现第一个高峰,美元指数从80点左右飙升近170点。20世纪80年代末90年代初东欧剧变、苏联解体又造成美元指数的第二个小高峰:其从90年代初的80多点猛升至2000年的120点左右(参见图7)。这两次美元的大收益对美国产生的负面影响是导致美国经济严重泡沫化。(如表4、表5所示)

表4　　1990—2017年美国三次产业对国内生产总值的贡献率　　(单位:%)

第一产业			第二产业			第三产业		
1990	2000	2017	1990	2000	2017	1990	2000	2017
0.25	3.8	9.3*	-0.11	25.9	1.7*	1.05	70.4	89.0*

注:表中*为2016年数据。

数据来源:《国际统计年鉴》1999年、2018年。

表5　　1990—2017年美国国内生产总值产业构成　　(单位:%)

农业增加值占国内生产总值比重			工业增加值占国内生产总值比重			服务业增加值占国内生产总值比重		
1990	2000	2017	1990	2000	2017	1990	2000	2017
2.0	1.2	1.0*	28.1	22.4	18.9*	69.9	73.1	77.0*

注:表中*为2016年数据。

数据来源:《国际统计年鉴》1999年、2018年。

我们看到,从1990年到2017年,美国三大产业中对国内生产总值贡献率最大的是第三产业,从1990年的1.05%猛升至2017年的89%,其间,第三产业的增加值占国内生产总值的比重也从69.9%增至77%。至此,美国经济严重金融化。原本在"G－W－G′"道路上迅速崛起且经济高度发达的资本主义美国,却在资本逻辑的推动下回到了"G－G′"。马克思说:"商人资本和生息资本是资本的最古老形式"①，是"洪水期前的形态"②：

>　　关于商业资本所说的一切，更加适用于高利贷资本。在商业资本中，两极，即投入市场的货币和从市场取出的增大的货币，至少还以买和卖，以流通运动为媒介。在高利贷资本中，G-W-G′形式简化成没有媒介的两极G-G′，即交换成更多货币的货币。这种形式是和货币的性质相矛盾的，因而从商品交换的角度是无法解释的。③

"G-G′"即用钱生钱的经济特点是货币成了货币增殖的对象，这时货币运动就脱离了它金融和信用的性质转而向高利贷货币返祖：在金融和信用意义上的货币增殖需要的是改善商品生产和销售条件，而高利贷意义上的货币需要的是普遍地破坏生产和销售条件，通过瓦解一切实体经济并由此造成有利于放贷的社会需求。马克思写道："高利贷不改变生产方式，而是像寄生虫那样紧紧地吸在它身上，使它虚弱不堪。高利贷吮吸着它的脂膏，使它精疲力竭，并迫使再生产在每况愈下的条件下进行。"④

对正常的生产型国家而言，只有在扩大分工和扩大再生产的条件下才需要更多的货币，而高利贷资本正好相反，它需要的是实体生产的普遍破产。只有破产、战争和病危等灾害，才能造成社会或家庭对货币的绝对需求。一旦国家经济整体性地进入高利贷陷阱，"银行就由普通的中介人变成万能的垄断者"⑤，这时的国家政府就

---

① 马克思：《资本论》第3卷，人民出版社2004年版，第688页。
② 马克思：《资本论》第1卷，人民出版社2004年版，第186页。
③ 马克思：《资本论》第1卷，人民出版社2004年版，第187页。
④ [德] 马克思：《资本论》第3卷，人民出版社2004年版，第674—675页。
⑤ 《列宁选集》第2卷，人民出版社1972年版，第753页。

成了高利贷商人任意摆弄的仆人。列宁是资本主义进入帝国主义时代的马克思主义者,他以当时最新的材料证实了马克思的上述结论,他写道:

> 在工业高涨时期,金融资本获得大得无比的利润,而在衰落时期,小企业和不稳固的企业纷纷倒闭,大银行就"参与"贱价收买这些企业,或者"参与"有利可图的"整理"和"改组"。在"整理"亏本的企业时,"把股份资本降低,也就是按照比较小的资本额来分配收入,以后就按照这个资本额来计算收入。如果收入降低到零,就吸收新的资本,这种新资本同收入比较少的旧资本结合起来,就能获得相当多的收入"①。

事实上,苏联解体和东欧社会主义制度瓦解时,以美国为首的西方国家就在其中发了一大笔横财,这笔横财将美元指数从1992年的80多点推向2000年的120点左右——这是美元自1985年以来第二个高峰。1990年,波兰华沙大学经济学博士、原"团结工会"积极分子扬·捷符尔斯基以忏悔的心情写下长篇论文,揭露了波兰社会主义政权垮台给波兰人民带来的灾难。他写道:"外国资本将廉价接管我国办得较好的国营企业。企业的价值将采用产品销售的利润额作为计算标准。因为波兰的大部分工业产品成本高,质量低,所以企业价值的估价一般都很低。此外,西方货币汇率比所在国的实际购买力一般又高出一倍,而根据国际货币基金组织的要求,这种货币在波兰的价格又将大大提高。因此,向外国资本出售

---

① 《列宁选集》第2卷,人民出版社2012年版,第620—621页。

波兰企业简直是白送一般。然而，外国资本想要得到的远非这些，外国资本不但要有权购得企业，而且要包括企业地皮，甚至地皮以外的东西，还要求有权把从波兰廉价劳动力身上攫取的利润自由汇出波兰。"①

列宁上面所说的"金融资本"的运作方式就是变相的高利贷。高利贷资本与其他资本不同，其他资本是通过生产和销售商品增殖，而高利贷资本是通过"销售"货币增殖，商品生产和销售可以有生产周期，这个周期决定了金融资本赢利也是有周期的；而高利贷资本不能有生产周期，货币一旦停止流通，它就形同废纸。因此，高利贷不能等待，为此它必须不断创造生产者的贷款需求，这样的需求形成的前提就只能是生产的瓦解和永恒的贫困。于是货币一旦主宰了生产，它就会立即撕下"金融""信用"的面纱并暴露破坏生产、破坏社会、毁灭人类正常活动，甚至屠杀人类的高利贷的赢利本性。马克思尖锐地指出这一点："要使资本主义生产方式的'永恒的自然规律'充分表现出来，要完成劳动者同劳动条件的分离过程，要在一极使社会的生产资料和生活资料转化为资本，在另一极使人民群众转化为雇佣工人，转化为自由的'劳动贫民'这一现代历史的杰作，就需要经受这种苦难。"②

现在看来，美国已成了这样的以经营高利贷为外交主业的国家。今天美国及其外交已彻底商业化了，成了为美国垄断财团牟利的工具。"大多数银行家认为独裁政府挺好"，一位银行家在波兰对《纽约时报》说，"在拉丁美洲的每次政变之后，必定出现银行家们欣喜若狂的情景，他们主动找上门来向新政府提供信贷。谁都不知道政治体制能够发挥什么作用，唯一的检验方式就是：看他们能

---

① 柳静编著：《西方对外战略策略资料》（第一辑），当代中国出版社1992年版，第225页。
② ［德］马克思：《资本论》第1卷，人民出版社2004年版，第828—829页。

不能清偿账单"①。

由此可以解释为什么美元一旦跌至最低节点，世界必然要发生大事：要么美国与对手妥协，要么消灭对手。1972年中美关系改善，1979年中美建交，由此便出现了战后美元指数的最高峰值；1987年，美元指数跌至低点，为了走出困境，美国转手推动1989—1991年的东欧剧变、苏联解体这一事件。② 苏联解体造成美元指数自1985年以来的第二次高峰。2000年普京上台，大幅压缩了美国高利贷资本在俄罗斯的掠夺空间，美元指数随后大幅下跌，随之而来的是美国国内那些依赖存款利息为生的老百姓的收入大幅降低，其生存条件严重恶化。法国学者托马斯·皮凯蒂（Thomas Piketty）在《21世纪资本论》一书中写道："自1980年以来，美国的收入不平等就开始快速扩大。前10%人群的收入比重从20世纪70年代的30%—35%，上涨到21世纪伊始的45%—50%——提升了15个百分点。"③ 2008年美元指数跌至接近70点，当年美国经济危机爆发。2011年底，美国便爆发了"占领华尔街"运动。皮凯蒂分析说：

> 1980年以来，美国国民收入中有相当一部分（大约15%）从最穷的90%人口转向了最富有的10%人口。具体地讲，如果我们考察一下危机发生前30年（即1977—2007年）美国经济的增长情况，就会发现最富有的10%人群占据了增长总额的3/4，这一时期最富有的1%人群就独占了美国国民收入增长的近60%。因此，对于底部的90%人群来说，收入增长率每年

---

① ［美］彼得·施魏策尔：《里根政府是怎样搞垮苏联的》，殷雄译，新华出版社2001年版，第86页。
② 参见［美］彼得·施魏策尔《里根政府是怎样搞垮苏联的》，殷雄译，新华出版社2001年版。
③ ［法］托马斯·皮凯蒂：《21世纪资本论》，巴曙松等译，中信出版社2014年版，第300页。

不足0.5％。这些数字是无可争议的，却很让人吃惊：当人们考虑收入不平等的基本合理性时，都应详细核对这些数字。很难想象，在社会群体之间存在如此极端分化的情况下，这个经济和社会如何能够持续运转下去。①

美国为了挽救美元危机，小布什政府以"反恐"的名义，发动了阿富汗战争，结果折戟伊拉克。2008年美国宣布从伊拉克部分撤军。一旦军事不能控制中东，石油美元也就宣告寿终正寝。2016年特朗普在军工资本的支持下异军突起——迫使华尔街金融资本利益的代理人希拉里退出，成为继奥巴马之后的美国第45届总统。特朗普试图用振兴军工生产的方式来扭转美国的颓势，军工采购在特朗普时期大幅上扬：2016—2019年美国国内生产总值增长率中的政府消费支出和投资项里，国防增长最快最猛：从2016年的-0.6%增至2019年的4.9%。② 2016—2019年，美国GDP只有知识产权产品和国防两项增长，其中增长最快以及对美国GDP增长拉动大的还是国防。③ 这表明，美国正在从20世纪50—70年代的军工帝国主义经80年代后30多年的金融—高利贷帝国主义的否定，又迅速"返祖"至反自然、反人类与反文明的野蛮军工帝国主义——这是一个经典的"否定之否定"④的样本。今后在相当长的时间内不

---

① ［法］托马斯·皮凯蒂：《21世纪资本论》，巴曙松等译，中信出版社2014年版，第303页。
② 在2016年、2017年、2018年、2019年中，美国国防支出和投资增长率（环比折年率）分别为-0.6%、0.7%、3.3%、4.9%。对美国经济的拉动率分别为-0.02%、0、0.1%、0.2%。参见国家统计局国际统计信息中心编《世界经济运行报告2018/19》，中国统计出版社2019年版，第194、196页；《世界经济运行报告2019/20》，中国统计出版社2020年版，第218、220页。
③ 国家统计局国际统计信息中心编：《世界经济运行报告2018/19》，中国统计出版社2019年版，第196页；《世界经济运行报告2019/20》，中国统计出版社2020年版，第218页。
④ 否定之否定规律最初由黑格尔提出，经马克思改造，成为唯物辩证法的一个基本规律。否定之否定规律的基本内容就是：事物的发展是由肯定（黑格尔的"正题"）到否定（黑格尔的"反题"）再到否定之否定（黑格尔的"合题"），如此循环往复的螺旋式运动的辩证过程。

管谁上台，如果不发生人民革命，美国都将在军工和高利贷权力交替中走进其苟延残喘的多舛末途。

道德与劳动是不能分离的孪生子。国家和人一样，如果不劳动，这个国家就从文明异化为野蛮和堕落，古罗马就是这样。古罗马国家在上升时期，生产性劳动是社会的主流，但是后来打仗代替了劳动，掠夺了很多奴隶，让奴隶劳动，古罗马民众则观赏动物表演、看人兽肉搏，这时古罗马就衰落了。今天的美国也重复了古罗马的兴衰老路。

第二次世界大战后，美国摆脱欧洲的"跟班"身份，以独立的姿态转入帝国主义形态。在此后近80年的历史中，高利贷资本将一个曾是健康、向上和反欧洲压迫的工业化的美国推向野蛮堕落的境地，而21世纪20年代初蔓延全球的新冠肺炎疫情和随后西方美英等国家默认的基于纯生物学意义的"群体免疫"政策及由此造成的一年中近300万人因新冠肺炎死亡的惨剧，就是美帝国主义时代资本主义的没落性即反自然、反人类、反文明性的赤裸裸的表现。正如马克思所说：

> 商人资本和生息资本是最古老的资本形式。①
> 高利贷资本有资本的剥削方式，但没有资本的生产方式。②

需要说明的是，马克思时代的高利贷多是私人或法人的个体行为，今天美国的"高利贷帝国主义"与马克思所说的历史上的"商人资本"或"高利贷资本"不同，与19世纪初被列宁称为"高利贷帝国主义"的法国相同，已是一种国家行为。与马克思说

---

① ［德］马克思：《资本论》第3卷，人民出版社2004年版，第688页。
② ［德］马克思：《资本论》第3卷，人民出版社2004年版，第676页。

的单向贷出的高利贷不同，今天的美帝国的高利贷具有双向剥削的特点，一方面紧附在作为民族国家的美国身上的国际垄断财团以高利贷贷入的形式剥削美国①，另一方面以高利贷贷出的形式剥削世界其他国家。高利息的压力迫使美国政府必须不择手段地向世界贷出美元"产品"，以平衡财政赤字。

从古代高利贷活动发展出的信用制度，是金融发展史上的重大进步。马克思说："信用制度是作为对高利贷的反作用而发展起来的……信用制度的发展恰好就是表示生息资本要服从资本主义生产方式的条件和需要。"② 但是，与美国情形相反，只有在国家掌控银行的地方，比如欧洲一些国家和东方的中国，信用制度才能对货币的高利贷本性进行有效制约。20 世纪 80 年代后，美国金融资本在里根时期"控制货币总量"财政政策的天衣无缝的配合下，美国的实体经济尤其是工业遭到重创，其结果是美国工业资本屈服于华尔街金融资本，此后的美国已不是"生息资本要服从资本主义生产方式的条件和需要"，而是资本主义生产方式要服从生息资本的"生产方式的条件和需要"。至此，金融资本家在现代文明史上彻底抛弃了货币服务于实体经济的"金融""信用"面具，赤裸裸地露出高利贷"夏洛克"的本质：2000—2016 年，美国政府公共债务占

---

① "2010 年美国全部国债利息为 4139 亿美元，成为仅次于国防和社保的第三大支出。2010 年美国的国债利息达 4540 亿美元，占联邦全部财政收入的 20%。如此巨大的利息支出将导致每年增发国债近 5000 亿美元。2000—2010 年国债利率平均达到 5%，未来国债利息可能还会上升，因为随着国债总量的增加，其风险水平也在上升。那些持有美国债券的国家，如中国、日本和海湾国家政府和持有债券的美国公众自然要求国债利率上升，以抵御风险，美联储也将不得不提高利率以吸引贷款人，而这将造成未来赤字和债务的刚性增长。政府债务筹资成本也随之上升，一旦这种恶性循环开始，美国的债务利息将成为联邦预算中的最大项目。有人测算，到 2023 年，美国政府的财政收入将全部用来偿还利息。如果经济增长率持续低迷，2050 年美国债务率可能上升到 GDP 的 296%。高额利息将使美国经济陷入衰退。即将爆炸的债务炸弹，将彻底摧毁美国。"参见孙怀玉《走下巅峰的美国》，武汉出版社 2016 年版，第 48 页。

② ［德］马克思：《资本论》第 3 卷，人民出版社 2004 年版，第 678 页。

GDP 比重从 33.16% 迅速飙升至 99.46%①；1990—2017 年，美国第三产业对 GDP 的贡献率从 1.05% 猛升至 89%②。

马克思说："资本来到世间，从头到脚，每个毛孔都滴着血和肮脏的东西。"③ 但是，与至少要保证劳动力自身再生产得以维持的工业资本不同，高利贷资本的剥削是无底线的，而它的本性又是与自然的和人类的本性尖锐对立的，它"害怕没有利润或利润太少，就象自然界害怕真空一样。一旦有适当的利润，资本就胆大起来。如果有 10% 的利润，它就保证到处被使用；有 20% 的利润，它就活跃起来；有 50% 的利润，它就铤而走险；为了 100% 的利润，它就敢践踏一切人间法律；有 300% 的利润，它就敢犯任何罪行，甚至冒绞首的危险。如果动乱和纷争能带来利润，它就会鼓励动乱和纷争。走私和贩卖奴隶就是证明"④；事实上，这次新冠肺炎疫情的全球蔓延及西方英美等国实行的有失人道的"集体免疫"，也是对高利贷资本本性的证明。

七 其兴也勃，其亡也忽：美国的崛起与美帝国的没落及其总结

在清教基础上生长出的"五月花"自由原则不受限制地"使资本主义生产方式的'永恒的自然规律'充分表现出来"并释放出巨大的资本主义的能量，这种能量以前所未有的速度"完成劳动者同劳动条件的分离过程"，"在一极使社会的生产资料和生活资料转

---

① 参见国家统计局编《中国统计年鉴—2019》，中国统计出版社 2019 年版，第 195 页。
② 参见国家统计局编《国际统计年鉴—1999》，中国统计出版社 1999 年版；《国际统计年鉴—2018》，中国统计出版社 2018 年版，第 100、82 页。
③ [德] 马克思：《资本论》第 1 卷，人民出版社 2004 年版，第 829 页。
④ [德] 马克思：《资本论》第 1 卷，人民出版社 2004 年版，第 829 页注释 250。

化为资本，在另一极使人民群众转化为雇佣工人，转化为自由的'劳动贫民'"①，其结果是"五月花"的自由原则终为它释放出的反自由的力量——美国政府对2011年反抗金融资本的"占领华尔街"运动的镇压——所毁灭。

进入21世纪，华尔街金融财团终于在美国再现了资本的反民主和高利贷资本反人类的本性。现在美国华尔街金融集团已击败并取代了实体生产资本，独占帝国，结果是被亚里士多德认为"最不合乎自然"②的高利贷被包装成各式"金融产品"后成了世界的时尚。此后美国也从一个反抗欧洲霸权、具有革命精神的民族国家蜕变为害人害己、手持利斧（军工）的高利贷帝国，这个帝国将世界资本主义在20世纪下半叶推向列宁说的"最高阶段"后，又在21世纪初将其拖入没落阶段，将人类送上工业文明的巅峰后又逆向将人类拖入马克思说的"洪水期前的形态"。

进入21世纪的美利坚国家已被没落的资本主义折磨得病入膏肓，可悲的是这时美国的知识分子却没有足够的反思，他们不仅没有认识到美国更需要一次"文艺复兴"，需要重返欧洲去把早年清教徒在倒掉欧洲"洗澡水"（即封建主义）时抛出的"孩子"（即国家的价值）捡回来，相反，他们仍将"自由主义"当作不变的教条③，被欧洲用诺贝尔奖捧起来的美国的"新自由主义"迄今仍是美国的经济理论信奉的不二窠臼。

---

① ［德］马克思：《资本论》第1卷，人民出版社2004年版，第828—829页。

② "所谓'利息'正是'钱币所生的钱币'。我们可以由此认识到，在致富的各种方法中，钱贷确实是最不合乎自然的。"参见［古希腊］亚里士多德《政治学》，吴寿彭译，商务印书馆1965年版，第32页。

③ 比如当代美国新自由主义代表人物、诺贝尔经济学奖获得者米尔顿·弗里德曼（Milton Friedman）就认为："用斯密来为他自己的思想背书存在一定困难，因为他很清楚，斯密比他更相信政府，在许多情况下，斯密呼吁政府采取行为，但他却认为不可如此。"参见［美］丹尼尔·斯特德曼·琼斯《宇宙的主宰——哈耶克、弗里德曼与新自由主义的诞生》，贾拥民译，华夏出版社2017年版，第137页。

姜当然还是老的辣。欧洲人显然看到了美国的问题所在，不仅没有提醒，反而高调怂恿美国人的自由主义蛮力。2007—2012年，就在美国深陷危机期间，美国经济学家几乎包揽了这一时期的诺贝尔经济学奖。① 也就在此后美国经济似乎得了"肾衰竭"，在危机中日益不能自拔，国力不振，政治上出现"占领华尔街"运动和越来越多的各式抗议和占领运动。2021年1月6日，美国大选落幕，就在拜登就职演说前，华盛顿部分示威者进入美国国会区域，国会山自1814年后再次遭到冲击，国会议员被要求就地避难。1月20日，拜登就职典礼当天，华盛顿如临大敌，戒备森严：五角大楼部署了2.5万名国民警卫队队员协助加强安保，美国各州也纷纷针对可能发生的暴力事件采取防范措施。

无疑，促成美国上升的不能是一种力量，同样导致美国衰落的也不能只是一种（比如华尔街的）力量，而应当是包括美国各阶层民众即"无数个力的平行四边形"的正确和错误的选择形成的合力促成的结果。1890年9月，恩格斯在写给友人的信中说：

> 历史是这样创造的：最终的结果总是从许多单个的意志的相互冲突中产生出来的，而其中每一个意志，又是由于许多特殊的生活条件，才成为它所成为的那样。这样就有无数互相交错的力量，有无数个力的平行四边形，由此就产生出一个合力，即历史结果，而这个结果又可以看做一个作为整体的、不自觉地和不自主地起着作用的力量的产物。因为任何一个人的愿望都会受到任何另一个人的妨碍，而最后出现的结果就是谁

---

① "从1901年首设诺贝尔经济学奖到去年为止，总计有71位美国公民单独或者分享了诺贝尔经济学奖。梳理2007年至今年，美国经济学家几乎'包揽'了诺贝尔经济学奖。"参见《美国人再次拿走诺贝尔经济学奖》，《环球时报》2012年10月16日。

都没有希望过的事物。所以到目前为止的历史总是像一种自然过程一样地进行，而且实质上也是服从于同一运动规律的。但是，各个人的意志——其中的每一个都希望得到他的体质和外部的、归根结底是经济的情况（或是他个人的，或是一般社会性的）使他向往的东西——虽然都达不到自己的愿望，而是融合为一个总的平均数，一个总的合力，然而从这一事实中决不应作出结论说，这些意志等于零。相反，每个意志都对合力有所贡献，因而是包括在这个合力里面的。①

一个月后，恩格斯在另一封信中特别强调了合力运动的"不均衡"性及其中的"最有决定性"的经济因素。他说：

> 整个伟大的发展过程是在相互作用的形式中进行的（虽然相互作用的力量很不相等：其中经济运动是最强有力的、最本原的、最有决定性的），这里没有什么是绝对的，一切都是相对的。②

"历史是这样创造的"，这个过程用马克思的话说就是"社会经济形态的发展是一种自然历史过程"；在这个过程中"涉及到的人，只是经济范畴的人格化，是一定的阶级关系和利益的承担者"③。"自然历史过程"也就是合力发生发展的过程。

美国的历史也是这样一个发生、发展和衰落的过程。美国人民用革命的方式摆脱欧洲的民族压迫，仅用200多年的时间就建立了

---

① 《马克思恩格斯选集》第4卷，人民出版社2012年版，第605—606页。
② 《马克思恩格斯选集》第4卷，人民出版社2012年版，第614页。
③ ［德］马克思：《资本论》第1卷，人民出版社2004年版，第12页。

一个生机勃勃继而独霸世界的美利坚合众国。但是，美利坚民族毕竟还是太年轻了，以至于对自己的国家在诞生之初就存在的自我否定因素缺乏深刻的认识，遑论反思和批判。第二次世界大战的胜利使美国彻底摆脱了欧洲的压迫，获得自由的美利坚民族却被华尔街随后绑架至美帝国，盲从华尔街垄断财团参与帝国主义的全球扩张和剩余价值瓜分，由此美利坚民族也整体性地从被压迫民族异化为压迫民族。[①] 时至20世纪末，美国从一般的民族国家经军工帝国主义和短暂的金融化过渡，最终异化为高利贷帝国主义国家，而美利坚民族则异化为美帝国的附庸，作为民族国家的美国则转化为遭受美帝国剥削和压迫的半殖民国家。

真理多走一步就会变成谬误，自由成为绝对也会走向反面。自由为自由所打倒，美国"其兴也勃焉，其亡也忽焉"的历程为历史辩证法提供了一个经典案例！

如果从历史合力的视角认识，造成今天作为帝国的美国衰落和作为民族国家的美国受到重创的原因，除了华尔街垄断资本的主因外，华盛顿[②]、汉密尔顿、杰斐逊[③]等开国功臣在内的美国各阶层，特别是知识分子阶层也有不可推卸的责任：他们不仅没有对美国的

---

① "帝国主义的特点，正如我们所看到的那样，就是现在全世界已经划分为两部分，一部分是为数众多的被压迫民族，另一部分是少数几个拥有巨量财富和强大军事实力的压迫民族。"参见《列宁全集》第39卷，人民出版社2017年版，第232页。

② 1790年12月汉密尔顿在国会上提出关于设立国家银行的报告，其具体内容是：由政府签发给该银行开办20年的特许证，资本总额为1000万美元，政府承担1/5，并推举董事名额中的1/5，政府在宏观上对该银行加以控制。银行既帮助政府征税，也可向政府、各州和个人发放贷款，并有权发行纸币。国会中的南方议员反对这一报告，认为这是一项偏袒东北部商人和金融家的经济措施，是"一台贵族政治的发动机"。参见关立勋主编《中外治政纲鉴》（上），人民日报出版社1991年版，第500页。1791年2月12日，华盛顿最终批准了汉密尔顿提出的设立合众国银行的议案。这就是今天美联储的前身。

③ "我承认，我对一个军事力量非常强大的政府没有好感。它总是压迫性的。它使统治者逍遥自在，而人民却饱受苦难。""给政府军队，或者给人民知识，究竟何者能最好地维护和平。后者是最可靠、最正当的统治手段。"参见《杰斐逊选集》，朱曾汶译，商务印书馆1999年版，第416—417页。

上述历史异化（实则是反动）过程实行有效的抵制①，反而参与了削弱美国国家权力的活动，特别是在彻底摆脱欧洲压迫后，美利坚民族几乎是没有犹豫地转入压迫民族，并以压迫民族的姿态整体地参与并推动了美国从进步转向反动的全过程。马克思总结得好："一个民族当它还在压迫其他民族的时候，是不可能获得自由的。"②

八　从新冠肺炎疫情全球流行看资本主义的没落与世界的社会主义前途

列宁说："政治上的全面反动是帝国主义的特性。"③ 除此之外，蔓延全球的新冠肺炎疫情及西方美英等国家所采取的基于达尔文"优胜劣汰"生物学原理的"群体免疫"对策，向世人表明，进入21世纪的美帝国主义与列宁时期的英帝国主义相比，更带有"洪水期前的形态"的让现代人"非常担忧"和"感到恐惧"④ 的野蛮特性。

比较而言，在帝国主义的诸形态中，最接近社会达尔文主义从而最原始最野蛮的形态就是高利贷帝国主义，这就是今天的美帝国

---

① 1914年，对美联储法案持坚决反对意见的议员林德伯格在这一天对众议院发表演讲说："如果我们的参议员和众议员不欺骗国会，华尔街是无法欺骗我们的。如果我们拥有一个人民的国会，人民将会有稳定的生活。国会最大的犯罪就是它的《货币系统法案》（《美联储法案》）。这个银行法案是我们这个时代最严重的立法犯罪。两党的头头和秘密会议再一次剥夺了人民从自己的政府得到益处的机会。"参见刘汉太《第四资本》，中国铁道出版社2012年版，第136—137页。
② 《马克思恩格斯选集》第1卷，人民出版社2012年版，第314页。
③ 《列宁选集》第2卷，人民出版社2012年版，第705页。
④ 英国有两位大学教授分别指出，在没有可用疫苗的情况下实现群体免疫的过程让人"非常担忧"——若以新冠肺炎病亡率的1%这一较低水平数值估算，即便是英国只有50%—60%（约3600万）被感染也会导致几十万人口死亡。英国的一名病毒学家表示："我对此感到非常不安，我不喜欢这个做法，我认为它带有一些优生学的念头在里面。"参见贝壳、陆默编译《"群体免疫"策略：科学还是赌博》，《世界科学》2020年第5期。

主义，"9·11"事件、"斯诺登事件"等所暴露的问题表明，今天的美帝国不仅与社会主义国家的人民乃至世界人民为敌，而且还对其西方盟国和美国公民保持着高度戒备。2011年底发生于美国的"占领华尔街"运动及随后几年日益高涨的美国各地的抗议和占领运动表明今天的美国人民正在反思和觉醒，重建美利坚合众国的历史任务不可避免地将越来越多地成为今后美国人民思考的问题。马克思说："只有在实行共和制的北美各州——至少在其中一部分——犹太人问题才失去其神学的意义而成为真正世俗的问题。"① 世俗问题也就是唯物主义的阶级与阶级斗争、国家与革命的问题，毛泽东说："种族问题实质上是阶级问题。"②

"占领华尔街"及随后发生的一系列人民运动，已使美国人民族群的界限日益模糊，而阶级的对垒日益鲜明。基督教的《新约》没有拯救资产阶级，有一部分对现实不满的欧洲资产阶级试图在激进从而更加原教旨的道路上推进资产阶级的自由理想，他们回归《旧约》，另立教门——清教，这部分人在北美将资产阶级的理想和资本主义生产力在200多年的不长时间里迅速推向世界巅峰，随后自由的理想又为反自由的垄断所打倒，代表近现代文明核心理念的工业资本被"洪水期前"的高利贷资本所打倒。结果是犹太教信奉的《旧约》也没有拯救资产阶级。美国是近代以来资产阶级的所有能量得到最充分发挥的地方，也是近代以来资产阶级理念试验的最纯粹的范本，让早期资产阶级革命家们始料不及的，是他们一腔热血竟将他们所属的阶级推到高利贷资本手中。高利贷资本家剥削的对象不是某个阶级而是整个人类，从这个意义上讲，它没有阶级属性，它破坏的对象不是某个国家，而是一切国家，它需要的不是某

---

① 《马克思恩格斯文集》第1卷，人民出版社2009年版，第26页。
② 《建国以来毛泽东文稿》第10册，中央文献出版社1996年版，第339页。

种文明，因为它的存在条件始终与一切文明相对立。今天的美国社会应验马克思在《共产党宣言》中的预言：

> 资产阶级再不能做社会的统治阶级了，再不能把自己阶级的生存条件当做支配一切的规律强加于社会了。资产阶级不能统治下去了，因为它甚至不能保证自己的奴隶维持奴隶的生活，因为它不得不让自己的奴隶落到不能养活它反而要它来养活的地步。社会再不能在它统治下生活下去了，就是说，它的存在不再同社会相容了。①

身为犹太人的马克思是从人类解放的角度来考虑犹太人解放问题的。1844年马克思撰写《论犹太人问题》，将犹太人的解放与消灭"犹太"即国际垄断资本联系起来，他说："我们不是到犹太人的宗教里去寻找犹太人的秘密，而是到现实的犹太人里去寻找犹太教的秘密。"② 那么，什么是现实的"犹太人的秘密"呢？马克思说得很直接："犹太的世俗基础是什么呢？实际需要，自私自利。犹太人的世俗偶像是什么呢？做生意。他们的世俗上帝是什么呢？金钱。"③ 由此，马克思为犹太人解放指出道路，他说：

> 既然这样，那末从做生意和金钱中获得解放——因而也是从实际的、现实的犹太中获得解放——也就是现代的自我解放。
> 一种社会组织如果能够消除做生意的前提，从而能够消除

---

① 《马克思恩格斯选集》第1卷，人民出版社2012年版，第412页。
② 《马克思恩格斯全集》第1卷，人民出版社1956年版，第446页。
③ 《马克思恩格斯全集》第1卷，人民出版社1956年版，第446页。

做生意的可能性，那末这种社会组织也就能使犹太人不可能产生。他的宗教意识就会像烟雾一样，在社会的现实的、蓬勃的空气当中自行消失。另一方面，假如犹太人承认了自己这个实际本质毫无价值，因而尽力消除它，那他就会摆脱自己以前发展的范围，直接从事于人类解放，为反对人类自我异化的极端实际表现而奋斗。

社会一旦消灭了犹太的经验本质，即做生意及其前提，犹太人就不可能产生，因为他的意识就不再有对象，犹太的主观基础即实际需要就会人性化，因为人的个体感性存在和类存在的矛盾就会消失。

犹太人的社会解放就是社会从犹太中获得解放。①

这里，马克思说的"犹太的经验"就是高利贷者的经验。明白了这些，我们也就明白了为什么马克思恩格斯在《共产党宣言》中提出"消灭私有制"并在宣言结尾时呼吁："全世界无产者，联合起来！"②看看今天的美国的最纯粹即没有其他制度因素干扰的资本主义实验给世界资产阶级带来的末路窘境，我们也就理解了列宁为什么提出"全世界无产者和被压迫民族联合起来"③，理解了毛泽东提出的"工人阶级只有解放全人类才能最后解放自己"④的论断。当然，无产阶级的解放也是资产阶级的解放的必要前提。这样

---

① 《马克思恩格斯全集》第1卷，人民出版社1956年版，第446、451页。
② 《马克思恩格斯选集》第1卷，人民出版社2012年版，第435页。
③ "我们现在不仅是全世界无产者的代表，而且是各被压迫民族的代表。不久以前共产国际出版了一种叫作《东方民族》的杂志。共产国际为东方各民族提出了这样的口号：'全世界无产者和被压迫民族联合起来！'"参见《列宁全集》第40卷，人民出版社2017年版，第73页。
④ 1950年3月，第一次全国统战工作会议在北京召开，毛泽东听取会议汇报并提出了统一战线的指导思想："工人阶级只有解放全人类才能最后解放自己。"参见李维汉《回忆与研究》（下），中共党史资料出版社1986年版，第682页。

一来，实现社会主义不仅是无产阶级的前途，也是与高利贷资本家（这些人的生存逻辑是 G – G′）相对立的一般资产阶级尤其是美国资产阶级（这些人的生存逻辑是与 G – W – G′）的前途。列宁说："向社会主义过渡的资本主义，因为从资本主义中成长起来的垄断已经是资本主义的垂死状态，是它向社会主义过渡的开始。"①

马克思说："信用制度固有的二重性质是：一方面，把资本主义生产的动力——用剥削别人劳动的办法来发财致富——发展成为最纯粹最巨大的赌博欺诈制度，并且使剥削社会财富的少数人的人数越来越减少；另一方面，又是转到一种新生产方式的过渡形式。"② 这种"新的生产方式的过渡形式"，就是向社会主义生产方式的过渡形式。也就是说，资本主义信用制度的破产是资本主义没落的标志，替代它的将是一种新的即社会主义的生产方式。

九　归纳和预判

综上所述，可归纳如下几点。

第一，在美利坚民族团结一致通过强大的金融力量以前所未有的速度和规模调动了巨大资源、发掘出巨大的工业尤其是军事工业的潜力，通过两次世界大战摧毁了欧洲霸权之后，美国便在20世纪40—70年代整体性地落入军工垄断集团的"债权人"的控制之中；美利坚民族在朝鲜战争和越南战争后无力再开辟新的战场，"军工复合体"因此无利可图时，20世纪70年代尼克松就任之后到特朗普上台之前，美国金融集团又取代了军工集团，将军工帝国主义的美国带入高利贷帝国主义。

---

① 《列宁选集》第2卷，人民出版社2012年版，第706页。
② ［德］马克思：《资本论》第3卷，人民出版社1975年版，第499页。

第二，同样的原因，21世纪头10年，美国在伊拉克战争中的失败，导致对中东石油天然气独控权的瓦解，这使美国军工集团势力东山再起，特朗普试图带领美国军工资本家复活曾有过的"激情燃烧的岁月"。但是，如果世界不能再出现像苏联解体时流出的巨大浮财补偿，美国华尔街金融和军工集团就会分赃不均，共和党与民主党在前台的冲突就会加剧。拜登上台是美国军工资本集团与金融—高利贷集团妥协的产物，其结果是"夏洛克"和战斧导弹相结合，这样给美国带来的结果就是日益法西斯化。法西斯是高利贷资本与军工资本苟合的产儿。目前美国正在以极大的惯性向法西斯帝国主义的断崖猛冲。①

第三，第二次世界大战后，帝国主义意义上的"美国"既失去了正义也失去了道义，它始终在"（军工资本）杀人—（高利贷资本）喝血—再杀人—再喝血"的恶性循环中向人类"洪水期前"的野蛮时代加速堕落。20世纪下半叶以来的美帝国主义不是富有自由精神的美国人民的选择，而是对自由和民主的反动以及对美国人民民主权利的践踏。

第四，与英国资本主义实践相比，建立在清教理念之上的美国的资本主义实践具有纯粹的原教旨主义的特征，原教旨资本主义理念在"五月花"原则中以不同于欧洲的"绝对精神"得以确立。欧洲黑格尔的"绝对精神"是国家至上，结果是欧洲大陆主要国家权力牢牢控制着宗教和金融。与欧洲决裂的美国人的"绝对精神"则是资本至上，资本不受任何限制地在美国得到最纯粹最充分的展现，结果是资本继而是高利贷资本反客为主，绝对地控制了美国，为绝对自

---

① 英国《卫报》近日刊登美国前劳工部长、加州大学伯克利分校公共政策教授罗伯特·赖希（Robert Reich）的文章，称"美国今天面临的最大危险不是来自中国，而是美国向原法西斯主义（proto-fascist）的转变"。环球时报社官方账号，2021年6月22日。

由而奋斗的美国不幸地被资本主义拉回到了人类的"洪水期前"的形态，美帝国主义反映的是没落阶段的因而是只能靠"群体免疫"来死抗衰落命运的野蛮的资本主义。毛泽东同志形象地比喻说："美国像一株空了的大树，里边已被虫子咬空了，外面还枝叶茂盛。"①

第五，今天发生在美利坚民族国家的悲剧，不能简单地归罪于美国的个别资本家或资本家集团，而是美国历史合力的结果。早期美国人与欧洲人决裂的同时，也忽视了欧洲政教二元冲突对欧洲造成的痛苦教训，以及欧洲人为摆脱这种危害的有益的经验总结，以致美利坚民族对历史的认识一直没有达到欧洲黑格尔遑论中国人的高度。加之美国崛起的速度较快，在高歌猛进时没有时间消化和学习世界各国历史发展中的有益经验。第二次世界大战后美国人沉浸在帝国狂欢之时，更加忽视以黑格尔为代表的欧洲人对国家价值的深刻的经验总结，以致黑格尔在美国学术圈里成了美国文人把玩的"艺术品"②，这使美国人成功摆脱欧洲的控制后又落入高利贷商人的控制之中。

第六，"当今世界正经历百年未有之大变局。当前，新冠肺炎疫情全球大流行使这个大变局加速变化"③，全球性新冠肺炎疫情已向我们预演出这两种"秩序"的前期场景：前一种场景正在美英等西方国家上演，在那里我们看到的是"群体免疫"理论和政策导致的哀鸿遍野；后一种场景正在中国上演，在那里我们看到的是人定胜天精神和生命得到平等尊重以及人民的众志成城。在国际合作方面，中国将自己研发的疫苗不计利润地迅速投向急需的国家，与此同时中国还坚定地站在疫苗国际合作的"第一方阵"，已同十多个

---

① 《毛泽东年谱（1949—1976）》第5卷，中央文献出版社2013年版，第262页。
② "国家不是艺术品"。参见［德］黑格尔《法哲学原理》，范扬、张企泰译，商务印书馆2009年版，第259页。
③ 习近平：《在经济社会领域专家座谈会上的讲话》，人民出版社2020年版，第2页。

国家开展疫苗研发和生产合作，100多个国籍的10多万名志愿者参与其中。截至2021年3月，17个中国疫苗已进入临床试验阶段，60多个国家授权使用中国疫苗。中国疫苗的安全性、有效性正在得到各国广泛认可。中国加入了世卫组织"新冠疫苗实施计划"，承诺首批提供1000万剂疫苗，明确用于发展中国家急需。中国已经并正在无偿向69个有急需的发展中国家提供疫苗援助，同时向43个国家出口疫苗。[①] 中国疫苗为世界联结起了一个充满希望的人类命运共同体。这次新冠肺炎疫情及其救助结果向人们展示出人类命运共同体是未来新世界秩序的光明方向。基辛格说"新冠病毒大流行将永远改变世界秩序"[②]，如果接着这句话说就是世界要么迎来更野蛮、更反动、更腐朽堕落的黑暗的世界秩序，要么迎来民主、文明、南北平衡的"人类命运共同体"。

需要说明的是，中国全球外交的政策目标要和"两个一百年"奋斗目标结合起来，要和中华民族的伟大复兴结合起来，要和世界百年未有之大变局结合起来。如果脱离了这些，简单的输赢就没有意义了。中国在世界的发展不仅仅是一个输赢的问题，是赢了以后可以给予人类和世界什么的问题。不能只索取，不给予的索取是不可持续的，这是问题的关键。今天美国全球退缩的本质，是美国曾给予世界高于英国工业殖民主义文明的工商自由主义文明（包括20世纪90年代后美国主导的有利于金融帝国主义的"新自由主义"文明）已经不能解决世界的现实问题。而从金融向高利贷的蜕化就是美国文明全面失败的风向标。同样的道理，不管是哪个大国，如果在未来不能给人类和世界以更先进的文明，那它也消化不

---

① 《国务委员兼外交部长王毅出席记者会》，https://www.guancha.cn/Shipin/2021_03_07_583312_s.shtml。

② 《基辛格：新冠病毒大流行将永远改变世界秩序》，http://world.people.com.cn/n1/2020/0405/c1002-31662365.html。

了已经或将要获得的战略利益。

第七，人类命运共同体将是未来人类新的联合方式。就在列宁发表《帝国主义是资本主义的最高阶段》这部著作后的第三年，毛泽东在《民众的大联合》一文中曾提出在"人类也苦到了极点"时社会改革和民众大联合的任务，他说："到了近世，强权者，贵族，资本家的联合到了极点，因之国家也坏到了极点，人类也苦到了极点，会社〈社会〉也黑暗到了极点。于是乎起了改革，起了反抗。于是乎有〔民〕众的大联合。"① 几天后，毛泽东在同一篇文章中继续写道：

> 我们人类本有联合的天才，就是能群的天才，能够组织社会的天才。"群"和"社会"就是我所说的"联合"。有大群，有小群，有大社会，有小社会，有大联合，有小联合，是一样的东西换却名称。所以要有群，要有社会，要有联合，是因为想要求到我们的共同利益。共同利益因为我们的境遇和职业不同，其范围也就有大小的不同。共同利益有大小的不同，于是求到共同利益的方法（联合），也就有大小的不同……像要求解放要求自由，是无论何人都有分的事，就应联合各种各色的人，组成一个大联合。②

至于这个"民众的大联合"所要采取的文明形态，马克思在100多年前发表的《共产党宣言》中有过预言：

> 代替那存在着阶级和阶级对立的资产阶级旧社会的，将是

---

① 《毛泽东早期文稿（1912.6—1920.11）》，湖南出版社1990年版，第339页。
② 《毛泽东早期文稿（1912.6—1920.11）》，湖南出版社1990年版，第373、377—378页。

这样一个联合体,在那里,每个人的自由发展是一切人的自由发展的条件。①

沿着马克思的思路,中华人民共和国成立初期毛泽东提出了"无产阶级必须解放全人类才能最后解放自己"②的思想。1955年3月8日,毛泽东在谈话中说:"我们要将全中国都搞好,再把眼光放大,要把全世界都搞好。"③1967年毛泽东在接见赞比亚总统卡翁达时说:"全世界如果不解放,中国这个国家就不可能最后解放自己,你们也不可能最后解放自己。"④1960年5月8日,毛泽东提醒拉丁美洲的朋友说:"西方国家和美国的逻辑同我们的是两套。朋友们,哪个对,将来看吧!总有一天,美国人民不喜欢帝国主义制度。"⑤

400多年前,莎士比亚曾借《哈姆雷特》剧中人物的口说:"生存还是毁灭,这是一个问题。"⑥这个问题,对今天的美国人民来说,就是革命还是毁灭的问题,对世界人民来说,就是社会主义的人类命运共同体,还是资本主义的以邻为壑的"货币共同体"⑦的问题。这次全球新冠肺炎疫情及其悲惨现实再次让世界人民认识到这是一个不能再拖并且必须决断的问题。关于此,1850年马克思就有预言:

---

① 《马克思恩格斯选集》第1卷,人民出版社2012年版,第422页。
② 《历次全国统战工作会议概况和文献》,档案出版社1988年版,第7页。
③ 《毛泽东西藏工作文选》,中央文献出版社、中国藏学出版社2001年版,第114页。
④ 《毛泽东年谱(1949—1976)》第6卷,中央文献出版社2013年版,第94页。
⑤ 《毛泽东年谱(1949—1976)》第4卷,中央文献出版社2013年版,第390页。
⑥ 《莎士比亚全集》第32卷,梁实秋译,中国广播电视出版社2002年版,第134页。
⑦ "货币本身就是共同体,它不能容忍任何其他共同体凌驾于它之上。但是,这要以交换价值的充分发展,从而以相应的社会组织的充分发展为前提。"参见《马克思恩格斯全集》第30卷,人民出版社1995年版,第175页。

> 如果我们欧洲的反动分子不久的将来会逃奔亚洲，最后到达万里长城，到达最反动最保守的堡垒的大门，那末他们说不定就会看见这样的字样：RÉPUBLIQUE CHINOISE LIBERTÉ, EGALITÉ, FRATERNITÉ（中华共和国自由，平等，博爱）。①

马克思的预言在这次全球蔓延的新冠肺炎疫情中得到验证，"世界好，中国才能好；中国好，世界才更好"②。这是一个世界需要中国"走近世界舞台中央、不断为人类作出更大贡献"③的新时代！1919年，毛泽东在《民众的大联合》连载文章结束时对今日中国就有准确的预见，并激励我们说：

> 他日中华民族的改革，将较任何民族为彻底。中华民族的社会，将较任何民族为光明。中华民族的大联合，将较任何地域任何民族而先告成功。诸君！诸君！我们总要努力！我们总要拼命向前！我们黄金的世界，光华灿烂的世界，就在前面。④

在21世纪第二个十年发生的波及全球的新冠肺炎疫情已使世界百年未有之大变局提速向我们接近！向着光华灿烂的前景，我们正在全力前进！

---

① 《马克思恩格斯全集》第7卷，人民出版社1959年版，第265页。
② 《习近平谈治国理政》第2卷，外文出版社2017年版，第545页。
③ 《习近平谈治国理政》第3卷，外文出版社2020年版，第9页。
④ 中共中央文献研究室、中共湖南省委《毛泽东早期文稿》编辑组：《毛泽东早期文稿》，湖南人民出版社2008年版，第359页。

晚期帝国主义：资本主义世界秩序的历史终点[*]

牛田盛

20世纪90年代以来，西方左翼马克思主义话语所发生的重要转变之一就是用"霸权""帝国"或"新帝国主义"等概念取代了之前长期使用的"帝国主义"概念，但西方左翼中尚有少数学者还在坚持并发展马克思主义的帝国主义理论。美国《每月评论》主编约翰·贝拉米·福斯特（John Bellamy Foster）在2003年《每月评论》第3期的文章《帝国主义的新时代》中首次提出，自20世纪80年代末帝国主义进入了一个新时代。[①] 2019年，福斯特又发表《晚期帝国主义——哈利·马格多夫〈帝国主义时代〉出版50年之后》（以下简称《晚期帝国主义》）一文，明确将这一帝国主义新时代称作晚期帝国主义。

一 晚期帝国主义论的理论谱系与理论内涵

（一）晚期帝国主义论的理论谱系

在理论谱系方面，福斯特的晚期帝国主义理论继承了列宁的帝

---

* 原载《世界社会主义研究》2020年第6期。
① ［美］约翰·贝拉米·福斯特：《帝国主义的新时代》，王宏伟摘译，《国外理论动态》2003年第12期。

国主义论。福斯特在《晚期帝国主义》的开篇首先强调，列宁的《帝国主义是资本主义的最高阶段》仍然是关于帝国主义研究的最有影响力的著作。他从文本学的研究角度指出，1917年出版时，该书的书名是"帝国主义是资本主义的最新阶段"，之后被列宁改为"帝国主义是资本主义的最高阶段"。福斯特认为，列宁之所以将帝国主义视作资本主义的最高阶段而不是最新阶段，就是基于20世纪初资本主义的"垂死性"特征。[①] 而福斯特的晚期帝国主义理论同样揭示了21世纪初资本主义的"垂死性"特征。福斯特还从方法论角度指出，一方面，列宁对帝国主义的分析具有具体性、历史性特征，与机械的教条主义截然不同；另一方面，列宁的帝国主义论仍需与时俱进。

福斯特的晚期帝国主义理论还直接继承了美国著名左翼经济学家、"每月评论"派学者哈利·马格多夫（Harry Magdoff）的帝国主义理论。福斯特指出，马格多夫秉承了列宁帝国主义辩证分析方法并对其加以发展，在《帝国主义时代：美国外交政策的经济学》（1969年）一书中从经济、历史和理论方面对处于鼎盛时期或所谓垄断资本主义黄金时代的美国帝国主义进行了系统的多维分析。马格多夫的帝国主义研究采用了从抽象到具体的分析方法，始于理论抽象，但最终落实到具体的历史层面，这正符合马克思在《资本论》中展开政治经济学批判时所采取的方法。福斯特认同马格多夫关于帝国主义的判断，即20世纪60年代末70年代初，帝国主义体系出现了许多新变化，如军工复合体的形成，跨国公司（包括跨国银行业）的崛起及其对外围国家的渗透，军事跨国工业利益在国家事务中的优先权等。从本质上讲，马格多夫认为，帝国主义体系

---

① John Bellamy Foster, "Late Imperialism Fifty Years After Harry Magdoff's The Age of Imperialism", *Monthly Review*, 2019 (7).

内部正形成一种更加普遍的垄断资本主义，它始于美国，而后主宰全球。

福斯特的晚期帝国主义理论是在批判西方左翼学者对马克思主义帝国主义论的歪曲、拒斥和替代基础上形成的。在福斯特看来极具讽刺意味的是，在当前的全球化背景下，西方左翼越来越拒斥对帝国主义的理论批判。福斯特归纳并一一驳斥了西方左翼数种关于帝国主义理论的替代理论，诸如"帝国主义具有进步和自我毁灭作用"说、"霸权转移"论、"去领土化"（无国籍、无国界）帝国说、由美国领导的抽象政治帝国主义说、"跨国国家"统治说和帝国主义统治"转向"说，并认为很多西方左翼学者对帝国主义已经进入晚期帝国主义阶段这一现象习焉不察的主要原因在于，他们抛弃了马克思主义帝国主义理论这一至关重要的工具。全球化加速强化而不是削弱或消除了世界经济的帝国主义结构，绝大多数外围国家对外部依赖的趋势都在增强，与体系中心的差距越来越大。

（二）晚期帝国主义论的理论内涵

福斯特对"晚期帝国主义"的概念界定如下："晚期帝国主义指当前的垄断金融资本的发展阶段，是经济停滞、美国霸权地位下降和世界冲突逐渐加剧，以及人类文明和生态根基日益受损的时代。"[①] 第一，晚期帝国主义是一个发展阶段。西方左翼在使用新帝国主义概念时，其含义大多是多维的、模糊的，或指资本主义的一个发展阶段，或指一套权力机制，或指一种行为模式，或指一种政策。福斯特明确指出："晚期帝国主义代表了一个时代。"[②] 与此同时，福斯特强调晚期帝国主义并不是对帝国关系的取代，而是代表

---

① John Bellamy Foster, "Late Imperialism Fifty Years After Harry Magdoff's The Age of Imperialism", *Monthly Review*, 2019 (7).

② John Bellamy Foster, "Late Imperialism Fifty Years After Harry Magdoff's The Age of Imperialism", *Monthly Review*, 2019 (7).

了这样一个时代，其中帝国主义体系的全球矛盾以更加严峻的形式凸显出来。

第二，晚期帝国主义是指垄断金融资本的发展阶段。帝国主义和资本主义是什么关系？针对一些左翼学者把资本主义和帝国主义分别视为经济与政治两个不同的范畴，并认为后者与前者并非必然相关的观点，福斯特坚持列宁的帝国主义论，认为帝国主义和资本主义是同一个范畴，前者是后者的发展阶段。福斯特强调，晚期帝国主义就是指垄断金融资本的发展阶段。

第三，晚期帝国主义涵盖经济、政治、生态多个方面。与美国主流媒体和左翼新帝国主义理论故意把帝国主义限制在政治和军事领域不同，福斯特的晚期帝国主义理论把帝国主义的经济本质（垄断金融资本和经济停滞）、政治本质（美国霸权地位下降）和生态本质（人类文明和生态根基日益受损）融为一体。不过福斯特强调，晚期帝国主义的核心仍在于经济层面——全球化的资本积累及由此形成的极端不平等关系。他指出，晚期帝国主义的核心是"极端的等级关系统治着 21 世纪资本主义世界经济，这种等级关系越来越多地被大型跨国公司和处于帝国主义世界体系中心的少数国家所主导"[1]。在之前的另外一篇文章中，福斯特对世界体系的这一特点有过更加具体的说明，"世界体系的上层被垄断金融资本控制，下层出现大量全球性劳动后备军。这一巨大的两极分化的结果便是，通过将工资低、受剥削程度高的工人整合进资本主义生产，从南方国家榨取的'帝国主义租金'（imperialist rent）增加了。而后，这又成为北方国家劳动后备军规模扩大和剥削程度提高的一个杠杆"，这一现象背后隐藏着"马克思'资本主义积累的绝对一般规

---

[1] John Bellamy Foster, "Late Imperialism Fifty Years After Harry Magdoff's The Age of Imperialism", *Monthly Review*, 2019 (7).

律'发展的一个新的全球阶段"①。

第四，美国霸权地位下降和世界冲突逐渐加剧。如果说第二次世界大战后的帝国主义阶段是美国霸权的崛起阶段，那么20世纪末21世纪初开始的晚期帝国主义阶段则是美国霸权衰落的时期。全球化的资本积累及由此形成的极端不平等关系导致世界体系中北方国家和南方国家之间的矛盾及各自内部的矛盾深化，其结果势必激化列宁所说的帝国主义阶段的三大基本矛盾。

第五，人类文明和生态根基日益受损。之前福斯特认为，资本积累造成资本主义社会生态代谢和社会代谢的双重断裂。在晚期帝国主义时代，全球化的资本积累则在人类历史发展中造成了史无前例的"全球性代谢断裂"（global rift），造成了前所未有的"毁灭"危机。

简言之，资本积累全球化的发展催生了经济停滞、全球金融化和地球生态危机，三者又一并造成愈演愈烈的、不可逆转的断裂时代即晚期帝国主义时代，晚期帝国主义既是经济停滞的时代，又是美国霸权衰落和全球代谢断裂的时代。

二 晚期帝国主义的主要特征

福斯特既然将当前帝国主义阶段称为晚期帝国主义，他认为其有着明显不同于帝国主义之前阶段的特征。福斯特指出，晚期帝国主义阶段绝不同于马格多夫"帝国主义时代"中所描述的帝国主义黄金时代，其主要特征有以下几个方面。

---

① ［美］J.B. 福斯特、R.W. 麦克切斯尼、R.J. 约恩纳：《全球劳动后备军与新帝国主义》，张慧鹏译，《国外理论动态》2012年第6期。

（一）普遍垄断金融资本

福斯特把由金融化导致的国家与金融资本结合的垄断资本主义新阶段叫作垄断金融资本（monopoly-finance capital）阶段或全球垄断金融资本。垄断金融资本一词概括了资本主义的生产资本积累停滞和金融资本扩张的双重特征，揭示了资本主义生产停滞背景下金融资本的特殊运动规律。垄断金融资本的生成逻辑是：日益增强的垄断化不断导致经济停滞，而持续的经济停滞又导致资本主义金融化，资本主义金融化又导致垄断金融资本的产生。而随着垄断金融资本的兴起，垄断资本主义就进入了晚期帝国主义阶段。

普遍垄断资本主义这一概念最早由萨米尔·阿明（Samir Amin）提出。福斯特这里的普遍垄断金融资本概念则是把自己之前提出的垄断金融资本概念与阿明的普遍垄断资本主义概念相结合的产物。福斯特通过列举数字论证了当前资本主义的"普遍垄断"特征。例如，在当前这一更加一体化的帝国主义体系中，500家公司的收入占世界收入的近40%，而世界经济中的多数其他公司都被卷入这些巨型公司网络，并仅仅作为其分包商存在。[①]

（二）作为生产全球化新特征的全球商品链和全球劳动力套利

福斯特借用全球商品链（Global Commodity Chains，GCC）和全球劳动力套利（Global Labor Arbitrage）两个概念，从生产方式和价值生产两个角度分析了当前的生产全球化新特征。全球商品链又称全球供应链，指由劳动力和生产过程构成的网络，其终端为最终产品。跨国公司是资本主义全球化的主要经济主体，跨国公司现在以全球商品链的形式组织生产和流通，从而更加强化了中心国家和外围国家在全球商品链中的不同作用。全球商品链概念不仅反映了跨

---

① John Bellamy Foster, "Late Imperialism Fifty Years After Harry Magdoff's The Age of Imperialism", *Monthly Review*, 2019（7）.

国公司的组织化特征，还反映了世界经济在北方和南方空间上的不平等关系。

全球劳动力套利是指"'当地高薪工人与同等质量的海外低薪工人'之间的置换"①，体现了一种用更少北方资本与更多南方劳动进行交换的典型不平等关系。福斯特指出，帝国主义通过全球劳动力套利，将已失去技术优势与技术壁垒的产业转移至劳动力价格低廉的全球南方国家和地区，通过降低人力成本来提高利润，进一步加强对全球南方劳动力的剥削和剥夺，北方以此获取大部分额外价值。伴随着生产全球化的是帝国主义对全球金融和通信的高度控制。

在福斯特看来，21世纪生产和金融全球化的一个显著特点就是帝国主义在南半球系统地利用低廉的单位劳动力成本，使其工资保持在远低于北半球的水平，其原因主要有三：一是巨大的全球后备军主要来自南方，二是穷国和富国之间的劳动力流动受到限制，三是帝国主义在过去和现在一直对南半球国家施加压力。② 福斯特用一组数字来说明全球劳动力套利何以推动21世纪的生产全球化。外国跨国公司在贫穷国家的生产（或外包）依赖于与富国经济体相同或接近的技术，从而使二者的生产率水平相当。即便与极低的工资相比，2014年中国、印度、印度尼西亚和墨西哥等所谓新兴经济体制造业的单位劳动力成本分别为美国的46%、37%、62%和43%。这为处于北半球的跨国公司带来了巨大的毛利率。2010年为瑞典公司海恩斯莫里斯（Hennes & Mauritz，H&M）工作的孟加拉国分包商所生产的T恤的总生产成本（反映在出口价格中）是欧

---

① 潘世伟、徐觉哉主编：《世界社会主义研究年鉴2015》，上海人民出版社2016年版，第107页。

② John Bellamy Foster, "Late Imperialism Fifty Years After Harry Magdoff's The Age of Imperialism", *Monthly Review*, 2019 (7).

洲最终销售价格的 27%。孟加拉国工人们的劳动收入微薄，工厂工人每人每天工作 10—12 个小时，收入仅为 1.36 欧元。与全球劳动力套利相关的不断扩大的毛利率推动了生产的快速全球化。①

（三）新形式的全球价值转移

相对于全球商品链理论，全球价值链（Global Value Chain, GVC）理论更加重要，前者强调的是跨国公司的组织化特征，后者则重点研究全球化中价值的生产和分配问题。联合国工业发展组织（UNIDO）将全球价值链定义为在全球范围内为实现商品或服务价值而连接生产、销售等全过程的全球性跨国企业网络组织。福斯特总结了全球价值链的两种新形式："公平合同"（arms-length contracting）和"非股权生产"（the non-equity modes of production）（指跨国公司在东道国中不参与股份，因而不能凭借股权对东道国企业实施控制和管理，而是通过利用对于股权没有直接联系的技术、管理、销售渠道等企业必需的技术资源的控制，从而获得各种利益，如租赁、许可、特许经营和管理服务合同）。这两种形式构成跨国公司对外直接投资与实际贸易之间的中间地带。2010 年，非股权生产产生了超过 2 万亿美元的销售额。

但传统的对外直接投资仍是全球价值链生产的主要形式，福斯特对此引用了另一组数字予以说明。仅 2013 年一年，美国在外国公司、股票、债券等海外投资的收入就达 7734 亿美元，而美国对外国人在美投资负债的支付额仅为 5649 亿美元，结果净收益达到 2090 亿美元（相当于当年美国国内私人净投资总额的 35% 左右）。②福斯特认为，这一形式只会加剧而不是有助于解决发达国家的剩余

---

① John Bellamy Foster, "Late Imperialism Fifty Years After Harry Magdoff's The Age of Imperialism", *Monthly Review*, 2019 (7).

② John Bellamy Foster, "Late Imperialism Fifty Years After Harry Magdoff's The Age of Imperialism", *Monthly Review*, 2019 (7).

吸收问题。

福斯特指出，除了以全球商品链为主要形式的价值转移外，金融全球化是推动从外围国家到核心国家价值转移的又一个重要因素。例如2012年南半球的资本外逃估计超过1.7万亿美元。福斯特深刻指出，金融全球化的本质是全球南北方之间的不平衡权力关系。事实上，全球南北之间的每种形式的金融交易都包含马克思所说的"利润攫取"或赤裸裸的抢劫，这反映了双方不平衡的权力关系。正如托尼·诺菲尔德（Tony Norfield）所说的那样，金融是富裕国家从其他经济体获取收入的一种方式。据2015年挪威经济学院应用经济学中心和美国全球金融诚信报告的数据，2012年来自发展中国家的净资源转移（其中许多是非法的，与不平等交换相关的隐性转移无关）达到2万亿美元，如果加上伪造的等额票据，这一数字估计会增加到3万亿美元。① 如何估计由于全球南北之间的不平等交换关系导致隐性价值转移的程度？福斯特对此指出，加拿大经济学家赫尔诺特·科勒（Gernot Köhler）所开创的利用购买力平价数据可作为粗略衡量南方国家产生的价值转移的标准。② 福斯特认为，虽然这些经验估计在若干方面值得商榷，但证明"帝国主义租金"（imperialist rent，阿明语，指对外围国家的剩余的剥削）的基本事实却毫无疑问。

（四）史无前例的经济、军事和环境挑战

所谓史无前例的经济挑战是指资本主义经济的整体停滞问题进一步恶化。福斯特指出，跨国公司从外包和其他全球价值捕获手段中所带来的巨额利润进一步加剧了发达国家经济剩余的吸收问题。

---

① John Bellamy Foster,"Late Imperialism Fifty Years After Harry Magdoff's The Age of Imperialism", *Monthly Review*, 2019（7）.
② John Bellamy Foster,"Late Imperialism Fifty Years After Harry Magdoff's The Age of Imperialism", *Monthly Review*, 2019（7）.

因为这种帝国主义租金的大部分最终落入避税天堂，成为一种积累金融财富的手段，且集中于少数公司和富人身上，与美国和其他帝国主义国家所面临的持续下滑的生产、投资相脱离，这会使经济整体停滞问题恶化，主要表现为生产能力过剩、就业不足、增长缓慢、不平等加剧及周期性的金融泡沫和危机等。

就史无前例的军事挑战而言，主要指晚期帝国主义时期也是美国霸权正在衰落的时期。正在衰落的霸权总是日益诉诸军事和金融强权，推行其全面主宰战略，试图扭转局势，导致"赤裸裸的帝国主义"的复活。因此，福斯特之前曾经指出，帝国主义的新时代"开启了新的全球灾难"。[1] 史无前例的环境挑战指的是所面临的地球系统危机。金融资本的扩张、经济的周期性停滞和美国霸权的衰落都是产生史无前例的环境挑战的潜在根本原因。福斯特在《每月评论》2019年第3期发表文章《人类世的帝国主义》一文，就帝国主义面临的环境挑战及其反应进行了深刻分析，提出人类世的帝国主义是导致人类世危机的罪魁祸首，人类世的帝国主义既是21世纪资本主义的灭绝阶段，也是可能导致人类和地球灭绝的阶段。[2]

三　晚期帝国主义预示着资本主义的终结

（一）晚期帝国主义的目标更具侵略性和无限性

福斯特认为，晚期帝国主义在其目标上比以往任何时候都更具侵略性和无限性。在美国霸权衰落以及经济衰退和生态发生危机的

---

[1] John Bellamy Foster, "The New Age of Imperialism", *Monthly Review*, 2003 (3).
[2] John Bellamy Foster, Hannah Holleman and Brett Clark, "*Imperialism in the Anthropocene*", Monthly Review. 2019 (3).

现阶段，由美国—加拿大、欧洲和日本组成的帝国主义"三合会"（阿明语）所支持的美元—石油—五角大楼政权正在全力以赴地发挥军事和金融强权以获得地缘政治和地缘经济优势，其目标是使那些处于世界体系底层的国家更加从属于自己，同时在新兴经济体的发展道路上设置障碍，并推翻违反主导秩序规则的所有国家。尽管美日欧三合会核心之间的冲突依然存在，但由于美国的压倒性力量优势以及核心国家遏制中国和俄罗斯的需要，矛盾暂且受到抑制。① 福斯特指出，面临不断恶化的世界局势及生态危机，美国越来越多地以军事战略的角度来看待全球价值—供应链以及能源、资源和金融问题，竭力推行其"全面主宰战略"，企图维系摇摇欲坠的霸权。"在即将发生的地球灾难以及经济和政治混乱的情况下，今天的美国正在推行一项全面主宰战略，目标是不仅在军事方面，还在技术、金融甚至全球能源领域获得优势。"② 可见，对于美帝国主义来说，目前主要的问题不是气候变化，而是世界经济的停滞和其霸权的衰落。美国推行"全面主宰战略"导致赤裸裸的帝国主义的复活，并开启了新的全球灾难。

（二）晚期帝国主义的意识形态表现为新自由主义甚至法西斯主义

新自由主义就是"资本主义金融化"在意识形态上的对应物，而晚期帝国主义又是资本主义的金融化产物，因此，福斯特明确指出，在意识形态方面，晚期帝国主义诉诸新自由主义甚至新法西斯主义。在不断恶化的形势下，新法西斯主义倾向再次出现，构成了垄断金融资本最终的阶级诉求——形成一个大资产阶级与新的被动

---

① John Bellamy Foster, "Late Imperialism Fifty Years After Harry Magdoff's The Age of Imperialism", *Monthly Review*, 2019 (7).
② John Bellamy Foster, "Late Imperialism Fifty Years After Harry Magdoff's The Age of Imperialism", *Monthly Review*, 2019 (7).

员的反动中下阶层之间的联盟,新自由主义越来越融入新法西斯主义、放纵种族主义和复仇民族主义。① 福斯特指出:"整个帝国主义体系和整个人类社会所面临的危机非常严重,以至于它们在发达资本主义和新兴经济体国家中都正在创造新的代谢断裂,一方面是老法西斯主义和新法西斯主义倾向的快速增长,另一方面是社会主义的复兴在望。"②

(三) 晚期帝国主义代表着资本主义世界秩序的终结

福斯特对晚期帝国主义的命运作出否定性论断,"晚期的帝国主义代表了资本主义世界秩序的历史终点,预示着地球灾难或新的革命开端"③。到了晚期帝国主义阶段,资本主义败相尽显,来日无多。当然,资本主义即使发展到晚期帝国主义阶段,也不会自动灭亡,晚期帝国主义也绝不意味着帝国主义马上土崩瓦解。因此,福斯特强调了开展全球性普遍斗争的必要性并寄希望于全球南方的工人和人民,"今天的地球系统正处于危机时刻,为曾经争取'普遍自由'的集体斗争提供了新的紧迫性。更广泛的人类斗争必须建立在全球南方工人和人民持续的革命反抗的基础上,首先是推翻作为资本主义全球表现的帝国主义。在外围国家的劳动力获得自由和帝国主义被废除之前,核心国家的劳动力是无法获得自由的。马克思所说的社会主义,一个人类可持续发展的社会,只能在全球的基础上建构"④。

---

① John Bellamy Foster, "Late Imperialism Fifty Years After Harry Magdoff's The Age of Imperialism", *Monthly Review*, 2019 (7).
② John Bellamy Foster, "Late Imperialism Fifty Years After Harry Magdoff's The Age of Imperialism", *Monthly Review*, 2019 (7).
③ John Bellamy Foster, "Late Imperialism Fifty Years After Harry Magdoff's The Age of Imperialism", *Monthly Review*, 2019 (7).
④ John Bellamy Foster, "Late Imperialism Fifty Years After Harry Magdoff's The Age of Imperialism", *Monthly Review*, 2019 (7).

四 晚期帝国主义理论捍卫并发展了列宁帝国主义论

福斯特坚持以生产方式和积累方式为核心的政治经济学分析框架来解释当代帝国主义的新变化、新问题，建构起独特的晚期帝国主义解释范式，推进了列宁帝国主义论在当代的新发展。晚期帝国主义理论对列宁帝国主义论的坚持体现在既坚持列宁帝国主义论的核心观点，即帝国主义是垄断资本主义的最高阶段，又坚持了列宁分析帝国主义时所使用的具体的历史的辩证方法。同时，晚期帝国主义理论将列宁关于帝国主义的分析方法运用于对当代全球资本主义的研究中，并提出晚期帝国主义的主要特征和发展趋势。福斯特对西方左翼替代古典帝国主义理论的观点进行了驳斥，在极其困难的学术环境中捍卫了马克思主义的帝国主义理论，同时又没有把晚期帝国主义理论与左翼的全球化理论完全割舍，对如何在当今时代坚持和发展列宁的帝国主义论起到了积极示范作用。

福斯特关于晚期帝国主义主要特征的论述，尤其是关于"晚期帝国主义是资本主义世界秩序的历史终点"的论断并不是主观臆断，而是基于对21世纪帝国主义所面临的不可解决的经济、政治和生态矛盾的深刻分析的理论概括，因而有助于我们更深刻、更清晰地把握21世纪帝国主义的本质，其关于晚期帝国主义就是资本主义的历史终点的判断是对马克思主义"两个必然"科学论断的坚持和发展，更加坚定了我们对资本主义必然灭亡、社会主义必然胜利的强大信心。

新冠肺炎疫情冲击下帝国主义垄断趋势的新变化
—— 基于列宁的帝国主义理论*

郭一君

新冠肺炎疫情的发生使国家间实力对比正在发生深刻变化。列宁指出："帝国主义是发展到垄断组织和金融资本的统治已经确立、资本输出具有突出意义、国际托拉斯开始瓜分世界、一些最大的资本主义国家已把世界全部领土瓜分完毕这一阶段的资本主义。"① 根据列宁对帝国主义的判断，当今世界仍然处于帝国主义时代，以金融资本的垄断统治为主要特征，但疫情造成的影响之大，使垄断趋势发生了新变化。从列宁的帝国主义理论出发，探究新冠肺炎疫情冲击下的帝国主义垄断趋势的新变化，具有重要的理论与实践意义。

一 生产集中和贸易垄断的新趋势

列宁指出："帝国主义是资本主义的垄断阶段。"② 资本主义制

---

* 原载《世界社会主义研究》2021年第2期。
① 《列宁专题文集·论资本主义》，人民出版社2009年版，第176页。
② 《列宁专题文集·论资本主义》，人民出版社2009年版，第175页。

度下的自由竞争导致生产和资本的集中,这样的集中继续发展必然产生垄断。垄断是帝国主义最本质的经济特征,在经济生活中起决定作用。垄断资本依托建立在世界各地的跨国公司,控制优势产业,占据国际生产链、贸易链的前端,在国际贸易中拥有相当大的话语权。新冠肺炎疫情发生后,垄断作为帝国主义经济特征的本质没有改变,但疫情造成全球产业链供应链受阻,帝国主义国家的生产集中和垄断趋势遭受冲击,贸易保护主义持续升温。

(一) 生产集中趋势受到冲击

列宁指出:"集中发展到一定阶段,可以说就自然而然地走到垄断。"① 从私人垄断到国家垄断,再到当今的国际垄断,其背后暗含的是资本集中程度的不断加深,是大资本兼并小资本,并不断开拓国际市场、划分势力范围从而掠夺世界资源的资本主义发展规律。垄断资本借助生产和贸易的国际化推动资本全球化,建立大量的跨国公司进行跨国投资,促使生产集中与资本垄断的程度不断加深。然而,突如其来的新冠肺炎疫情使跨国投资受阻,生产的社会化、国际化遭受冲击,国际生产网络被破坏,经济生活的重大方面虽然仍受垄断资本的控制,但出现了新的变化趋势。

由于疫情防控而采取的断航或封锁边境等措施使国际产业链供应链受到冲击,美国制造业陷入衰退危机,超过 1/3 的制造商面临供应中断的困境。② 列宁曾经指出,帝国主义推行垄断统治的方式之一是控制交通线路和交通工具。新冠肺炎疫情发生后,美国客运航企于 2020 年 3 月暂停运营所有来往中国内地的客运航班,对我国外部供应链和产品进出口造成严重影响。而到了 5 月,出

---

① 《列宁专题文集·论资本主义》,人民出版社 2009 年版,第 108 页。
② 许缘、高攀:《新冠肺炎疫情或致美国制造业深陷衰退危机》,http://www.xinhuanet.com/2020-04/02/c_1125804681.htm。

于恢复自身经济的考虑，美国又要求中国开放空中交通，并向中国频频施压。① 列宁指出，帝国主义的典型特征是势力极大的经济垄断组织建立起统治关系并由此形成的强制。以美国为首的帝国主义国家受垄断资本的驱使，不顾民众的生命健康与全球疫情发展形势，在本国国内疫情尚未得到有效控制时就推动复工复产，导致疫情失控。

帝国主义国家在经济受到疫情冲击的情况下，虽然采取了更加反动的手段推行自身垄断统治，限制其他国家的发展，但结果适得其反。而中国由于采取了有效防控措施，迅速控制住了疫情并推动复工复产，成为疫情发生以来第一个恢复增长的主要经济体，2020年第二季度经济同比增长3.2%。反观美国，却达到了自20世纪40年代以来的最大降幅，2020年第二季度经济暴跌32.9%，成为世界经济恢复中的薄弱一环。② 由于国外供应链不稳定，中国以保证产业链安全稳定为立足点，积极推进以国内大循环为主体，国内国际双循环相互促进的新发展格局，针对美国采取的一系列对华出口管制措施，有针对性地畅通经济社会循环，多措并举，在经济恢复中大力发展本国产业、攻关核心技术、完善产业体系，减轻美国的限制与制裁措施对我国产业链稳定造成的冲击，并取得一定成效。在此次新冠肺炎疫情中，由于中美两国采取了不同的应对措施，中国率先开启经济恢复进程，美国却在新冠肺炎大流行中越陷越深，只能通过实施无限量化宽松货币政策向世界转嫁矛盾，这必将对世界形势产生深远影响。

---

① 《美国政府刚刚发布命令：暂停所有往返中美的中国民航航班》，http://finance.sina.com.cn/stock/relnews/cn/2020-06-04/doc-iircuyvi6680199.shtml。
② 《美联社：美国成为世界经济恢复中的薄弱一环》，https://m.guancha.cn/internation/2020_08_11_561075.shtml?s=fwrphbios。

（二）针对中国的贸易保护主义持续升温

近年来，美国政府积极推行"美国优先"政策，在利益的驱动下大肆挥舞贸易保护主义大棒，利用名目繁多的制裁手段压迫别国屈从美国利益。早在新冠肺炎疫情发生前，为限制中国的发展，以美国为首的帝国主义国家就大力推行主要针对中国的贸易保护主义和单边主义，如今更加以一系列围堵中国的"组合拳"，企图阻断中国在全球产业链中上升的道路，维护自身垄断统治。

不断收紧的贸易保护政策。疫情防控措施使国际产业链供应链受到冲击，全球经贸遭受重挫。为了保持垄断优势以攫取更大利润，美国再次挥舞关税大棒，发起多项贸易保护调查，对其"盟国"也绝不手软，先后对欧盟国家、英国、印度、巴西等十国的数字服务税发起"301调查"，以此保护在疫情中受损相对较小的数字经济，却给全球经济复苏造成负面影响。[①] 受疫情的持续冲击，为缓解国内危机和稳定动荡局势，同时实现打压中国、限制中国发展的目的，美国在未来必将出台更多的贸易限制与保护政策。以中美双边跨境服务贸易为例，美国对华顺差规模正以较快速度不断增大。2006—2019年，美国对华跨境服务贸易顺差规模由4.38亿美元扩大至379.24亿美元，13年间扩大了85倍多，而中国对美国的货物贸易顺差规模同期只增加了0.47倍。[②] 这一状况在疫情发生后并未发生改变。美国发动对华贸易战的真实意图是压迫中国进一步开放金融市场，企图以此控制中国金融，谋取更大利益。

列宁指出："对垄断占统治地位的最新资本主义来说，典型的则是资本输出。"[③] 在美元霸权之下，大多数国际贸易都要用美元支

---

① 荣民：《美国在贸易保护道路上越走越远》，《中国贸易报》2020年6月9日。
② 李俊等：《全球疫情和经贸摩擦背景下中美服务贸易合作思路与对策》，《国际贸易》2020年第5期。
③ 《列宁专题文集·论资本主义》，人民出版社2009年版，第150页。

付与结算,这也就意味着中国通过货物出口得到的是美联储以极低的成本印刷出来的美元,而美国以此换取了大量中国生产的产品,中国出口的生产资本实际上是缴纳给美国的铸币税。[1] 更重要的是,伴随疫情的发展,美国利用美元霸权在全球范围内收取的铸币税正不断加重。截至 2020 年 7 月 15 日,美联储资产负债表总规模已达 7.01 万亿美元[2],美国正在借货币超发向全球转移巨额债务,这使各国面临美元贬值进而资产缩水的风险。其实,美国并未在中美贸易中受损,但为了攫取更多利益,才以存在贸易逆差为借口对中国发动贸易摩擦,这体现了帝国主义的腐朽性和反动性。

二 金融霸权:国际金融垄断资本加紧掠夺世界财富

列宁指出:"帝国主义,或者说金融资本的统治,是资本主义的最高阶段。"[3] 在信息通信技术革新的大背景下,国际垄断金融资本通过跨国银行和各种金融衍生品及股份制参与更多资本分配,推行金融霸权。[4] 新冠肺炎疫情使多个西方国家陷入经济衰退,国际金融垄断资本为了维系自身统治和对外转嫁危机以及趁机洗劫世界财富,不断扩大金融资本的非生产性积累,创新金融衍生品以加强掠夺,并通过操纵金融机构和国家机器攫取更大的经济和政治利益。

(一)金融资本非生产性积累的扩张

金融资本是产业资本积累的结果,但其自身的灵活性决定了它

---

[1] 参见王伟光主编《世界金融危机十年研究》,中国社会科学出版社 2020 年版,第 187 页。
[2] 《美股盘前:股指期货涨跌互现,美元继续承压》,https://baijiahao.baidu.com/s?id=1672739211117880133&wfr=spider&for=pc。
[3] 《列宁专题文集·论资本主义》,人民出版社 2009 年版,第 148 页。
[4] 李慎明:《金融、科技、文化和军事霸权是当今资本帝国新特征》,《红旗文稿》2012 年第 20 期。

可以脱离产业资本自行运动。随着大量资本从工业部门流向金融部门，金融资本从服务于产业资本变为控制产业资本发展的怪胎。在金融资本中，资本所有者与使用者极大地分离，带有明显的投机倾向，容易形成高度集中的金融垄断资本。生产逻辑让位于投机逻辑，企业投资从产业部门转向金融部门。金融资本的非生产性积累持续扩张，导致虚拟资本过度膨胀，以美国为首的帝国主义国家"脱实向虚"趋向明显。

金融资本脱离产业资本和实体经济的趋势不断加强，金融全球化和金融自由化加速西方实体经济空心化过程。实体经济的萎缩与虚拟经济的膨胀并存，二者在一定程度上还表现出恶性循环的趋势。[1] 新冠肺炎疫情发生后，美联储为了避免破产潮的出现，通过二级市场的信贷工具大量购买公司债券，以解决企业在疫情冲击下的融资困难问题。但美国的实体经济已经不足以支撑其庞大的金融"怪胎"，因此美国释放的资金大部分并未流向实体经济，而是在金融市场空转，在投机的驱使下寻找最佳的投资机会。因此，美联储的纾困计划对提振实体经济的作用十分有限，反而增加了虚拟经济的风险，形成大量债务泡沫、股市泡沫。尽管美国疫情持续恶化，金融资本市场的热度却在不断提升。在经历了5次熔断之后，美国三大股指均实现"V"形反弹，纳斯达克综合指数在2020年6月10日更是突破万点创下历史新高。[2] 但是，美国多地重启经济的计划受到疫情反复的影响，经济恢复程度十分有限，金融资本市场却能迅速反弹，金融市场的繁荣同负增长的GDP和居高不下的失业率形成鲜明对比，金融资本与产业资本的脱离程度可见一斑。

---

[1] 程恩富等：《论新帝国主义的五大特征和特性——以列宁的新帝国主义理论为基础》，《马克思主义研究》2019年第5期。
[2] 《美国金融政策药劲太大，副作用开始逐步显现》，https://finance.sina.cn/2020-06-23/detail-iirczymk8540933.d.html?from=wap。

这次疫情充分展现出过度金融化给美国经济带来严重的负面影响，而美国采取的一系列刺激经济的措施使经济与社会危机更加深重。由于多国颁布的居家隔离与限制国际人员往来以及暂停货物贸易的防疫措施，使美国众多页岩油企业在此次疫情中遭受重创。美国标准普尔全球评级的数据显示，2020年上半年已有18家油气公司出现债务违约，包括切萨皮克能源在内的多个经营困难的页岩油企业相继申请破产。实际上，美联储已经采取多项措施试图挽救页岩油行业，从放松对高收益债券的收购限制，到宣布购买的13亿美元公司债券中有8%流向了能源行业①，美联储投入了巨大的物力心力但收效甚微。究其根本，是这一行业在疫情冲击之前已经存在过度依赖高负债、货币宽松的结构性弊端，许多油气公司在垃圾债券中挣扎，美联储提供的廉价融资对整个行业来说杯水车薪。试图通过加强金融资本的非生产性积累来解决危机的方法只会造成新的危机。② 同时，疫情的失控加剧了帝国主义国家内部的贫富分化与阶级对立，金融寡头财富的急剧增长与广大民众经济状况的持续恶化形成鲜明对比，普通民众的有效需求持续萎缩，更加放大了资本主义社会固有的生产相对过剩矛盾，社会危机更加深重。

（二）金融垄断资本对金融机构和国家机器的操纵

20世纪初，银行开始从普通的"中介人"变为金融资本垄断者，主宰企业的生产经营，资本主义也从工业资本垄断转向金融资本垄断。为数不多的巨型金融机构是金融垄断资本统治世界的重要载体，控制着全球经济的大动脉。而帝国主义政府充当垄断金融资本的代理人，对内压迫本国民众，对外转移社会矛盾，在全球范围

---

① 《又一家美国石油巨头倒下，美联储为何阻止不了？》，https://baijiahao.baidu.com/s?id=1670926426055396544&wfr=spider&for=pc。
② 宋朝龙：《〈资本论〉逻辑视域中的金融资本批判——兼评第二届"北马论坛"中的若干经济学观点》，《当代经济研究》2019年第11期。

内尤其是向边缘落后国家鼓吹金融自由化和金融全球化，诱使这些国家开放资本市场，从而方便帝国主义国家以绝对的金融资本优势在这些国家开展投机活动，洗劫财富。

金融垄断资本操纵金融机构以加紧掠夺征服。金融机构在金融全球化的过程中利用股份制等形式参与全球资本配置，通过操控手中的货币资本，金融垄断机构就能决定一个企业的兴衰，并使其永远处于依附地位，经济衰退时期正是其在更大范围内确立这种依附的大好时机。在新冠肺炎疫情使经济形势急转直下之际，国际垄断金融机构却再一次发了"危机财"。2020年6月25日，美国联邦银行监管机构放宽了大型银行可以进行投资的限制，包括原先禁止金融公司利用自有资金进行投机性交易的"沃尔克规则"，以增加银行对实体经济的融资，"帮助"企业渡过难关。但对于这样的"帮助"，列宁早就指出，"大企业，尤其是大银行，不仅直接吞并小企业，而且通过'参与'它们的资本、购买或交换股票，通过债务关系体系等来'联合'它们，征服它们，吸收它们加入'自己的'集团"①。银行表面上是为企业"雪中送炭"，实则是"趁火打劫"。面对经营困难的企业，银行尽量压低价格对其进行收购，或是通过购买公司债券、债转股等方式"参与"企业，从而分割企业利润，实现资本扩张。这样的"帮助"还出现在国际范围内，而且有时也会露出国际金融垄断资本趁火打劫的真面目。疫情在全球蔓延后，美国私募巨头黑石集团以疫情影响业务前景为由，将此前拟订的13.6亿欧元收购荷兰NIBC银行的金额砍掉1/4，修订后的报价仅略高于10亿欧元，而荷兰NIBC银行不得不接受这一修改。②

---

① 《列宁专题文集·论资本主义》，人民出版社2009年版，第122页。
② 《迫于疫情压力，NIBC接受黑石砍掉25%的收购报价》，https://finance.sina.cn/usstock/mggd/2020-07-13/detail-iivhuipn2749733.d.html?vt=4&wm=3049_000581346868。

国际金融垄断资本利用危机在全球开疆扩土，大肆掠夺其他产业与其他国家的财富，加剧了全球范围内的分配不公。危机已经成了国际金融垄断机构大肆敛财的重要工具，但这是建立在世界人民贫困程度更加深重的基础之上的。

金融垄断资本控制国家机器以推行霸权。国际金融垄断资本通过操纵资产阶级国家机器来主导世界经济政治文化秩序，看似变幻莫测的国际关系背后，有很多是国际金融垄断资本的力量在起作用。① 国家债券是金融垄断资本开动国家机器实行掠夺的重要手段之一。在美元霸权下，金融垄断资本先是通过操纵国家政权发行国债，回收已经输出的美元纸币，再控制政府将国债筹集到的资金以救市等理由还给自己，但沉重的债务被转移到了本国全体民众的身上。② 新冠肺炎疫情发生后，美国国债规模已经超过26万亿美元，是2019年GDP总量的近1.24倍，并且由于美国国内疫情的持续恶化，经济重启受阻，美联储不断大规模购买企业债券为企业注资，美国国债可能在2020年底突破30亿美元。③ 其中，国债的1/3为其他国家所持有，但美国可以依靠自己掌握的美元霸权，通过将国债货币化的方式，开动印钞机偿还债务。可这样的方式无异于饮鸩止渴，大量超发美元会导致美元作为全球货币的信用不断降低，随之而来的是美元长期、持续的贬值。同时，国债终究需要纳税人来偿还，如果还完这笔国债，按照美国将近3.3亿的人口数据计算，平均每个美国公民需要偿还7.8万美元。加之美国不断采取削减富豪和大企业所得税率的政策，这笔债务实际上是转移到了普通民众肩上。

---

① 李慎明：《对时代和时代主题的辨析》，《红旗文稿》2015年第22期。
② 参见王伟光主编《世界金融危机十年研究》，中国社会科学出版社2020年版，第202页。
③ 《美国国债超26万亿，去年GDP才21万亿》，https://new.qq.com/omn/20200613/20200613A0L1Y200.html。

新冠肺炎疫情暴露出金融垄断资本对国家机器的控制与腐蚀，疫情影响下的国家政权进一步沦为金融资本的奴隶。此次疫情导致美国的右翼民粹主义全面爆发，美国政府采取的一系列"甩锅"中国、将中国"污名化"、病毒"政治化"的措施，就是要转移美国民众的注意力，掩盖其国内日益加剧的普通民众与金融资本的矛盾，将自身抗疫不力归因于中国与世卫组织，以借此打压中国，维护本国金融资本的利益。同时，此次疫情充分暴露出金融资本寄生性的腐蚀作用。处在被金融垄断资本把持之下的美国政府犹如被套上了"紧箍咒"，作为帮助金融垄断资本谋取巨额经济政治利益的工具，很难在促进经济社会良性发展与改善社会民生方面有所作为。① 帝国主义政府成为金融资本行使霸权的代理人，其制定的政策本质上是在执行金融资本的意志。在这种情况下，政府调节社会资源的能力被极大削弱，社会财富会最大限度地流向最有利可图的金融市场，导致社会民生建设方面资金不足。此次疫情暴露出的美国医疗卫生系统资源的严重短缺正是这一问题的最好例证。金融资本蚕食与摆布下的国家会越来越虚弱，调节社会事务的能力不断减弱，这也是新冠肺炎疫情发生后帝国主义国家普遍应对较差的原因。其实早在疫情前，帝国主义国家的政府治理能力已被资本严重侵蚀，新冠肺炎疫情只不过使世人看穿了帝国主义国家强权面具下的无能与孱弱。

（三）"创新"金融衍生品以加强掠夺

层出不穷的金融衍生品成为国际金融垄断资本推行"金融殖民"的重要工具。美国是金融衍生品的发源地，美国垄断全球信用评级，霸占了金融衍生品的定价权，少数国际金融垄断寡头利用金

---

① 程恩富等：《论新帝国主义的五大特征和特性——以列宁的帝国主义理论为基础》，《马克思主义研究》2019年第5期。

融资产膨胀攫取了不成比例的社会财富。①

金融衍生品掠夺普通民众的财产，加剧社会贫富分化。金融衍生品被当作能够降低金融市场风险、优化投资组合的金融创新而迅速席卷全球，但它实际上是金融资本借以投机下注的工具，不仅可以完全脱离生产活动，而且会拉长债务链条，制造系统性风险。金融衍生品造成资产泡沫膨胀，其所带来的巨额收益和财富效应营造出金融市场虚假繁荣的假象，吸引更多的投资者在巨额收益的驱动下加大对金融衍生品的投资。以美国为例，新冠肺炎疫情发生后美国保持两位数的失业率，社会购买力下降，金融机构为了刺激消费不断推出金融创新产品支持居民透支消费和分散金融风险，但这样只会形成巨大的虚假购买力，一旦中间任何一个环节出问题，随之而来的蝴蝶效应有可能触发金融危机。当危机爆发时，金融衍生品的优先清偿待遇使民众的存款等资产陷于危险，成为金融资本对普通民众的又一次剥夺。② 美国的"'中产阶级'危机"正是类似掠夺的明证。

金融衍生品是国际金融垄断资本掠夺世界财富的重要手段，充满欺诈性与掠夺性。金融创新使金融资本驶入了经济全球化的快车道，美国高度开放的金融市场吸引了来自世界各地的金融资本前来交易。通过制造恐慌、压低价格、控制舆论、推升泡沫等手段，国际金融垄断资本凭借资金优势操控金融衍生品价格，支配资本要素在全球范围内流动从而实现利润最大化，促使更多的剩余价值从边缘落后国家流入帝国主义国家，实现利润的再分割。新冠肺炎疫情发生后，美国股市大幅下跌，这本应造成黄金

---

① 程恩富等：《论新帝国主义的五大特征和特性——以列宁的帝国主义理论为基础》，《马克思主义研究》2019 年第 5 期。
② 杨斌：《重视金融衍生品与全球民众存款面临掠夺威胁的问题》，《探索》2015 年第 2 期。

等避险资产的需求增加，但由于黄金市场被操纵，出现大量黄金期货抛售订单，黄金价格并未像预期那样上涨。这样的金融市场操纵行为遏制了一些国家的央行外汇储备多样化的趋势，防止其外汇储备从美元变成其他货币，起到了维系美元霸权的作用，使美元和美国资产的持有者获利。[①] 可以说，金融衍生品是帝国主义寄生性和腐朽性的最突出表现。

三 不断筑高的技术壁垒与知识产权的垄断输出

科学技术的应用促进了人类社会发展，但资本主义制度下对科学技术的运用发生了异化，阻碍科技的进步和生产力的发展。如今的帝国主义是建立在对科学技术以及知识产权的垄断和对外输出之上的。新冠肺炎疫情发生后，世界经济遭受重创，为了在世界范围内榨取更多的超额利润，帝国主义国家不断筑高技术壁垒，持续对外进行知识产权的垄断输出，以此确保自身垄断收益并拖慢别国发展步伐。

（一）"卡脖子"的技术垄断

在自由竞争阶段，资本家将技术进步作为压榨工人的手段，加速生产的集中，从而推动资本主义步入垄断阶段。而技术进步又使垄断程度不断加深，二者的联系愈加紧密。"在大不列颠，正是企业的巨大规模和高度技术水平包含着垄断的趋势。"[②] 技术的资本主义应用使帝国主义国家凭借技术垄断威胁技术相对落后国家的经济安全。作为率先实现工业化的国家，以美国为首的帝

[①] 《美国一大学研究证实：黄金市场被操纵了》，https://finance.sina.com.cn/money/nmetal/hjzx/2020－05－22/doc-iirczymk2994075.shtml？cre＝tianyi&mod＝pcpager_focus&loc＝6&r＝9&rfunc＝100&tj＝none&tr＝9。

[②] 《列宁专题文集·论资本主义》，人民出版社2009年版，第110页。

国主义国家利用在技术方面拥有的领先优势，长期占据国际产业链的上游，并以此限制新兴国家的发展。2019年，美国将华为及70多家中国相关企业列入实施出口管制的"实体清单"，企图对中国进行战略遏制。新冠肺炎疫情发生后，美国更加收紧对华为的限制，联合多个国家在5G建设中将华为排除在外，并在2020年5月15日发布限制新规，任何向华为提供含有美国技术的半导体产品的企业，必须先取得美国政府的出口许可。全球最大最先进的芯片代工厂台积电随后宣布如果美国禁令不变，将在2020年9月14日断供华为。① 美国采取的一系列打压中国高科技企业的措施，不仅是为了阻碍中国"制造强国战略"的顺利实现，迫使中国停止攀登世界先进技术高地，更是为了阻止中华民族伟大复兴的中国梦的实现。以美国为首的帝国主义国家腐朽、反动的真实面目昭然若揭。

（二）知识产权的垄断输出与滥用

资本主义制度下的知识产权被私有制所绑架，被个人或企业所垄断。所谓的知识产权其实是"知识租权"，能够为占有者带来垄断收入，成为奴役的工具。② 美国作为世界上研发活动最为活跃的国家，在知识产权贸易方面占有绝对优势，是知识产权输出大国。美国凭借对知识产权的垄断攫取了超额垄断利润。知识产权不但是帝国主义国家攫取利润的重要手段，还是用来限制别国发展甚至是实现对他国控制的工具。近年来，美国在缺乏可靠证据的情况下，多次打着保护知识产权的幌子对中国发起"301调查"，企图迫使中国在重大原则问题上作出让步。面对新冠肺炎疫情冲击，为了实

---

① 《刚刚！台积电宣布断供华为：若美国禁令不变，9月14日起断供》，https://baijiahao.baidu.com/s? id = 1672380503209745065&wfr = spider&for = pc。

② 参见王伟光主编《世界金融危机十年研究》，中国社会科学出版社2020年版，第209—210页。

现特定的经济和政治目的，美国再次打着保护知识产权的幌子，推行帝国主义霸权。2020年5月29日，美国发布公告，以窃取知识产权为由限制特定中国留学生和研究人员入境。2020年7月22日，美国政府甚至以保护知识产权为由，要求中国在72小时内关闭驻休斯敦总领事馆，并撤离所有人员。①然而，美国在以侵犯知识产权为由对中国进行打压的同时却拖欠中国巨额的知识产权费。美国最大的通信运营商Verizon拖欠华为超过230项专利的许可费用，总计超10亿美元。美国参议员卢比奥（Marco Rubio）甚至提起了一份立法提案，企图阻止华为在美国专利法院寻求专利侵权赔偿。美国对待知识产权的双重标准表明，知识产权已成为美国操弄的政治工具。帝国主义国家一边对外输出知识产权，一边滥用知识产权的丑恶行径，使世界人民看清了知识产权只不过是帝国主义国家借以推行垄断统治的手段之一，其真实目的是维护自身垄断霸权。

四 垄断趋势的新变化更加证明帝国主义是资本主义的最后阶段

新冠肺炎疫情的发生，暴露出帝国主义经济、政治体制的局限性，社会阶级矛盾进一步激化，帝国主义作为垂死的资本主义的特征更加明显。尽管金融资本企图在生产、贸易、金融和知识产权等领域加强自己的垄断统治，但正如列宁在《帝国主义是资本主义的最高阶段》中所分析的那样，帝国主义的寄生性和腐朽性越是明显，其作为垂死的资本主义的历史地位就更加明确，金融资本最终

---

① 参见《美国务院回应关闭中国驻休斯敦总领事馆》，https://m.guancha.cn/internation/2020_07_22_558600.shtml？s＝fwrphbios。

会否定自身，帝国主义终究不可避免地要被消灭。

首先，新冠肺炎疫情放大了资本主义经济体制的缺陷，使资本无限增殖的内在要求遇到困难。[①] 为应对疫情采取的管控措施导致不少企业停工停产、生产经营陷入困境；为减少人员室内聚集，酒吧、餐馆等商业场所被迫停业，这些都不可避免地使商品流通受阻、消费活动受限。同时，裁员增加导致大批民众失业，首次申领失业救济人数虽然在2021年初略有下降，但依然是疫情前水平的4倍。[②] 失业使许多民众面临食不果腹的困境。据统计，美国在2020财年有4380万人不得不依靠政府发放的"食物券"来维持食物基本供给，其中很多人甚至需要依靠"食物券"和"食物银行"的双重援助才能度日。[③] 在购买食物都已十分困难的情况下，其他消费更是无从谈起，普通民众的消费能力锐减，资本无限增殖的本性带来的生产过剩矛盾更加凸显。

其次，新冠肺炎疫情暴露出资本主义政治制度的局限性，使其宣扬的民主自由的虚伪性展露无遗。美国常常攻击第三世界国家尤其是中国的人权状况，自称"民主"世界。但新冠肺炎疫情发生以来，美国政府既不为公民提供免费的治疗和防护，也拒绝为疫情防控大规模停工停产，广大底层人民为了生存不得不在缺少防护措施的情况下外出工作，使美国成为疫情重灾区，少数族裔、劳工阶层的感染率、死亡率居高不下。美国前总统特朗普声称新冠肺炎是"大号流感"，对于美国的富人和名人更容易优先接受检测，他的回

[①] 参见焦佩《国外批判视野下的新冠肺炎疫情与资本主义》，《马克思主义研究》2020年第10期。

[②] 参见《美国上周初请失业救济人数降幅超预期》，https://baijiahao.baidu.com/s?id=1690140128208476718&wfr=spider&for=pc。

[③] 参见《疫情冲击美国经济 超4300万人靠"食物券"度日》，https://baijiahao.baidu.com/s?id=1690998474805100644&wfr=spider&for=pc。

答是"或许这就是人生吧"①。《华盛顿邮报》网站2020年5月9日报道称，美国的抗疫行动"成了一场国家批准的屠杀"，"它故意牺牲老年人、工人、非洲裔和拉美裔人口"，号称"人人生而平等"的国家却让弱势群体"死于不平等"。②

最后，新冠肺炎疫情也使得资本主义社会的阶级矛盾进一步激化，阶级对立更加凸显。列宁指出，资产阶级在工人阶级中间扶植收买工人帮办，使其成为资产阶级在工人运动中的代理人，这个资产阶级化了的工人阶层"是第二国际的主要支柱，现在则是资产阶级的主要社会支柱（不是军事支柱）"③。新冠肺炎疫情发生后，由于帝国主义国家经济实力受损，这些"工人贵族"阶层的成员也遭受到打击，帝国主义的这个主要社会支柱被削弱。同时，金融资本通过加强垄断的方式对民众进行更加沉重的压迫和掠夺。美国虽然发放了大量补贴，但首次申请失业救济的人数多次突破百万的事实表明普通民众正挣扎在丧失生活来源的边缘。帝国主义国家社会贫富分化愈加严重，财富愈加集中到金字塔顶端少数金融寡头手中。一边是民众由于失业在经济上陷入困境；另一边是金融垄断资本家利用救助资金趁机扩大自己的财富。民众所受的压迫愈加沉重和令人难以忍受，帝国主义国家的危机比以往任何时候都更加严重。

只有以人民为中心的社会主义制度才能真正做到把保护人民的生命安全和身体健康放在首位，在中国，新冠肺炎患者治疗费用由国家兜底，确保任何一个人不因费用问题影响治疗。在迅速控制疫

---

① 《记者：有关系的人就能优先检测？特朗普：或许这就是人生吧》，https://world.huanqiu.com/article/3xV5UkFlBnJ。
② 《从疫情防控看美式平等的虚伪性》，https://world.gmw.cn/2020-07/06/content_33967716.htm。这是对资产阶级民主自由的虚伪性的深刻揭露。
③ 《列宁专题文集·论资本主义》，人民出版社2009年版，第105页。

情传播之后，我国才有序开展复工复产，成为疫情发生以来第一个恢复增长的主要经济体。当前，以美国为首的帝国主义国家仍在疫情中泥足深陷，经济重启困难。新冠肺炎疫情向世界展示了帝国主义国家治理体系的失败、社会矛盾的尖锐以及社会危机的深重，加速了帝国主义从垄断的、腐朽的资本主义向垂死的资本主义过渡的历史进程。

知识垄断是当代资本主义的重要特征
——以美国科技霸权为例*

李　妍

从资本主义生产方式确立起，占有和利用科学技术知识一直是资本积累的重要手段。20世纪下半叶以来，当代科学技术的发展推动了资本主义生产方式在世界范围的扩张，而垄断科技发展的最新成果又成为国际垄断资本在世界范围内剥削劳动者、攫取高额垄断利润的重要手段。国际垄断资本在全球经济活动中实施知识垄断是当代资本主义的重要特征。当代资本主义知识垄断表现为跨国企业与战略联盟通过对知识产权、专业人才等知识的生产条件进行垄断，控制核心科学技术知识的生产和再生产，以获取对非核心生产环节的支配权，从世界范围的加工制造等领域攫取剩余价值。

一　知识如何与资本相结合——马克思和布雷弗曼的分析

科学技术并不是孤立和自发的，科学技术需要嵌入社会体系内

---

* 原载《马克思主义研究》2021年第6期。

部获得发展。不仅科学技术的发展是以一定历史发展阶段下的经济和社会发展的状况为基础的，而且科技知识的生产方式和使用方式也受到所在的社会生产关系的作用。马克思不是用单向的决定论解释科学技术与社会之间的关系，而是承认二者之间的相互作用。马克思一方面肯定了科学和技术的发展对社会发展起决定性作用；另一方面也指出科学技术在一定的社会生产关系下被应用和发展，并受社会关系所制约。科学技术与资本相互依赖、共同演进，二者的结合在资本主义发展的不同阶段具有不同的表现。

（一）马克思关于知识与资本关系的分析

在人类历史上，科学知识在物质生产中得以广泛应用是在资本主义生产方式下才第一次产生的现象，反过来，资本主义生产的发展也为科学技术的发展提供了条件，促进了科学技术的进步。从18世纪下半叶到19世纪，经过工业革命，机器大工业生产体系的建立为资本主义生产方式的确立奠定了物质技术基础。马克思对资本主义生产方式下知识与资本的关系进行过深刻的阐释。在资本主义生产方式下，科学技术知识作为生产力的关键要素，是为资本生产财富的重要手段，正如马克思所指出的，资本为了生产过程的需要，"利用科学，占有科学"[①]。科学技术知识的生产和使用服务于资本逐利的需要。在知识的生产上，马克思指出，发明成为一种特殊的职业，科学被有意识地和广泛地加以发展以适应资本主义生产的需要。[②] 在知识的资本主义使用上，马克思指出，物质生产过程中的知识与直接劳动相分离并成为资本家剥削工人的工具，"科学成为与劳动相对立的、服务于资本的独立力量，一般说来属于生

[①] 《马克思恩格斯文集》第8卷，人民出版社2009年版，第357页。
[②] 参见《马克思恩格斯文集》第8卷，人民出版社2009年版，第359页。

条件成为与劳动相对立的独立力量这一范畴"①。资本支配着体现在机器和生产方法中的知识②，使"科学对于劳动来说，表现为异己的、敌对的和统治的权力"③。资本对科学技术的使用方式导致了工人在智力和技能上的退化，"科学在生产中的应用……只是通过使劳动从属于资本，只是通过压制工人本身的智力和专业的发展来实现的"④。在工厂里，机器代替了手工劳动，工人过去在生产中积累的知识、经验与技能被"机械技巧"取代了，劳动过程被分解为若干步骤，使劳动变成了一种不需要智力的、适应机器操作的劳动。机器的应用使资本家能够用非熟练劳动力代替熟练劳动力，将妇女和儿童吸纳到资本主义生产体系中，造成劳动力的贬值。资本家延长工作日并加强劳动的连续性与强度，利用科学技术抵制工人罢工。工人的生产和生活处于极其不稳定的状态。机器的应用一方面使工人被不断排斥，将工人变成过剩人口抛向街头；另一方面又为了生产规模的扩大不断吸收工人。在这一过程中，资本支配劳动的权力加强了。资本与工人的关系是"头脑"支配"肢体"的关系，马克思借用工厂制度的辩护人尤尔的话指出，借助于科学，资本家能够"合法"行使"头脑支配身体其他部分的权利"⑤。

科学技术作为一种独立的生产能力与劳动相分离是资本主义生产方式所特有的现象，这种分离以一定的生产力发展水平为前提。马克思在分析这一分离的历史发展过程时指出："工场手工业分工的一个产物，就是物质生产过程的智力作为他人的财产和统治工人

---

① 《马克思恩格斯文集》第 8 卷，人民出版社 2009 年版，第 366 页。
② 科学是机器体系中的一个要素，马克思在《资本论》第 1 卷中提道："科学、巨大的自然力、社会的群众性劳动都体现在机器体系中，并同机器体系一道构成'主人'的权力。"（［德］马克思：《资本论》第 1 卷，人民出版社 2004 年版，第 487 页。）
③ 《马克思恩格斯文集》第 8 卷，人民出版社 2009 年版，第 358 页。
④ 《马克思恩格斯文集》第 8 卷，人民出版社 2009 年版，第 363 页。
⑤ 《马克思恩格斯文集》第 8 卷，人民出版社 2009 年版，第 362 页。

的力量同工人相对立。这个分离过程在简单协作中开始，在工场手工业中得到发展，在大工业中完成。在简单协作中，资本家在单个工人面前代表社会劳动体的统一和意志，工场手工业使工人畸形发展，变成局部工人，大工业则把科学作为一种独立的生产能力与劳动分离开来，并迫使科学为资本服务。"① 而在资本主义生产方式以前的生产阶段，"范围有限的知识和经验是同劳动本身直接联系在一起的，并没有发展成为同劳动相分离的独立的力量"②。

（二）布雷弗曼关于知识与资本结合的分析

从19世纪下半叶到20世纪，以电力和石油技术革命为主要标志的科技革命促进了生产和资本的集中，资本主义垄断组织开始出现。西方马克思主义经济学者布雷弗曼根据资本主义发展的新情况，分析了资本主义如何将知识与资本的需要结合起来，使科学技术知识与工人相分离、相对立。在这一时期，伴随着科技革命的发展，科学被证明是促进资本积累的重要手段，被系统地应用于生产。布雷弗曼认为，科学从一种"一般社会财产"转变成为资本主义生产的核心财产，"必须把整个科技革命看成一种生产方式……科学本身转化为资本，这才是科技革命的关键性的革新"③。资本主义越来越有计划地、社会化地发展科学，使科学知识商品化，科学知识的生产更加配合资本的需要。④ 在知识的资本主义使用上，布雷弗曼分析了资本主义管理部门如何将科技发展取得的新成果、新的机器和生产方法与全面控制劳动过程结合在一起，使劳动成为资

---

① 《马克思恩格斯文集》第5卷，人民出版社2009年版，第418页。
② 《马克思恩格斯文集》第8卷，人民出版社2009年版，第357页。
③ ［美］哈里·布雷弗曼：《劳动与垄断资本——二十世纪中劳动的退化》，方生等译，商务印书馆1978年版，第138、149页。
④ 参见［美］哈里·布雷弗曼《劳动与垄断资本——二十世纪中劳动的退化》，方生等译，商务印书馆1978年版，第138、148页。

本的从属要素。泰勒在这一时期开创了科学管理运动，将科学方法应用于分析和控制劳动过程，以使劳动服从于资本家管理的需要。泰勒认为，劳动过程不应该依赖于工人的知识和积极性，知识应该集中在管理部门手中，由管理者对劳动过程进行全面计划并给予工人详细的执行指令。布雷弗曼分析了泰勒科学管理的基本原则：由管理部门来搜集和研究劳动过程中的知识，使劳动过程与工人的技术相分离，不依靠工人的知识和手艺；打破劳动过程的统一性，使脑力劳动与体力劳动分离；利用垄断知识来控制劳动过程的每一步骤及其执行方式。① 科学被集中在管理部门手里，管理部门将分散在工人那里的工艺知识集中起来，剥夺了工人的工艺知识和对生产过程的自主控制权。尽管劳动过程越来越复杂和具有科学性，但工人被排除在科学的发展和运用过程之外，不能理解他们所参与的劳动过程。布雷弗曼指出，在科学管理兴起的时期，科学与劳动者残存的联系随着工匠技艺被摧毁也几乎完全断裂。② 而在资本主义早期，科学与工匠技艺紧密联系在一起，科学的发展扎根于技术的发展，工匠、手艺人掌握着一定的科学知识，手艺是科学与工作之间的联系物，许多发明来自工匠。布雷弗曼指出，"手脑分离是资本主义生产方式在劳动分工方面所采取的最决定性的一个步骤"③，而科学管理延续了资本主义劳动分工的"头脑"和"肢体"分离的逻辑，并使之更为系统化和制度化，由有限的一部分劳动者专门从事设计、计划、计算等脑力工作，而更多的劳动者成为丧失知识和

---

① 布雷弗曼将第二条原则称为概念与执行分离的原则，首先脑力劳动与体力劳动分离，然后脑力劳动本身又按照概念与执行分离的原则进行再分。参见［美］哈里·布雷弗曼《劳动与垄断资本——二十世纪中劳动的退化》，方生等译，商务印书馆1978年版，第103—110页。

② 参见［美］哈里·布雷弗曼《劳动与垄断资本——二十世纪中劳动的退化》，方生等译，商务印书馆1978年版，第119页。

③ ［美］哈里·布雷弗曼：《劳动与垄断资本——二十世纪中劳动的退化》，方生等译，商务印书馆1978年版，第115页。

技能的执行者。资本主义分工的一般规律表现为劳动过程和人口的两极结构：一极是有专门知识和受专门训练的少数人，而另一极是从事简单劳动的大多数人。①

（三）知识与资本结合的一般过程及其在当代资本主义的表现

在资本主义生产方式下，资本家不仅要将物质劳动条件转化为资本，还要利用和占有科学技术知识。知识本身不是资本，但是，知识的资本主义占有和利用赋予了知识以资本的属性。知识资本化的实质，是使知识转化为与工人相分离、相对立的资本的权力。马克思认为，自觉自由的、有目的的劳动是人的类特性，但在资本主义生产方式下，劳动受到资本的支配，劳动者不能在劳动中自由发挥自己的体力和智力。由于"智力转化为资本支配劳动的权力"②，科学技术知识不仅没有成为普通工人用来发展自身劳动能力的手段，反而造成劳动者在智力和技能发展上的衰退和片面化。正如马克思所指出的："生产上的智力在一个方面扩大了它的规模，正是因为它在许多方面消失了。"③ 科学技术越发展，资本主义越是在科学技术领域中建立全面的控制，资本对工人的剥削和统治越深。知识与资本结合的一般过程可以概括为：首先，科学技术知识与劳动相分离，科学技术受资本家的支配并作为资本家剥削和压迫工人的手段与工人相对立，以使劳动成为资本的从属要素；其次，科学技术知识的生产和使用从属于资本的价值增殖的需要；最后，与知识同资本的结合相适应的劳动分工表现为"头脑"和"肢体"分离的两极结构，由一小部分人集中发展科学技术，而大部分普通工人从事简单劳动。

---

① 参见［美］哈里·布雷弗曼《劳动与垄断资本——二十世纪中劳动的退化》，方生等译，商务印书馆1978年版，第77页。
② ［德］马克思：《资本论》第1卷，人民出版社2004年版，第487页。
③ ［德］马克思：《资本论》第1卷，人民出版社2004年版，第418页。

知识资本是资本主义发展到一定阶段的产物。随着资本主义生产力的发展和知识产权制度的建立和完善，科学技术要素开始成为资本的一种特殊形式并被作为资本加以发展。知识资本是生产资本的特殊形式，具体表现为专利权、著作权等以知识产权形式存在的资本。科学技术只有与物质生产相结合，才能作为一种现实的生产力发挥作用。在资本的价值增殖过程中，科学技术只有进入商品生产过程，才能执行生产资本的职能，成为资本家的生产力和榨取工人剩余价值的手段，投资于科技生产活动上的资本才可能实现价值增殖。资本控制下的科技知识的生产和再生产从属于资本的价值增殖，使科技知识生产的目标及其成果应用服务于资本逐利的需要。

　　以往知识资本在资本积累中主要依附于物质生产资本，随着科学技术的发展和知识经济时代的来临，知识资本在资本积累中的重要性日益凸显。20世纪下半叶以来，发达资本主义国家经济结构发生变化，传统工业部门逐渐衰弱，第三产业日益发展壮大，以现代科学技术为核心的知识被认为是经济生产中最重要的生产要素，知识经济成为当代世界经济活动的主导。发达资本主义国家的垄断资本凭借在知识资本上的优势，在全球经济活动中实施知识垄断，知识垄断成为当代垄断资本实现积累的决定性因素。知识产权制度的发展为国际垄断资本实施知识垄断提供了制度基础。发达资本主义国家通过在国内和国际上推进知识产权保护，使资本在全球经济中实施知识垄断取得了所谓合法性，科学技术知识被广泛地私有化并转化为资本主义企业最重要的财产。

二　当代资本主义知识垄断的特点

（一）国际垄断资本将知识垄断与生产的全球化相结合

　　通过垄断科技知识，国际垄断资本将以其利益为核心的分工模式与生产的全球化相结合。信息技术的应用使生产过程中的专业化程度越来越精细，生产过程可以被分割为一系列操作环节，生产过程越来越标准化、常规化、模块化，使跨国公司能够对全球范围的生产活动进行协调和控制。在此基础上，掌握核心技术的主导企业控制着研发、设计等关键环节，将非核心、较低技术水平的环节转移给分散在全球范围的子公司和外部供应商，从加工制造等非核心环节攫取剩余价值。主导企业凭借对核心技术的垄断在全球生产活动中处于支配地位。外包是国际垄断资本在全球范围雇佣劳动力的重要途径。外包在过去几十年来不断跨国界扩张并成为一项重要的全球经济活动，外包活动的基本动力是使成本最小化，特别是劳动力成本的最小化，发达国家跨国企业可以通过外包来利用发展中国家的廉价劳动力。一方面，主导企业能够通过外包减少内部的劳资问题，将一定的生产成本和运营的风险外部化，使主导企业能够集中发展其核心业务，加强对核心技术的投入；另一方面，主导企业能够根据其需求更换非关键供应商，使外包企业之间形成竞争并从属于主导企业的需要，主导企业通过这一策略进一步压低了生产成本，加强了对供应链的控制。在主导企业与处于供应链底层的供应商之间的不对等关系中，后者既可以服务于前者的经营扩张，又可以随时被"牺牲"掉。

在这一过程中，垄断资本在全球范围支配工人劳动的权力不断加强，使工人隶属国际垄断资本利益主导下的全球化生产。首先，生产过程的标准化、模块化使企业加强了对劳动过程的控制，容许使用半熟练和不熟练工人。其次，工人之间的竞争加剧，带来雇佣关系的不稳定。外包使跨国企业能够用发展中国家的廉价劳动力代替国内的高工资劳动力，使发达国家工人与发展中国家工人之间形成竞争。同时，主导企业将风险和成本向外部的转移最终会传递给劳动者，企业之间的竞争会转化为劳动者之间的竞争。① 竞争的加剧导致了工作的不稳定性，使工人特别是处于生产底端环节的劳动者的处境进一步恶化。最后，生产活动在地理上的分散和工人利益的分化阻碍了工人的联合。

（二）发达资本主义国家通过在世界范围推进知识产权保护加强知识垄断

20 世纪 70 年代以来，随着资本主义商品化在科学技术领域的扩张以及发达资本主义国家在国内和国际上对知识产权保护的不断推进，使资本对科学技术的控制得以加强。知识产权是知识的私人占有在法律层面的体现，知识产权制度反过来也促进了知识的商品化和资本化。知识产权赋予权利所有者在一定期限内对某一知识产品的专有权利即一种合法的垄断权，使"知识产权人对其权利的客体享有占有、使用、收益和处分的权利"②。知识产权制度旨在保护智力劳动成果、鼓励发明创新活动，促进科技进步，进而为经济发展提供动力。在资本主义生产方式下，知识产权实际上服务于资本对科学技术这一核心生产要素的占有和控制。知识产权限制了经济活动中非权利持有者使用特定知识的自由，即使有人恰巧生产出了同样的知识，他们在商业活动中使用相同或相似的智力成果的权利也因此受到限制。特谢拉等人就认为，通过知识产权制度，知识被转化为能够被私有化的垄断商品，防止对知识商品的自由获取和再生产。③ 加依则认为赋予知识

---

① Jörg Flecker, Bettina Haidinger and Annika Schönauer, "Divideand Serve: The Labour Processin Service Value Chains and Networks", *Competition & Change*, Vol. 17, No. 1, 2013.
② 王先林：《知识产权与反垄断法：知识产权滥用的反垄断问题研究》，法律出版社 2001 年版，第 36 页。
③ Rodrigo Alves Teixeira and Tomas Nielsen Rotta, "Valueless Knowledge-Commodities and Financialization", *Review of Radical Political Economics*, Vol. 44, No. 4, 2012.

价值不是创造知识的问题，而是通过限制获取知识的机会使知识变得稀缺。①

知识产权制度保护下的知识垄断具有自我加强的特点。大多数技术是累积的和相互依存的，每项技术都与生产链中的另一项技术相关联。因此，洛克和帕加诺指出，知识产权的所有者不仅有权排除他人使用该项技术，同时还能够阻碍非权利持有人对需要该项专利技术的工业活动进行投资和创新。他们认为，在全球知识产权保护体系下，知识的私有已经成了影响企业和国家专业化的一个主要因素，它们都被迫从事不受知识私有限制的领域，并因此导致了自我强化的创新模式，拥有越多知识产权的企业和国家就会拥有更多的投资机会并有机会获得更多的知识产权，而缺乏知识产权的企业和国家停滞在低投资低专利状态，这在整体上可能造成企业之间以及国家之间在创新能力上的两极分化。② 国际垄断资本凭借其在知识产权上的优势排除或限制竞争、实施垄断行为，垄断者将自己拥有的技术上升为标准从而实施标准垄断、知识产权联合经营、拒绝交易、许可限制、以知识产权保护为名限制专业人才流动等，加强了知识垄断。知识产权保护成了发达国家之间相互制约尤其是遏制发展中国家科技发展的工具，美国等发达国家利用发展中国家在知识产权上的弱势地位与相关领域制度上的空缺实施垄断，以攫取高额垄断利润。

（三）跨国公司与战略联盟是在世界经济活动中实施知识垄断的主体

为保持国际竞争力、获取知识垄断带来的高额利润，国际垄断

---

① Marc-André Gagnon, "Capital, Power and Knowledge According to Thorstein Veblen: Reinterpreting the Knowledge-Based Economy", *Journal of Economic Issues*, Vol. 41, No. 2, 2007.
② Filippo Belloc and Ugo Pagano, "Knowledge Enclosures, Forced Specializations and Investment Crisis", *The European Journal of Comparative Economics*, Vol. 9, No. 3, 2012.

资本具有不断发展先进技术、加强知识垄断的动力。以跨国企业为代表的国际垄断资本一方面对研发活动进行巨额投入以掌控核心技术；另一方面在技术使用和技术转让上进行严格的控制以阻碍核心技术向外部扩散。以跨国企业为基础发展起来的战略联盟是当代国际垄断资本的重要组织形式，而技术研发合作是战略联盟的主要内容，联盟企业在研发合作中共享知识资源、共担成本和风险，以克服单个企业在开发新技术上的局限性。领先企业还结成技术标准联盟并将其技术标准在全球范围推广，通过掌控技术标准加强垄断优势。不仅如此，为了更好地利用知识产权集中的优势并防御知识垄断对其自身的伤害，专利集中经营模式在英美等发达国家日渐兴起，有能力加入联盟的大企业拥有更多投资和申请专利的机会。这些利益关系联盟进一步加强了国际垄断资本对研发活动的控制与对技术的垄断。20 世纪 90 年代中期以来，国际垄断企业控制了全世界 80% 的专利和技术转让及绝大部分国际知名商标。[1]

（四）国家政权是国际垄断资本实施知识垄断的支撑力量

随着科技力量成为国际垄断资本之间和国家之间竞争的焦点，国家政权作为垄断资产阶级的政治代表，在推动科技前进和扶持知识资本发展上的重要性愈加凸显。私人垄断资本在现代科学技术的发展中起到了一定的积极作用，但它又出于保证资本价值增殖的目的限制科学技术的发展和应用，或者不愿意承担现代科学技术研究的成本和风险。现代科技创新具有长周期、高投入、学科交叉融合等特征，国家承担研发的成本及其风险，这在一定程度上突破了私人部门在科技创新上的局限性，缓和了科学技术研究的社会化与私人部门发展科学技术的有限性之间的矛盾。第二次世界大战以来，

---

[1] 参见杨云霞《资本主义知识产权垄断的新表现及其实质》，《马克思主义研究》2019 年第 3 期。

发达资本主义国家将科技发展与经济、国家利益紧密结合在一起，在推进革命性科技发展的过程中起着主导作用，具体表现为国家成立科学研究机构、资助基础科学和应用科学研究、鼓励和扶持私人部门开展科学技术研究、引领对前沿科技领域的探索、促进科技研究成果的商业化、组织整合科技创新资源、促进教育的改革与发展、培育和支持科技人才，等等。以美国为代表的发达资本主义国家通过推进知识产权保护，保障了资本对核心科学技术成果的占有和控制，将在科技发展上积累的优势转化为企业在全球竞争中的技术优势。不仅如此，还以国家之力对他国进行科技遏制、维护知识垄断。国家政权执行着"管理整个资产阶级的共同事务的委员会"①的功能，有意识、有组织地维护垄断资本的长期和整体利益。

（五）知识垄断加深了资本主义世界分工体系的不平衡发展

知识垄断以世界经济的不平衡发展为前提，又进一步加剧了世界经济的不平衡发展。黄亚钧等指出，知识成为国际分工的决定性因素，新的国际分工实质上就是"大脑"与"手脚"的分工，并形成新的"中心—边缘"国际分工体系。②掌握先进科学技术、占有知识资本的国家和企业对科技发展落后、缺乏知识资本的国家和企业在世界分工体系中的关系实质上是"头脑"支配"肢体"的关系。二者在知识产权的质量和数量、研发投入力度、专业人才储备等方面均存在较大程度的差距。知识垄断使核心科技知识的生产越来越集中于前者，后者缺乏在研发和专业化人才上的投资，依赖于前者提供的技术，并再生产出这一支配关系，加剧了资本主义世界分工体系的不平衡发展。资本主义的科学技术的不平衡发展必然造成劳动力的不平衡发展。有限的一部分知识型工人受益于高专业

---

① ［德］马克思、恩格斯：《共产党宣言》，人民出版社2018年版，第29页。
② 参见黄亚钧等《知识经济论》，山西经济出版社1998年版，第29—30、343页。

能力、高工资、更多的专业培训机会，工作相对稳定，而普通工人则缺乏专业知识和技能、收入低、缺乏就业保障并承受恶劣的劳动条件，因此造成劳动力的再生产条件的差异及其不平衡发展，使工人内部的分化进一步加剧。金贤基认为，劳动力市场出现知识工人与普通工人之间的两极分化，在社会层面会产生有知识者和无知识者之间的新形式的对抗关系。① 综上所述，知识与资本的结合在当代资本主义表现为国际垄断资本在全球经济活动中实施知识垄断，通过支配科学技术这一核心生产要素来掌握全球经济活动中的结构性权力，在世界范围剥削劳动者。科学技术作为"他人的财产和统治工人的力量"② 在当代资本主义得到了前所未有的发展。

三　从美国的科技霸权看当代资本主义知识垄断及其危害

美国是知识垄断资本主义的主导者。美国作为世界上的超级大国和科技强国，在科技发展上采取了两手政策：对内有计划地推动科学技术发展，推进知识产权保护来维护本国企业在科技领域的垄断优势；对外则利用自己的超级大国地位和科技优势对别国实施科技垄断和封锁打压。从历史上美国与国际竞争对手在科技领域的历次较量来看，美国对内推行科技发展政策与对外实施科技遏制战略相辅相成，二者协同服务于维护美国在科技领域的全球霸主地位。

（一）对内推动科技进步，扶植知识资本发展

自第二次世界大战后，美国为了保持其在世界科学技术上的领

---

① Kim Hyungkee, "The Knowledge-Led Accumulation Regime：A Theory of Contemporary Capitalism", https://escholarship.org/uc/item/76v0g0tp.

② ［德］马克思：《资本论》第 1 卷，人民出版社 2004 年版，第 418 页。

先地位，政府在推动前沿科技发展上始终起着关键的作用。美国的科技革命的背后是国家运用理性计划投资于包括基础研究、应用研究和创新企业的整个科技创新链条。① 政府参与推动了诸如计算机、航空和空间技术、生物科技、纳米技术、能源等广泛领域的关键技术的开发。"二战"期间，为将政府在战时组织和动员科学技术发展这一成功的实践经验在战后得以继续应用，万尼瓦尔·布什向总统提交了题为"科学：没有止境的边疆"的报告，为政府支持科学研究奠定了思想基础。"二战"后，随着美苏冷战的开启，美国的科技政策主要服务于国家的军事竞争力，政府将使命导向与支持基础研究相结合，促进了一批先进技术的发展，为美国工业技术的发展奠定了基础。20世纪70年代以后，美国科技政策的重心逐步从军事领域转向经济领域。在国内经济停滞不前、国际竞争加强的压力下，美国政府在20世纪80年代促进了政府资助的科学研究的私有化和商业化，政府通过立法、经费资助等一系列积极措施来推进技术成果转移，促进政府机构、大学与企业之间在技术上的合作，以增强美国企业在技术上的竞争力。20世纪90年代，在冷战结束和国际经济竞争日益激烈的背景下，美国的科技政策更加明确地指向经济增长，政府机构主动培育和支持关系未来经济增长的革命性科技的发展。近年来，面对中国和其他国家在科技上的迅速进步，美国日益将科技发展视为国家战略的重中之重。2020年5月，美国两党两院议员提出了《没有止境的边疆法案》议案，意图保持美国在21世纪全球科技领域的领先地位。

鉴于人才在科技创新中具有决定性作用，美国将人才战略与国家的科技发展战略目标相结合。美国的人才优势是其在世界上垄断

---

① 参见沈尤佳《美国科技革命的隐蔽基础：一个理论经济学的分析框架》，《天府新论》2017年第1期。

科技资源、维护科技霸权的重要因素。在人才培养和支持方面，从"二战"后通过支持科学研究加强对科技人才的支持、美苏军备竞赛背景下出台的《国防教育法》，到以国家竞争力为目标下发布的《美国2000年教育战略》、21世纪初的《美国竞争力计划》《美国创新战略》等，政府通过立法和教育拨款等途径不断促进教育的改革与发展，加强科技人才的培养和储备。吸引外来人才是美国人才战略的一个重要内容，美国在科技上的领先优势与大量高素质外来人才的贡献密不可分。美国为了最大限度拥有世界科技人才，通过移民政策、留学优惠政策、跨国企业招聘、国际合作等途径，凭借其教育优势、科研条件优势、优厚的待遇等，在全球范围内有目的、有计划地攫取智力资源，广揽高端科技人才、留用优秀留学生。

在知识产权保护方面，美国不仅在国内建立了成熟完善的知识产权保护体系，更是将知识产权保护作为维护其世界科技霸权地位的重要手段。20世纪70年代末，知识产权保护被作为美国的国家发展战略。在国内，美国国会先后通过了一系列加强知识产权保护的相关法案。一方面，根据实践需要完善相关法律规定、拓展知识产权保护范围，并确立了统一的联邦专利司法制度，提高了知识产权保护体系的功能性和稳定性，促进了专利数量的迅速增长；另一方面，相关法案促进了公共资助的研发成果的私有化，通过对战后以来由联邦政府资助的科学研究成果的知识产权在权利归属上进行重新分配，激励联邦支持的科研成果的商业化，以推进科技向资本的"转化"。1980年《拜杜法案》可以作为其中的一个典型的例子，该法案提供了统一的政策，允许联邦政府资助的研究执行者就其研究成果享有专利申请权和专利权，并允许联邦机构向企业授予政府资助的研究成果的独家许可。通过在国内建立强大的知识产权保护体系，为美国参与国际知识产权保护体系奠定了基础，将其一直以来在科学技术领域发展累积的成果转化为其知识垄断优势。随着经济全球化的发展，控制科学技术影响着全球财富的生产和分配，受国际垄断资本的利益驱动，美国对国际知识产权保护规则的影响力逐步加强，其中具有重要影响的是美国推动的1994年《与贸易有关的知识产权协定》，美国利用其优势地位在国际上强制推行反映其自身利益诉求的知识产权保护标准。美国在推进国际知识产权体系的发展中起着主导作用，"知识产权保护标准的全球化进程也是知识产权保护的美国化进程"[①]，意图固化其科技垄断优势。

知识产权保护必然伴随着知识的垄断问题，为了限制知识产权的垄断性对创新和竞争带来的伤害，美国政府在国内经济生活中反对知识产权的滥用和垄断。如1995年《知识产权许可的反托拉斯指南》及其修订版、2007年《反托拉斯执法与知识产权：促进创新和竞争》报告，在吸收和借鉴有关研究和实践经验的基础上，逐步发展和完善知识产权反垄断的有关规则，以期达到知识产权保护与反垄断措施相互补充、协同作用的目标。

（二）对外实行封锁和打压的垄断政策

与在国内扶植科技创新的政策完全不同，美国在国际科技竞争中对他国不择手段地实行封锁与打压。

（1）"二战"后，美国保持着世界科技领先地位，苏联、日本等一度在科技竞争中与美国展开较量，却都遭到美国的打击而以失败告终。

美国为赢得冷战对苏联采取了科技遏制战略。冷战之初，美国针对以苏联为首的社会主义阵营建立了严格的出口管制机制。在美

---

① 王金强：《知识产权保护与美国的技术霸权》，《国际展望》2019年第4期。

国国内，于1949年通过了《出口管制法》，对与战略物资密切相关的技术资料实行禁运。在国际上，美国则主导建立了"巴黎统筹委员会"，联合西方发达工业国限制对苏联等社会主义国家出口战略性设备、原料和尖端技术，利用美国在经济和科技等方面的优势遏制苏联的军事、经济发展。苏联在科技军事领域取得的成绩一度对美国的科技领先优势构成威胁，对此，美国一方面以国家力量推动战略性科技发展；另一方面坚持对苏联实行严格的技术禁运，为其在冷战后期的科技优势奠定基础。冷战后期，美国在科技积累上取得了压倒性优势，同时对苏联尖端技术转让的控制力度加强。美苏科技战以苏联的经济崩溃和解体告终。

在以半导体为代表的美日科技战之时，日本曾挤占了美国的半导体产品市场，威胁到了美国在科技上的垄断地位。于是，美国展开了对日本的贸易战加科技战，采取了多种打击手段，诸如加强知识产权保护、制裁关键企业、迫使日本签订协议以打击其出口优势、削弱其产业政策、扶持日本的竞争对手，等等。日本半导体产业在外部打击和内部创新能力不足等因素作用下陷入衰退，而美国则调整竞争策略、仿效日本模式，政府通过资助半导体制造技术战略联盟等措施夺回半导体行业的全球市场。

（2）中国自改革开放以来，坚持从国情出发发展科技事业，从前期通过"以市场换技术"策略来引进、学习、模仿国外先进技术成果，到整合国内外技术资源、自主研发能力不断增强，取得了长足的发展和进步。2018年，我国在研发支出上达到19657亿元，国内发明专利申请量154.2万件，科研人员总量535万人。[①] 但我国在高端芯片、精密加工仪器、基础软硬件等前沿技术上仍然与发达

---

① 参见程磊《新中国70年科技创新发展：从技术模仿到自主创新》，《宏观质量研究》2019年第3期。

国家存在差距。中国在科技发展上的跃进对美国在世界科技上的主导地位带来了现实或潜在的威胁,美国由此将对中国科技发展的遏制战略上升到国家安全层面,对中国发起了贸易摩擦加科技摩擦,其打击手段和范围远超过美苏、美日科技战。

一是对中国的自主创新和产业政策展开攻击。尽管美国等主要经济体的政府部门在扶持科学技术发展中扮演着不可或缺的主导角色,但美国在对中国科技政策问题上却采取了双重标准,通过立法、外交等手段攻击中国产业政策。美国于2018年先后发布了《美国301调查报告》《中国的经济侵略如何威胁美国和世界的技术与知识产权》,指责中国的产业政策,提出中国通过不公平的技术转让制度、歧视性许可限制、对外投资政策、国家资助的知识产权盗窃等措施获取先进技术,并认为中国意图通过控制世界先进技术以实现军事和经济目标,意欲以此为由对中国实施相关制裁措施。

二是针对中国高科技企业采取了一系列限制和打压措施。其主要包括:第一,以国家安全为由加强技术保护,限制中国企业在美技术投资活动。美国国会在2018年通过了《外国投资风险评估现代化法案》和《出口管制改革法案》,不断扩大对关键和新兴技术的管控范围、加强管制力度,主要针对中国企业赴美的技术投资活动进行限制,为技术流动设置障碍。第二,切断核心供应链,以国家之力打击中国重点科技企业。美国将特定中国高科技企业、科研机构等列入出口管制的"实体清单",以限制重要受控物项、技术、软件等的出口,凭借其在供应链关键环节上的垄断优势,不惜牺牲美国供应商企业的利益、破坏全球产业链的合作互信,以近乎不留死角的方式阻断中国重点科技企业对关键技术和核心零部件等的获取渠道,企图使目标企业在经营上陷入瘫痪。美国认为5G通信技术事关国家安全和经济繁荣,华为和中兴作为中国先进通信科技企业的代表和美国强有力的竞争对手，成为美国的重点打压目标。以美国打压华为为例，2019年5月，美国商务部将华为及其子公司列入出口管制的"实体名单"，禁止美国企业向华为提供核心零部件和技术。2020年5月，美国对华为的打压再度升级，美国商务部宣布限制华为使用美国技术和软件在国外设计和制造半导体产品，企图彻底阻断华为的芯片供应链。第三，联合盟友压制中国高科技企业在国际市场上的生存空间。美国在"围剿"华为的过程中，不仅以禁止采购产品、阻挠与电信运营商合作等手段限制后者进入其国内市场，更对其贸易伙伴国施压，联合日、英、澳、新西兰等国共同抵制华为，对全球市场进行干预。这些行为与美国推崇的自由市场精神背道而驰。

三是打压科技人才、阻碍教育与学术交流。美国认为中国利用留学生与科研人员窃取美国技术情报和知识产权，联合多个政府部门协同采取措施防止中国利用美国的前沿科学技术教育与研发资源，对中国人赴美留学教育和开展学术交流活动设置了前所未有的严格限制。2018年6月以来，美国政府针对部分高科技专业的中国留学生缩短了签证有效期限，机器人、航空和先进制造业等敏感专业的签证有效期限被缩短到一年。此外，美国政府还屡屡无端禁止中国学者赴美开展学术交流，牵涉范围从自然科学领域扩大到社会科学领域，甚至妨碍了正常学术交流活动。不仅如此，美国政府机构将针对中国的科技竞争延伸到科学研究领域，对在美华人学者展开大规模针对性调查，排挤、打压华人科研群体。2018年8月，美国国立卫生研究院以华裔科研人员为重点调查对象，对其资助的1万多家研究机构展开调查。在一系列调查的重压之下，许多科研人员陆续辞职或被所在机构解职，同时也给在美学者与中国科研人员的研发合作带来了负面影响。

美国对华科技打压的实质是维护其对核心科技的垄断，以维护本国垄断资本集团在世界生产体系中的主导权。美国在科技竞争中秉持了零和思维，公开攻击中国的产业政策对美国乃至世界经济构成威胁，并积极宣扬中国的产业升级会削弱美国的知识产权密集产业，并对相关行业就业带来负面影响。美国对中国采取的一系列打压措施的目标直指中国"制造强国战略"，其目的就是要拖慢甚至迫使中国放弃制造业升级计划，遏制中国在新一轮科技革命的新旧动能转换中走在前列。正如我国学者所判断的那样，美国的技术禁运不但要把中国高科技企业挤出美国体系，也挤出发达国家体系①，将中国"锁定在全球产业链的中低端"②，通过阻隔技术流动使全球供应链层级固化。③

（三）知识垄断的危害

资本主义知识垄断正在使其自身陷入困境。知识垄断与生产社会化的发展趋势相悖，以维护国际垄断资本利益为核心的知识垄断越来越阻碍科技的发展。科技创新活动的国际化是经济全球化发展的趋势。英国学者拉杰什·纳如拉指出，技术与经济全球化不可分地联结在一起，二者共同进化，并在一定程度上相互依赖，经济全球化的发展使企业和国家越来越需要从国外寻求知识来源，一个创新系统中的大多数经济主体与其境外的各经济主体之间越来越相互依赖。④ 同时，现代科技具有军民两用性，科学技术既具有生产力功能，又可以作为战争工具，前沿科技的发展为人类的生产生活、

---

① 参见《中美贸易争端：一场难以结束的发展较量——访原国家行政学院副院长韩康教授》，《行政管理改革》2019 年第 9 期。
② 孙海泳：《美国对华科技施压战略：发展态势、战略逻辑与影响因素》，《现代国际关系》2019 年第 1 期。
③ 参见唐新华《美国对华科技遏制战略趋势观察》，《中国信息安全》2020 年第 8 期。
④ 参见［英］拉杰什·纳如拉《全球化与技术：相互依赖、创新系统与产业政策》，冷民、何希志译，知识产权出版社 2011 年版，第 12、46、54 页。

道德伦理体系等带来革命性影响，从人类共同福祉出发把握科技发展需要国家之间的携手合作。生产的全球化是生产社会化发展的最高形式，科技创新的国际化是经济全球化进程的内在需要和发展趋势，以维护垄断资本利益为核心的知识垄断正在限制科技创新的国际合作，同时也为全球生产链的合作带来负面影响。就中美科技战带来的后果而言，相当一部分学者指出，美国与中国在科技资源上具有许多互补优势[1]，美国高科技企业的发展也需要中国的资金、市场和供应链[2]，切断科技联系不仅不利于双方的科技合作，还会为美国自身的科技和科技企业的发展带来限制。

资本主义知识垄断建立在世界经济发展不平衡的基础上，发达资本主义国家通过垄断科技剥削发展中国家并转嫁内部积累矛盾，而新兴国家在发展过程中则会挑战由发达资本主义国家垄断科技的世界格局。安迪鲁·肯尼迪指出，新兴国家必须通过获取和发展技术来克服结构性问题，并对现有主导国家维护的国际秩序构成挑战。[3] 随着世界经济竞争的焦点越来越集中在科技竞争上，资本主义知识垄断的竞争规则必然导致科技竞争更为激烈，不断强化垄断资本的积累矛盾。

列宁在说明垄断资本主义的腐朽性时指出，垄断资本家通过占有发明专利权阻碍发明的应用，为了保持垄断价格，人为地阻碍技术的进步。[4] 在垄断占统治地位的情况下，生产的社会化程度不断提高，科学技术的发展过程也日益社会化，但生产的社会化与资本

---

[1] 参见池志培《美国对华科技遏制战略的实施与制约》，《太平洋学报》2020年第6期；张东《美国对我国科技战的思维逻辑与策略》，《全球科技经济瞭望》2019年第8期。
[2] 参见池志培《美国对华科技遏制战略的实施与制约》，《太平洋学报》2020年第6期。
[3] Andrew B. Kennedy, *The Conflicted Superpower: America's Collaboration with China and Indiain Global Innovation*, NewYork: Columbia University Press, 2018.
[4] 参见列宁《帝国主义是资本主义的最高阶段》，人民出版社2014年版，第97页。

主义私人占有之间的矛盾更加尖锐了。列宁指出，资产阶级"把教育和科学、把资本主义文明的最高成就和精华变成了剥削工具和专利品，使大多数人处于奴隶地位"[①]。资本主义在资本积累动机的驱使下获得了发展科学技术的持续动力，极大地促进了科技的发展，但资本主义同时也限定了科学技术发展的方式。知识具有共享性和非竞争性，它的使用价值随着传播和使用范围的扩大而增大，然而，资本为了占有和利用科学技术知识，将知识界定为一种私有财产，并因此造成了科学技术甚至基础科学领域的知识封闭。在垄断资本主义发展的最新阶段，跨国企业与战略联盟将知识垄断作为在世界范围剥削劳动者的手段，加剧了世界体系的不平衡发展，带来了权力的过度集中和巨大的资源浪费。随着经济全球化的推进，科学技术日益需要有系统、有计划地进行社会化生产，资本主义知识垄断越来越阻碍科技的发展，成为限制科学技术进步的桎梏。

---

① 《列宁全集》第35卷，人民出版社2017年版，第433页。

列宁帝国主义论对金融资本垄断的批判及其当代价值

张超颖

进入21世纪,尤其自2008年国际金融危机以来,国际社会发生纷繁复杂的变化,以美国为代表的发达资本主义国家,由于新自由主义指导理论失效,纷纷陷入"两只手"失灵、结构性失衡、全球治理失范等重重危机之中。整个世界局势动荡不安,世界形势的不确定性加剧。面对国际经济、政治的诡谲变局,重温列宁的帝国主义论及其对金融资本垄断的批判,无疑可以为我们提供科学和正确的理论导引。

一 列宁的帝国主义论及其本质

列宁的帝国主义论是资本主义由自由竞争进入垄断阶段的特定时代背景下的产物,它的形成既是该时代的需要,也是对前人研究成果的借鉴与批判继承。1914年第一次世界大战爆发后,列宁为适应革命形势的需要,投身到帝国主义问题的研究。当时,动荡的国际局势激发了列宁的理论研究热忱,围绕着帝国主义问题,他对垄断、金融资本、资本主义的未来等问题作出了深刻的分析和预测。实际上,

---

* 原载《世界社会主义研究》2021年第4期。

在马克思恩格斯晚年，资本主义就已经呈现出明显的帝国主义特征。面对 19 世纪末 20 世纪初资本主义发展的新变化，列宁在继承马克思恩格斯相关思想的基础上，对霍布森（John Atkinson Hobson）的帝国主义理论、希法亭（Rudolf Hilferding）的金融资本理论、考茨基（Karl Kautsky）的超帝国主义论进行了综合性的分析与批判。同时，他还对资本主义的发展趋势作出系统的研究，进而得出帝国主义是资本主义发展的最高阶段的结论，由此创立其帝国主义论。

《帝国主义是资本主义的最高阶段》是列宁系统阐述其帝国主义论的重要著作，该书是继《资本论》之后又一具有时代性意义的马克思主义经典文本。对金融资本垄断的批判，是马克思主义经典作家的研究焦点，金融资本是深嵌于马克思《资本论》思想逻辑体系的重要环节。列宁的帝国主义论富有极强的时代性，体现出马克思主义与时俱进的理论品质。他对帝国主义问题的研究，也继承了《资本论》关于金融资本分析的基本观点，因而金融资本成为其揭示帝国主义本质、探究帝国主义问题的基础性经济概念。

列宁认为"帝国主义是作为一般资本主义基本特性的发展和直接继续而生长起来的"[①]，资本主义只有在发展到足够高的一个阶段，其某些基本特征逐渐走向自己的对立面，才算实现向资本帝国主义的转变。基于对垄断、金融资本、资本输出等的分析，列宁得出"帝国主义是资本主义的垄断阶段"[②]的定义。这就指明，帝国主义是资本主义的特殊历史阶段，在性质与核心概念上明确资本主义的本质。为进一步阐释该性质与核心概念，列宁将帝国主义的特征概括为五个方面：（1）生产和资本的集中促使在经济生活中起决定作用的垄断组织的产生；（2）金融资本和金融寡头的形成；

---

① 《列宁全集》第 27 卷，人民出版社 2017 年版，第 400 页。
② 《列宁全集》第 27 卷，人民出版社 2017 年版，第 401 页。

（3）资本输出具有特别重要的意义；（4）国际垄断资本同盟从经济上瓜分世界；（5）最大资本主义列强把世界领土瓜分完毕。① 而以上五个特征的关键与实质依然指向垄断。

垄断是帝国主义最典型的特点之一，也是资本主义经济中最重要的现象之一。因此，对垄断，特别是金融资本垄断的分析与批判，成为揭示帝国主义本质的有力抓手。

二 金融资本垄断批判是列宁帝国主义论的逻辑基石

19世纪末20世纪初，随着产业资本与金融资本的融合程度不断提高，银行等金融机构逐渐成为万能的垄断者，在资本的积聚和生产的集中达到一定程度时，资本主义进入垄断阶段。金融资本垄断既是帝国主义产生的起点，又从根本上反映出帝国主义的霸权本性，为列宁帝国主义论的形成奠定重要基础。

（一）垄断是帝国主义产生的起点

在资本主义社会，垄断形成之前，单个业主之间进行分散的自由竞争，他们之间缺乏有效的信息沟通以及信息汇总，各种生产缺乏科学性和预见性。但是随着从自由竞争向垄断的过渡，越来越多的企业凭借垄断权力，具备对相关原料来源进行大致预估的能力，这些垄断企业还结成垄断同盟，利用其所具备的垄断权力，在劳动力、技术、先进设备等各领域展现其垄断力，并为其瓜分更广阔的市场提供便利。

虽然资本主义在生产上实现了广泛的社会化，但生产资料却主

---

① 《列宁全集》第27卷，人民出版社2017年版，第401页。

要集中于少数垄断同盟手中,民众要承受较之自由竞争阶段更加沉重的剥削和压迫,因此,垄断资本主义使资本主义的矛盾尖锐化。基于对垄断及资本主义发展规律的精准把握,列宁强调,当"资本主义的自由竞争为资本主义的垄断所代替"①时,资本主义便实现向帝国主义的过渡。因此,垄断资本主义既是帝国主义的经济实质,也是帝国主义产生的起点。

(二)金融资本垄断是帝国主义霸权本性的体现

列宁还说,"垄断正是'资本主义发展的最新阶段'的最新成就"②。在经济领域,垄断一经形成,便操控着数额巨大的金融资本,因此,又可以说,垄断资本主义从本质上体现的是金融资本的统治。在政治领域,帝国主义的政治追求是争夺世界霸权,随着金融资本垄断地位的确立,"它就绝对不可避免地要渗透到社会生活的各个方面去,而不管政治制度或其他任何'细节'如何"③。可以说,无论是从经济上还是政治上,金融资本垄断都体现出帝国主义的霸权本性。

垄断资本不断强化金融寡头的垄断地位,从而促使其控制力向社会生活的方方面面渗透。20世纪初不仅是垄断组织的发展期,也是金融资本的快速增长期,发达资本主义国家形成资本家的垄断同盟,并产生大量"过剩资本",由此也致使有利于垄断资本在国内盈利的环境日趋减少。但资本家不会将过剩的资本用于改善人民的生活条件,而是将过剩资本转移到国外,尤其是向落后、欠发展的国家扩张,以开辟更多发展市场、攫取发展红利。这才是资本主义的发展逻辑。并且,随着金融资本垄断程度的迅速提高,垄断资本通过制定各种有利于其发展的垄断条款与规则来维持霸权地位,公

---

① 《列宁全集》第27卷,人民出版社2017年版,第400页。
② 《列宁全集》第27卷,人民出版社2017年版,第345页。
③ 《列宁全集》第27卷,人民出版社2017年版,第372页。

然违背市场经济倡导的公平竞争、平等开放的原则。

列宁通过对垄断、金融资本、国际垄断同盟等核心范畴的剖析，建构出资本主义从"垄断"发展至瓜分世界的"帝国主义"的整个理论体系。在列宁看来，不仅金融资本，而且帝国主义政治具有明显的霸权本质，表现为这些国家间的政治联盟与对抗，以及由大国压迫弱小国家而形成的多种国家依附的过渡形式。依托金融资本的霸权统治，国际关系呈现出强烈的不平等状态，并且这种不平等随着帝国主义的发展而不断加剧。因此可以说，金融资本以及与之相适应的国际秩序，从根本上代表的是帝国主义国家的利益。

此外，金融资本通过与国家权力的联合，又实现了对世界范围内剩余价值的剥削，进而激发帝国主义国家为追求更大剩余价值而开展全球范围内的竞争。于是，金融资本对世界经济的主导，不断激化资本主义经济体系的内部矛盾，使社会分化与不平衡现象更加严重。希法亭早就说过："金融资本要的不是自由，而是统治。"[①] 大卫·哈维（David Harvey）在总结资本寻租问题时也提出："经济交易中的垄断力与政治过程中的垄断力平行运作，配合得天衣无缝。"[②] 金融资本垄断体现出帝国主义在经济、政治上对霸权的渴望，也是导致资本主义社会危机乃至世界局势动荡的根源。

三 当代金融资本垄断的弊端是对列宁批判 金融资本垄断的最好证明

正如列宁所言，垄断"必然产生停滞和腐朽的趋向"[③]。资本主

---

① 转引自《列宁全集》第54卷，人民出版社2017年版，第374页。
② ［美］大卫·哈维：《资本社会的17个矛盾》，许瑞宋译，中信出版集团2016年版，第142页。
③ 《列宁全集》第27卷，人民出版社2017年版，第411页。

义的发展也证明，金融资本垄断使发展的不平等加剧，从而在国际上形成食利国或者霸权国，在资本主义国家内部形成食利者阶层。观察 21 世纪以来资本主义在国际金融危机、逆全球化等问题中的表现，可以洞察其寄生性、腐朽性，而金融资本垄断正是资本主义走向寄生性、腐朽性的关键环节。

（一）从国际上看，金融资本垄断促进食利国的形成，金融国际化使食利国受益，当出现国际金融危机时却需要全世界买单

列宁认为帝国主义走向寄生性、腐朽性的趋势之一，就是其快速成为食利国、高利贷国，国内资产阶级以资本输出、剪息票为生，并借由资本主义全球化及金融国际化"薅世界的羊毛"。列宁的帝国主义论内含垄断资本的全球化趋势，跨国资本输出是帝国主义的时代特征，资本以一种国际力量形式而存在，国内外市场紧密相连，为资本主义大国通过其主导的全球化进程，转移国内过剩产能、转嫁国内危机，为谋取巨额利润提供了便利。

迄今为止，全球化始终是资本主导的全球化，它通过国际分工将世界范围内的生产过程加以整合，资本主义通过在世界范围内拓展其地理疆界，不断创造新的产地和产品销售市场，使更多地区被纳入其主导的国际分工体系中。这样，既可以转移资本积累导致的国内危机，又能更大限度地攫取世界范围内的剩余利润，资本主义体系也逐渐从欧洲体系发展为世界体系。

世界体系理论的主要提出者伊曼纽尔·沃勒斯坦（Immanuel Wallerstein）认为，资本主义体制是基于一种可以促使资本做无限积累的动力机制而建立的，这种机制使资本主义中心—外围的劳动分工得以存在并保持持续的交换。① 于是，在体系内部不同地位的

---

① ［美］伊曼纽尔·沃勒斯坦：《现代世界体系》（第 3 卷），郭方、夏继果、顾宁译，社会科学文献出版社 2013 年版，第 2 页。

地区之间逐渐形成一种依托不同分工的非对称、不平等的等级化结构和交换模式。这种等级结构客观上对"中心"国家在财富分配上的优势地位予以保护。"中心"国家借机不断扩大垄断，并辅之政治、军事手段以保持自身优势与特权地位，成为食利国。食利国在资本主义体系的发展与资本主义经济的周期性变化中，不断将新的地区纳入由其主导的世界经济体系之中，从而满足其牟利诉求。

迄今最大的食利国无疑是美国。《每月评论》副主编哈里·马格多夫（Harry Magdoff）曾指出，从列宁所处的时代至今，帝国主义结构的主要变化都与垄断资本的进一步发展有关，包括军工联合体的出现、跨国公司（包括跨国银行）的兴起。它们对外围国家进行渗透，强调军事跨国工业利益优先于国家事务。这些都从本质上体现出一种普遍意义上的垄断资本主义的形成。这种资本主义始于美国，却统治着整个世界。[1] 第二次世界大战后，随着布雷顿森林体系的瓦解，美元的霸权地位得以确立，而美国维持其金融资本垄断地位的重要手段是利用债务型美元获取金融霸权和利用各种金融工具掠夺全球财富。可以说，美国完全是将本国的消费建立在对其他国家所创造财富的霸占之上。

不仅如此，由美国主导的全球化进程也在某种程度上成为其转嫁危机的重要途径。2008年国际金融危机爆发，至今已有十余年之久，此次金融危机始于美国次贷危机，由于世界经济对美国市场普遍过度依赖，加之金融资本的特性以及现有金融体系的特点，于是危机的负面影响借全球化之力在世界范围内蔓延，危机的破坏力持续发挥作用。例如，由于2015年12月美国决定加息，2016年初美国股市大幅下跌，于是欧洲各银行的股价随之大跌，与此同时，中

---

[1] H. Magdoff, *Imperialism: From the Colonial Age to the Present*, New York: Monthly Review Press, 1978, pp. 18-19.

国的股市也经历剧烈震荡。美国次贷危机导致的金融危机，还通过金融机制传导至实体经济，迫使企业大规模裁员，进而降低消费者对国内外产品的需求。这些最终使那些因金融全球化和国际贸易而联系在一起的国家的 GDP 大幅缩水。美国实体经济的危机，也以出口下降、国内外需求下降的形式，传导至欧洲和亚洲经济体，最终导致这些经济体 GDP 增长率下降。于是，相互依赖的全球化经济体，开始共同面对 GDP 增长率的下降。由此可见，金融资本垄断造就的食利国，通过依附于其他"机体"运转，在维持其霸权统治时，制造出国际金融危机。食利国通过金融危机则可以进一步提升国际资本的政治控制力，而危机的代价将由全世界来承担。这是其寄生性、腐朽性的最直接体现。这些现实的危机不仅证明了列宁对食利国批判的正确性，也再次印证了马克思关于"自由竞争在一个国家内部所引起的一切破坏现象，都会在世界市场上以更大的规模再现出来"①的说法。

（二）在资本主义国家内部，金融资本垄断导致国内金融寡头与中底层民众之间严重的收入分化与阶层结构对立

有人说，资本主义国家以福利国家自居，有其自我调节的机制。虽然自 20 世纪五六十年代以来，福利制度在平衡资本主义社会各种矛盾，尤其是劳资矛盾、社会边缘群体与整个社会之间的矛盾中，表面上扮演着资本主义社会的"缓冲器"与"稳定器"的角色，但也正是从 20 世纪 70 年代开始，随着新自由主义经济政策的实施，福利国家制度的推行受挫，"被社会福利国家制度驯服的资本主义出现了结构性的危机"②，作为金融资本的政治哲学和经济

---

① 《马克思恩格斯选集》第 1 卷，人民出版社 2012 年版，第 374 页。
② ［德］尤尔根·哈贝马斯：《后民族结构》，曹卫东译，上海人民出版社 2002 年版，第 61 页。

主张的新自由主义，幻想对战后资本主义福利国家进行根本修正。

新自由主义大力推进金融化、私有化、自由化，并借助新一轮经济全球化的推进，使垄断资本主义实现了从一般金融资本垄断到虚拟金融资本垄断的转变，资本主义的经济重心进一步由生产领域向金融领域转移，金融资本的垄断地位再次得到巩固。

客观地讲，金融并非"寄生虫"，金融业是当代资本主义及世界经济发展的重要组成部分，但作为一种政策决策的结果，金融化成为"新自由主义资本主义再生产得以'完成'的一种手段"①。新自由主义的高度金融化发展，一方面使金融市场从战后凯恩斯主义的束缚中解脱出来，并大大增强跨国公司的实力，使金融寡头控制巨额金融资本，成为一国之中真正的统治集团，工会、工人和社会主义政党的力量则被极大削弱。另一方面，金融资本的快速发展，导致传统实业资本的发展空间受到严重挤压。受资本逐利本性的驱使，企业的"去工业化"则导致虚拟经济与实体经济的二元分离，以及生产性工人数量的减少，使资本主义国家的生产趋于停滞。于是，社会财富日益集中于少数垄断资本家，工人的力量被严重削弱，普通民众的利益被一步步"蚕食"，资本主义国家内部基于阶层的收入不平等与对立愈益明显。

这种居于资本主义国家内部的经济分化与社会阶层对立，正是其社会民粹化的经济和社会根源。通常情况下，社会经济地位越低、经济稳定性越差的人，越难以经受住因担心丢失工作而导致的紧张情绪，于是他们趋向于支持极端主义，这便为通过"鲸吞公众的焦虑"②而获取支持选票的民粹主义政客提供了机会。当客观上

---

① [法] 米歇尔·于松：《资本主义十讲》，潘革平译，社会科学文献出版社2013年版，第216页。
② [美] 罗伯特·赖克：《美国的逻辑：为什么美国的未来如此堪忧》，倪颖译，中信出版社2011年版，第140页。

资本主义经济不能及时显现良性调整的效力、社会阶层之间的分化与巨大差距成为不争的事实以及处于社会底层的中低收入群体的生存尊严不断被刺痛时，由收入分化引发的不满情绪和经济下行导致的恐慌压力，便极易受到煽动而被放大。

金融资本垄断导致英美国家内部长期的阶层分化与不平等，是其"逆全球化"的导火索，也是引发其社会危机的关键方面。在英国，选民不愿像温驯的绵羊一样，盲从当权者的特权。尽管遭到英国议会的主要政党、几乎所有主要银行和公司以及欧洲大多数全球性机构的反对，"脱欧"依然通过公投得以实现，这是极右翼民粹主义取得的重大胜利。在美国，民众的情绪也为极右翼政客提供发挥的空间，他们将民众对经济的担忧情绪转化为对某个或某些特定的人、群体的憎恨，以实现自我形象的塑造，并进一步强化自身影响。于是，孤立主义、本土保护主义、种族主义沉渣泛起，民粹主义、极端主义社会思潮复兴。在这种背景下，国内的结构性危机不断激化，英美曾经是经济全球化的积极倡导者，如今却选择渐进式地推行"逆全球化"以向国家主义复归，这值得我们通过比照历史经验与社会现实，进行深度研究。如今，新冠肺炎疫情的蔓延更加重了金融资本垄断所导致的资本主义国家的全面危机，西方"自由""民主"社会的建构理念面临巨大的挑战。

四　列宁帝国主义论的当代启示

列宁的帝国主义论，并不像某些人所认为的是第一次世界大战的产物，已不适应第二次世界大战后资本主义的发展变化。相反，我们认为，进入21世纪以来，从2008年国际金融危机到以美国为首引导的"逆全球化"潮流，其种种狭隘行径表明，发达资本主义国家呈现给世界的，已经不仅仅是资本主义某个单一方面的危机，而是因其新自由主义指导理论失败而造成国家调控失灵、社会结构失衡的全面危机。这些危机使帝国主义的寄生性、腐朽性暴露无遗，也一再证明了列宁帝国主义论所具有的当代价值。

其一，列宁的帝国主义论并未过时。列宁的帝国主义论提出至今已逾百年，尽管随着经济全球化的发展，当前资本主义的发展与列宁所处的时代相比又增添新的变化，资本输出与盈利方式已经从马克思恩格斯、列宁时代的血腥掠夺与殖民战争，转变为依托产业资本、商业资本，尤其是金融资本，以更加隐秘、更高技术含量的方式牟取剩余价值。但从本质上看，资本追逐剩余价值的本性并未改变。资本仍然是发达资本主义国家掳掠全世界的手段，垄断依然是资本主义的根本特征，资本的逐利性不仅使资本主义国内两极分化趋势加剧，而且世界范围内的贫富差距也在增大。资本文明塑造出的价值观的两极化，更是将资本逐利性特质表现得淋漓尽致。可以说，在经济全球化背景下，由资本的逐利性所推动并且由资本主义主导的世界经济、政治、殖民体系的痼疾，正成为阻碍该体系寻求复苏的绊脚石。

近年来，美国不断向中国挑起的贸易摩擦，以经贸摩擦为借口对中国进行的"精准打击"，都是其为遏制中国崛起而采取的针对性策略，反映出资本逻辑下西方大国狭隘、自私的本性。尽管发达资本主义国家可以打着进行全球治理的幌子行事，但其目的并不是为了建立一个稳定的国际经济政治秩序，而是要在资本逻辑控制下实现最大化的收益。它们所要建立的经济政治秩序，也是为帝国的霸权统治提供便利与保护的畸形形式。因此，在当前形势下，要认清金融资本对世界的剥削与统治，认清当代资本主义的帝国主义本质，列宁的帝国主义论便成了适应时代与实践需要的重要分析工具。因此，列宁的帝国主义论不仅没有过时，而且具有重要的理论与实践价值。

其二，观察国际金融资本垄断问题，要善于从经济和政治的双重视角去分析。对列宁帝国主义论的研究，最关键的即为经济领域研究。同时也要注意到，列宁关于金融资本垄断的研究，既是经济学的研究，也是一种政治研究。今天，我们对21世纪大国政治的研究，离不开对"垄断"的深度分析。金融资本垄断既是揭示帝国主义产生的起点，也是揭示帝国主义霸权本性的关键所在。综观当前的国际政治经济形势，世界经济政治格局正在进行大变革、大调整，面对当今资本主义发展变化的新趋势，既要重视对列宁帝国主义论的经济学视角的深耕研究，同时要善于对其做政治价值的剖析与解读，寻求马克思主义经济学与政治学合力作用的最大限度发挥，从而使我们对百年未有之大变局的认识与把握更加准确、深刻，以为具体实践活动提供更精准的理论指导。

其三，坚信人类一定能够克服西方资本主义的种种危机，实现美好的共产主义。20世纪初，列宁以批判垄断资本主义的方式，思考人类社会面临的重大经济政治课题，揭示出垄断在资本主义发展中的关键意义，并对帝国主义的寄生性、腐朽性、垂死性作出论证。可以说，自马克思主义创立以来，资本主义的发展始终没有逃脱马克思主义经典作家的预言。历史与现实一再证明，只要马克思所揭示的资本主义的基本矛盾，即生产的社会化与生产资料私人占有制之间的矛盾没有彻底解决，只要列宁所揭示的帝国主义是垄断的资本主义以及它具有的一切特征没有消失，资本主义的种种危机就不可能消失。我们当前看到的资本主义社会的危机，以及由此引发的国际大动荡与各种不确定性，正是资本主义基本矛盾所呈现其最本质的东西的具体表现。资本主义的基本矛盾得不到解决，垄断的普遍化又不断激化资本主义的基本矛盾，其终极结果就是最终引发资本主义体系"内爆"。这是我们正在目睹的现实，也将是资本主义的宿命。这也是列宁的帝国主义论所描述的帝国主义的垂死性。在今后的生活中，即使资本主义要在"垂死"阶段经历一个较长时期的"腐烂状态"，我们依然坚信，它终究无可避免地要被消灭，人类终将迎来美好的共产主义社会。

百年大变局下帝国主义理论研究及启示

周 淼

回望一百多年前，资本主义进入帝国主义时代。一百多年前人类历史经历了一次大变革大调整，当今世界正在经历百年未有之大变局，这说明当今世界又到了一个大变革大调整大发展时期。虽然不能把"百年未有之大变局"战略判断中的"百年"做机械的周期性理解，与一百年前做简单比较，但任何大变革时代都有一些基本的共同的特征。对列宁帝国主义理论进行深入研究，回答对列宁帝国主义理论的质疑，总结出马克思主义帝国主义理论研究的理论逻辑，分析资本主义周期性的矛盾运动规律，有助于我们科学认识"百年未有之大变局"与国际格局大变动；也有助于我们用列宁帝国主义理论为指导，借鉴新帝国主义理论的研究成果，来分析当代资本主义出现的新变化与帝国主义发展的新趋势，并在百年大变局中有效应对新帝国主义的挑战和国际格局的大变动。

一 关于列宁帝国主义理论的一些理论说明及对其重大理论价值的认识

（一）对一些质疑列宁帝国主义理论观点的辨析

国外有些学者认为列宁对于帝国主义理论的发展作出了很少的

贡献，或者说没有贡献。英国学者安东尼·布鲁厄认为，"列宁的小册子《帝国主义是资本主义的最高阶段》是最著名的关于帝国主义的马克思主义著作。我惊奇地发现，它对帝国主义理论的发展做出了很少的贡献，或者说没有贡献。它的理论内容是微不足道的，且来源于希法亭、布哈林和霍布森"①。还有的学者认为列宁只不过是综合了霍布森、希法亭等人的研究成果，"列宁受英国自由派的约翰·阿特金森·霍布森的影响并赞同鲁道夫·希法亭与尼古拉·布哈林关于对帝国主义的古典马克思主义认识，强调工业资本与银行资本在金融资本中溶合，资本输出的扩张，军火生产与军国主义的增大"②。

这些观点都是不正确的。总的来说，霍布森、希法亭、布哈林等人的帝国主义研究，或只是对帝国主义时代资本主义种种变化的表象作了分析和描述；或是虽然对一些帝国主义特征作了初步分析，但却不系统深入；有的分析还有许多不准确之处。因此，他们的研究虽然有许多值得借鉴之处，但却没有形成科学的帝国主义理论。在苏联著名经济学家查戈洛夫教授主持编写的《列宁的帝国主义理论与当代政治经济学的发展》一书中，米列伊科夫斯基通讯院士认为，"在1916年列宁撰写关于帝国主义基本理论的著作以前，已有不少书刊谈到过帝国主义的特点。社会民主党理论家希法亭的《金融资本》和英国自由主义经济学家霍布森的《帝国主义》，这两本书包含着最重要的研究成果，代表了当时最流行的观点。但是，无论是希法亭还是霍布森，都没有能够把握住主要的东西：发现为表面观察所掩盖的各种现象的一般联系、发掘这些现象的深远

---

① ［英］安东尼·布鲁厄：《马克思主义的帝国主义理论》，陆俊译，重庆出版社2003年版，第118页。
② ［美］罗纳德·H.奇尔科特：《比较政治经济学理论》，高铦、高戈译，社会科学文献出版社2001年版，第210页。

根源、建立一种足以把马克思恩格斯揭示的资本主义政治和经济规律与资本主义发展进程联系起来的理论。只有列宁做到了这一点。从列宁的分析来看，他是一位彻底的马克思主义者"①。所以，只有列宁做到了对帝国主义做马克思主义的系统的科学的理论研究。美国学者布劳特也认为，"列宁对帝国主义的经济分析虽然源于希法亭、霍布森等人的理论，但从把帝国主义作为一种社会制度整体进行分析的角度说，列宁的著作是具有本源性质的"，列宁的一系列文章连同"《帝国主义论》形成了一个关于垄断资本主义在政治、社会、经济上占据统治地位时代的资本主义社会以及资本主义世界的完整理论"②。总之，列宁的帝国主义理论可以说是从整体角度论述资本主义新变化新发展最为系统、全面的马克思主义理论著述，形成了完善的马克思主义的帝国主义理论，具有原创性，并把马克思主义发展到了列宁主义阶段。

（二）对一些质疑列宁帝国主义理论具体论断的辨析

"二战"后，随着经济全球化的发展以及技术革命、世界经济的进一步发展，曾有学者质疑列宁关于帝国主义是寄生的或腐朽的资本主义，帝国主义的"垂死性"等论断。这是没有完整理解列宁的本意。资本主义产生了停滞和腐朽的趋向，并不代表资本主义就没有技术进步、经济增长和发展了。列宁指出："当然，在资本主义制度下，垄断决不能完全地、长久地排除世界市场上的竞争（这也是超帝国主义论荒谬的原因之一）。用改良技术的办法可能降低生产费用和提高利润，这种可能性当然是促进着各种变化的。但是垄断所固有的停滞和腐朽的趋势仍旧在发生作用，而且在某些工业

---

① [苏] H. A. 查戈洛夫：《列宁的帝国主义理论与当代政治经济学的发展》，复旦大学世界经济系世界经济教研室译，复旦大学出版社 1987 年版，第 34 页。
② 刘淑春：《美国学者布劳特撰文捍卫列宁的帝国主义理论》，《国外理论动态》1998 年第 4 期。

部门，在某些国家，在一定的时期，这种趋势还占上风。"① "如果以为这一腐朽趋势排除了资本主义的迅速发展，那就错了。不，在帝国主义时代，某些工业部门，某些资产阶级阶层，某些国家，不同程度地时而表现出这种趋势，时而又表现出那种趋势。整个说来，资本主义的发展比从前要快得多，但是这种发展不仅一般地更不平衡了，而且这种不平衡还特别表现在某些资本最雄厚的国家（英国）的腐朽上面。"②

对于帝国主义垂死性的判断，列宁指出应当从帝国主义是过渡的资本主义方面来理解，"不难理解为什么帝国主义是垂死的资本主义，向社会主义过渡的资本主义，因为从资本主义中成长起来的垄断已经是资本主义的垂死状态，是它向社会主义过渡的开始"③。"垂死性"在这里是和"过渡性"等同的，不能将垂死性理解为"马上灭亡""很快死亡"。实践证明，列宁的这些判断具有科学性，在帝国主义理论的指导下，列宁领导十月革命取得了胜利，使世界上第一个社会主义国家建立，使社会主义从理论走向伟大的实践，并开创了社会主义制度与资本主义制度并存的新的时代。一种社会制度身边已经有相对立的社会制度出现，这难道不是从实践上证明了其"垂死性"？当然，垂死的资本主义是资本主义发展的一个特殊历史阶段，其最终灭亡还需经历一个长的历史时期。列宁指出："帝国主义是资本主义完成了它所能完成的一切而转向衰落的这样一种状态。这是一个并非社会党人虚构，而是存在于实际关系之中的特殊的时代。当前的斗争就是为了瓜分剩下的一点地盘。这是资本主义的最后一项历史任务。这个时代将延续多久，我们无法

---

① 《列宁选集》第2卷，人民出版社2012年版，第661页。
② 《列宁选集》第2卷，人民出版社2012年版，第685页。
③ 《列宁选集》第2卷，人民出版社2012年版，第706页。

断言。"①

（三）列宁帝国主义理论诞生的必然性及其重大理论价值

在马克思主义政治经济学研究中，马克思曾准备按照从抽象到具体的方法，分《资本》《土地所有制》《雇佣劳动》《国家》《对外贸易》《世界市场》六册著作来阐述他对资本主义经济制度的研究成果。马克思宏大的研究计划把生产的国际关系、世界市场、国际政治经济等问题作为末篇，把世界市场、全球政治经济作为最大的总体，作为资产阶级社会整体的前提和承担者。马克思和恩格斯还考察了西方资本主义的扩张对殖民地国家政治经济发展的影响，从而初步形成了世界市场与世界交往、国际阶级斗争与世界革命等经典马克思主义国际政治经济思想。

马克思、恩格斯都生活在自由竞争的资本主义时期，在这一时期，占统治地位的资本主要是工业资本。他们虽然对生息资本、信用、虚拟资本、股份公司、垄断等问题作了初步的研究，他们（特别是恩格斯）也注意到了资本主义的新发展和新变化，但由于客观历史条件的限制，资本主义的新变化和新现象只是刚刚发生，他们不可能对金融资本、帝国主义等问题作深入全面的分析，对不断变化的资本的具体形态作进一步的研究。因此，无论马克思或恩格斯，在当时的条件下都不可能断定，资本主义的发展还将经历一个（最高的）阶段——帝国主义，从而对它作出分析。这只有在新的垄断资本主义对旧的资本主义的代替得到充分实现之后才能够做到。而这一点，如列宁所指出的，只是到 20 世纪之初才发生。列宁对这个阶段的研究，确实就是从马克思《资本论》第 1 卷结束的地方开始的。苏联学者罗森塔尔认为，"《帝国

---

① 《列宁全集》第 26 卷，人民出版社 1988 年版，第 36 页。

主义是资本主义的最高阶段》是《资本论》的直接继续,这不仅是指在列宁这一著作中,研究的起始点正是马克思《资本论》的结束环节,而且是指这一著作和《资本论》一样,完全建立在唯物主义辩证法这一最重要的基础之上"①。米列伊科夫斯基通讯院士也指出,"在马克思提出的后三项经济研究课题方面,列宁所作出的贡献将受到人们的重视"②。西方国际关系学者罗伯特·吉尔平指出:"列宁其实已从根本上将马克思主义从一种国内经济理论改变为一种阐述资本主义国家之间国际政治关系的理论。"③同时,马克思主义的帝国主义研究、国际问题研究又有鲜明的阶级内容,马克思主义革命导师研究国际问题、帝国主义问题,是为了社会主义革命运动,探讨当时的时代特征和时代条件,依据这种特征和条件,社会主义运动怎样才能发生、发展。米列伊科夫斯基通讯院士指出,"列宁在第一次世界大战激烈时期写成的这部著作,主要目的是论证世界社会主义革命战略"④。因此,列宁对帝国主义的研究与社会主义革命运动是紧紧联系在一起的。列宁系统地研究了帝国主义时代国际政治经济关系的本质、特征和运动规律,并进而分析帝国主义和战争、无产阶级革命等国际问题,从而使马克思主义国际政治经济理论趋于成熟,从而使对社会主义革命运动的研究建立在科学的理论基础之上。这一科学体系的完整性科学性是西方国际理论不可相比的。

---

① [苏] 马·莫·罗森塔尔:《列宁帝国主义理论中的辩证法》,周秀凤、赵国顺等译,河南人民出版社1992年版,第29页。
② [苏] H. A. 查戈洛夫:《列宁的帝国主义理论与当代政治经济学的发展》,复旦大学世界经济系世界经济教研室译,复旦大学出版社1987年版,第31页。
③ [美] 罗伯特·吉尔平:《国际关系政治经济学》,杨宇光等译,上海人民出版社2006年版,第35页。
④ [苏] H. A. 查戈洛夫:《列宁的帝国主义理论与当代政治经济学的发展》,复旦大学世界经济系世界经济教研室译,复旦大学出版社1987年版,第32页。

二　列宁帝国主义理论的理论逻辑

（一）新的社会生产权力核心力量——金融垄断资本的崛起与发展

特定的生产结构产生特定的阶级、阶层结构。加拿大著名新马克思主义国际关系学者考克斯坚持用马克思主义的观点研究国际关系，他认为生产组织中的变化产生了以阶级为标志的新的社会力量，新的社会力量塑造了国家结构，处于国家权力核心地位，并进而塑造着国际权力关系，导致了世界秩序的变化。他还认为，研究国际关系要以生产为出发点，研究生产的各种不同方式和生产过程中产生的不同社会关系，看它们是如何影响各种社会力量的，而这些社会力量则有可能构成国家和世界秩序的权力基础。另外，也要回过头来考虑寓于世界秩序和国家制度中的权力如何形成并影响着生产关系的发展。因此，只有对垄断资本主义阶段新的社会力量——金融资本有正确的认识和定义，才能深刻认识帝国主义时代的社会生产权力主体、权力关系和权力结构，因为不同的权力主体和权力关系塑造着不同的资本主义国家形态、国家利益关系和世界秩序；在此基础上也产生了资本主义不同历史时期国内和国际特定的经济、政治、社会等矛盾，通过分析这些不同矛盾的表现形式，我们就能从中把握资本主义和社会主义的运动规律。

随着资本主义垄断阶段的到来，在生产集中和垄断的基础上，产生了金融垄断资本。列宁对金融资本的定义指明了金融资本是垄断资本主义阶段所特有的经济范畴，金融资本是建立在生产集中和垄断统治基础上的。帝国主义的实质就是垄断和金融资本的统治。列宁指出，帝国主义是垄断的资本主义，"20世纪是从旧资本主义到新资本主义,从一般资本统治到金融资本统治的转折点"①。20世纪70年代末以来,垄断资本主义不断发展,出现了生产全球化和垄断在全球范围内深化的现象。与此同时,金融资本也迅猛发展,资本主义垄断深化促进了经济金融化、金融自由化和金融全球化的发展。国内外许多学者认为,垄断资本主义已经发展到了国际金融垄断资本主义阶段。法国学者让·克洛德·德洛奈就认为资本主义生产全球化和金融化的发展,形成了全球"金融垄断资本主义",全球金融垄断资本主义是指金融资本与世界范围内的产业资本、商业资本、服务资本、保险资本和各种投资资本的复合体。各国的私人垄断资本和国家垄断资本融合成全球的私人垄断资本。②称为国际金融垄断资本主义,一是因为资本主义的生产和集中冲破了民族国家的地域,力图在全球范围内配置资源,实现资本最大限度地增殖;二是国际金融垄断资本的形成,国际金融垄断资本在整个资本主义生活中占据了主导和支配地位,从而使金融垄断资本高度国际化和全球化。国际金融垄断资本在形式上和某种程度上是超越国家主权的,它是资本实现增殖和扩张的一种新的形式和最高的阶段。

(二)金融资本积累与统治机制、统治秩序的发展与变化

列宁帝国主义时代,列宁明确地指出了帝国主义的五个基本特征,还指出,"金融资本是一种存在于一切经济关系和一切国际关系中的巨大力量,可以说是起决定作用的力量,它甚至能够支配而且实际上已经支配着一些政治上完全独立的国家"③。"这个时代典型的国家形式不仅有两大类国家,即殖民地占有国和殖民地,而且

---

① 《列宁选集》第2卷,人民出版社2012年版,第612页。
② 李其庆:《当代资本主义新变化——法国学者让·克洛德·德洛奈访谈》,《国外理论动态》2005年第9期。
③ 《列宁选集》第2卷,人民出版社2012年版,第644页。

有各种形式的附属国，它们在政治上、形式上是独立的，实际上却被金融和外交方面的依附关系的罗网缠绕着。"① 因此，帝国主义这五个基本特征的内在逻辑就是围绕金融资本积累利益的支配、控制和操纵，并由此形成一定的统治机制和秩序。依据在生产结构上的权力中心地位，金融资本建立了全球殖民体系，瓜分世界的资本家国际垄断同盟已经形成，并把世界上的领土瓜分完毕。帝国主义国家对外扩张的主要手段和形式是以经济实力为基础，进行资本输出；以炮舰为开路先锋，霸占和瓜分殖民地，对殖民地进行直接统治，使落后国家在不同程度上丧失独立主权，以获取原料产地、商品输出地和投资场所。帝国主义的五个基本特征是建立在金融垄断资本的形成和输出基础上的。曾有西方学者批评列宁的帝国主义论只是列举却并未能厘清帝国主义各不相同的五大特征之间的逻辑关系，其实从建立在金融资本积累和生产权力关系基础上统治机制的分析，就可以看出列宁关于帝国主义五大特征之间清晰的逻辑关系和必然联系。

国际金融垄断资本主义阶段，国际金融垄断资本在全球居于中心位置；经济全球化使资本输出在深度和广度上有了更深入的发展，资本主义形成了全球生产体系，生产和资本集中的程度前所未有。同时，由于金融垄断资本自由化和全球化的发展，使资本主义经济重心实现了从生产到金融的转移，形成金融化的积累体制。美国学者克里普纳认为，"我把金融化定义为一种积累模式。在这种模式中，利润主要是通过金融渠道而非贸易和商品生产生成"②。哈维称为"剥夺性"积累机制。因此，我们可以看出，列宁论述的帝

---

① 《列宁选集》第 2 卷，人民出版社 2012 年版，第 648 页。
② ［美］格·R. 克里普纳：《美国经济的金融化》（上），丁为民、常盛、李春红译，《国外理论动态》2008 年第 6 期。

国主义的本质未变,其五个基本特征特别是资本主义垄断现象仍然存在,并有了新的发展变化。笔者认为新帝国主义的五个特征发展为:一是生产全球化和国际垄断的形成;二是金融垄断资本的进一步深化发展及其自由化和全球化;三是国际金融垄断资本主义的形成与发展;四是国际金融垄断资本对世界的新经济制约和主导;五是国际金融垄断资本主义的积累机制和全方位主导世界的统治机制和秩序。其中,新帝国主义的主要政治经济现象就是形成国际金融垄断资本的全球金融化积累与统治机制、统治秩序。当今时代,虽然帝国主义的旧殖民体系瓦解,新帝国主义借助生产全球化形成新的权力体系和统治机制,它的全球统治机制较为隐蔽和间接,也被国际左翼学者称为"新殖民主义"。新殖民主义的统治不是单单进行武力征服和直接的殖民统治,而是承认政治独立,围绕金融垄断资本的核心积累利益,采取各种方式尤其是掩蔽的方式进行间接支配,达到控制、干涉与掠夺落后国家和地区的目的。

(三) 帝国主义时代的国际政治经济矛盾运动、国际关系和帝国主义的历史地位

列宁指出,"帝国主义是发展到垄断组织和金融资本的统治已经确立、资本输出具有突出意义、国际托拉斯开始瓜分世界、一些最大的资本主义国家已把世界全部领土瓜分完毕这一阶段的资本主义"[①]。在列宁所处的帝国主义时代,国际关系中矛盾的主要表现形式就是帝国主义国家之间的战争,帝国主义国家与落后国家和地区之间殖民与反殖民战争、斗争。列宁明确指出,帝国主义是资本主义的最高阶段,帝国主义是寄生、腐朽和垂死的,帝国主义是从资本主义社会经济结构向更高级结构的过渡。列宁的这些论断是建立

---

① 《列宁选集》第 2 卷,人民出版社 2012 年版,第 651 页。

在对帝国主义时代国际政治经济矛盾运动、国际关系的深刻分析基础上的。由于帝国主义经济政治的发展不平衡，各帝国主义大国的实力对比不断发生变化，资本主义基本矛盾的周期性波动变化，发生重新分割世界的战争就成为不可避免的趋势，因而社会主义革命运动的发生发展就有了可能性。

进入新帝国主义时代，帝国主义形成新自由主义金融化的全球资本积累机制，资本主义霸权国内政外交根本的使命和任务在于服务、服从和修补、修复这种资本积累体制。在当今时代，国际关系中的基本矛盾主要表现为发达资本主义国家之间的矛盾、发达资本主义国家与社会主义国家之间的矛盾、发达资本主义国家与发展中国家之间的矛盾等。由于新的统治形式和积累模式，霸权主义国家可以利用结构性霸权从发展中国家获取垄断利润，不再需要直接军事占领发展中国家；国际关系中大国之间的矛盾斗争形式也尽量避免采取直接军事斗争的方式，资本主义霸权国主要采取经济金融战争、地缘政治遏制、军事威慑、思想舆论引导、文化渗透、社会组织渗透、代理人战争等形式来维系统治和积累机制。2008年的国际金融危机，是新自由主义金融化积累体制的危机，也预示着美国霸权的进一步衰落，国际政治经济格局面临着大调整大变革，这也是当今全球面临剧烈演变和冲突动荡危险的根本原因。世界进入动荡变革期，各种矛盾日益显性化和激化，世界和平与发展面临的挑战和风险日益增多，面临的不确定性、不稳定性、不可控性也日益增加。新的金融化资本积累模式，以及金融掠夺、金融投机、金融战争是新帝国主义腐朽性的显著体现。当前全球的主要矛盾表现为以美国为首的西方为维护和修复新自由主义金融化的全球资本积累机制而推行的霸权主义强权政治，同世界上爱好和平发展与正义的国家和人民之间的斗争。同时，美国也日益把中国视为最具实力的挑战对手，加大了对中国发展的战略围堵、制裁和干扰的力度、强度。当今时代也是一个大博弈、大竞争，需要大战略的时代。

三 百年大变局下列宁帝国主义理论研究的启示

（一）要把握当代资本主义社会与新帝国主义的新特点

当代资本主义社会是一个高度垄断、权力高度集中的社会。当前，虽然发达资本主义国家政治民主、市场经济的制度形式较为完善，但实际上依旧是资产阶级支配和主导着国家政权，资产阶级垄断了国家政治经济权力。资本主义进入到垄断阶段以后，这种特征更为明显，当前资本主义已经发展到了国际金融垄断资本主义阶段，国家政治经济权力高度集中在金融垄断资本手中。当代资本主义社会既是一个高度垄断、权力高度集中的社会，又是权力结构相对扁平化和网络化的社会。现代社会主要由政治、经济、社会、文化四大领域组成，也因此形成了这四大权力领域，资产阶级垄断着国家权力，主要体现在这四大领域的领导权控制上。资本主义社会由于私有制的存在，很多政治、经济、社会、文化主体，如政党、利益集团、企业、学校等，本身就是私有的，是资产阶级控制这四大领域的网络权力节点，形成了支撑维护资本主义制度的天然的网络化社会权力结构。国际大垄断资本不仅控制着传统意义上的政治组织、机构，还利用较为隐蔽的核心利益集团、非政府组织，以增强对国家社会的渗透力和掌控力，形成了所谓"影子政府"。当代资本主义社会以高度垄断的权力为基础，借助于扁平化、网络化的权力结构，对他国的国家安全构成了极大的威胁。如资本主义经济生活的主体——跨国公司的组织形式虽然复杂，拥有众多分布于世界的子公司、分公司，实质上却是一个有机的整体，通过网络型的组织结构，协调和落实公司的全球战略安排，有效实现公司的利益。因此，类似于跨国公司的这种组织特点和控制管理特点，金融垄断资本凭借扁平化、网络化的权力结构，利用掌握的政治、经济、文化、社会权力网络节点，形成了全方位影响世界的大战略，可以在政治、社会、经济、思想文化、军事等方面对第三世界国家和社会主义国家进行非传统影响和打击，以各种方式维持其在国内外的既得利益。在经济上，国际金融垄断资本用新殖民主义方式控制和制约第三世界国家，还时常利用经济金融霸权对发展中国家进行经济制裁、金融攻击。

（二）要吸取新帝国主义危害他国安全发展、颠覆他国政权的教训

当前，资本主义和新帝国主义影响世界的方式发生了重大变化。苏联东欧等社会主义国家就是因为对资本主义社会的新特点、资本主义影响控制世界的新方式、资本主义对社会主义在非传统安全领域的影响和打击没有完善的防范和破解之道，使社会主义运动的形势发生了重大变化，以致发生了东欧剧变、苏联解体，使世界社会主义运动遭到了重大挫折。因此，我们必须科学分析资本主义社会的新特点，准确把握其对国家安全形势的新影响，立足于国家安全环境的变化来筹谋国家安全治理体系建设。苏联解体、许多第三世界国家政权被颠覆的教训表明，传统领域的安全固然重要，但只是金融垄断资本最后的或者是其中之一的打击选项。以军事暴力为基础，进行文化战、舆论战攻心、夺心、惑敌；利用非政府组织进行渗透瓦解，搞颜色革命；借助非常规手段进行攻击，如在金融安全领域，社会公共领域，卫生、生物领域，基因领域等，以混乱其社会；在特定时期对社会权力网络节点的重要人物进行恐吓、腐蚀，促使其下令放弃抵抗（如在伊拉克战争期间，美国通过对伊军中高层指挥官进行威吓、收买，瓦解了伊军），使目标国整体丧失抵抗意志、抵抗手段是金融垄断资本颠覆他国政权的最新战略战术。

战略观念上的失误、落后是最大的失误、失败。苏联虽然在国防安全上投入巨大，它的核武器、坦克洪流曾使西方闻之色变，但在西方的非常规打击下不堪一击，瞬间瓦解。美国遏制和改变中国的战略，仍将是集政治、经济、军事、外交、文化、心理等各种斗争于一体的大战略，是"无声较量"，是当年对苏联战略的"升级版"。今天，面对国际金融垄断资本这种全面影响、全面管控、隐蔽渗透等特点，使我们亟须树立总体国家安全观，不仅要关注传统的政治安全和国防安全，还要关注经济、金融、文化和意识形态等领域的安全。

（三）要重塑经济增长和发展机制，推动全球治理体系变革，迎接新风险新挑战

当今世界正在经历百年未有之大变局，世界进入动荡变革期，一方面说明世界和平与发展所面临的挑战十分严峻，另一方面也说明只有不断变革，才能迎接新的挑战，实现新的发展。20世纪80年代以来形成的新自由主义金融垄断资本的积累体制，以金融化的方式放大了私人资本无止境的追求垄断利润的弊端，导致一极是财富的积累，另一极是贫困的积累的两极分化状况。这必然会导致金融危机的爆发，并使美国逐步走向相对衰落的方向。因此，2008年国际金融危机所引起的变局并不仅仅是一场严重的经济危机和衰退，它还标志着资本主义新自由主义金融化积累体系结构性危机的开始，也预示着发达国家主导的全球化体系和国际秩序面临着深度的变革、调整。解决这些全球性问题的方法在于**重塑全球性的经济增长和发展机制**，使世界人民共同发展，共享经济全球化发展成果。

我们需要坚定不移贯彻新发展理念，切实转变发展方式、优化经济结构、转换增长动力，实现高质量发展，使发展成果更好惠及全体人民；完善促进共同富裕、社会和谐的公有资本积累体制，以应对风云变幻的国际局势。此外，美国目前的战略调整仍然是维系和修复新自由主义金融化积累体制，仍然是为了金融垄断资本的利益而迫切需要转嫁危机，其主要的战略目标还是中国在不断发展中积累的巨大的国民财富，我们要在金融安全、经济安全、政治安全等方面多下内功，特别要注意金融和经济安全，防止一些金融、经济方面的漏洞被国际金融垄断资本利用"剪羊毛"。中国还需要团结一切可以团结的力量，致力于全人类的共同利益和长远利益，坚决反对美国的霸权主义强权政治，统筹发展和安全，推动建立更加公正合理的国际政治经济新秩序，构建人类命运共同体。

从帝国主义到新帝国主义：
理论与现实的发展

邢文增

1916 年，列宁的《帝国主义是资本主义的最高阶段》一书的完成标志着科学的帝国主义理论的形成，也成为我们认识垄断资本主义的科学理论。但在"二战"后尤其是20世纪80年代以来，在经济全球化和新技术革命的推动下，发达资本主义国家通过自我调整在一定程度上缓和了劳资之间的矛盾，使资本主义社会获得了较为稳定的发展空间。与此同时，社会主义的发展却遇到了一定的挫折，东欧剧变、苏联解体不仅使世界社会主义运动陷入低潮，而且也影响了人们对社会主义的信心。在这种情况下，许多人对列宁帝国主义论在当前的适用性产生了疑问。列宁的理论是否还适用于现时代？新帝国主义与传统帝国主义又有什么关系？要解答这一问题，必须要对列宁的帝国主义论与当前的新帝国主义进行详细的分析。

一　列宁帝国主义论的提出

在列宁之前，霍布森、卢森堡、希法亭、考茨基和布哈林等人就对帝国主义进行过相关的论述,他们从资本积累、消费不足、金融资本等方面对帝国主义产生的原因、帝国主义的特征及发展趋势等提出了各自的观点。列宁在批判和借鉴前人理论的基础上,运用马克思主义的立场、观点和方法对帝国主义进行了科学分析,对帝国主义的经济根源、本质特征和历史命运等进行了系统的阐释。

对于何为帝国主义,列宁之前的学者多是将之定义为一种政策,如希法亭认为,帝国主义是金融资本的对外政策。列宁明确地将帝国主义与资本主义的发展阶段联系起来,指出"帝国主义是资本主义的垄断阶段"。通过这一定义,列宁明确指出了帝国主义是资本主义的一个发展阶段,与帝国主义政策论划清了界限。同时,从这一定义中我们也可以看出,帝国主义的经济实质就是垄断。

在对帝国主义的含义及经济实质做出界定的基础上,列宁总结了帝国主义的五大特征:(1)生产和资本的集中发展到这样高的程度,以致造成了在经济生活中起决定作用的垄断组织;(2)银行资本和工业资本已经融合起来,在这个"金融资本"的基础上形成了金融寡头;(3)和商品输出不同的资本输出具有特别重要的意义;(4)瓜分世界的资本家国际垄断同盟已经形成;(5)最大资本主义大国已把世界上的领土瓜分完毕。

作为资本主义垄断阶段的帝国主义,尽管具有与自由资本主义阶段不同的特征,但在帝国主义阶段,资本主义的固有矛盾不仅没有被克服,反而进一步尖锐化,这注定了帝国主义是过渡的资本主义,同时,帝国主义各种冲突的加剧为社会主义革命创造了更有利的条件。

二 新帝国主义的兴起

"二战"后,随着民族解放运动的开展和旧殖民主义体系的土崩瓦解，"帝国主义"这一名词已越来越被人们所淡忘。然而，20世纪70年代以来，西方发达资本主义国家借助全球化浪潮，以经济殖民主义为特征的新帝国主义卷土重来。对于这一现象，许多学者以"后殖民主义""公司帝国主义""文化帝国主义""新帝国主义"或"霸权主义"来形容，认为资本主义已发展到了一个新的阶段。

新帝国主义的兴起与20世纪70年代后尤其是进入20世纪90年代后世界的经济、政治形势的变化是分不开的。正是由于帝国主义活动的社会背景发生了变化，因此各发达国家才不得不适应时代的发展，改变其具体的策略，以继续维持对发展中国家的剥削与控制。具体来说，新帝国主义兴起的历史背景主要有以下几个方面：（1）殖民体系的瓦解使传统的帝国主义方式失去存在的基础；（2）东欧剧变、苏联解体使世界社会主义和资本主义的力量对比发生变化；（3）国家垄断资本主义向国际垄断资本主义过渡；（4）新自由主义成为资本主义国家的主流思潮并在全球推广，强化了发达国家和发展中国家的控制与依附关系；（5）全球化使世界经济日益连成一体；（6）发达国家和发展中国家的经济差距进一步拉大。

正是在这种背景下，新帝国主义应运而生，它是指发达资本主义国家在战后新的经济、政治和国际环境条件下运用新的国际机制和体系对全球劳动人民进行控制和剥削的发展阶段，是传统殖民帝国主义在新形势下的继续和发展。

值得注意的是，20世纪90年代末21世纪初，西方右翼也抛出了所谓的"失败国家论"和"新帝国主义论"，倡导美国履行"帝国主义"或"新帝国主义"使命。他们认为，由于失败国家的存在会为全球带来不稳定，因此，世界需要一种"新的帝国主义"，

"否则破产的国家会增加,人口增长将失去控制,暴力行为将长期存在,而社会将走向衰败"。在他们看来,由于美国的经济和军事等优势地位,因此,美国有责任发挥领导作用。

实际上,自列宁提出帝国主义论以来,帝国主义从未消失,尽管"二战"后民族独立运动使得殖民统治走向瓦解,但帝国主义并未就此崩溃,而是改头换面,以新的经济殖民等方式重新开启了新帝国主义之旅。至于欧美右翼所提出的"新帝国主义论"或"新帝国论",恰恰反映了发达资本主义国家在新帝国主义时代的目的仍然是剥削与控制发展中国家,在全球推行西方的经济模式、政治模式和思想模式,以此来保障垄断资本在全球的扩张。

三 新帝国主义与传统帝国主义的区别与联系

对于新帝国主义,有些学者将之与传统的也就是列宁所说的帝国主义割裂开来,认为经过战后的发展,新帝国主义已经完全不同于传统的殖民帝国主义。事实是否如此?新帝国主义与传统的帝国主义到底有没有联系?这些问题需要我们对列宁的帝国主义定义进行分析,才能对现今帝国主义的新发展有一个明确的判断。

列宁关于帝国主义的定义主要是从其经济基础即垄断来加以界定的,五大基本特征也是由这一经济实质派生出来的。因此,判断当前的新帝国主义是否完全不同于传统的帝国主义,首先就要看这一经济基础是否发生了变化。

"二战"后,在资本主义国家,资本的集中与垄断一直在持续。目前在全球范围内,跨国公司拥有了世界生产总值的1/3、对外直接投资的70%、全球贸易额的2/3和全球技术专利的80%。正是因为垄断资本的发展,才使得发达国家能够以一种新的方式取代原有的殖民方式。虽然对于当前究竟处于垄断资本主义的哪一具体阶段,是"国家垄断资本主义""国际垄断资本主义""金融垄断资本主义"还是"超国家垄断资本主义"等,学者有不同的争论,但无可否认的是,当前仍是垄断资本主义阶段这一点是无法否认的,因而列宁所说的帝国主义的定义仍然适用。

在承认列宁帝国主义概念的适用性的基础上,我们也应看到,当今的帝国主义与列宁所处时代的帝国主义已经有了很大的不同。其中,最主要的区别有以下几点。

第一,当今的新帝国主义已不再采取占领殖民地的方式,而是通过资本扩张等经济方式并辅以武力干涉手段等对世界进行控制以及获取超额利润,这是传统的殖民帝国主义与当代帝国主义最直观的区别。

第二,帝国主义控制发展中国家的手段由传统的武力控制等超经济手段为主转变为以经济手段为主,军事手段只起辅助性作用。

第三,传统帝国主义是一种局部性、地区性的行为,而当代帝国主义则是一种世界性的机制。

第四,与传统帝国主义相比,新帝国主义更具有隐蔽性。新帝国主义不仅在形式和手段上更多地采用经济方式,在获取利益的同时能够在一定程度上促进发展中国家经济的发展,使其行为更具有迷惑性。同时,新帝国主义还通过各种方式美化其行为,宣称其所作所为是为了发展中国家的利益,为了促进世界和平,等等,因此更具有隐蔽性。

在分析了新帝国主义的含义及其与列宁所论述的帝国主义的连续性后,我们有必要澄清一个理论误区,即将新帝国主义混同于美国的霸权主义。产生这种误区的原因是由于西方右翼对新帝国主义论这一思潮的宣扬主要集中在美国,加之美国在20世纪末21世纪初所采取的对科索沃、伊拉克等地区的一系列军事行动，因此，许多人将新帝国主义等同于"美帝国"，在学术讨论中也是重点集中在美国的霸权主义等方面，这其实是混淆了帝国主义的本质和表现形式。帝国主义的经济实质是垄断，因此，判断帝国主义的标准应该从其经济实质来判断。从这种意义上来说，尽管许多发达国家在战后采取了一些改良的措施，欧洲许多国家推行民主社会主义等，但从经济实质上看，这些发达国家仍然处在帝国主义阶段。

四 新帝国主义的本质特征

在新的时代背景下，新帝国主义除继续保有并强化了一些列宁所论述的基本特征如生产集中和垄断的加剧、金融资本的重要性日益增加、资本输出通过跨国公司的对外投资和金融资本的对外扩张这两种主要形式而使得其规模愈加扩大等，还表现出了一些新的特点。

（一）垄断资本的全球扩张

在全球竞争加剧以及国际条件放松的作用下，生产和资本集中的速度越来越快，规模越来越大，对社会经济生活的影响大大加强。与传统帝国主义时期不同的是，在新帝国主义阶段，垄断资本的作用不仅表现在国内，同时，在国际上，通过跨国垄断的方式，从经济和政治上都进一步加强了对广大发展中国家的控制，使这些国家严重地依附于发达国家。根据瑞士联邦理工学院的统计，全球经济大动脉可追溯至一个由147家跨国公司组成的"超级实体"，它控制了全球经济中40%的财富。在这147家跨国公司中，巴克莱银行、摩根大通和高盛集团等著名金融机构都在前20位之列。

（二）金融资本迅猛发展，且虚拟化程度不断增强

在新帝国主义时代，随着资本规模的增大和金融行业的发展，

金融资本的作用更加明显，金融资本的垄断成为新帝国主义条件下垄断资本的一种主要形态。而且，与传统殖民帝国主义不同的是，金融资本的形式也发生了变化，它已不再紧密地与工业资本融合在一起，而是虚拟化程度不断增强。

金融资本的迅猛发展加剧了财富的集中，社会不平等状况日益恶化，同时，新帝国主义的寄生性也更为明显。从发达国家内部来看，美国最富有的 10% 的家庭占有近 75% 的家庭净资产。在欧洲，1980—2017 年间，收入最高的 0.1% 的人的收入增长超过了 100%。从全球来看，发达国家与发展中国家的差距进一步扩大。

（三）发达国家主导的经济全球化和区域一体化成为其维持旧的国际分工的有效手段

随着经济全球化和区域一体化的发展，西方发达国家将越来越多的发展中国家纳入资本主义世界体系，使之成为其原材料和廉价劳动力的提供地及商品的倾销地，而经济全球化也成为发达资本主义国家剥削发展中国家的一个新途径。通过传统产业的转移、不平等交换、资本输出以及各种国际组织等使发展中国家的经济、政治等更多地依附于发达国家。

（四）文化帝国主义

在以往对帝国主义的论述中，大多将"帝国主义"描述为一国对其他国家的政治、军事和经济的征服和控制。在新帝国主义时代，西方发达资本主义国家不仅拥有了世界性的政治和经济霸权，而且拥有了世界性的文化霸权。在新帝国主义的对外扩张中，文化扩张成为一种重要武器，它不仅为帝国主义的武装入侵提供理论上的支持，而且通过日常的文化交流和渗透，影响着发展中国家的思想观念和意识形态，使其能通过和平和隐蔽的方式转变发展中国家的政治主权，因此，它已日益成为新帝国主义软实力的重要组成部分。

（五）地区军事霸权仍然是帝国主义的重要手段

在新帝国主义时代，随着资本主义向全球扩张，经济法则逐渐取代超经济强制成为帝国主义可靠的统治工具，"权力的资本逻辑"取代了"权力的领土逻辑"。但新帝国主义是否就此放弃了武力、战争等超经济强制手段呢？回答是否定的。在实行经济强制的同时，发达资本主义国家并未放弃武力、军事战争等超经济手段，尤其是进入20世纪90年代后，随着发达国家与发展中国家经济差距的进一步拉大，发展中国家对发达国家的不满和反抗也在累积，因而单纯地采取经济手段已难以达到其目的，武力、战争等超经济手段再次成为帝国主义的重要工具。尤其是美国，自20世纪80年代初以来，不断对他国进行军事干预，既维护了美国的霸权，也为美国带来了大量的经济利益。

从上述这些特征来看，尽管列宁所描述的五大基本特征之一"最大资本主义大国已把世界上的领土瓜分完毕"从形式上已经不存在，但其他的特征仍然存在而且得到了加强。同时，尽管资本主义发达国家已经不再采取占有殖民地和势力范围的方式瓜分世界，但却通过垄断资本的扩张继续控制着发展中国家，因此，从实质上看，帝国主义的基本特征并未发生根本变化，而是得到了不同程度的加强。

五　西方左翼学者对新帝国主义的理论批判

自列宁创立帝国主义理论后，对帝国主义问题的研究就成为西方左翼学者批判资本主义制度、探讨社会发展道路的一个重要议题。随着新帝国主义的形成与发展，对帝国主义问题的讨论再次成为西方左翼学者的关注点。

(一) 对新帝国主义含义的界定

对于如何界定全球化条件下出现的新帝国主义,归纳起来,主要有两种,一种是在坚持马克思主义经典作家对帝国主义定义的基础上,结合当代资本主义的新发展对帝国主义进行的阐释,如约翰·福斯特、大卫·科茨、萨米尔·阿明、埃伦·伍德、大卫·哈维以及马格多夫等都基本上坚持了列宁对帝国主义的定义,只是认为当今帝国主义出现了许多新的变化,因此结合新的现实对新帝国主义作出了一些新的阐释;另一种是针对当前全球资本主义所进行的重新定义。如美国左翼学者麦克尔·哈特和意大利左翼学者安东尼奥·奈格里针对当前全球资本主义的发展状况,提出了新的"帝国"概念,以取代传统的"帝国主义"。

(二) 对新帝国主义特征的分析

左翼学者指出,新帝国主义在形式和内容上都出现了许多新的变化,这种变化尤为集中地体现在帝国主义的对外扩张、帝国主义与发展中国家的关系等问题上。

在帝国主义对外扩张的原因上,左翼学者都强调了资本积累在帝国主义扩张中的重要性。在帝国主义对外扩张的方式上,左翼学者重点分析了新帝国主义的经济手段。

对于新帝国主义的具体特征,左翼学者从垄断、金融化、全球化等多个角度对新帝国主义进行了分析,指出,新帝国主义仍以疯狂追求资本利润和国家霸权为目标,只是手段更加多样化。它给人类带来的悲惨、痛苦和野蛮并不比老帝国主义少。越来越多的财富控制在越来越少的人手中,几乎人类的全部要么被吸纳入资本主义剥削之网,要么屈服于它。

总体来说,左翼普遍认为,从帝国主义的目的和本质来看,它与战前传统的帝国主义是一致的，都是强国为弱国，即资本主义霸权国家为被其支配的国家制定和输出"秩序"和制度。

(三) 新帝国主义与不发达的根源

"二战"后，许多殖民地纷纷独立，但政治上的独立并未相应地带来经济的发展，而仍是长期处于不发达状态。对此，西方左翼学者从不同的角度探讨了这种现象出现的原因，主要包括：(1) 巴兰的剩余转移理论：从剩余转移方面来探讨不发达问题，指出造成不发达的原因一方面是发展中国家的社会经济结构；另一方面是发达国家的剩余转移行为造成的。(2) 弗兰克的"不发达状态"：通过中心—外围的分析，指出部分国家之所以会出现不发达的状态，是因为发达的资本主义宗主国对这些国家的控制。(3) 多斯桑托斯的依附理论：从分析三种依附形式出发，指出贸易和金融上的不平等关系使依附国在各个方面都依附于发达国家。(4) 沃勒斯坦的世界体系理论：通过对现代世界体系的分析，提出中心—半外围—外围的结构，指出，资本主义世界体系的资本积累过程就是处于外部区域的国家和地区不断"融入"和"边缘化"的过程，这一过程带来了体系的不平等。(5) 阿明的资本积累和不平衡发展理论：从"中心"与"外围"间不平等的国际贸易关系和不同类型的资本积累结构两个角度进行分析，指出：外围国家对中心国家存在着严重的商业依附、金融依附和技术依附，形成了所谓"外向的积累"，经济结构也呈现出畸形发展，并最终使外围国家长期处于不发达的状态。

六　新帝国主义并未摆脱其必然被社会主义所取代的历史命运

首先，资本主义基本矛盾仍然存在，而且向全球扩展和深化。

在生产、资本国际化的情况下，资本主义的基本矛盾不再局限于一国内部，而成为资本主义世界经济体系中的基本矛盾，并在世界范围内不断拓展。

其次，资本主义发展模式的弊端日益显现。随着经济全球化的深入和资本主义国家生产力的发展，资本主义发展模式的弊端日益凸显。在资本主义私有制的前提下，这些模式都无法从根本上有效协调公平与效率、国家调控与市场调节、虚拟经济与实体经济等之间的关系。从而使资本主义在经济结构上出现实体经济与虚拟经济的比例失衡，在经济调节上出现市场和国家调节双失灵，在生产与分配上无法长期兼顾公平与效率，两极分化日益严重，而所有这些都使危机的发生不可避免。

最后，世界社会主义运动和左翼力量的持续发展使反抗新帝国主义的主体力量越来越强大。现如今，世界各国共产党和左翼力量不断恢复和发展，工人运动已走出低潮，世界范围内研究马克思主义的热潮不断涌现，现有社会主义国家通过改革获得了长足的发展，新时代中国特色社会主义已成为世界社会主义发展的中流砥柱，这些都使反抗新帝国主义的主体力量日益增强。

因此，在资本主义基本矛盾无法消除的现实下，在反抗资本主义的主体力量不断增长的条件下，新帝国主义必然无法改变其最终被社会主义所取代的历史命运。

卫建林先生关于世界资本主义现状及其趋势的观点

刘志明

关于世界资本主义现状及其趋势，卫建林先生以下几个观点值得我们重视。

一是，从世界范围看，国际资本垄断转向金融垄断，过剩资本导致经济金融化和金融证券化。巨额资本和利润不再产生于也不再使用于生产领域，而是作为投机资本进入金融市场和不动产市场，赌博代替生产，虚拟经济摧毁实体经济。资本主义经济的核心和帝国主义、霸权主义的基础，正是沉迷于寄生和投机的金融垄断资本主义体系。

二是，2001年"9·11"事件，成为"美国世纪"终结和美国走上下坡路的历史里程碑。"反恐战争"越反越"恐"。政坛高层丑闻不断，国家体制瘫痪，政治、经济、文化愈益分裂，"华尔街精神"崩溃。"民主"沦为金钱游戏和"富豪民主"，80%的居民不信任政府。中产阶级神话破产，"美国梦"成为美国噩梦，只有一个靠美元霸权余威、舞刀弄枪、巨额债务和抢劫第三世界资源、市场、盘剥廉价劳动力维持运转的社会。

三是，2008年以来的全球资本主义体系危机，不仅如格林斯潘所说"百年不遇",而且是金融危机、经济危机、社会危机、粮食危机、环境危机交叉重叠的多重危机,是这一体系本质使然的深层的、整体的、结构性的、制度性的危机,是其内脏腐烂、自我爆裂和不可逆转、无法自我修复、失去发展多样性的危机。

对世界大多数人民而言,危机是掠夺,救市是掠夺,复苏同样是掠夺。国际垄断资本没有因为陷入危机而改恶从善,反而在加强自己的腐朽性和破坏性。西方国家救市中的"国有化",在用属于全体国民的劳动成果,填补金融资本集团因为贪婪挥霍制造的空洞。他们把利益私有化,把亏欠和损失国有化。危机和救市成为新的洗劫。资本主义世界体系生病了。这一体系范围内的任何救市措施,归根结底有利于资本而不利于工人,终究成为这种秩序的延续。

四是,新自由主义全球化导致时代大倒退,导致混乱、动荡、绝大多数人灾难深重。卫先生认为,国际垄断资本携带奴隶制、封建君主制卷土重来,奴隶现象的猖獗超过人类历史的任何时期。资本扩张在全球恢复原始资本积累。苏联从超级大国、东欧从第二世界落到第三世界。亚洲几个曾经"龙腾虎跃"的国家和地区,经历一次金融危机就倒退 20 年甚至 30 年。非洲倒退 40 年,在西方的干预中落入战乱、分裂、饥荒的循环。在全球,通常所说的第三世界之外,出现"第四世界""第五世界"。在西方发达国家内部,也出现"第三世界"。世界 70 亿人,30 亿人日均生活开支不足 2.5 美元,每年因贫穷生病死亡 1000 万人。美国再次走在世界前列。基尼系数连续 30 年上升,从 1980 年的 0.403 增加到 2010 年的 0.469,最富 20% 家庭收入占居民总收入比例从 30 年前的 4.4% 上升到 50.2%,最穷 20% 家庭则从 4.2% 下降到 3.3%。西方工人阶级不得不重新开始夺回曾经在 20 世纪争得权益的斗争。日本挑起的和中国、韩国的岛屿争端,被看作"帝国主义回归"。人民对国际垄断资本这种复辟的直接回答，是怀旧，是从怀旧走向对现存世界秩序的否定和绝望。卫先生指出，国际垄断资本权益，是新自由主义的出发点、全部过程和落脚点。新自由主义用私有化抢劫自然资源和人民财富，用"小政府"摧毁民族独立、国家主权这一第三世界自卫的最后防线，取消政府保障社会公共福利的职能，用"金融自由""贸易自由""市场自由"之类为资本全球无限扩张清除路障。随着新自由主义推向全球，更多有形无形的墙竖起来了，更多有形无形的鸿沟挖开了。在新自由主义全球化的世界中，经济泡沫五光十色，腐败和道德沦丧弥漫社会并成为常态，军火、犯罪、贿赂、洗钱、贩毒、卖淫成为世界大产业，贫困率、失业率、自杀率一再刷新纪录。世界工人阶级、被压迫人民、被压迫民族共同陷入灾难。

五是，社会动荡和灾难引发全球抗议：从否定新自由主义到质疑资本主义。曾经宣布美国胜利即历史终结的福山，调门变为美国"跌下神坛"。整个资本主义神坛崩毁。对人的剥削走到同人类绝大多数为敌。对自然的剥削走到地球灾害频仍和加重。新自由主义正在成为资本主义命运临界点的标志。对资本主义丧失信心，质疑资本主义，成为最广泛的世界性思潮。

六是，人民抵抗运动：从"另一个世界是可能的"到"替代"。"替代"——"替代方案""替代模式""替代战略""替代秩序""替代社会"，直接的目标是世界再也不能容忍新自由主义，是彻底埋葬撒切尔夫人那个"别无选择"的咒语。"另一个世界是可能的"——历史再次叩响社会主义的大门。

七是，马克思伟人回归和"重新发现社会主义"。没有一次历史的进步不以重大的倒退和灾难为前提。世界资本主义体系危机不仅激起世界人民对自己历史创造伟大传统和成就的回忆，而且使资产阶级思想武库愈加暴露出它的虚伪和贫乏。詈骂、侮辱、背叛、曲解马克思，曾经是新自由主义盛行中升官发财的赚钱生意。然而起初是全球化问题，接着是危机的到来、蔓延、在现有秩序中的自我拯救，即使仅仅为着学术的说服力，也不得不求教于马克思。从援引马克思的个别词句到赞同他的若干基本论点，再到重新推出他的学说和他的事业，马克思再度被置于人类认识领域的最前沿。

卫建林先生有关世界资本主义现状及其趋势问题的著作：

1. 《第三世界与社会主义》，红旗出版社2016年版。

2. 《秋天遭遇春天：危机和后危机世界》，中国社会科学出版社2012年版。

3. 《全球化与第三世界（三卷本）》，清华大学出版社2009年版。

4. 《卫建林自选集》，学习出版社2007年版。

5. 《全球化与共产党》（署名贾仕武），中国人民大学出版社2005年版。

6. 《西方全球化中的拉丁美洲：一个调查报告》，红旗出版社2004年版。

7. 《历史是谁的朋友——全球化：定义、方法论和走向》（署名马也），中央民族大学出版社2003年版。

8. 《忧郁的俄罗斯在反思》（署名文甘君），生活·读书·新知三联书店2000年版。

9. 《历史没有句号》，北京师范大学出版社1997年版。

三

资本主义世界的两极分化问题

魏南枝

贫富两极分化和经济不平等是当今国际社会共同面临的问题,而席卷整个资本主义世界的民粹主义浪潮背后是两极分化问题的日益恶化。两极分化问题不能得到有效缓解,就无法实现可持续发展,甚至有判断认为资本主义世界已经陷入结构性危机。虽然两极分化问题是资本主义制度本身的必然产物,但是在不同资本主义国家的具体表现和严重程度等有所区别,呈现出"共性"与"个性"并存的格局。本文主要以美国为例来探讨当今资本主义世界的两极分化问题。

一 资本主义世界两极分化问题的形成机制、共同趋势与"个性"

在过去几百年里,特别是20世纪末冷战结束后,资本主义不断向世界各地扩张,形成覆盖全球大多数国家和地区的世界体系。2008年国际金融危机以来,资本主义多重矛盾的集中爆发导致资本主义世界体系陷入结构性危机之中,两极分化问题日益严重。两极分化问题是资本主义制度的必然产物,在垄断金融资本主义占据主导的今天则日趋严重。

（一）形成机制

当代资本主义世界体系以全球性垄断资本主义为特征，具体体现为普遍化垄断、全球化垄断和经济金融化三大特点。首先，资本天然寻求最高利润，需要在不断向全球扩展空间逐利的同时实现对稀缺资源的垄断性占有，并且扩大对各国社会的控制力。其次，资本主义的大规模贸易和生产必然产生过度积累的普遍危机，金融扩张是世界资本主义做出的典型反应，其结果是贫富悬殊的扩大和增长不平衡性的恶化。再次，全球金融资本主义经济的发展反映了当代资本主义从实体经济（商业资本和产业资本主导）向虚拟经济（金融资本主导）的演进，意味着全球食利者和金融寡头的国际垄断同盟的形成，加快了利润由不发达向发达、由边缘地区向跨国资本权力中心持续流动的进程，加剧了金融资本与产业资本之间的全面直接对立，使得资本主义世界的两极分化问题日益严重。

一方面经济全球化让跨国资本获得全球流动的极大自由，以金融资本主义为代表的全球垄断性企业决定了世界体系的绝大部分经济活动，正在改变政治国家的性质和能力，将大多数人的利益置于资本利益之下，给欧美发达资本主义国家带来产业空心化和中产阶级萎缩等问题，贫富悬殊扩大成为普遍现象。

另一方面资本主义国家不得不为争取流动资本展开竞争，同时要承受社会分化、阶层固化和阶级隔离等产生的普遍性社会不满，多国人民对经济全球化和世界市场机制的怀疑、反对乃至抵抗促使其通过大众民主机制对政治国家施压，例如美国和西欧国家近年遭遇民粹主义的冲击。

（二）共同趋势

以日益恶化的两极分化问题为代表的当今资本主义所面临的危

机使得全球性垄断资本主义不可持续，阿兰·巴迪欧发现"所有政治寡头，所有政治阶级，在世界范围内成了一个团体"，但是这个团体的逐渐形成标志着全球社会正在突破国家边界而彻底分裂成两个阶级——有产阶级和无产阶级。在这一过程中，财富、权力的积累与贫穷、被边缘化的积累同时发生，两者之间形成了尖锐的不可调和的社会矛盾，这将进一步激化社会矛盾和阶级对立，最终会瓦解资本主义社会结构。

资本为了寻求利润，需要开展无限扩张的生产和对社会进行无度刺激以促进消费，但是无论是自然资源还是人力资源都是有限的，这就会产生生态危机和粮食危机等。虽然受害者首先是亚非拉的绝大多数民众和欧美日增的底层，但终将把自我、社会和自然不断卷进去，其结果是，国际金融危机实际上与资本主义生产方式的历史性衰落联系在一起，资本主义正在牺牲人类发展来保存自己。

（三）各国差异性

社会机制的演进总是与其所存在的社会现实相适应，又在终极意义上对组成该社会的个人利益得失产生影响。当今资本主义世界的各个国家在两极分化方面存在诸多差异性，重要根源在于各国社会机制的演进进程所存在的差异性，例如美国倾向由市场提供工作福利，而欧洲国家更倾向福利资本主义制度，再进一步对欧洲国家进行细分就会发现，法国是由社会合作和政治国家共同推动进行社会保护的典型，而英国呈现出混合福利国家的特征。

这种差异性除了植根于一国内部的历史和现状的各种因素的相互作用，还取决于国家之间的相互作用。

现代主权国家的概念并非人类社会与生俱来，而是近代以来由西欧国家确立，并通过欧洲的血腥对外扩张而扩展到整个世界。现代主权国家虽然极大地促进了国家的发展，"但并非所有国家都因此受益，技术和经济上率先得到发展的少数列强另有妙计成为世界的支配者……主权国家体系不是一个为了世界共同利益的世界体系，而是属于霸权国家的帝国主义体系"①。

在这样一个属于霸权国家的帝国主义体系里，以美国和法国的关系为例，可以看出两极分化问题与国家间博弈的关系。尽管法国同属西方发达资本主义国家，但作为当代资本主义世界体系的半核心国家，法国一方面对美国这个核心国家存在依附性，例如北约组织等的存在就证明了这一点，不得不通过不平等交换和制度性被剥削等向美国输送利益，例如法国阿尔斯通公司被"美国陷阱"所肢解；另一方面利用该体系的半核心国家地位对边缘国家进行利益剥夺，并且继续享受针对法语非洲国家等的后殖民红利等，一定程度上有赖于美国这个核心国家的军事霸权来维护自己的后殖民红利。与此同时，法国的资本力量与美国的资本力量为攫取或者捍卫垄断地位存在竞争——两国的国家利益博弈和资本利益博弈之间相互纠缠并且矛盾不断。上述国家间博弈影响到法国的主权国家能力，也影响着法国政府的议程设置和政策走向等，对法国国内的两极分化问题产生了间接但又重大的影响。

二 美国两极分化的现状

美国的两极分化问题在西方发达资本主义国家中非常突出，而该问题是美国国内各种相互纠缠的结构性矛盾的产物。这种两极分化不仅体现为物质财富层面的贫富悬殊，还体现为政治参与（民主性）等方面的两极分化。下面列举其二对该问题进行分析。

---

① 赵汀阳：《天下秩序的未来性》，《探索与争鸣》2015年第11期。

首先，美国作为政治国家的民主性和经济主权趋于萎缩，公民的政治与社会的参与能力与意愿的两极分化日益严重。

如罗素所说，"民主政体的优点是消极的：它只能防止某些弊害的发生，而不能保证良好政治的实现"[①]。正因为美国是资本主义立国的国家，"一人一票"的竞争式美式民主从来都是服务于保护私有制的，也是受金钱支配和财富主导的。政治普选并未能阻止美国从托克维尔的《论美国的民主》所赞扬的"整个社会洋溢持久的积极性、具有充沛的活力"，逐渐蜕变为美国前总统卡特和部分西方学者所批评的"由一小部分掌控权力的阶层控制普通大众的寡头政治"。

如普林斯顿大学的一份基于1779份政策资料的研究报告显示，"经济领域的精英以及代表了经济利益的团体对美国政府的决策有着实质性影响，而普通大众及代表大部分人利益的团体没有或者仅有很小的影响力"[②]。

由于精英群体形成的既得利益集团阻碍了社会流动性，伤害了美国机会平等原则的现实土壤，美国民粹政治近年来再度兴起，从一个侧面表明美式民主的正当性正在受到冲击。

自20世纪80年代以来，美国同时在内部实现经济金融化和在外部推动经济全球化，前者导致美国产业结构的空心化和虚拟化，后者导致世界金融市场的超国家化发展，其结果是美国对资本的监管能力和意愿都趋于衰减，美国政治系统的自主性已经被跨国资本，特别是金融资本的力量所限制——上述两个进程共同塑造了美国的"金融帝国主义"。[③]

[①] ［英］伯特兰·罗素：《权力论：新社会分析》，吴友三译，商务印书馆1991年版，第223页。
[②] ［比］保罗·杜阿特：《一小部分掌控权力的阶层控制着普通大众："寡头政治"损害民主价值》，《人民日报》2017年7月26日第5版。
[③] 魏南枝：《特朗普税改凸显不平等的民主》，《唯实》2018年第3期。

同时，长期以来以"军事—工业—科学复合体"为核心的"国家安全基础结构"是庞大的、影响美国国家政策走向的利益集团，也是构成美国军事霸权的基础（该军事霸权为西方跨国资本力量的全球地理性扩张提供保护），还是美国对外点燃战火、大发战争财的中坚推动力量，塑造了美国的"寄生性帝国主义"。

美国的国家利益和资本利益之间、上述两种帝国主义（有时二者是统一的）之间都是既相互依存又有矛盾与张力，例如特朗普在2016年赢得美国总统大选就是以能源、军工等美国工业资本力量与部分金融资本力量的联合体对跨国金融和高科技等资本力量的成功挑战。[①] 产业空心化和战争负担等使得美国在国民财富不断增长的同时，公共财富总量却越来越缩水，例如2015年美国公共财富为负值（国民收入的-17%），而私人财富高达国民收入的500%[②]；并且，2018年美国国债总额已经超过了21万亿美元，有预测认为美国全国债务将在10年内超过经济规模，最终将危及美国作为主权国家的经济能力，也削减了美国政府通过公共政策来改善两极分化问题的能力。

其次，美国的经济发展与社会进步趋于脱节，使得贫富悬殊问题日益恶化。

当前美国的服务业（主要指金融、保险、房地产与租赁业务等所代表的高端服务业）占国民经济的比重不断提高（2017年服务业在GDP中的占比达到74%），经济中的增量部分主要来自以信息技术为代表的高科技产业与利用金融霸权在经济全球化过程中的获利，而产业空心化等带来的贸易逆差持续扩大。

服务业特别是生产性服务业的发展离不开强大的制造业，也离

---

① 魏南枝：《特朗普新政与撕裂的美国》，《唯实》2017年第6期。
② WID. world：World inequality Lab，*World Inequality Report 2018*.

不开持续增长的有效需求，奥巴马和特朗普两届政府都致力于美国制造业的回流，但收效并不明显，其结果是近十年来美国服务业的行业竞争力趋于减弱并持续外流，例如美国金融和知识产权的国际竞争力的下降，一定程度上意味着美国在全球价值链体系中的定位正在下沉。① 而美国国际贸易委员会在2018年发布的《美国服务贸易的近期趋势》报告认为，2011年后美国服务业生产率增长近乎停滞，实际面临着有效需求不足。②

目前，美国就业市场整体状况良好，但是不同族群和年龄段之间的失业率差距仍然显著，并且非农就业岗位的平均时薪显著低于同期劳动生产率增长幅度，说明工薪收入增长滞后于劳动生产率增长，劳资分配的不均衡性仍在持续。其结果是美国的经济增长与社会进步之间的脱节日趋严重，使得美国的贫富悬殊、地区差异、种族矛盾和文化冲突等日益明显。例如，2018年11月，美国疾病预防控制中心（CDC）发布的三份报告显示，由于不断升级的药物滥用及自杀危机，美国自2014年以来预期寿命连年下降，这与世界上多数国家预期寿命增长的整体性趋势相反。③ 2017年药物滥用事件已经达到了70237起，因阿片类药物致死的死亡数达到47600人。从1999年到2017年，总体的自杀人数增加了1/3。④

《世界不平均报告2018》发现，自2000年以来劳动收入占总收入的比重显著下滑，资本收入在美国高收入人群总收入中所占份额迅速上升，而美国的所得税累进性却大幅下降，导致美国个人收入差距扩大。也就是说，当前资本收益率远高于劳动收益率，这就

---

① https://user.guancha.cn/main/content? id=48579&s=fwzxfbbt.
② United States International Trade Commission, "Recent Trends in U. S. Services Trade, 2018 Annual Report", June 2018.
③ https://www.cdc.gov/media/releases/2018/s1129-US-life-expectancy.html.
④ https://www.cdc.gov/media/releases/2018/p1115-Suicide-american-workers.html.

进一步恶化了财富层面的不平等性。

2018年9月公布的《美国收入和贫穷报告：2017年》显示，各族群内部的阶层差距在持续扩大，被经济全球化逐渐"拉平"的是各族群中底层民众的就业机会、收入水平与财富状况。同一族群内部贫富两极分化在加剧，具体表现为有钱的欧洲裔白人、亚裔、拉美裔和非洲裔黑人更有钱，而同族群穷人却每况愈下。其中，虽然欧洲裔白人的贫困率低于其他族群，但由于其人口基数大，有近2000万欧洲裔白人处于贫困线以下，这批贫困人口主要是美国传统工人阶级，并且主要分布在传统工业区，也就是现在被称为"铁锈带"的俄亥俄州、路易斯安那州等地。

大量美国人，特别是拉美裔和非洲裔黑人等，由于其所处环境而束缚了其创造力和劳动参与能力：例如美国的教育存在诸多不平等，父母的社会经济地位对子女获得成功的机会具有很大影响；又如美国的司法和执法领域存在严重的种族歧视，1984年美国各州和联邦的囚犯主要是白人，而到了2014年65%的被宣判的囚犯都是少数族裔，以罚款、保释等形式为代表的财产性处罚更使得所在家庭的社会经济地位对其接受何种刑罚方式具有关键性作用。这些制度性的不平等加剧了阶层固化问题。

从上可知，美国的经济和社会两个维度都陷入了结构性困境之中，短期内难以改善两极分化问题，反而内部撕裂的情况日益普遍化。

新冠肺炎疫情下的美国收入分配制度分析*

魏南枝

美国学者彼得·特明（Peter Temin）指出："不断扩大的收入不平等正在威胁着美国'中产阶级'，而'中产阶级'正在我们眼前消失，美国正在成为一个由富人和穷人组成的国家。"[①] 2020年3月美国新冠肺炎疫情发生以来，美国政府的疫情纾困措施、美联储重启"无上限"量化宽松并推出新的货币政策工具……在向全世界输出通货膨胀的同时，扩大了美国最富裕人群与其他人群之间的收入差距和财富差距，不同人群的安全感和获得感严重失衡，公共债务也以历史罕见的速度快速增长。

与此同时，美国联邦、州和地方各级政府在公共项目下的社会福利开支占国内生产总值（GDP）的比重处于高位，如果将私人社会福利开支和以税收优惠等形式体现的间接福利转移支付等因素考虑进来则福利开支总额巨大。但是，根据美国国会预算办公室的报告《家庭收入分配变化的预测：2016—2021年》，收入分配差距并不会因联邦税收和公共福利转移支付等因素而有所缩减，反而会进

---

* 原载《世界社会主义研究》2021年第6期。
① Peter Temin, *The Vanishing Middle Class: Prejudice and Power in a Dual Economy*, Massachusetts: The MIT Press, 2017, pp. ix.

一步扩大,而且越是收入高的群体,其平均收入年均增长越快。①本文对新冠肺炎疫情下的美国收入分配制度进行分析,以探讨美国社会不平等背后的制度根源。

一 疫情与贫富悬殊加剧

收入和财富不平等在美国是一个老问题。2009—2015 年,在美国的 43 个州和哥伦比亚特区,收入最高的 1% 的美国人的收入增长速度高于其余 99% 的美国人。在 9 个州,收入增长总额中的一半以上由收入最高的 1% 的人群所享有。2015 年,全美收入前 1% 的家庭的平均收入是其他 99% 家庭的 26.3 倍。② 2009—2018 年,美国底层 90% 人群的工资增长幅度仅为 6.8%,而收入最高 0.1% 人群工资增长幅度高达 19.2%。③ 2018 年,美国的基尼系数攀升至 0.485,贫富差距达到 50 年来最高水平④;2019 年的基尼系数略微下降到 0.484,该年度美国家庭的平均收入是 9.8 万美元、中位数收入是 6.87 万美元⑤,二者近 3 万美元的差距说明富人的收入和财富水平不仅显著高于穷人,也大大高于"中产阶级"。⑥

---

① Congressional Budget Office, "Projected Changes in the Distribution of Household Income: 2016 to 2021", https://www.cbo.gov/system/files/2019-12/55941-CBO-Household-Income.pdf.
② Estelle Sommeiller and Mark Price, "The New Gilded Age: Income Inequality in the U.S. by State, Metropolitan Area, and County", https://www.epi.org/publication/the-new-gilded-age-income-inequality-in-the-u-s-by-state-metropolitan-area-and-county/.
③ Economic Policy Institute, "The Productivity-Pay Gap", https://www.epi.org/productivity-pay-gap/.
④ Jessica Semega (ed.), "Income and Poverty in the United States: 2018", https://census.gov/library/publications/2019/demo/p60-266.html.
⑤ U.S. Census Bureau, "Income, Poverty and Health Insurance Coverage in the United States: 2019", http://www.census.gov/newsroom/press-releases/2020/income-poverty.htmlT.
⑥ U.S. Census Bureau, "Income, Poverty and Health Insurance Coverage in the United States: 2019", http://www.census.gov/newsroom/press-releases/2020/income-poverty.htmlT.

新冠肺炎疫情所产生的多重危机更加充分地暴露并且加剧了上述不平等，主要表现在以下两个方面。

（一）股市飙升背后的怪象

美国股市对保持其经济社会的稳定至关重要，因为有半数以上的美国人持有股票，相当比重的美国人的退休或养老金计划依赖于美国股市。但是，超过84%的股票由最富有的10%的美国人持有，说明最富有的美国人才是美国股市上涨时获利最多的人群。其中，持有企业股票和共同基金的投资者90%以上都是受过大学教育的欧洲裔白人，而非洲裔和西班牙裔两类家庭持有股票的比重均没有达到2%。此外，近90%持有股票的美国家庭通过递延纳税退休账户持有股票，这意味着他们在达到退休年龄之前无法获得这笔钱，除非他们缴纳罚款（提前支取就会有罚款）。①

2020年3月新冠肺炎疫情发生之初，美国股市曾发生数次暴跌和剧烈震荡。尽管截至2021年下半年，美国因新冠肺炎死亡的人数超过60万，失业情况一度比1929年经济大危机时更严重，大量企业关闭，"弗洛伊德事件"引发的社会抗议席卷全美，总统大选一波三折……但所有这些不利因素都没有阻止美国股市自2020年3月23日触及低点以后一路飙升。美国2020年全年GDP萎缩3.5%，2021年美国经济复苏表现不佳，但是基于对拜登政府《2021年美国救助计划》等一系列巨额刺激计划的期待，美股三大股指仍然全线上扬，特别是在标准普尔500指数中占很大比重的众多科技股和疫苗概念股不断创下历史新高。

疫情中的美国股市不断攀升的重要原因之一是大量美国中下收

---

① Reuters, "Trump Touts Stock Market's Record Run, but Who Benefits?" https://www.reuters.com/article/us-usa-trump-speech-stocks-analysis/trump-touts-stock-markets-record-run-but-who-benefits-idUSKBN1ZZ19A.

入阶层，特别是年轻人在居家隔离或失业期间，将其拿到的新冠肺炎救济金和失业救济金等投入股市。也就是说，美国政府和国会通过多个救助法案向经济体系注入的数万亿美元、美联储采取的支持金融市场的非常措施等，最后基本上都流入股市，刺激其不断膨胀。因而，美国股市与美国经济基本面之间的关联度已经很低，也未能体现美国社会的真实全貌。

美联储在疫情期间推出的货币政策受到批评，认为它对大企业和金融资本的帮助远比对中小企业、州和城市企业的帮助有效。[1]例如，为应对新冠肺炎疫情引发的经济大衰退，美联储宣布直接购买企业债券（主要是大企业发行的公司债券），这是其成立100多年来第一次实施该政策。但是，该政策没有要求企业维持其提供的工作岗位规模，也没有将不向企业高管或股东派发股息等作为美联储购买企业债券的条件。事实上，在疫情期间，这些大企业大规模裁员，并向股东支付了数十亿美元的股息——这种促进经济复苏的方式使大企业高管和投资者受益，但未给受疫情冲击最严重的普通员工以应有的保护，这显然加剧了经济不平等。[2]

美国金融业和高科技产业在新冠肺炎疫情期间快速膨胀，美国大企业通过各类经济刺激计划获得巨额帮助。大量低收入人群却在获取食物、保持工作岗位和获得基本卫生保健方面困难重重，但同时他们又将自己的救济金投入股市，将此作为仅有的投资渠道，导致海量资金涌入美国股市，而股市的上涨进一步使美国顶级富豪们的财富暴增。

---

[1] Vox, "Why Stocks Soared while America Struggled", https://www.vox.com/business-and-finance/22421417/stock-market-pandemic-economy.

[2] House of Representatives, "Prioritizing Wall Street: The Fed's Corporate Bond Purchases During the Coronavirus Pandemic", https://coronavirus.house.gov/sites/democrats.coronavirus.house.gov/files/Staff%20Report%20%289-23-2020%29_FINAL.pdf.

这种怪象既是美国经济金融化和虚拟金融资本主导美国经济的必然产物,也是信奉"股东至上"和投资者利润最大化的美国企业价值的必然产物:后者决定了美国企业的经营目标是为股东(主要指大股东)提升股价或投资回报,企业运行成本始终受到下行压力(包括工人的收入)——这是美国工人工资长期严重滞后于生产力增长速度、美国初次分配机制存在严重的劳资失衡的原因所在。

美国股市的另一个怪象是,围绕着一只名为游戏站(Game-Stop, GME)的股票,2021年1月美股散户抱团向著名的做空机构"香橼"(Citron Research)等机构大户发起挑战。当散户占据上风之际,华尔街直接改变游戏规则:不仅以"罗宾汉"(Robinhood)为代表的券商平台手机软件禁止散户购买股票,而且散户大本营的服务器被移除。声称不会操纵软件评级评价的谷歌一夜之间删掉了约十万条对罗宾汉软件的负面评论:美国这个"成熟自由市场"长期以来吹捧的所谓各自独立、保持公平、严格监管等,都被上述金融和高科技的大资本的联合行为击穿。①

(二)贫富差距的严重恶化

美国政府、美联储的"救市"政策和美国股市的表现等因素决定了数千万美国普通民众因新冠肺炎疫情而失去了工作、健康或财富,但美国亿万富翁的财富总额迅速增加。

根据《福布斯》年度亿万富翁报告和实时数据,从2020年3月到2021年1月,600多名美国亿万富翁的财富总额从大约2.947

---

① Sarah Smith, "Robinhood Bans GME and 7 Other High-Flying Reddit Stocks: What to Know", https://investorplace.com/2021/01/robinhood-bans-wallstreetbets-reddit-stocks-koss-gme-stock-nakd-stock/. Graeme Moore, "The GameStop Fiasco Showed Us How Stock Trading Is Broken. Security Tokens Could Fix That", https://fortune.com/2021/02/01/gamestop-gme-robinhood-scandal-security-tokens/. Ryne Hager, "Robinhood's Play Store Reviews are Back Down to 1.1 Stars", https://www.androidpolice.com/2021/02/03/robinhoods-play-store-rating-dives-to-one-star-after-gme-meme-stock-crackdown/.

万亿美元增加到 4.085 万亿美元，增长幅度为 38.6%。① 2020 年 3 月至 2021 年 1 月，最富有的 5 个美国人分别是杰夫·贝佐斯（Jeff Bezos）、比尔·盖茨（Bill Gates）、马克·扎克伯格（Mark Elliot Zuckerberg）、沃伦·巴菲特（Warren E. Buffett）和埃隆·马斯克（Elon Musk），其财富总和从 3580 亿美元增至 6610 亿美元，增长幅度达到了 85%。②

根据美联储发布的数据，截至 2020 年第 4 季度，按收入百分比计算，最富有的 1% 美国人的收入总额为 32.01 万亿美元（占美国家庭收入总额的 26%），而最贫穷的 20% 美国人的收入总额仅为 3.54 万亿美元（占美国家庭收入总额的 2.8%）。按财富百分比计算，最富有的 1% 美国人的净资产总额为 38.61 万亿美元（占美国家庭财富总额的 31.4%），而最贫穷的 50% 美国人的净资产总额仅为 2.49 万亿美元（占美国家庭财富总额的 2%）。③

新冠肺炎疫情之下美国工薪阶层遭遇了史无前例的大面积失业，近 10 万家企业已因疫情倒闭（CNBC）④，根据美国劳工统计局公布的就业报告，2020 年 4 月的失业率高达 14.8%。尽管 2020 年底开始大规模接种新冠肺炎疫苗，2021 年前四个月的平均失业率仍超过 6%。⑤ 美国失业率飙升至美国劳工统计局自 20 世纪 40 年代开

---

① Tommy Beer, "American Billionaires Have Added More Than ＄1 Trillion In Wealth during Pandemic", https://www.forbes.com/sites/tommybeer/2021/01/26/report-american-billionaires-have-added-more-than-1-trillion-in-wealth-during-pandemic/? sh = 5ab2f0e02564.

② Institute for Policy Studies, "Wealth Inequality in the United States", https://inequality.org/facts/wealth-inequality/.

③ Federal Reserve, "Distribution of Household Wealth in the U.S. since 1989", https://www.federalreserve.gov/releases/z1/dataviz/dfa/distribute/chart/.

④ "Yelp Data Shows 60% of Business Closures due to the Coronavirus Pandemic Are Now Permanent", https://www.cnbc.com/2020/09/16/yelp-data-shows-60percent-of-business-closures-due-to-the-coronavirus-pandemic-are-now-permanent.html.

⑤ Bureau of Labor Statistics, "The Employment Situation", https://www.bls.gov/news.release/.

始收集数据以来的最高水平：2020年3月至2021年1月，超过7600万名美国人失去了工作。截至2021年1月30日，仍有1800万人失业。①

疫情之下工薪阶层收入大幅度下降，2020年美国私营部门普通员工的工作收入实际下降了近3%。美国经济分析局公布的《主要联邦经济数据》显示，美国工薪收入在2020年4月到7月间负增长，其中4月份下降幅度为-6.64%。②

新冠肺炎疫情危机发生之前，40%的美国人的存款低于400美元，仅有47%的美国人的应急存款可以支付三个月的开支，其他没有存款的美国人中仅有28%的少量人群能够通过借债和变卖财物等方式勉强维持生活，这显然不足以应对新冠肺炎疫情带来的失业和医疗费用支出等意外事件。③

因此，新冠肺炎疫情期间依靠失业救济、食品券和食物银行（Food Bank）等慈善机构维持生存的美国家庭数量急剧增加。2021年1月，超过2000万名美国成年人（约占其成年人口总数10%以上）表示，他们在过去一周里有时或者经常吃不饱，这个数据远高于2019年，那一年仅有3.4%的美国成年人报告称家庭"没有足够的食物"。并且，这种食物匮乏的情况在有孩子的美国家庭更加严重。④

---

① United States Department of Labor, "Unemployment Insurance Weekly Claims News Release", https://www.dol.gov/ui/data.pdf.
② Bureau of Economic Analysis, "Principal Federal Economic Indicators", https://www.bea.gov/.
③ CBS News, "Nearly 40% of Americans Can't Cover a Surprise MYM400 Expense", https://www.cbsnews.com/news/nearly-40-of-americans-cant-cover-a-surprise-400-expense/. Pew Research Center, "About Half of Lower-Income Americans Report Household Job or Wage Loss due to COVID-19", https://www.pewsocialtrends.org/2020/04/21/about-half-of-lower-income-americans-report-household-job-or-wage-loss-due-to-covid-19/.
④ Center on Budget and Policy Priorities, "Tracking the COVID-19 Recession's Effects on Food, Housing, and Employment Hardships", https://www.cbpp.org/research/poverty-and-inequality/tracking-the-covid-19-recessions-effects-on-food-housing-and.

由此可知，处于新冠肺炎疫情之下的美国经济社会呈"K"形复苏形态，即可以直接获得政府和央行刺激计划的大型企业和公共部门机构所覆盖的部分经济领域快速复苏，以互联网、医药和枪支弹药等为代表的大资本力量借疫情赚取大量利润，以中小企业、蓝领工人和日益衰减的"中产阶级"等为代表的大部分美国人还在艰难度日，是疫情和经济大衰退的受害者。① 因此，新冠肺炎疫情下的美国劳动力市场状况、初次分配中的劳资失衡和相应的社会贫富悬殊等都在迅速恶化。

二 税收制度的局限性

初次分配的不平等性是显而易见的，并且收入不平等在财富分配方面出现"雪球效应"：大部分收入被最高收入群体赚取，这些人将收入所得进行投资或储蓄继而获得更大的资本收益，反过来进一步加剧了财富集中。

美国政府可以通过税收和财政支出所形成的"一收一支"结构对初次分配所形成的过高财富集中进行再分配。个人可以通过募集、自愿捐赠和资助等慈善公益方式对社会资源和社会财富进行第三次分配，以弥补市场失灵和政府失灵。因此，美国存在三种福利转移支付：第一，间接福利转移支付，即采用税收减免和信贷补贴等间接方式来进行资助的促进资产积累的福利转移支付；第二，直接福利转移支付，即用于直接消费目的的社会福利转移支付；第三，私人福利转移支付，即个人通过慈善等方式进行的转移支付。

---

① World Economic Forum，"Are We Experiencing a K Shaped Recovery from COVID-19？"https：//www. weforum. org/agenda/2020/12/k-shaped-covid19-coronavirus-recovery/. CNN,"America's Inequality Problem isn't New. The Pandemic is Just Emphasizing it"，https：//edition. cnn. com/2021/02/03/economy/k-shaped-us-economy/index. html.

美国政府收入的大部分来自税收。美国的税收制度结构决定了美国富豪们可以通过影响税收制度设计、充分利用避税漏洞和税收减免等方式，继续扩大经济不平等。

（一）有利于富豪避税的美国税收制度

美国的税收制度相当复杂，在联邦和州两级分别建立的税收制度是完全分开的，每个州都有自己的征税权且不受联邦政府干涉，也独立于其他州。例如，2020年美国人口普查初步结果显示，以得克萨斯州为代表的共和党控制选区划分的州，因为实施更优惠的税收政策，对美国人口的吸引力强于民主党控制选区划分的州，所以因人口分布变化获得国会席位增加的州大都是共和党主政的州。

从联邦税收结构来看，主要包括个人所得税、社会保险工薪税、消费税、企业所得税、财产税等，其中联邦政府最大的收入来源是个人所得税，在2020财政年度，该税种占联邦政府收入的47%左右；其次是工资税，该税种占联邦政府收入的36%左右。也就是说，80%以上的联邦政府收入源自以个人为征税对象的税种，该比重显著高于经济合作与发展组织（OECD）成员国的平均水平。

美国工薪阶层从他们的雇主那里收到税务局的W-2表格[①]，该表格覆盖了该阶层人士超过90%的工资收入，极大限制了他们的逃税能力。有研究显示，财富水平后50%的美国人未报税收入占真实收入的比例仅为7%左右，与此相反，美国最富有的1%人群未报税收入占真实收入的比例高达21%，而最富有的0.1%人群未报税收入占真实收入的比例高达66%以上。[②]

上述差异的原因在于顶级富豪们具备在全球范围进行资产配置

---

① W-2表格是雇员（Employee，全职、半职或短期的员工）收到的美国税务局的表格，主要记录的是雇员在美国正式工作期间获得的工资、所得税和缴纳的社会保险等。

② John Guyton (ed.), "Tax Evasion at the Top of the Income Distribution: Theory and Evidence", https://www.nber.org/system/files/working_papers/w28542/w28542.pdf.

和规避税收政策的能力，他们通过政治捐金影响税收制度设计，使用离岸账户和转账业务打造避税机制，或者以避税天堂做掩护等。顶尖富豪们的隐性收入意味着美国的贫富差距可能比现有官方数据统计出来的更加严重。以美国最大超级富豪聚集地纽约为例，2014年纽约市收入最高的前1%的家庭赚取了87%的资本利得、71%的营业收入、71%的股息和利息。该年度纽约市有5.5万户家庭的总收入为19亿美元（其中10亿美元来自资本利得），但他们在纽约市缴纳的所得税为零，因为他们报告了大量的经营业务亏损。①

2020财年企业所得税只占联邦政府收入的5%左右，并且企业所得税和财产税等在总体税收收入中所占的份额越来越小，由企业支付的联邦税收份额自20世纪50年代以来持续下降，从1952年的32%下降到2020年的不到10%，而社会保险工薪税所占份额呈上升趋势。②

这种税收结构变化表明，几十年来，美国最赚钱的大企业一直想方设法在赚取巨额利润的同时不缴纳联邦企业所得税，它们主要通过推动税法重大修改来避税，以2017年《减税和就业法案》（TCJA）为例，该法案没有废除税收漏洞，反而为企业避税提供了合法途径。2020财年，至少有55家最大的美国企业没有缴纳联邦企业所得税，这些企业2020年在美国市场赚取了近405亿美元的税前收入，它们非但没有缴税，反而享受了高达120亿美元的税收减免，其中包括85亿美元的（合法）避税和35亿美元的退税。③

---

① James A. Parrott, "Inequality and New York City Economic Structure", https://www.gc.cuny.edu/CUNY_GC/media/LISCenter/Parrott-Stone-Center-June-2017-Inequality-NYC-econ-structure-FINAL3.pdf?mc_cid=b2221508d9&mc_eid=a15a5b649b.

② Congressional Research Service, "Overview of the Federal Tax System in 2020", https://fas.org/sgp/crs/misc/R45145.pdf.

③ Matthew Gardner and Steve Wamhoff, "55 Corporations Paid MYM0 in Federal Taxes on 2020 Profits", https://itep.org/55-profitable-corporations-zero-corporate-tax/.

例如，新冠肺炎疫情因素使亚马逊公司在 2020 年的利润飙升到 200 亿美元，但该公司仅为其利润的 9.4% 缴纳了联邦企业所得税。并且，自 2018 年以来的三年中，尽管联邦政府对企业利润收缴的税率为 21%，但亚马逊在此期间实际缴纳的税率仅为 4.3%。又如 Zoom 公司，疫情期间利润增长了 400%，但该公司没有为其 2020 年的利润缴纳联邦企业所得税。[①] 值得注意的是，企业所得税是对企业利润征收的税种，与那些因疫情而陷入困境的中小企业无关。因此，企业避税和低企业所得税率有利于美国富人和大企业，而不是普通美国工薪阶层和中小企业。

（二）联邦税式支出

美国联邦税式支出是指，根据联邦税法，联邦政府对某些负有纳税义务的组织和个人给予的特别免税、豁免缴税或减税，或提供特殊的信贷、优惠税率或延期纳税义务等，是以减少税收收入形式进行的政府财政支出。税式支出和被贴上"救助穷人"标签的直接福利转移支付都属于联邦政府的支出，都能够使个人受益；但一般对美国财政的福利支出的研究仅关注后者，而忽视了前者，并且前者的受益群体主要是中高收入阶层和拥有财富最多的群体。

税式支出中与教育、就业、社会服务、健康保障、收入保障和住房等相关的部分属于间接福利转移支付。在现行税制结构不变的条件下，联邦政府对于某些纳税人（个人与企业）的上述行为实行照顾或激励性的区别对待，给予不同的税收减免等优惠待遇而形成的支出或放弃的收入，属于财政补贴性支出。

税式支出占联邦预算的很大一部分，有些预算甚至超过了用于相同或相关目的的项目或部门的全部预算。例如，尽管 2017 年

---

① Amy Hanauer, "Corporate Tax Reform in the Wake of the Pandemic", https://itep.org/corporate-tax-reform-in-the-wake-of-the-pandemic/.

《减税和就业法案》（TCJA）减少了对自有住房的税收，但其减免税的总额仍超过了美国住房和城市发展部分的总支出。①

2020年11月，美国税收联合委员会发布的报告显示，2020财年的税式支出总额接近1.8万亿美元。作为2020年3月国会通过的2.2万亿美元经济刺激法案的一部分，美国国税局自2020年4月给每人发放大约1200美元的疫情补助金，这笔钱技术上属于可偿付的税收抵免（refundable tax credit），而该疫情补助金构成了2020财年最大的单一税式支出，达2690亿美元。

雇主为雇员购买医疗保险计划、健康保险和长期护理保险等的保费可以税前列支，不必纳税，构成了2020财年排名第二的单一税式支出，达1696亿美元。雇主为雇员购买的待遇确定型养老金计划所缴纳的费用和收益可以从当期所得中抵扣，构成了2020财年排名第三的单一税式支出，达1536亿美元。经济刺激法案在一定程度上改变了税式支出的受益结构，2020财年税式支出的90%流向了个人，而2018年该比重为86%。②

值得注意的是，尽管税式支出主要流向个人，但美国富人才是税式支出的最主要受益者，因为个人的纳税等级越高，被扣除、免除或排除的税收优惠就越大：第一，税式支出主要针对应税收入的扣除项，这必然与边际税率成正比，而富人的边际税率远高于"中产阶级"；第二，税收扣免额度和收入成正比，例如购买的房子越大越昂贵，享有的抵押贷款和税费减免的优惠待遇越多；第三，绝大部分基于投资或享有的税式支出由富人享有；第四，企业享有的税式支出收益流向其股东，而其大股东都是富人。

---

① The Tax Policy Center, "What Are the Largest Tax Expenditures?" https://www.taxpolicycenter.org/briefing-book/what-are-largest-tax-expenditures.

② Alex Muresianu, "How the CARES Act Shifted the Composition of Tax Expenditures towards Individuals", https://taxfoundation.org/federal-tax-expenditures-cares-act/.

以 2019 财年为例，58%的税式支出流向了全美收入前 20%的家庭，24%的税式支出被全美收入前 1%的家庭所享有。① 与富人不同的是，由于中低收入家庭没有能力购买豪宅或拥有昂贵的退休计划、孩子上大学比例低等，它们所获得的税式支出利益要小得多。②

三 公共债务的恶化与直接福利转移支付的局限性

当美国人谈到福利项目制造"贫困陷阱"时，他们往往针对的是用于穷人的支出，如住房补贴和食品券等。实际上，使用美国公共财政所进行的直接福利转移支付制度所包含的项目复杂，保护中低收入阶层基本消费与生存能力的一些项目正在因美国公共债务的恶化而受到挤压。

美国的再分配机制并未从根本上改善收入不平等问题，也未有效减缓"中产阶级"萎缩趋势，因而第三次分配在美国的作用相较于其他经济合作与发展组织（OECD）成员国更为重要。

（一）公共债务的恶化

根据美国财政部在 2021 年 3 月发布的《美国联邦政府财务报告（2020 财年）》，2020 财年美国联邦政府总收入 3.57 万亿美元，低于预算预期，其中大部分下降发生在新冠肺炎疫情之后；由于联邦政府为小企业提供贷款、援助受打击特别严重的行业、提高失业救济并向民众发放现金支票等，2020 财年联邦政府的总支出急剧增

---

① Ward Williams, "Why Do We Spend So Much Federal Tax Money on the Rich in the US?" https://bettertomorrowfinancial.com/2020/04/29/why-do-we-spend-so-much-federal-tax-money-on-the-rich-in-the-us/.

② Center on Budget and Policy Priorities, "Policy Basics: Federal Tax Expenditures", https://www.cbpp.org/research/federal-tax/federal-tax-expenditures.

长，使该财年的财政赤字达创纪录的3.13万亿美元。财政赤字占GDP之比则升至16.1%，创下1945年以来最高水平。美国联邦债务则从16.86万亿美元增至21.08万亿美元，该债务规模已经超过2020年美国国内生产总值。①

美国联邦债务和联邦财政赤字问题在21世纪日趋严重。长期财政预测显示，美国联邦债务与国内生产总值之比将在75年的预测期内升至623%，显然当前的税收政策和财政政策等都是不合理且不可持续的。并且，新冠肺炎疫情对美国经济社会所产生的消极影响范围和时长等都无法预测和控制，这进一步加大了联邦财政的脆弱性。②

联邦债务问题的解决需要"开源节流"。美国的疫情仍在持续，单位劳动生产率持续偏低拖累了经济增速，20世纪40—60年代出生的"婴儿潮一代"面临退休导致劳动力增长保持较低水平……"开源"并不容易实现。在劳动参与率持续走低、贫困人口居高不下、人口老龄化加剧和健康成本持续上升等情况下，社会福利转移支付的刚性也很强，"节流"并非易事。

联邦债务问题的恶化与自20世纪80年代以来美国社会逐步转型为一个"支出—借贷"社会具有紧密关联性：美国经济以消费为驱动，个人消费开支约占美国经济总量的70%，是美国经济增长的主要动力；公共开支明确列出的社会福利转移支付大都也是以促进直接消费为目的。消费是绝大部分美国人出于自愿或者被各种制度

---

① US Department of the Treasury, "Financial Report of the United States Government (FY 2020)", https://fiscal.treasury.gov/files/reports-statements/financial-report/2020/fr-03-25-2021-(final).pdf.
② US Department of Treasury, "Highlights of the FY 2020 Financial Report of the U.S. Government", https://fiscal.treasury.gov/files/reports-statements/financial-report/2020/results-inbrief-2020.pdf.

设计（例如各种以促进消费为目的的社会福利项目）所限制而不得不实施的行为。然而，财富不是收入、支出和消费，而是资产储蓄、投资和积累；换言之，收入只能维持支出和消费，消费往往促进资产储蓄、投资和积累，资产积累却越来越向少数（大）资产所有者倾斜。因此，美国的"中产阶级"自20世纪80年代以来一直呈萎缩态势，有支付能力的消费群体规模也相应趋于萎缩。

"中产阶级"的萎缩在发达经济体国家和地区是一个普遍现象，在不少国家"中产阶级"的收入增长低于平均水平甚至陷入停滞，背后原因有经济全球化和生产自动化的冲击、住房价格等增长过快导致的实际收入缩水等。与德国、法国等欧洲国家进行横向比较，美国的"中产阶级"占总人口数的比重是最小的。各国经济和社会政策的区别，特别是收入分配制度是这些发达经济体国家和地区的"中产阶级"规模存在差异的重要原因。[①] 支撑美国联邦财政系统的"中产阶级"规模的快速萎缩说明，一方面，再分配机制对"中产阶级"的财政补贴已经不足以弥补就业市场和初次分配出现结构性失衡给美国"中产阶级"带来的损害；另一方面，联邦财政赤字和债务问题将持续恶化。

（二）公共福利转移支付的局限性

如前所述，联邦财政所承担的福利转移支付可以区分为两种：直接福利转移支付与间接福利转移支付。前者被美国政府财政预算纳入社会福利开支标准账目之中，因而属于直接支出；后者主要指因减免税或退税等税收优惠而造成的联邦财政收入减少，因而属于

[①] OECD, "Under Pressure: The Squeezed Middle Class", https://www.oecd.org/social/under-pressure-the-squeezed-middle-class-689afed1-en.htm. Steven Pressman, "The Middle Class Has Defied Definition Even as Its Decline Raises Concerns", https://www.aier.org/research/measuring-middle-class.

间接性质的税式支出。

常常被贴上"救助穷人"标签的直接福利转移支付可以分为两个层次：第一个是低层次的项目，具有指定性、家计调查性、非缴费性等特点。这些项目的对象是没有获得足够劳动收入的"穷人"或符合一定资格条件的老人、妇女、儿童和残障人士等，也就是通俗意义的"劫富济贫"的社会救助，属于横向转移支付，例如补充收入保障计划等现金形式、未成年人托育援助等实物发放或服务形式等；第二个是高层次的项目，具有普遍性、非家计调查性、缴费性等特点，主要包括各种社会保险和其他权利性项目。这些项目通常与缴纳个人收入所得税的工作岗位联系在一起，大都源自工作福利的社会保险，基本属于纵向转移支付，例如社会保障、医疗照顾计划和失业保险计划等。

即使在直接转移支付的低层次部分，很多福利项目也不是"免费午餐"，为了尽量减少"福利依赖"倾向，在各种资格审查之外，贫困家庭临时救助等项目还有强制工作的要求，如果福利领取者不配合工作要求，例如不能完成每周必须工作的最低小时数的要求等，就会被取消领取资格。

此外，未成年儿童所享受的福利项目主要有遗属保险、贫困家庭临时救助以及营养补充计划等。遗属保险金额的计算与父母的收入相关，并根据通货膨胀情况进行适时调整，受益者大都是中上社会阶层的儿童；贫困家庭临时救助等福利项目的受益者局限于贫困儿童，并且所得到的救助额度远低于遗属保险金。因此，美国的公共福利转移支付项目显著区别于欧洲。它是以工作为基础的社会福利制度。医疗保险救济计划是低层次部分中唯一列入主要财政支出内容的项目，即使在2020年新冠肺炎疫情冲击下，该项目的支出仍远低于与工作福利制度相关联的社会保障和医疗照顾保险计划的支出。① 但是，自2008年国际金融危机以来，有些美国人放弃了低薪就业机会，成为就业市场的"局外人"，因为收入增加就会失去政府提供的失业保险等福利。2020年的新冠肺炎疫情加重了这一趋势，这些长期失业、被视为自愿退出就业市场的美国穷人，只能通过食品券等福利项目获得非现金援助，成为工作福利制度的"局外人"。联邦财政的直接和间接福利转移支付中，美国穷人所能够享受的社会福利所占比重最低。他们只能依赖政府提供的社会福利来满足生存的基本需要，难以享受以教育、就业等发展人力资本形式的公共福利转移支付，也就是逐渐失去了向上层社会流动的可能。

公共债务的恶化与直接福利转移支付的局限性决定了第三次分配在美国社会运行中的作用空间很大，也为私人财富变相兑现政治和社会权力提供了更多渠道。在美国，企业参与慈善活动可以享受税收优惠，相反遗产税和资本利得税高昂。因此，美国富豪们通过成立各式慈善基金，将资本势力向社会、学术、政治等其他领域进行合法扩张。

近年来的美国被分析认为已经进入赢者通吃的"新镀金时代"，这一格局背后是美国不合理的收入分配结构，不仅资本所得和劳动所得在初次分配中的比例严重失衡，而且税收制度和公共福利转移制度都无法做到"劫富济贫"，反而产生了"劫贫济富"的效果。这与美国政治对不平等的回应、虚拟金融资本主导美国经济和以服务业为主的后工业社会形态等因素密不可分，反过来该格局进一步固化甚至扩大了大资本力量对美国政治经济和社会资源的垄断。

---

① US Department of the Treasury, "Financial Report of the United States Government（FY 2020）", https://fiscal.treasury.gov/files/reports-statements/financial-report/2020/fr-03-25-2021-(final).pdf.

新冠肺炎疫情凸显英国种族不平等*

李靖堃

2021年3月31日,受英国政府委托成立的"种族和民族不平等委员会"发表了针对种族不平等问题的评估报告,报告指出,没有证据表明英国存在制度性或结构性种族主义。① 该结论由于与事实严重不符而受到了英国国内各界和国际社会的广泛批评。事实上,自2020年3月新冠肺炎疫情在英国发生以来,贫困人口受到的影响远超普通人群,其中,少数族裔更是首当其冲的"受害者",其感染率和死亡率均远超英国白人,与此同时,他们在生活水平和就业等方方面面受到的冲击也更加严重。新冠肺炎疫情不仅暴露了英国社会持续存在的种族不平等问题,而且还进一步加剧了这种不平等。

一 社会经济背景:英国社会普遍存在阶级与阶层不平等

受"脱欧"与新冠肺炎疫情双重影响,2020年英国经济出现严重

---

* 原载《世界社会主义研究》2021年第8期。
① Commission on Race and Ethnic Disparities, "Commission on Race and Ethnic Disparities: The Report", https://assets. publishing. service. gov. uk/government/uploads/system/uploads/attachment_data/file/974507/20210331_-_CRED_Report_-_FINAL_-_Web_Accessible. pdf.

衰退，国内生产总值（GDP）下降了9.9%①，当年末国内生产总值为1.96万亿英镑②，但英国仍是最发达的资本主义国家之一，是世界第五大经济体。然而，在英国这样发达的国家，阶级与阶层的不平等问题却非常突出。尽管就阶级划分而言，第二次世界大战后由于社会经济结构发生重大转型，"工人阶级"的概念和构成也随之发生很大变化，产业工人特别是从事体力劳动的非技术工人所占比例大幅下降，因此英国对于"工人阶级"（working class）的界定并没有统一的标准，工人阶级的范畴也十分宽泛，甚至有将近半数的"中产阶级"也将自己认定为"工人阶级"。③ 与此相应，大多数统计数据均以职业类别作为阶级阶层的划分标准，与马克思主义阶级划分标准相去甚远。但是，这种含糊的阶级与阶层划分方式并不能抹杀不同阶层之间的不平等状况，不能抹杀整个社会存在的巨大财富鸿沟和严重贫富不均，不能抹杀英国是发达资本主义国家中不平等程度最高的国家之一这个事实。

基尼系数是国际上通用的衡量贫富差距的指标。根据英国国家统计局的数据，近十年来，英国家庭可支配收入基尼系数基本稳定，保持在0.35左右，但在新冠肺炎疫情发生之前上升到0.363（2020年3月），是2008年国际金融危机以来的最高点，而且比20世纪80年代的平均值增加了6.1个百分点④，说明贫富差距呈现加

---

① Office for National Statistics, "GDP Monthly Estimate, UK: December 2020", https://www.ons.gov.uk/economy/grossdomesticproductgdp/bulletins/gdpmonthlyestimateuk/december2020#annual-gdp-fell-by-99-in-2020-the-largest-yearly-fall-on-record.

② Statista, "Gross Domestic Product of the United Kingdom from 1948–2020", https://www.statista.com/statistics/281744/gdp-of-the-united-kingdom/.

③ "Why Do so Many Middle Class Professionals Insist They are Working Class?", https://www.lse.ac.uk/News/Latest-news-from-LSE/2021/a-Jan-21/Why-do-so-many-middle-class-professionals-insist-they-are-working-class.

④ Office for National Statistics, "Household Income Inequality, UK: Financial Year Ending 2020 (Provisional)", https://www.ons.gov.uk/peoplepopulationandcommunity/personalandhouseholdfinances/incomeandwealth/bulletins/householdincomeinequalityfinancial/financialyearending2020provisional.

大趋势。而从横向比较来看，这一数据不仅高于欧盟的平均水平，而且，在经合组织（OECD）成员国中，仅比美国等五个国家的基尼系数低（2019 年数据）。①

不同阶层占有财富的比例更能说明英国存在的巨大贫富差距。第二次世界大战后，在西方资本主义阵营与社会主义阵营进行战略竞争的大背景下，受益于一系列社会改良政策，工人阶级的薪酬普遍得到提高，不平等状况得到很大程度的缓解：最富裕的 10% 家庭拥有的财富所占社会总财富的比例从 20 世纪初的 90% 下降到 20 世纪 80 年代末的 50%。但是，从 20 世纪 80 年代末开始，贫富差距再次拉大，不平等问题又尖锐起来。特别是自国际金融危机开始到新冠肺炎疫情发生之前的这段时间，这种趋势有增无减。2008—2018 年的 10 年间，英国最富裕的 10% 的家庭和最贫困的 10% 的家庭拥有的财富差距从 37 万英镑扩大到了 140 万英镑。② 2018 年的数据表明，最富裕的 10% 的家庭和最贫困的 10% 的家庭拥有的财富在社会总财富中所占比例分别为 45% 和 2%，且前者财富的增长速度是后者的 4 倍。③ 另外还有研究表明，最富裕的 1% 家庭拥有的财富占到了英国社会总财富的 23%④，而最贫穷的 10% 的家庭拥有的净财富为负数，即其负债超过资产，与此形成鲜明对比的是，最富裕的 1% 的家庭人均拥有的净财富高达

---

① OECD, "Income Inequality", https://data.oecd.org/inequality/income-inequality.htm.
② George Bangham and Jack Leslie, "Rainy Days: an Audit of Household Wealth and the Initial Effects of the Coronavirus Crisis on Saving and Spending in Great Britain", https://www.resolutionfoundation.org/app/uploads/2020/06/Rainy-Days.pdf.
③ Phillip Inman, "Gap between Rich and Poor Grows Alongside Rise in UK's Total Wealth", https://www.theguardian.com/news/2019/dec/05/gap-between-rich-and-poor-grows-alongside-rise-in-uks-total-wealth.
④ Resolution Foundation, "Top 1 Percent Has Almost £800 Billion More Wealth Than Official Statistics Show", https://www.resolutionfoundation.org/press-releases/top-1-per-cent-has-almost-800-billion-more-wealth-than-official-statistics-show/.

500万英镑。①

除了贫富差距，英国的贫困人口比例也很高。2019—2020年，英国共有贫困人口1450万，占总人口的22%，这一比例高于欧洲国家的平均水平。②特别是新冠肺炎疫情进一步加大了低收入家庭的负担，从而可能使更多的英国人陷入贫困，加剧贫富分化。

二 种族不平等与种族矛盾问题积重难返

种族不平等根源于阶级与阶层的不平等。英国是一个多种族混居的国家。从种族构成来看（2019年），白种人占85.6%，少数族裔占14.4%，其中，亚裔占7.5%，黑人占3.4%，混血族裔占1.7%，其他族裔（如罗姆人）占1.8%。③从长期趋势来看，英国的少数族裔人口所占比例呈上升趋势，说明其人口构成较十年前更加多元化，但是，这种多元化非但没有消弭种族不平等和种族歧视，相反，正如英国平等与人权委员会2016年8月发布的一项关于种族平等状况的调查报告所称："英国社会根深蒂固的种族不平等问题正在恶化。"④与此同时，白人与非白人种族之间的矛盾和对立也有加剧的倾向，在英国"脱欧"和新冠肺炎疫情等一系列经济、政治和社会危机背景下，这一倾向更加突出。

（一）新冠肺炎疫情暴露出的种族不平等

在新冠肺炎疫情中，少数族裔是首当其冲的"受害者"，其受

---

① Arun Advani, George Bangham and Jack Leslie, "The UK's Wealth Distribution and Characteristics of High-income Households", https://www.resolutionfoundation.org/app/uploads/2020/12/The-UKs-wealth-distribution.pdf.

② Brigid Francis-Devine, "Poverty in the UK: Statistics", House of Commons Library, https://researchbriefings.files.parliament.uk/documents/SN07096/SM07096.pdf.

③ Elise Uberoi and Rebecca Lees, "Ethnic Diversity in Politics and Public Life", House of Commons Library, https://researchbriefings.files.parliament.uk/documents/SN01156/SN01156.pdf.

④ 参见黄培昭、李应齐《英国种族不平等问题持续恶化》，《人民日报》2016年8月22日。

到的影响十分严重。数据表明,少数族裔的感染率和死亡率均远超英国白人。从感染率来看,非洲裔黑人的比例最高,而白人的比例最低:黑人女性的感染率是白人女性的2倍多,而非洲裔黑人男性的感染率则是白人男性的将近3倍。[①] 从死亡率来看,少数族裔是白人的2倍,其中,非洲裔黑人的比例最高:在英格兰,非洲裔黑人男性和女性的死亡率分别是白人男性和女性的3.8倍和2.9倍(截至2020年7月),孟加拉裔和巴基斯坦裔男性和女性死于新冠肺炎的比例分别是白人男性和女性的1.8倍和1.6倍。[②]

英国国家统计局将上述差异归结为社会经济地位的不平等。事实确实如此,无论是总体经济状况,还是在社会以及公共政治生活等各个领域,少数族裔都面临着与白人之间的巨大差距和不平等待遇,而新冠肺炎疫情暴露出的上述问题仅是英国种族不平等问题的一个缩影。

(二) 经济、社会与政治等多重领域的种族不平等

英国的种族不平等首先体现在收入和财富的差距方面,同时也体现在社会和政治生活的方方面面,包括教育、就业、刑事司法及社会政治参与等多个领域。

第一,在收入与财富方面,少数族裔与白人之间的差距巨大。英国国家统计局的数据表明,白人家庭是最富裕的群体,非洲裔黑人家庭则是最贫困的群体,二者的中位数财富净值相差9倍。[③] 就

[①] Public Heath England, "Disparities in the Risk and Outcomes of COVID-19", https://assets.publishing.service.gov.uk/government/uploads/system/uploads/attachment_data/file/908434/Disparities_in_the_risk_and_outcomes_of_COVID_August_2020_update.pdf.

[②] Office of National Statistics, "Updating Ethnic Contrasts in Deaths Involving the Coronavirus (COVID-19), England and Wales: Deaths Occurring 2 March to 28 July 2020", https://www.ons.gov.uk/peoplepopulationandcommunity/birthsdeathsandmarriages/deaths/articles/updatingethniccontrastsindeathsinvolvingthecoronaviruscovid19englandandwales/deathsoccurring2marchto28july2020.

[③] Office for National Statistics, "Household Wealth in Great Britain by Ethnicity", https://www.ons.gov.uk/peoplepopulationandcommunity/personalandhouseholdfinances/incomeandwealth/datasets/householdwealthingreatbritainbyethnicity.

具体财富分配情况来看,非洲裔黑人的家庭财产为每个成年人平均23700英镑,孟加拉裔为31000英镑;白人与加勒比黑人混血族裔为42000英镑,而白人的家庭财富则为每个成年人197000英镑。此外,在2008—2018年间,最富裕和最贫困的种族之间的财富绝对差距持续扩大。① 而且,根据当前的政策和趋势,也看不到这一差距有缩小的迹象,换言之,财富鸿沟可能仍将持续加大。

收入情况也是如此,与白人相比,孟加拉裔的年均家庭收入要低35%,巴基斯坦裔的家庭收入低34%,非洲裔黑人低22%。如果将住房成本计算在内,则这一差距就更大,如孟加拉裔比白人的家庭收入要低44%。而住房状况也反映了少数族裔与白人之间的贫富差距:有58%的白人家庭拥有住房,而大多数少数族裔家庭都没有住房,其中,孟加拉裔和非洲裔黑人家庭拥有住房的比例只有25%。②

此外,从贫困状况来看,2016年8月英国平等与人权委员会发布的英国种族平等状况调查报告表明,少数族裔生活贫困的概率为35.7%,远高于白人的17.2%。③

第二,在教育方面,尽管总体上看,近年来,少数族裔的受教育程度普遍有所提高,特别是中小学的入学率几乎与白人不相上下④,但在其他很多方面仍然存在着较大的差距。例如,加勒比黑

---

① George Bangham, "A Gap That Won't Close: The Distinction of Wealth between Ethnic Groups in Great Britain", https://www.resolutionfoundation.org/app/uploads/2020/12/A-gap-that-wont-close.pdf.

② Adam Corlett, "Diverse Outcomes: Living Standards by Ethnicity", https://www.resolution-foundation.org/app/uploads/2017/08/Diverse-outcomes.pdf.

③ Equality and Human Rights Commission, "Healing a Divided Britain: The Need for a Comprehensive Race Equality Strategy", https://www.equalityhumanrights.com/sites/default/files/healing_a_divided_britain_-_the_need_for_a_comprehensive_race_equality_strategy_final.pdf.

④ Clarie Alexander and William Shankley, "Ethnic Inequalities in the State Education System in England", in Bridget Byrne, Claire Alexander, Omar Khan, James Nazroo and William Shankley (eds.), Ethnicity, Race and Inequality in the UK: State of the Nation, Bristol: Policy Press, 2020, pp.94-95.

人族裔以及混血种族儿童的永久失学率是英国儿童平均失学率的3倍。而在高等教育方面，少数族裔与白人的差距就更加明显。例如，他们进入罗素大学集团①的比例较低，只有6%的黑人中学毕业生能够进入这类大学学习，而白人学生的比例为11%。另外，有很多少数族裔学生在学校都经历种族歧视，平等与人权委员会的一项调查表明，有高达1/4的学生知道同伴曾经经历种族歧视。另外，有研究表明，在校园发生的仇恨犯罪事件中，有71%与种族有关。②

第三，在就业方面，少数族裔的处境比具有同等资格的白人恶劣得多。除了在求职时遭遇的各种显性和隐性歧视，"失业率更高，工资更少"则是就业不平等的突出体现。从失业率来看，数据显示，英国少数族裔的失业率高达12.9%，远高于白人的6.3%③，换言之，相较于拥有同等学历的白人，非洲裔、亚裔等少数族裔的失业率要高出2倍多。而少数族裔女性在就业方面面临的不平等境遇就更加严重，例如，相较于白人女性72%的就业率，巴基斯坦裔和孟加拉裔女性的就业率分别只有37%和31%。在薪酬方面，拥有高中学历和大学以上学历的非洲裔雇员平均薪酬较具有同样学历的白人分别低14.3%和23.1%。④ 此外，少数族裔还多从事风险系数较高的职业，这在新冠肺炎疫情中体现得十分明显。

---

① 罗素大学集团（The Russell Group）成立于1994年，由英国最顶尖的24所世界一流研究型大学组成，是全世界产生诺贝尔奖得主最多的著名高校联盟，代表着英国大学的最高学术水平。

② Clarie Alexander and William Shankley, "Ethnic Inequalities in the State Education System in England", in Bridget Byrne, Claire Alexander, Omar Khan, James Nazroo and William Shankley (eds.), Ethnicity, Race and Inequality in the UK: State of the Nation, Bristol: Policy Press, 2020, p. 107.

③ 参见黄培昭、李应齐《英国种族不平等问题持续恶化》，《人民日报》2016年8月22日。

④ Equality and Human Rights Commission, "Race Report Statistics", https://www.equalityhumanrights.com/en/race-report-statistics.

第四，在刑事司法方面，少数族裔更容易成为犯罪行为的受害者。种族问题是导致大量犯罪行为的重要原因之一。例如，在英格兰与威尔士，登记在案的仇恨犯罪中，有82%与种族歧视有关，其中非洲裔被谋杀的概率是白人的2倍。此外，相较于白人，少数族裔在司法系统中受到的待遇普遍更加严苛。少数族裔被警察拦截并被搜查的概率比白人要高很多，其中，非洲裔被警察拦截的比例是白人的8倍，遭到起诉和审判的概率是白人的3倍。① 因此，少数族裔普遍安全感较低。

第五，在社会地位方面，少数族裔与白人也相差甚远，这尤其表现在政治参与方面。少数族裔的参与程度较之前确有较大提高，但与其在总人口中所占比例仍不匹配。2019年议会选举中，下院议员中只有10%为少数族裔（65名，如果按照少数族裔占英国人口的比例分配则应为93名）；上院中，少数族裔议员更少，仅有50名，占6.3%，内阁成员也只有3名是少数族裔。② 而在地方议会和地方政府中，少数族裔成员的比例均低于当地的人口构成比例。概言之，在除了国民医疗服务体系和社会工作之外的其他公共部门，少数族裔所占比例都比较低，特别是在司法系统。在英格兰和威尔士，来自少数族裔的警官比例只有6.6%，法官只有6.8%，监狱官员只有6%。③ 而在工作岗位上，少数族裔获得晋升的机会也很少，只有8.8%的少数族裔能够晋升到经理、主管、高级官员等管

---

① William Shankley and Patrick Williams, "Minority Ethnic Groups, Policing and the Criminal Justice System in Britain", in Bridget Byrne, Claire Alexander, Omar Khan, James Nazroo and William Shankley (eds.), *Ethnicity, Race and Inequality in the UK: State of the Nation*, Bristol: Policy Press, 2020, p. 56.

② Elise Uberoi and Rebecca Lees, "Ethnic Diversity in Politics and Public Life", House of Commons Library, https://researchbriefings.files.parliament.uk/documents/SN01156/SN01156.pdf.

③ Elise Uberoi and Rebecca Lees, "Ethnic Diversity in Politics and Public Life", House of Commons Library, https://researchbriefings.files.parliament.uk/documents/SN01156/SN01156.pdf.

理岗位，其中非洲裔的比例仅为5.7%，而白人的比例为10.7%。①

（三）"脱欧"与新冠肺炎疫情背景下种族矛盾与种族冲突升级

英国的种族矛盾和种族冲突程度尽管没有美国那样尖锐，但由于种族矛盾而出现的各种形式的抗议以及针对少数族裔的恶性犯罪事件频发，而且呈现不断恶化的趋势。据统计，2011—2012年，有记录的种族仇恨犯罪为35944起，而2018—2019年激增到78991起，是2011—2012年的2.2倍；2019—2020年尽管略有下降，但仍高达76070起。②在此期间，英国"脱欧"是重要节点：在2016年6月23日公投日之后的数周内，英格兰和威尔士的种族仇恨犯罪较2015年同期增加了20%，而2016—2017年的种族仇恨犯罪比上一年增加了26%。原因在于，英国"脱欧"进一步助推了一部分英国人的排外及反移民心理，从而加剧了不同族裔的分裂。而在新冠肺炎疫情发生之后，针对亚裔的恶性犯罪事件急剧上升：仅2020年3月一个月，针对"东方"面孔的仇恨犯罪就有101起，是上一年同期的3倍。③而"舆观"（YouGov，一家网络调查公司）2020年6月的一次民调显示，有76%的中国人经历过种族侮辱，是所有少数族裔中比例最高的。④

综上可见，英国的种族不平等程度之深、种族歧视范围之广令人震惊，在它们的背后有着深刻的社会根源。

---

① 参见黄培昭、李应齐《英国种族不平等问题持续恶化》，《人民日报》2016年8月22日。
② Statista, "Number of Police Recorded Racial Hate Crime in England and Wales from 2011/12 to 2019/20", https://www.statista.com/statistics/536448/police-recorded-racial-hate-crime-in-england-and-wales/.
③ Kate Ng, "Chinese Groups in UK Are Being Taught How to Handle COVID Hate Crimes after Brutal Attacks on Lecturer", https://www.independent.co.uk/news/uk/home-news/coronavirus-racism-chinese-hate-crimes-b1811881.html.
④ Liz Clemens, "Covid in Wales: Racist Incidents 'Take Your Breath Away'", https://www.bbc.com/news/uk-wales-56323775.

三 英国种族不平等将长期存在并可能激化

如前所述，英国的种族不平等由来已久，且根深蒂固，涉及经济、社会和政治领域的方方面面。其原因是多方面的，不仅在于英国社会长期存在的结构性种族主义，也有近年来右翼民粹主义思想泛滥，以及英国执政者多年实施新自由主义政策的缘故。

（一）结构性种族主义是资本主义的历史产物，种族不平等将长期存在

种族主义并不是从来就有的，它是近代以来随着殖民扩张和资本积累而形成的历史的产物，结构性种族主义就是这一历史产物的现代表现形式。对于何为"结构性种族主义"（structural racism），学界目前尚无统一认识，也有人将其等同于"制度性种族主义"（systemic racism）。综合多个文献来源，在本文中，"结构性种族主义"指的不是少数人或少数机构的种族歧视观念或行为，而是指深植于一个国家的历史和文化传统之中，并体现于整个社会以及国家经济和政治体系之中的种族歧视观念和行为，尤其是白人群体对非白人群体的歧视。既然结构性种族主义是资本主义的产物，因此，不摆脱资本主义就无法摆脱种族歧视和种族不平等。

在英国，结构性种族主义在个人以及机构层面均有明确表现。

首先，在个人层面，白人种族优越感普遍存在，关于少数族裔的刻板形象一直"深入人心"，对亚裔、非洲裔和穆斯林更是如此，导致少数族裔在日常生活和工作中遭遇偏见、歧视或种族暴力的情况十分常见。这不仅源自对所谓"他者"和"自我"的心理认知，而且在很大程度上还源自英国的殖民历史和殖民主义传统造成的"白人优越感"，也就是一种关于种族等级制的集体观念。在这种观念中，英国白人处于最上层，而穆斯林等少数族裔处于最下层[1]，这一观念迄今并没有得到根本性的改观。2017年"英国社会态度调查"（British Social Attitudes Survey）对种族偏见问题进行的一项调查表明[2]，1983年以来，认为自己"具有某种程度种族偏见"的被调查者比例一直保持在25%—33%，1996年之后这一比例甚至有所上升。该调查认为，由于人们通常并不认为"种族偏见"是一种积极立场，因此，实际持有这一态度的比例可能还会更高。另外，根据《卫报》（Guardian）2018年的一项调查[3]，少数族裔在日常生活和人际交往中面临大量种族歧视，特别是在餐馆、商场等公共场所。2008年国际金融危机之后，特别是英国在"脱欧"与新冠肺炎疫情双重打击下经济形势低迷，导致一部分人将少数族裔和外来移民作为生活水平下降和失业等问题的"替罪羊"。在支持英国脱欧的民众中，有很大一部分人给出的理由是不希望来自中东欧的移民大量进入英国，认为移民抢走了英国人的福利和就业岗位。在这一时期种族歧视和种族偏见明显加剧。

当然，并不是所有英国人对种族问题都持完全相同的态度。事实上，不同群体对该问题的关注程度也不同，这与政治立场有一定关系。例如，有研究表明，62%的工党支持者认为种族不平等是最严重的不平等形式之一，但只有32%的保守党支持者持此种立场。总体上看，保守党及右翼政党支持者中持有种族歧视观念的比例高

---

[1] William Shankley and James Rhodes, "Racism in Contemporary Britain", in Bridget Byrne, Claire Alexander, Omar Khan, James Nazroo and William Shankley (eds.), *Ethnicity, Race and Inequality in the UK: State of the Nation*, Bristol: Policy Press, 2020, p. 207.

[2] Nancy Kelly, Omar Khan and Sarah Sharrock, "Racial Prejudice in Britain Today", https://natcen.ac.uk/media/1488132/racial-prejudice-report_v4.pdf.

[3] Robert Booth and Aamna Mohdin, "Revealed: The Stark Evidence of Everyday Bias in Britain", https://www.theguardian.com/uk-news/2018/dec/02/revealed-the-stark-evidence-of-everyday-racial-bias-in-britain.

于工党等左翼政党的支持者。①

其次，除公众个人层面以外，在英国还存在着机构层面的种族主义，也就是以更具机制性和制度性形式存在于国家政治和社会机构中的种族主义和种族歧视，这比个人层面的歧视行为影响更广泛，也更严重。

尽管英国历年来通过了一些针对种族歧视的立法，而且，从表面上看，也没有任何一个机构的政策明文含有种族歧视的内容，但是，这并不能说明英国不存在机构层面的种族主义。根据《麦克弗森报告》给出的定义，"机构种族主义"是指"由于个人的肤色、文化或种族来源，某个机构未能向其提供恰当和专业的服务"②。也就是说，机构层面的结构性种族主义不仅源自表面的或有意的政策与实践形式，更源自隐蔽和间接的政策与实践形式，换言之，只要相关政策或实践导致了不公正的结果，就是存在着结构性种族主义。正如联合国当代种族主义特别调查员丹达伊（Tendayi Achiume）在2018年的一份报告中所指出的，在住房、就业、警察和医疗等领域，在英国都存在着"令人震惊的"对少数种族群体的"结构性社会—经济排斥"③。

但是，英国政府却从未承认这一问题的存在，更没有从根本上认识和反思这一问题。在2020年6月美国发生非洲裔黑人弗洛伊德被警察暴力执法致死事件之后，英国多地相继爆发游行抗议活

---

① Bobby Duffy, Kirstie Hewlett, Rachel Hesketh, Rebecca Benson and Alan Wager, "Unequal Britain: Attitudes to Inequalities after Covid-19", https://www.ifs.org.uk/inequality/wp-content/uploads/2021/02/unequal-britain.pdf.

② "The Stephen Lawrence Inquiry: Report of An Inquiry by Sir William Macpherson of Cluny", https://assets.publishing.service.gov.uk/government/uploads/system/uploads/attachment_data/file/277111/4262.pdf.

③ William Shankley and James Rohdes, "Racisms in Contemporary Britain", in Bridget Byrne, Claire Alexander, Omar Khan, James Nazroo and William Shankley (eds.), *Ethnicity, Race and Inequality in the UK: State of the Nation*, Bristol: Policy Press, 2020, p. 204.

动，之后，英国政府任命的"种族和民族不平等委员会"于2021年3月31日发布了种族平等评估报告。该报告不仅认为没有证据表明英国存在结构性种族主义，反而吹嘘英国足以成为"以白人为主的国家的典范"①。该报告引发了大量批评。伦敦大学玛丽王后学院的两位学者认为②，该报告没有将种族主义作为导致医疗不平等的主要因素，而且不承认存在结构性种族主义，但这与大多数研究的结论不符。兰尼米德信托基金（Runnymede Trust，一家关注种族平等问题的智库）首席执行官哈利玛·贝古姆（Halima Begum）指出，英国"的确存在结构性种族主义"，"一个政府组建的委员会……却否认它（结构性种族主义）的存在，非常令人忧虑"③。在野党工党发言人玛莎·德科尔多瓦（Marsha De Cordova）也提出了激烈批评，她指出，这份报告"似乎是在赞美奴隶制，称结构性种族主义（在英国）不存在，但事实却相反"④。议会下院工党议员戴维·拉米（David Lammy）则提到，这份报告的结论"是对这个国家经历结构性种族主义的所有人的侮辱"⑤。此外，联合国人权委员会高级专员也对该报告提出了批评，认为其进一步扭曲并篡改了历史，而且有可能进一步激发种族主义和种族歧视。⑥

---

① Commission on Race and Ethnic Disparities, "Commission on Race and Ethnic Disparities: The Report", https://assets.publishing.service.gov.uk/government/uploads/system/uploads/attachment_data/file/974507/20210331_-_CRED_Report_-_FINAL_-_Web_Accessible.pdf.

② Vanessa Apea and Yize Wan, "Yes, There Is Structural Racism in the UK——Covid-19 Outcomes Prove It", https://theconversation.com/yes-there-is-structural-racism-in-the-uk-covid-19-outcomes-prove-it-158337.

③ Halima Begum, "Opinion: Here's Everything Britain's Report on Racism Got Wrong", https://news.trust.org/item/20210401161436-7nfxk/.

④ 《英国政府这份国内种族主义问题报告连自己人都看不下去了》，http://home.xinhuanews.com/rss/newsdetaillink/ef72ae3e9da50362/1617328694506。

⑤ 《英国政府这份国内种族主义问题报告连自己人都看不下去了》，http://home.xinhuanews.com/rss/newsdetaillink/ef72ae3e9da50362/1617328694506。

⑥ "Rights Experts Condemn UK Racism Report Attempting to 'Normalize White Supremacy'", https://news.un.org/en/story/2021/04/1090032.

（二）右翼民粹主义与极端民族主义合流，助推种族主义情绪

近年来，右翼民粹主义势力在欧洲大行其道，它的表现之一就是与极端民族主义合流，以所谓维护国家和民族利益为由排斥其他民族和种族。英国也不例外。以英国独立党（UK Independence Party）、英国民族党（British National Party）、英格兰防务联盟（English Defence League）和英国优先运动（Britain First）等为代表的右翼和极右翼民粹势力迅速崛起，它们充分利用部分民众对少数族裔和移民的担忧"煽风点火"，不断宣传种族主义和排外主义，获得了一大批支持者，成功引发了部分英国白人对少数族裔、移民、多元文化以及本土白人在经济、文化和政治等领域可能的"边缘化"产生的焦虑，导致白人极端种族主义势力迅速攀升。根据英国内政部2019年发布的数据，在2018年3月至2019年3月一年间逮捕的恐怖分子中，白人极端分子所占比例最大，导致白人极端分子的人数连续两年超过其他族裔的极端分子。[①] 更令人担忧的是，极右翼民粹势力还成功"绑架"了一部分主流政治力量，例如，保守党中的一部分右翼分子就曾经利用种族主义和反移民话语吸引民众支持脱欧，甚至中左翼政党工党也由于个别成员曾经发表反犹言论而陷入风波，并险些造成工党分裂。

（三）长期奉行的新自由主义政策在客观上加剧了种族不平等

除了上述在个人和机构层面以及政党层面存在的结构性种族主义之外，英国执政者长期奉行的新自由主义政策也在客观上加剧了种族不平等。

撒切尔夫人1979年当选英国首相之后，推翻了之前工党政

[①] Lizzie Dearden, "More White People Arrested over Terrorism Than Any Other Ethnic Group for Second Year in a Row", https://www.independent.co.uk/news/uk/crime/white-people-terror-offences-number-ethnic-group-asian-home-office-a9376846.html.

府实施的致力于减少贫困和财富再分配等政策，转而大规模推行新自由主义政策。尽管此后历届英国政府对这一政策都实行过不同程度的"修正"，但包括工党在内的执政者都没有对其"内核"进行过改动，新自由主义政策的核心要素至今仍对英国产生着重要影响。

新自由主义的核心理念是强调自由化、私有化和市场化，反对国有制，反对任何形式的国家干预，认为政府的作用只是对经济进行调节，以及规定市场活动的框架条件。在这种理念支配下，英国政府鼓吹收缩政府职能、削减公共开支、弱化国家的经济社会职能，强调市场和社会的作用。其具体举措包括：聚焦于股东利益最大化，提倡为富人降税，例如，1988年税收改革将所得税的最高一级从60%减少到40%；同时实施削减社会福利，强调个人责任的社会保障制度，并致力于公共服务的私有化。无论是降低税收，还是实现公共服务私有化等举措，都削弱了国家作为防范风险的"保障者"的职能，无疑更有利于富人，而不利于对社会福利依赖程度更大的普通劳动者。换言之，新自由主义的后果之一就是造成了贫富差距，社会公平度相对较低。① 而少数族裔中贫困人口所占比例相对较高，因此是新自由主义政策首当其冲的"受害者"，从而在客观上加剧了种族之间的不平等。②

长期以来，新自由主义备受批评。一些学者认为，新自由主义理念是"疯狂的"，是在为英国"掘墓"③。新自由主义是资本主义走向垄断阶段的产物，也是垄断资本主义的理论支撑，但由于其自

---

① 田德文：《修正新自由主义：英国政府新战略研究》，《欧洲研究》2020年第6期。
② "Neo-liberalism: Its Impact on Social Inequality and Health Status", https://www.thesociologist.co.uk/neoliberalism-its-impact-on-social-inequality-and-health-status/.
③ Hamza Ali Shah, "How Neo-liberalism Made Britain Vulnerable to Covid", https://tribunemag.co.uk/2020/12/how-neoliberalism-made-britain-vulnerable-to-covid-19.

身的缺陷，无论是肇始于2007年、2008年的金融危机，还是公共医疗体系在新冠肺炎疫情中的崩溃；无论是财富的严重分配不均，还是不同种族之间的巨大不平等，均与新自由主义的缺陷有关，这也恰恰说明了资本主义制度本身存在着无法"矫正"的缺陷。

结　语

英国政府公然宣称自己是最公平的社会，在种族平等方面是"其他以白人为主的社会的最佳典范"①，同时也不断宣扬"平等、公平"等价值观，但事实却让我们得出了相反的结论。新冠肺炎疫情让我们看到，不仅少数族裔的感染率和死亡率均远远高于白人群体，而且，少数族裔在就业、生活水平等各个方面遭遇到严重危机，这与其面临的根深蒂固的社会不平等直接相关，而种族主义则是阶级社会里"导致不平等的核心要素"②。正如英国工会联合会秘书长弗朗西斯·格雷迪（Frances O'Grady）指出的，疫情是整个社会存在的结构性种族主义的一面镜子，必须采取措施应对并终结结构性种族主义与不平等。③

然而，种族主义深植于英国的历史、社会观念和政治体系之中，白人与非白人种族之间的对立分野在英国始终存在，种族歧视不仅体现在个人层面，也体现在国家政治和社会机构之中，甚至被

---

① Commission on Race and Ethnic Disparities, "Commission on Race and Ethnic Disparities: The Report", https://assets. publishing. service. gov. uk/government/uploads/system/uploads/attachment_data/file/974507/20210331_-_CRED_Report_-_FINAL_-_Web_Accessible.pdf.

② The Health Foundation, "Build Back Fairer: The Covid-19 Marmot Review——The Pandemic, Socioeconomic and Health Inequalities in England", https://www. health. org. uk/sites/default/files/2020-12/Build-back-fairer——Exec-summary. pdf.

③ Suban Abdulla, "Trade Unions: COVID Job Losses Shows Structural Racism in UK Workforce", https://uk. finance. yahoo. com/news/racism-inequality-uk-labour-force-unemployment-rate-bame-workers-coronavirus-135211734. html.

固化。但英国政府并未对种族不平等和种族主义给予足够的重视，正如英国平等与人权委员会前主席艾萨克（David Isaac）所说，英国政府在解决种族不平等问题上的努力更多是"零碎修补"和"断断续续"的，更多是"陈词滥调的呼吁"而非实际政策。① 这样的立场只会导致经济与社会不平等不断加剧，而无法从根本上解决种族不平等问题。英国政府这样的态度也开始让更多的民众质疑，不平等是否不仅造成了资本主义的危机，而且还造成了民主的危机？② "舆观"于2016年和2017年进行的调查表明，只有1/6的被调查者认为今天的资本主义运行良好；相较于资本主义，更多的年轻人更青睐社会主义。正如英国社会主义平等党（Socialist Equality Party）所说，要消灭疫情，消灭种族主义，必须推翻资产阶级政府，建立工人自己的政党和自己的政府。③

---

① 参见黄培昭、李应齐《英国种族不平等问题持续恶化》，《人民日报》2016年8月22日。
② Robert Joyce and Xiaowei Xu, "Inequalities in the Twenty-first Century: Introducing the IFS Deaton Review", https://www.ifs.org.uk/inequality/wp-content/uploads/2019/05/The-IFS-Deaton-Review-launch.pdf.
③ Robert Stevens, "UK: Pandemic Hit Working Class Hardest due to Deep Social Inequality", https://www.wsws.org/en/articles/2020/12/17/marm-d17.html.

移民折射下的法国社会不平等[*]

彭姝祎

法国原本是一个较为重视社会公平的西方国家,和英国等长期奉行自由主义的国家相比,贫富差距不大,基尼系数较小。但是21世纪以来,法国社会的贫富差距逐步拉大,不同阶级、不同种族的人在就业、就学和就医等领域逐渐面临日益严重的社会不平等。突如其来的新冠肺炎疫情凸显并且加剧了这些不平等。占法国总人口近10%的移民集中折射了这种社会不平等,并在新冠肺炎疫情中再度成为社会不平等的牺牲品。

在新自由主义的价值取向下,法国的经济、社会政策向资本倾斜,重效率轻公平,降低对劳工等弱势群体的保护,是法国社会不平等加剧的根源。法国左翼政党为选票计而抛弃中下阶层,转而代言中上阶层,在经济和社会政策上右倾,客观上纵容并恶化了社会不平等。

一 移民折射着法国社会的不平等

社会不平等的扩大是法国目前面临的一大问题。在20世纪90年代之前,由于左翼政党和左翼思潮的强大,法国对劳工等弱势群

[*] 原载《世界社会主义研究》2021年第8期。

体的保护相对较好，有效防止了社会的贫富分化。但是，从20世纪90年代起，特别是近些年，伴随着新自由主义思潮的上升，法国的贫富不均现象逐渐显现、加剧，并以移民为棱镜折射出来。

法国人口的1/10左右由移民组成，其中以非洲裔移民为主。这个庞大的群体，在就业、就学和就医等方面均与法国本土居民存在巨大差距，整体上沦为社会底层。法国国家统计局的数据表明，2015年，法国移民家庭的人均收入中位数为1152欧元，贫困率高达38.6%，远在全国平均水平之上（详见表1），其中非洲裔移民的贫困率尤其高，是本土居民的4倍，达44.6%。法国移民占比最高（30%）的地区——大巴黎地区的塞纳-圣但尼省（Seine-Saint-Denis），是全国最贫困的地区。

表1　法国生活水平和贫困率排名

	人均收入中位数（欧元/月）	贫困率（%）
移民家庭	1152	38.6
-非洲裔移民	1095	44.6
-欧洲其他国家移民	1448	25.0
-欧洲以外国家和地区移民	1104	42.0
混合家庭（移民+非移民）	1533	19.0
非移民家庭	1762	11.0
全体	1692	14.2

数据来源：Insee-Données 2015 - ? Observatoire des inégalités，转引自 Observatoire des inégalités，"Les immigrés frappés par la pauvreté et les bas revenus"，https://www.inegalites.fr/Les-immigres-frappes-par-la-pauvrete-et-les-bas-revenus?id_theme=24。

移民之所以沦为最贫困的群体，主要有如下因素。

（一）去工业化导致移民成为结构性失业和非正规就业的主力

移民是第二次世界大战后法国出于恢复经济的目的作为劳工引

进的，主要分布在采矿、建筑、冶金、纺织、机械制造等技术含量不高的劳动密集型工业企业。从 20 世纪七八十年代起，法国开始调整产业结构，开启了大规模的去工业化进程，第一和第二产业在国民经济中的占比大幅度下降，分别从 21% 和 37% 降至 2.6% 和 20.3%；反之第三产业大幅度上升，从 21% 升至 75.9%，成为欧盟成员国中第三产业占比最高（比欧盟平均水平高 4%）、工业占比最低的国家之一（比欧盟平均水平低 3.4%）。[1] 产业结构调整带来了大规模的结构性失业，工人特别是非技术工人受到的冲击最大：从 1970 年到 1982 年，产业工人在法国总就业中的占比从近 40% 降至 15%，又降至 2017 年的 7%；其中技术工人就业从 1982 年的 7% 降至如今的 4%，非技术工人从 9% 降至 3%。[2]

以非技术工人为主的移民成为结构性失业的主要牺牲品，失业率长期在 15%—20%，大大高于全国平均水平（低于 10%）；其中非洲裔移民失业率尤其高，长期在 20% 左右的高位徘徊。[3] 在某些老工业基地，由于工厂、矿山等倒闭，非洲裔移民失业率一度接近 50%，移民青年失业率更高，接近 2/3。为了糊口，这些缺乏一技之长又得不到再就业培训的移民不得不进入服务业，特别是以非正规就业为主的服务业。这些服务业收入低且不稳定，致贫风险远高于全国平均水平。

（二）移民被隔绝在优质教育资源之外，受教育程度低

移民劳工大多聚居在郊区，这使他们被隔离在优质的教育资源

---

[1] 1962—2017 年数据，参见 https://www.vie-publique.fr/fiches/269995-les-grands-secteurs-de-production-primaire-secondaire-et-tertiaire。

[2] "Industrie: trois choses à savoir sur le déclin des ouvriers en France", *Les Echos*, 28 juil, 2020.

[3] Observatoire des inégalités, "Chmage des immigrés: le poids des inégalités sociales et des discriminations", https://www.inegalites.fr/Chomage-des-immigres-le-poids-des-inegalites-sociales-et-des-discriminations?id_theme=24.

之外。

移民劳工初到法国时被集中安置在郊区的廉租房里，久而久之便形成了高度封闭、与世隔绝的移民聚居区。法语中"郊区"（banlieue）一词在特定语境下便指"移民聚居区"。移民聚居于郊区的一大后果是无法享有优质的教育资源。"郊区"学校即"移民子弟"学校师资力量普遍薄弱，和主流街区无法相提并论。而贫困的移民既没有经济能力搬到主流街区，又受自身文化程度、对教育的重视程度和眼界所限，无力督导子女学习或不重视学习，最终其后代和非移民后代在学业上的差距越拉越大。统计结果证明了这一点：与非移民青少年相比，移民青少年有辍学率高、升学率低的特点；非移民中没有文盲，移民中有4%的文盲；9%的男性移民和17%的女性移民仅有小学文化程度，二者都远高于本土居民（分别是2%和7%）；没有任何文凭的移民数量也远在本土居民之上。

基础教育的不平等最终体现在高等教育领域。调查表明，最终进入名牌大学，进而获得更多优质就业机会的移民子女要远低于非移民子女，正所谓"寒门难出贵子"！

歧视是移民难以就业的另一大重要因素。尽管法国政府明令禁止包括种族歧视在内的任何就业歧视，但是法国社会对移民特别是非洲裔移民的隐性歧视无处不在。调查表明，姓名带有明显阿拉伯色彩的求职者获得面试的机会比姓名看上去是"法国人"的低两成；调查还表明，毕业五年后，移民青年的失业率是本土青年的近三倍，其中非洲裔青年的失业率尤其高，是本土青年的四倍；此外在同样学历下，移民青年被录取为公务员的难度要大得多，他们更容易落入非正规就业部门。

低学历低技能的移民后代被迫重复父辈的老路——靠低技术甚至无技术含量的非正式工作糊口，随时面临失业风险，就此陷入贫困代际传递、阶级固化的恶性循环。

二 新冠肺炎疫情以移民为棱镜，凸显并加剧了法国社会的不平等

新冠肺炎疫情的发生加剧了法国社会的不平等。移民作为经济和劳动力市场最弱势的群体，如棱镜一般折射出了这一点。

（一）新冠肺炎疫情加剧了移民在健康领域的弱势地位

新冠肺炎疫情对移民的打击最大。统计表明，疫情期间，移民特别是非洲裔移民的确诊、感染和死亡率均居榜首：如在2020年3月至4月法国疫情最严重的时期，移民死亡人数增长率是本土居民的两倍，集中了全国近半数移民的大巴黎地区，其超额死亡率（excess death rate）位居全国第一；全法移民占比最高（移民占该地区总人口的近30%，其中来自欧洲以外的移民占23.5%[1]）且最贫困的塞纳-圣但尼省超额死亡率最高，在2020年3月1日至4月19日疫情高峰期间为134%[2]，远高于它所在的大巴黎地区的平均水平；2020年3月1日到4月6日，该省死亡人数是2019年同期的近两倍。[3] 正如该省省长、社会党人斯特凡纳·特鲁塞尔（Stéphane Troussel）指出的，"如果说新冠肺炎疫情是杀人的，不平等也一样……这场危机显然对社会不平等和地区不平等带来了十分严重的影响，这一点在塞纳-圣但尼这样一个（人口）年轻、贫

---

[1] 参见 Vie public, "Covid-19: pourquoi une surmortalité en Seine-Saint-Denis?", https://www.vie-publique.fr/en-bref/275595-covid-19-pourquoi-une-surmortalite-en-seine-saint-denis。

[2] Vie public, "Covid-19: pourquoi une surmortalité en Seine-Saint-Denis?", https://www.vie-publique.fr/en-bref/275595-covid-19-pourquoi-une-surmortalite-en-seine-saint-denis。

[3] France Culture, "Stéphane Troussel: A l'évidence, si le Covid-19 tue, les inégalités aussi", https://www.franceculture.fr/politique/stephane-troussel-a-levidence-si-le-covid-19-tue-les-inegalites-aussi。

民色彩浓厚的省尤其明显"①。移民之所以受到冲击最严重，主要有如下因素。

第一，居住条件差。移民特别是非洲裔移民普遍居住条件较差。塞纳-圣但尼省就是典型，该地区的人口密度是全国平均水平的64倍，人均居住面积小，住房拥挤率高达20.6%，远高于巴黎市区（12.7%）。②

第二，禁足率低。在2020年新冠肺炎疫情最严重的时期，法国政府颁布禁足令，规定国民非必要不出门。当时2/3以上的管理人员可以居家办公，甚至可随时离开大城市，躲进深山老林、山间海边的独栋别墅。与之形成鲜明对照的是，96%的工人（在法国指工业部门的工资劳动者）和75%的雇员（在法国主要指以服务业为主的非工业部门的工资劳动者）仍需出门上班，从而成为禁足率最低的群体。③ 雇员和工人一样有着共同的处境：收入低、学历低，工作强度大且缺乏弹性，可供自由支配的时间少；两者的通婚率也很高——相当一部分家庭是由男工人和女雇员组成的。

移民中，工人、雇员特别是低端服务业从业者的占比都很高——如塞纳-圣但尼省的移民多从事超市收银、保洁环卫、快递送货、医院养老院看护、家政服务、安保维修等职业，不仅无法居家工作，而且还要为糊口而频繁搭乘公共交通工具通勤。因此，传染风险要远高于非移民。"不平等观察站"指出："某些薪酬最低的职业，如护工、快递员或收银员等，暴露（在疫情下的）风险最高。"④

---

① France Culture, "Stéphane Troussel: A l'évidence, si le Covid-19 tue, les inégalités aussi", https://www.franceculture.fr/politique/stephane-troussel-a-levidence-si-le-covid-19-tue-les-inegalites-aussi.

② Vie public, "Covid-19: pourquoi une surmortalité en Seine-Saint-Denis?", op. cit..

③ Vie publique, "COVID-19: un révélateur des inégalités sociales et territoriales", https://www.vie-publique.fr/en-bref/275223-covid-19-un-revelateur-des-inegalites-sociales-et-territoriales.

④ Observatoire des inégalités, "Crise sanitaire et inégalités: un premier bilan", https://www.inegalites.fr/Crise-sanitaire-et-inegalites-un-premier-bilan.

以养老院为例。法国的养老院是新冠肺炎感染率和死亡率最高的地方，一度高到政府停止统计其病死率的地步。养老院护工中有大量移民，疫情期间，他们不仅因养老院人手短缺而无法停止工作，还要近距离、低防护（防疫物资短缺）地接触可能已被传染的老人，极大地增加了传染风险；回到逼仄的住所后，他们又把疫情传染给家人……

正如法国共产党指出的："健康危机揭示了我们社会中深刻的不平等，并加剧了我们数百万同胞、最脆弱的人和最贫穷的人……的不平等……不平等现象仍然十分严重：一个挤住在单元房里的人口众多的贫民大家庭和住在独栋大房子里的富裕家庭，两者的禁足不可同日而语……"①

第三，健康状况差、医疗资源占有率低。和所有发达国家一样，受职业、收入、受教育程度等因素影响，法国在健康领域存在严重的不平等，这一点尤其体现在移民身上。法国相关研究表明，高学历和富裕人群整体上更健康；而以移民为代表的底层人群患慢性病的风险更大，比全国平均水平高10%，移民的总体健康状况远逊于非移民。法国"不平等观察站"指出："患慢性病的人（在疫情中的处境）最危险，部分原因在于社会不平等。"② 此外，移民街区的医疗资源也相对较少，如塞纳-圣但尼省是法国医生密度最低的省，也是大巴黎地区医院设施最差的省。③ 新冠肺炎疫情发生后，医院很快便发生"挤兑"现象，确诊者无法得到及时救治。

---

① PCF, "Covid-19：protéger la population, relever les défis de la crise-Contribution du Parti communiste français", http://oise.pcf.fr/114808.
② Observatoire des inégalités, "Crise sanitaire et inégalités：un premier bilan", https://www.inegalites.fr/Crise-sanitaire-et-inegalites-un-premier-bilan.
③ Vie publique, "Covid-19：pourquoi une surmortalité en Seine-Saint-Denis?", https://www.vie-publique.fr/en-bref/275595-covid-19-pourquoi-une-surmortalite-en-seine-saint-denis.

对于移民而言，职业因素导致无法禁足和频繁借助公共交通，居住地遥远（移民多住在郊区）导致通勤时间长，居住条件差导致无法保持有效的社交和隔离距离，贫困导致健康状况的普遍低下，人均医疗资源占有少导致无法得到及时的救治，种种因素叠加，最终导致移民的感染和死亡风险均数倍于非移民。

（二）疫情加剧了移民的贫困

疫情同时加剧了移民的贫困。受疫情影响，法国的家庭收入骤降，降幅是1949年以来最大的一次，其中移民家庭的降幅最大，这和移民在就业领域的弱势地位息息相关。法国国家统计局（INSEE）指出，在2020年第一季度新冠肺炎疫情最凶险的时期，法国丧失了71.5万个就业岗位，其中非正规就业受到的冲击最大。[①]"不平等观察站"也指出："失业首先冲击的是短期合同工，特别是低技能的短期合同工。"[②] 在疫情期间，为避免大规模裁员，法国出台了"半失业"措施，即允许企业适当缩减工时并支付部分薪酬，如将5天工时改为3天并支付3天薪资，其余2天薪资由政府以失业救济的方式予以部分补偿。这项措施主要涉及工人（54%）和雇员（36%）[③]，管理阶层几乎不受影响。由于移民在非正规部门就业的比例大，蓝领工人也较多，因此受到的冲击也更大。正如国际劳工组织指出的，新冠肺炎疫情下的非正规就业部门劳工，不是死于病毒，就是死于饥饿。[④]

---

① INSEE, "Les inégalités sociales à l'épreuve de la crise sanitaire: un bilan du premier confinement", 2020, p. 11.

② Observatoire des inégalités, "Crise sanitaire et inégalités: un premier bilan", https://www.inegalites.fr/Crise-sanitaire-et-inegalites-un-premier-bilan.

③ INSEE, "Les inégalités sociales à l'épreuve de la crise sanitaire: un bilan du premier confinement", 2020, p. 11.

④ 《死于病毒或死于饥饿：新冠疫情下的非正规部门劳工的困境》，https://news.un.org/zh/story/2020/05/1056822。

（三）疫情拉大了移民和非移民子女的教育差距

中小学在禁足期间改为线上授课也对移民家庭带来了不容忽视的负面影响。移民家庭要么贫困，无法为子女提供上网设备；要么居住条件差，不具备上网课的环境；要么文化水平低且疲于生计，无力辅导子女功课；要么上述问题兼具。凡此种种，进一步拉大了其子女和非移民子女的学业差距。尽管这些现象在非移民家庭中也存在，但在移民特别是非洲裔移民家庭中更为突出。

概言之，疫情在作为催化剂加剧法国社会不平等的同时，也像放大镜一样凸显了法国社会不同阶级、不同阶层、不同种族的人们在就业、住房、医疗、教育等各个领域的制度性、结构性的不平等。正如法国"不平等观察站"在疫情期间观察到的："社会不平等现象日益加剧，资本主义似乎从未如此强大。"① 法国记者丹尼斯·拉费（Denis Lafay）也指出："禁足惊人地暴露了（法国社会）的不平等。比如隔离地点及物质条件所导致的不平等。试想费拉角（Cap Ferret，位于法国南部，是富豪们青睐的度假海滩）海滩上的巴黎人和蜗居在塞纳－圣但尼的社会保障房中默默无闻的群体（能平等吗）；比如获得保障的物质条件和数字化水平（数字文盲）的不平等……这些'无声的'不平等会以何种形式爆发？禁足还将揭示哪些不平等？"② 法国内政部部长、前社会党人克里斯多夫·卡斯塔纳［（Christophe Castaner）此前是社会党人，后来为追随马克龙而脱离社会党，加入共和国前进党］也承认"经济和社会危机加重

---

① Observatoire des inégalités, "Les classes sociales: permanence et renouveau", https://www.inegalites.fr/Les-classes-sociales-permanence-et-renouveau.
② Denis Lafay, "François Dubet, 'L'épreuve du confinement révèle des inégalités qui peuvent devenir haine'", La Tribune, https://region-aura.latribune.fr/debats/2020－04－06/francois-dubet-l-epreuve-du-confinement-revele-des-inegalites-qui-peuvent-devenir-haine-844301.html.

了困难和不平等"①。移民作为社会底层,他们在疫情下的遭遇集中体现了几乎所有的社会不平等。

三 新自由主义盛行是法国社会不平等的根源

以移民为棱镜折射出的社会不平等是近些年法国社会的缩影。正如"不平等观察站"指出的,长期以来,法国的社会问题被确定为工人阶级和工资劳动者的劳苦问题,但目前不平等问题的重心已经发生转变,从集中表现为工人的困苦转向移民贫困、"困难街区"、青年失业以及"新危险阶级"(即非正规就业群体)的形成等。②实际上,所有这些不平等在移民身上都有着突出的体现——困难街区以移民聚居区为主;青年失业率以移民青年为最高;非正规就业以移民最为典型。因此,移民也是所谓"新危险阶级"的主力。概言之,移民像一面棱镜,折射着所有的不平等。

法国社会日益不平等的根源首要在于新自由主义的盛行。近二三十年来,新自由主义在西方世界的大行其道对原本重视公平和劳工保护的法国造成了重大冲击。在新自由主义价值观的支配下,法国的相关政策逐步向资本倾斜,天平日益倒向效率,削弱了对劳工等弱势群体的保护,这尤其表现在如下方面。

(一)大力压缩医疗健康等领域的公共开支

第二次世界大战后,在法国共产党、法国社会党等左翼力量的

---

① "Stéphane Troussel: A l'évidence, si le Covid-19 tue, les inégalités aussi", https://www.franceculture.fr/politique/stephane-troussel-a-levidence-si-le-covid-19-tue-les-inegalites-aussi.
② Observatoire des inégalités, "Les classes sociales, un outil indispensqble pour comprendre les inégalités", https://www. inegalites. fr/Les-classes-sociales-un-outil-indispensable-pour-comprendre-les-inegalites? id_theme = 20.

大力推动下，法国逐步建立了全球公认的一流的医疗卫生保健体系。但最近二三十年来，为削减财政赤字，刺激经济，法国走上了财政紧缩的道路，如减少医疗投入，大力削减病床等，不仅导致小的医疗机构纷纷倒闭，偏远地区民众看病成为难题，更导致在新冠肺炎疫情面前，医院收治能力严重不足，塞纳-圣但尼省就是例子。

2019年以来，法国医护人员曾多次为反对政府削减医疗支出而游行抗议，他们称20年来目睹了医疗系统的逐步坍塌，警告政府如果继续削减开支，法国的卫生系统将彻底崩溃，届时患者将因无法得到救治而面临生命危险。① 不幸的是一语成谶。这也是法国总统马克龙在疫情期间指出"这场大流行病所揭示的是，有些商品和服务必须置于市场规则之外"②，并表示要吸取教训，夺回国家对民生医疗行业的控制权的原因。

近些年法国的其他社会投入也呈缩减态势，如家庭津贴缩水、住房补贴降低、失业保障时间和失业金水平均下降等，概言之，对劳工等弱势群体的保护不断减弱，法国政府宣称是为了提高效率，促进增长。然而托马斯·皮凯蒂（Thomas Piketty）等人的研究表明，经济增长并没有惠及普罗大众，相反财富日益集中到一小撮人手里，社会的贫富差距越来越大。法国本是西方国家中较为重视社会公平的，贫富差距不大，但是近年来贫富差距也出现加大趋势，如2018年的统计表明，法国最富裕的10%人口和最贫穷的10%人

---

① "French medics warn health service is on brink of collapse", https://www.theguardian.com/world/2019/jun/11/french-medics-health-service-collapse-doctors-nurses-protest-outside-french-health-ministry-strikes.

② 马克龙在2020年3月12日的电视讲话，参见 "VIDéO. Emmanuel Macron：Ilya des services qui doivent être placés en dehors des lois du marché", https://www.leparisien.fr/video/video-emmanuel-macron-il-y-a-des-services-qui-doivent-etre-places-en-dehors-des-lois-du-marche-12-03-2020-8278905.php。

口的生活水平差最少为3.5。① 最富有的10%人口拥有社会总资产的46%。② 居民生活水平中位数与最富有的10%人口之间的差距不断拉大。同期，得益于资产收入的增加，最富裕家庭的生活水平急剧上升，而最贫困家庭的生活水平由于住房补贴的降低呈现下滑趋势，贫困率也随之上升。统计同时表明：富裕阶层主要是金融业从业者、自由职业者和管理阶层；贫困阶层则以工人和雇员为主；从种族来看，移民更贫困；从性别来看，女性更贫困（因女性失业率和就业于非正规部门如低端服务业的比例更高）。③

（二）为追求利润最大化而用非正规就业取代正规就业

21世纪以来，企业为在经济全球化中获得比较优势而削减包括工资和社会福利在内的生产成本，用短期、临时性合同取代长期、固定合同，甚至将部分业务外包，日益成为信奉新自由主义的西方各国政府的普遍做法。为改善就业（制造业的萎缩导致失业攀升），政府也鼓励发展这种所谓的"灵活就业"，特别是在服务业领域。法国也不例外，如政府曾通过减免社保缴费等方式来鼓励这类就业。其结果是劳动力市场日益两极分化，正规就业者人数不断减少，反之，临时工、合同工、小时工等非正规就业不断增加。非正规就业者在各方面都缺乏保障——薪资水平低且不稳定；被排斥在社会保障体系之外，或难以被某些社保项目所覆盖，整体上面临更高的致贫风险；此外，与正规就业者相比，非正规就业者分散、碎

---

① INSEE, "En 2018, les inégalité de niveau de vie augment", http://ses.ens-lyon.fr/actualites/rapports-etudes-et-4-pages/en-2018-les-inegalites-de-niveau-de-vie-augmentent-insee-septembre-2020 [Le rapport interdécile (D9/D1) est le rapport entre le niveau de vie plancher des 10% les plus aisés et le niveau de vie plafond des 10% les moins aisés. Il est de 3,5 en 2018.]

② "Patrimoine, revenus... faites-vous partie des riches?", https://www.capital.fr/votre-argent/patrimoine-revenus-faites-vous-partie-des-riches-1372140.

③ "Patrimoine, revenus... faites-vous partie des riches?", https://www.capital.fr/votre-argent/patrimoine-revenus-faites-vous-partie-des-riches-1372140.

片化，难以以工会的形式组织起来进行集体谈判，正当利益诉求难以伸张。而移民作为看上去"取之不尽，用之不竭"的低端劳动力蓄水池，成为非正规就业的典型代表。

针对上述现象，法国知名左翼学者安德列·高兹（André Gorz）曾指出："稳定的全职就业，即能持续全年和（一个人）整个有劳动能力的生涯的就业成了一小部分人的专利；反之近乎一半的经济活动人口无法再经由劳动融入一个生产性的团体、进而经过在该团体的职业活动来确定自己在社会中的位置。""在英国、法国、德国和美国，35%—50%的经济活动人口生活在我们所谓的'劳动文明'及其价值等级和美德与利润伦理的边缘。社会体系被一劈为二，形成了人们通常所说的'双面社会'或'双速社会'。结果是社会的组织与结构快速解体。在金字塔的顶端是有节制的竞争，它通向那些十分稀有、既稳定又有上升机会的就业……社会走向竞技体育模式，社会关系走向你死我活的斗争模式……那些不是赢家的男女被抛到了社会的边缘……"①

非正规就业中有大量家政服务业，这也是法国移民特别是女性移民的普遍处境。针对该现象，高兹也作出了精辟论述，他指出："在自由经济条件下，未来唯一有可能创造大量就业的活动是人员服务。如果能把迄今为止由每个人自己承担的（家务）活动（等）转变为有偿服务供给，就业就会无限发展，按照经济学家们的说法这就是'创造更多就业的新增长'，即经济'三产化'和以'服务社会'取代'工业社会'。""然而我们看到，以这种方式挽救工薪社会将引发一系列问题和矛盾……人员服务……有可能创造大量就业，因为在大多数情况下，那些替您从事一小时家务劳动的男男女

---

① ［法］安德列·高兹：《资本主义，社会主义，生态：迷失与方向》，彭姝祎译，商务印书馆2018年版，第28页。

女的薪酬比您本人工作一小时的所得要少得多。人员服务的发展靠的是普罗众生的贫困化，而这部分人在不断增加，我们在北美和西欧都发现了这一点。一边是为个人提供服务者，一边是购买服务者，两者之间在社会和经济领域的不平等变成了就业发展的新引擎，该引擎建立在社会的双面性和某种南非化之上，就像殖民模式正在大都市的心脏生根发芽！"①

高兹一针见血地揭露了问题的实质，即随着制造业的衰落而出现的大量低技术或无技术含量的服务业造成了社会的两极分化：一方面越来越多地被剥夺了正规就业机会的人不得不靠出卖服务为生；另一方面服务的廉价使富裕阶层得以购买更多的服务，从而腾出更多时间去挣更多的钱。结果是财富日益集中到一小撮人手中，而普通人则日益被困在廉价的低端就业中。两者的收入差距日益拉大，后者日益贫困。

法国"社会观察研究中心"得出了同样结论："事实上，通过逐步提升（个人）资质而在工作岗位上节节提升已不再像20世纪八九十年代那样是个不可避免的过程。低端服务业的增长满足了正在建立的不平等的服务社会的需求，一方面收入差距的扩大意味着富裕阶层有条件使用低薪劳动力；另一方面，无技术含量的就业的增加得到了公共补贴的支持……这些公共补贴包括削减低薪（就业）的社保缴费和为家政服务的雇佣者减税。（结果导致）一些原本有望提升社会阶层的人，特别是鉴于自身的教育背景，发现自己陷入了低技能、低报酬的琐碎工作。这滋生了社会的紧张。"②

---

① ［法］安德列·高兹：《资本主义，社会主义，生态：迷失与方向》，彭姝祎译，商务印书馆2018年版，第29—32页。
② Centre d'observation de la société, "Comment évoluent les catégories sociales en France？", http://www.observationsociete.fr/categories-sociales/donneesgenerales/comment-evoluent-les-categories-sociales-en-france.html.

换言之，在新自由主义思想影响下，为促进就业与增长，通过减免社保缴费和个税等方式来鼓励发展以服务业为代表的非正规就业，纯粹是本末倒置。实际上经济增长并未惠及劳苦大众，相反连一些原本有望通过教育来改善处境的人们也被永远困在就业市场的底端，社会上升的通道被堵死。改善就业、降低失业的正确做法，正如高兹指出的，应是创造高质量就业并提供完善的职业技能培训，使人们有能力获得并保有稳定优质的就业，而不是被钉在低质低薪的岗位上翻不了身。

四 左翼政党——社会党的蜕变客观上纵容了社会不平等

法国最大的左翼政党——社会党自称工人阶级政党，理论上以捍卫社会中下层利益、维护社会公正为己任。但随着时代的变化，社会党逐渐发生蜕变，不再代言中下阶层，这一事实客观上纵容甚至加剧了社会不平等。

20世纪七八十年代以来，随着产业结构的调整，法国就业结构发生巨变。1982—2018年，"高级管理人员和中间职业者"（其中大部分为一般管理人员，属于工人上层——"白领"或小资产阶级，少数是作为资本家的顶尖管理者如首席执行官等）从占就业人口的28%增至44%[1]，工人阶级的中下阶层数量则有所缩减。阶层分化导致了社会党的变化：在选举制度下，为争取更多选民，实现上台执政的目的，社会党逐渐疏远了以工人和雇员为代表的社会中

---

[1] Centre d'observation de la société, "Comment évoluent les catégories sociales en France?", http://www.observationsociete.fr/categories-sociales/donneesgenerales/comment-evoluent-les-categories-sociales-en-france.html.

下阶层，转而争取中上阶层选票，上台后又在一定程度上实施了代表大资本利益的政策。研究表明，早在1985年社会党的"平民"色彩就已经淡化——1985年，社会党党员中工人和雇员的占比是22%（工人10%、雇员11%），后进一步降至2011年的12%（工人3%，雇员9%）；相反，高管的占比则翻番，从19%升至38%；从学历上看，社会党的精英色彩也越来越浓：1985年，社会党党员中有大学及以上学历者的占比是39%，2011年升至64%，数倍于全国平均水平（14%）。① 在疏远中下阶层的同时，社会党的经济社会政策不断右倾，向中右靠拢，在某些方面甚至和后者趋同。所以我们看到，社会党在阔别法国政坛17年后再次执政时（2012年），非但没有纠正右翼执政时造成的社会不公平，反而助长了社会不公平。

另一方面，一部分被社会党抛弃的底层民众转去支持反精英、反全球化的右翼民粹主义政党——国民联盟（由"国民阵线"更名而来），致使该党不断发展壮大，目前已经成为法国政坛数一数二的力量。国民联盟同时以反移民著称，它不断煽动法国社会对移民的敌视和对立情绪，将法国今日的种种"不幸"都归咎于移民，如大肆宣扬移民抢法国人的饭碗，实则移民所从事的大多是法国本土居民所不愿从事的脏乱差工作。我们甚至看到下列悖论：一方面法国社会存在大量失业人口；另一方面大量低端工作没人干，只能依靠移民。这就是为什么法国政府迄今仍需从非洲引进一定数量移民的原因——以补充"低端劳动力"的不足。

此外，在国民联盟不断发展壮大的所谓"竞争压力"下，中右政党为和国民联盟争夺选民，也不断右倾，表现出一定程度的"极

---

① "Sociologie des adhérents socialistes", Les Cahiers du CEVIPOF, n° 59, décembre 2014. p. 8.

右化",每到大选前夕,便拿移民来制造话题。

法国政坛的集体右倾,不仅使移民所面临的种种社会不公难以得到法国社会全面、客观和公正的认识,更得不到治理,反而进一步恶化了移民的不利处境。

结　论

新冠肺炎疫情下,以移民为棱镜折射出的法国社会日益加剧的不平等,是近些年新自由主义在法国逐渐占上风的结果。在新自由主义思想支配下,对资方和市场的维护日益压倒对劳方和社会公平的维护。有保障的优质就业不断缩减;无保障的临时性就业不断增加;战后在法国共产党和社会党等强大左翼政治力量推动下建立的劳工阶层的医疗、养老等社会保障被不断压缩,法国社会贫富两极的差距不断拉大。

正如丹尼斯·拉费指出的:"在托马斯·皮凯蒂之后,社会科学工作者、智库和经济学家都正确地强调了过去30年来不平等现象的不断增加。他们发现并揭露的不平等实际上是非常大的不平等,是使5%、1%、0.1%甚至0.01%的人口与其他人口相对立的不平等。他们是对的,因为财富集中在极少数人手里,这带来了经济问题以及社会和财政问题,这不仅仅事关正义,因为一部分社会成员因此逃脱了'日常的'社会生活和国家的管控。"① 拉费的最后一句话意指,在新自由主义的经济社会政策下,富裕的有产阶级几乎可以为所欲为。事实上,法国在削弱对劳工阶层保护的同时,

---

① Franois Dubet, "L'épreuve du confinement révèle des inégalités qui peuvent devenir haine", https://region-aura. latribune. fr/debats/2020 – 04 – 06/francois-dubet-l-epreuve-du-confinement-revele-des-inegalites-qui-peuvent-devenir-haine-844301. html.

相关政策日益向有利于资本的方向倾斜，如马克龙上台后立刻取消了民众千呼万唤、借社会党再度执政之际始出台的"巨富税"，相反他没有忘记开征"燃油税"。概括而言，只要新自由主义的政策取向不变，法国社会的贫富不公就不会改变，相反只会进一步恶化并激化社会矛盾。

意大利福利资本主义的"新物质匮乏"危机[*]

李凯旋

意大利是欧洲最早建成福利资本主义（也称福利国家）的国家之一。新冠肺炎疫情发生后，意大利急剧恶化的贫困问题备受瞩目。据意大利著名的《24小时太阳报》报道，意大利粮行基金会（Fondazione Banco Alimentare）在2020年上半年，救济了210万因疫情难以果腹的贫困人口，比2019年同期增加了40%。① 但事实上，自2008年以来，意大利经济复苏乏力、贫困人口增加、贫富差距与地域差距扩大等严峻现实，就已大大打破了其自福利国家建成以来的物质富足的"丰裕社会"表象。意大利呈恶化态势的"新物质匮乏"危机，不仅源于不公正的财富分配制度，还与代议制民主的"民主赤字"密切相关。

一 意大利"新物质匮乏"危机加剧

与第二次世界大战前后大规模绝对物质匮乏以及资本主义"黄

---

* 原载《世界社会主义研究》2021年第6期。
① "Povertà e Disuguaglianza: in Italia Almeno il 15% della Produzione Alimentare Viene Sprecato", https://www.infodata.ilsole24ore.com/2020/08/09/poverta-e-disuguaglianza/.

金时代"的"物质丰裕"不同的是,自20世纪八九十年代新自由主义主导经济社会各领域改革以来,意大利社会逐步陷入了一种被称为"新物质匮乏"的困境。贫困问题的恶化与贫富差距的扩大是"新物质匮乏"的一体两面。

(一) 贫困人口大规模增加,贫富分化加剧

尽管意大利中下层民众在2020年遭遇的生计风险尤为引人注目,但事实上,意大利贫困问题的恶化,始于2008年国际金融危机。新冠肺炎疫情的严峻形势,某种意义上是此前趋势的延续。根据经合组织公布的数据,2008年意大利相对贫困率为11.9%,2018年增至13.9%,在欧元区19国中排名第五,仅低于拉脱维亚、爱沙尼亚、立陶宛和西班牙四国。①

意大利的绝对贫困②比例和人口规模,近年来也呈增长态势。根据经合组织(OECD)公布的数据,意大利绝对贫困人口占相对贫困人口的比例已经由2008年的33.2%增至2017年的40.4%,增长幅度高达21.6%,远高于德国(5.9%)以及贫困问题也长期备受关注的英国(13.5%)和西班牙(9.1%)③。意大利国家统计局在近两年的报告中指出,意大利2018年绝对贫困率为7%,500万人处于绝对贫困中;2019年略降至6.4%,人口规模为460万人。但新冠肺炎疫情的发生,再次恶化了意大利的绝对贫困问题——据初步估算,2020年绝对贫困人口比2019年增加了100万人,达到了2005年以来的最高水平。④

---

① 参见经合组织数据库,https://data.oecd.org/inequality/poverty-rate.htm。
② 绝对贫困,指在一定的社会生产方式和生活方式下,个人和家庭依靠其劳动所得和其他合法收入不能维持其基本的生存需要;相对贫困,指在特定的社会生产方式和生活方式下,依靠个人或家庭的劳动所得或其他合法收入虽能维持其食物保障,但无法满足在当地条件下被认为是最基本的其他生活需求的状态。
③ "Poverty Gap", https://data.oecd.org/inequality/poverty-gap.htm#indicator-chart。
④ "Povertà in Italia, le Stime Istat per il 2020", https://www.minori.gov.it/it/node/7558。

贫富分化加剧，是"新物质匮乏"危机的另一面。意大利的贫富分化问题，在西欧传统福利国家中最为严峻。据经合组织统计，2017年，意大利人口前20%的最富有群体收入是同样占人口20%的最贫困群体收入的6.1倍，高于德国（4.5倍）和法国（4.4倍），更高于北欧的瑞典（4.2倍）和芬兰（3.8倍），仅西班牙（6倍）和英国（6.2倍）与之不相上下。① 据世界银行公布的数据，近10年来，意大利的基尼系数及其增长幅度，都远高于英国、德国、法国、瑞典和芬兰等其他欧洲传统福利国家。2008年，意大利的基尼系数为0.338，及至2017年增至0.359，增幅达6.2%。如表1所示，德国、法国、瑞典、芬兰等国基尼系数较低，且尚未像意大利那样呈现明显的上涨趋势。

表1　　意大利及其他欧洲主要福利国家基尼系数

	2008年	2010年	2012年	2014年	2016年	2017年
意大利	0.338	0.347	0.352	0.347	0.352	0.359
德国	0.311	0.302	—	—	0.319	—
法国	0.330	0.337	0.331	0.323	0.319	0.319
英国	0.341	0.344	0.323	0.34	0.348	—
西班牙	0.342	0.352	0.354	0.361	0.358	0.347
芬兰	0.278	0.277	0.271	0.268	0.271	0.274
瑞典	0.281	0.277	0.276	0.284	0.296	0.288

数据来源：https://data.worldbank.org/indicator/SI.POV.GINI?locations=IT&name_desc=false。

（二）青少年和移民生存境遇的恶化

意大利青少年和移民，是意大利福利制度中的边缘化群体，遭遇着更为严峻的"新物质匮乏"困境。据经合组织数据库显示，

---

① "Income Distribution and Poverty", https://www.oecd.org/social/income-distribution-database.htm.

2008年意大利青年失业率为18.9%，此后不断大幅攀升，至2014年达到41.3%的峰值后回落，到2019年降至27.8%。①

意大利未成年人的贫困问题，是各年龄段人群中最严峻的。据意大利国家统计局统计，2008—2017年，18—65岁人口相对贫困率从10.3%增至14%；而未成年人相对贫困率则从16.1%增至18.7%，远高于66岁以上老人——该群体贫困率从13.3%降至9.7%。② 由于经济不平等问题的加剧，意大利国家统计局近两年着重分析绝对贫困的数据。据统计，2018年，多达126万名意大利未成年人陷入了绝对贫困，比率高达12.6%，而意大利公民的绝对贫困率为6.4%。③ 2019年意大利多达460万的绝对贫困人口中，有113.7万名为未成年人。④ 2020年新冠肺炎疫情发生后，高达134.6万名未成年人陷入绝对贫困。意大利未成年人绝对贫困率较2019年攀升了2个百分点，增至13.6%。⑤

此外，移民在意大利面临的"物质匮乏"问题，要比意大利公民严重得多。据意大利国家统计局公布的数据，2014年，移民家庭的绝对贫困率为23.9%，而意大利家庭为4.3%。⑥ 随着意大利贫困问题的不断恶化，及至2019年，移民的绝对贫困率高达30.3%，远高于意大利公民的6.4%。⑦

---

① "Youth Unemployment Rate"，https://data.oecd.org/unemp/youth-unemployment-rate.htm#indicator-chart.

② "Povertà Nuove Serie: Individui Poveri-Sesso ed Età"，http://dati.istat.it/? lang = it&SubSessionId = 3ac26e7b-1666-4240-8a9f-9f9d80f7cb31#.

③ "Le Statistiche dell'ISTAT sulla Povertà Anno 2018"，https://www.istat.it/it/files/2019/06/La-povertà-in-Italia-2018.pdf.

④ "Le Statistiche dell'ISTAT sulla Povertà Anno 2019"，https://www.istat.it/it/files/2020/06/REPORT_POVERTA_2019.pdf.

⑤ "Povertà in Italia，le Stime Istat per il 2020"，https://www.minori.gov.it/it/node/7558.

⑥ "Condizione Economiche delle Famiglie e Disuguaglianze"，https://www.istat.it/it/immigrati/prodotti-editoriali/disuguaglianze.

⑦ "Povertà in Italia，le Stime Istat per il 2020"，https://www.minori.gov.it/it/node/7558.

(三) 意大利南部的"新物质匮乏"问题更为严重

在经济发展和福利制度建设相对落后的意大利南部,有更高比例的民众陷入了"新物质匮乏"困境。例如,意大利的国民医疗体系,虽然基于普救主义原则而构建,但因自20世纪90年代以来经历了市场化和地区化改革,南部医疗体系面临更严重的医疗资源匮乏问题。2017年,北部伦巴第和艾米利亚—罗马涅两大区的公共医疗支出占各自GDP的比重分别为4.98%和5.40%,但人均支出分别达到了1904欧元和1940欧元,仍高于全国的平均水平1866欧元,更高于南部多数大区的人均水平——不足1800欧元。[①] 由于医疗资源相对匮乏,多年来意大利南部民众北上跨区就医盛行。

同时,意大利南部的贫困问题在2008年国际金融危机后进一步突出。2008年,意大利家庭绝对贫困率为4.6%,南部为7.9%,中部为2.9%,而北部地区仅为3.2%。[②] 及至2019年,意大利南部家庭绝对贫困率为8.6%,大大高于中部的4.5%和北部的5.8%[③]。2020年,意大利南部家庭绝对贫困率增至9.3%,北部家庭绝对贫困率增至7.6%。[④]

二 "新物质匮乏"源于不公正的财富分配制度

意大利贫困人口的增加、贫富分化的加剧,尤其是青少年和移民生存境遇的恶化以及"南方问题"进一步凸显,与其不公正的财

---

① "Rapporto Osservasalute 2018 Stato di Salute e Qualità dell'assistenza nelle Regioni Italiane", https://www.osservatoriosullasalute.it/wp-content/uploads/2019/05/ro-2018.pdf.

② "La Povertà in Italia nel 2008", https://www.istat.it/it/files/2011/02/testointegrale20090730.pdf.

③ "Le Statistiche dell'ISTAT sulla Povertà Anno 2019", https://www.istat.it/it/files/2020/06/REPORT_POVERTA_2019.pdf.

④ "Povertà in Italia, le Stime Istat per il 2020", https://www.minori.gov.it/it/node/7558.

富分配制度密切相关。正如法国经济学家皮凯蒂（Thomas Piketty）和美国政治经济学家安瓦尔·谢克（Anwar Shaikh）在各自著作中所指出的那样，利润率超过经济增长率使得以财产性收入为生的群体积累财富的速度远远快于以劳动谋生的群体。① 而所谓利润率超过经济增长率，与资本主义金融化密切相关——这正是近年来资本主义社会不平等加剧的关键机制。此外，如其他西方发达国家一样，意大利"劫贫济富"的税收制度和再分配功能虚弱的福利制度，也对其"新物质匮乏"危机起到了推波助澜的作用。

（一）意大利资本主义金融化与税收制度的"劫贫济富"特性

盎格鲁-撒克逊的金融文化（即新自由主义金融模式）对意大利影响显著，股东权益最大化准则在20世纪70年代以来逐步被意大利大中企业奉为圭臬。20世纪80年代中期，意大利对本国企业进行了所谓"必要的金融重构"，由此开启了资本积累的战略转型。意大利企业越发倾向于追求短期的金融资产收益，而非工业生产利润。早在1988年，就有意大利学者指出："近年来，意大利工业企业的营收预期呈现出异乎寻常的增长态势……对流动性金融资产的投资与本应致力于生产的工业企业的性质不符。"② 与此同时，意大利各大银行实施应收款证券化改革。这两大变化，促使意大利很快地如英美等国，发展出了庞大的金融交易市场。除此之外，自20世纪90年代以来，意大利还配合金融化进程实施了削减劳动成本、放宽就业保护、大型国有企业私有化等新自由主义改革措施。据意

---

① ［法］托马斯·皮凯蒂：《21世纪资本论》，巴曙松等译，中信出版社2014年版，第27页；［美］安瓦尔·谢克：《资本主义：竞争、冲突与危机》，赵准、李连波、孙小雨等译，中信出版集团2020年版，第1132—1138页。

② Siracusano F. e Tresoldi C., "Evoluzione e Livelli dei Margini di Profitto dell'industria in Italia e nei Principali Paesi Industriali", in Atti del seminario Ristrutturazione economica e finanziaria delle imprese, Roma: Banca d'Italia, Contributi all'analisi economica, special issue 1988, p.299.

大利金融咨询机构米兰投资银行（Mediobanca）的核算，其所遴选的意大利980家公司的股息、红利和利息等金融收入，按2000年的不变价格计算，从1974年的26亿欧元增至2002年的106亿欧元；而几乎与此同时，这980家公司的劳动力成本占营业额的百分比，从1971年的26%降至1985年的15%，并在20世纪90年代的改革后极速降至2001年的11%。[①]

近20年来，意大利经济的资本主义金融化进一步发展。根据米兰投资银行对意大利2032家企业的统计分析，意大利金融投资与资本支出之比呈显著增长趋势：1990年该比值为0.3，到2000年激增至1.8，之后有所回落，到2007年降至1.38。此外，股东利益不断得到强化——股息占毛营业利润的比例也从2002年的28.8%增至2007年的41.5%。与此同时，雇员的数量却减少了6%。[②] 金融化的加速，一定程度上导致意大利逐步走向食利经济。2008年国际金融危机后，意大利历届政府采取的降低就业保护、削弱集体谈判等新自由主义措施，进一步遏制了实际工资的增长，降低了工资份额；与此同时，所采取的财政紧缩政策，恶化了就业形势。意大利富有新自由主义色彩的金融化产生了"马太效应"，即以财产性收入为生的人群，能够长期保持其积累优势，而通过劳动谋生者则不断被剥夺，处境愈加艰难。

基尼系数的不断提高，与财产性收入相对于劳动收入的大幅增加密切相关。从公平和效率角度，合理的税制安排对财富分配的调节，要胜于发行公共债务和财政紧缩。然而在资本的全球化流动加速背景下，世界多国加入了税收的"逐底竞争"。对于大多数资本

---

① Angelo Salento, "The Financialization of Companies in Italy", *Oati Socio legal Series*, 2016, Vol. 6, No. 3, pp. 799 – 800.

② Angelo Salento, "The Financialization of Companies in Italy", *Oati Socio-legal Series*, 2016, Vol. 6, No. 3, p. 801.

主义国家的顶层收入者而言,其所承担的税收负担相对而言是小于中下层民众的,意大利也不例外。2014 年,意大利政府为缓解财政支出压力,尽管将股息、债券等金融收益的税率从 20% 提至 26%,但也为吸引资本投资作出了系列减免相关收益税负的承诺。此外,意大利国债收益的税率仅为 12.5%。意大利工薪阶层所得税实施完全累进制,从 23% 到 46% 不等。根据经合组织公布的 2019 年数据,意大利社保税率为 31.23%。① 名义上雇主缴纳社保税的 2/3 多,受雇者的负担不足 1/3,但事实上,在意大利劳动力供给弹性很小,又存在劳动力过剩的情况下,社保税最终是由劳动者承担的,意即在从未实现过充分就业且始终存在大量剩余劳动力的情况下,意大利的劳动力供给不会因工资率的降低而萎缩,因此,就始终存在雇主向雇员转嫁社保税的现象。可见,意大利财产性收入税率总体低于劳动所得税率。这种具有"劫贫济富"性的安排,加剧了本就存在的贫富分化问题。

意大利的公共债务和财政赤字问题在 20 世纪 80 年代开始恶化,但意大利的富裕阶层并没有通过多缴税来平衡政府预算,而是通过购买政府债券和公共资产借钱给政府。在 1970—2010 年间,意大利上层的私人财富经历了一个超常的增长过程——从相当于 2.5 年的国民收入提高至近 7 年,而增幅的近 1/4 是一部分意大利人对另一部分意大利人债务的增加。② 2001 年以来,意大利政府支付的年度公共债务利息占国内生产总值(GDP)的比重一度高达 13%,2016 年以来接近 4%。而这与意大利投入教育的公共支出相当,高于失业和家庭津贴的支出——占国内生产总值的 3% 左右,更高于住房与社会排斥

---

① "Social Security Contributions Total,% of Taxation,2000 - 2019",https://data.oecd.org/tax/social-security-contributions.htm.
② 参见[法]托马斯·皮凯蒂《21 世纪资本论》,巴曙松等译,中信出版社 2014 年版,第 188 页。

（即有些人因遭遇失业、技能缺乏、收入低下、住房困难、罪案高发环境、丧失健康以及家庭破裂等交织在一起的综合性问题，而沦为社会边缘人的现象）的支出，二者之和甚至不到国内生产总值的1%。①因此，意大利中下层纳税人事实上承受着公共债务利息负担带来的公共支出削减的恶果，严重限制了其应得的教育、社会服务和社会救助等福利项目的质量，这不可避免地加剧了意大利教育的退步、青少年生存境遇的恶化以及地域发展的进一步分化。

（二）福利制度的双重失衡与再分配功能的虚弱性

如前所述，社保税本质上源自劳动者自身的劳动所得。因此，意大利福利制度中的养老、公共医疗、失业救助和社会服务等，是一种在雇佣劳动者内部的横向再分配，而非顶层与中下层的纵向再分配。但是，意大利福利制度的结构失衡和地域失衡，又进一步弱化了其横向再分配的功能。

意大利福利制度的结构失衡，是指相较于欧洲福利制度更为成熟完备的德国、法国和北欧诸国，意大利公共养老金支出占总社会福利支出的比例过高，而用于非老年群体的失业、社会救助、家庭津贴等项目过少，甚至存在空白点。美国、意大利等国学者通过EN-SR（Elderly/Non Elderly Spending Ratio）指数，即老年人均公共支出与非老年人均公共支出比率，来表现其福利支出的失衡。1955年，意大利ENSR指数尚不足7，但20世纪80年代至2008年的时间段里平均高达28.9，远高于同期的北欧福利国家如丹麦（5.75）、瑞典（6.50），以及欧陆国家法国（12.9）、德国（16）。②

---

① 数据参见经合组织数据库 http://stats.oecd.org/；意大利政府年度预算报告 https://www.mef.gov.it。

② Maurizio Ferrera, Valeria Fargion e Matteo Jessoula, *Alle Radici Del Welfare All'Italiana：Origini e Futuro di un Modello Sociale Squilibrato*, Venezia：Marsilio, 2012, p.13；Julia Lynch, *Age in the Welfare：The Origins of Social Spending on Pensioners, Workers and Children*, Cambridge, New York：Cambridge University Press, 2006, p.30.

地域失衡，是指医疗、社会救助以及幼儿和老年照护等被下放至地方的福利项目，因经济社会发展水平差异而一直存在较大差距。1990年，意大利仅59.9%的市政府向低收入家庭提供"最低生存津贴"（Minimo Vitale），但罗马、巴里等城市都不在其中。①2008年，意大利北部特兰托自治省的人均社会服务支出280欧元，而卡拉布里亚大区仅为30欧元②。

面对意大利福利制度的结构失衡与地域分化，意大利政府所推行的新自由主义"再校准"改革，不是首先补齐社会救济等领域存在的短板，而是削减所谓"过度慷慨"的福利支出。自20世纪90年代中后期以来，意大利通过修改养老金计算方式——由"收益确定型"转变为"缴费确定型"，引入个人名义账户，调高缴费水平，延长退休年龄和缴费年限等措施削减公共养老支出。在新制度下，宏观经济增长率、通货膨胀率、劳动者职业生涯的连贯性及人口预期寿命等都成为制约养老金给付水平的重要因素。2008年国际金融危机后，意大利各大区不同幅度地削减了公共医疗支出。此外，意大利中央政府还大幅削减了支持各地社会救助服务发展的财政转移支付力度——相较于2009年，2011年减少了2/3之多。具体到各大区差异很大，如南部坎帕尼亚大区被削减了33.9%，北部伦巴第大区削减了48%，中部翁布里亚大区削减了5.6%。③

在削减福利支出的同时，意大利还进行了以促进就业为名的劳动力市场"灵活化"改革。这场改革造就了多种兼职、按项目就业、派遣等非正规就业形式，但相应的失业收入支持制度改革却滞

---

① Ilaria Madama, "Le Politiche Socioassistenziali", in Maurizio Ferrera (eds.), Le Politiche Sociali, Bologna: Il Mulino, 2012, pp. 263 - 264.
② INPS, "Rapporto annuale 2011", https://www.inps.it/docallegatiNP/Mig/Allegati/2091Rapporto_annuale_2011.pdf.
③ Costanzo Ranci e Mara Popolazio, "L'impatto del Federalismo Fiscale sull'assetto del Sistema Integrato dei Servizi Soicali", in Yuri Kazepov e Eduardo Berberis (eds.), Il Welfare Frammentato, Le Articolazioni Regionali Delle Politiche Sociali Italiane, Roma: Carocci, 2013, p. 228.

后很多。直到2007年后的改革中，意大利政府才在进一步降低劳动力市场保护水平、放宽解雇标准的同时，提高失业保险替代率，并在相当苛刻的条件下引入了为期6个月的失业救济。然而，意大利依然没有为长期失业者、初次求职者和自雇群体建立相应的救济制度，仍然将家庭作为应对贫困风险的中流砥柱。但是，意大利的家庭津贴也不像法国、德国等国那么慷慨，一般符合条件的三口之家每月可领取140欧元左右的家庭津贴。同时，作为福利国家建设水平和再分配水平试金石的社会救助制度，始终未得到意大利政治精英的重视，缺乏实质性改革。2019年3月，意大利主流政治精英迫于民众压力推出了一项备受瞩目但却名不副实的全民基本收入计划。这项收入支持计划，尽管声称具有普救主义特性，但实际上有诸多限制条件。第一，该项收入支持计划仅支持月收入780欧元以下的个人或月收入1380欧元以下的家庭，但每个家庭仅资助一人；第二，主要家庭成员需要作出参加培训或再就业承诺（未成年人、已确认丧失劳动能力的残障人士或65岁以上老人等群体除外）；第三，时限为18个月；第四，基本收入的支出限定在住房、日常消费、医疗等领域；第五，欧盟外移民须在意大利合法居留满十年方可申请该项救助。从2019年4月到2020年10月，意大利共发放83.2万份全民基本收入支持，其中99%的救助对象为意大利公民。意大利公民人均津贴490欧元，非欧盟移民人均津贴471欧元。① 因此，意大利全民基本收入计划，从其申领资格条件来看，不过是在一定程度上弥补了对雇佣劳动者的收入支持漏洞，更像是一种变相的失业救济，而从救济的人口规模和救济的额度来看，该计划所能发挥的再分配或减贫作用是微乎其微的。

---

① Lorenzo Ruffino, "I Nuovi Dati sul Reddito di Cittadinanza", https://www.youtrend.it/2020/11/18/i-nuovi-dati-sul-reddito-di-cittadinanza/.

三 "新物质匮乏"源于代议制民主的"民主赤字"

对于皮凯蒂在《21世纪资本论》中对西方民主制度表达的期望——"有可能对如今全球承袭的资本主义进行公正而有效的调节",安瓦尔·谢克进行了毫不留情的反驳——"全球范围内的不平等和民主缺失问题,就是由这些政治制度与承袭资本主义的'民主'利益协助和教唆的"[①]。显然,意大利也不例外。由于当前代议制民主的既得利益者——主流政党的代表性赤字,及共产党等左翼力量的边缘化和失语,中下层民众在政治生活中缺乏真正的代言人。欧盟经济权能的扩张,及意大利政治精英频频借助"技术官僚"推动改革的策略,都扩大了意大利在经济社会政策领域的"民主赤字"。

(一)主流政党的代表性赤字与左翼的失语

第二次世界大战后,意大利成为"政党的共和国"。群众型政党及其附属组织——工会、青年组织和妇女组织等的蓬勃发展,与民众建立了紧密的联系。直到20世纪70年代,由于所谓"极化多党制"的形成——意大利共产党、意大利社会党、天主教民主党、意大利社会民主党等的意识形态及其选民基础都表现出了高度稳定性,代议制民主在意大利似乎得到了"充分"的发展。自20世纪90年代意大利社会党、天民党及其执政盟友在肃贪反腐的"净手运动"中土崩瓦解后,意大利民众对政党的忠诚度、信任度及对政治选举的热情急速下降。在政党格局重构的进程中,中左阵营的民主党和中右阵营的意大利力量党等,始终力图通过选举制度的改革

---

① [美]安瓦尔·谢克:《资本主义:竞争、冲突与危机》,赵准、李连波、孙小雨等译,中信出版集团2020年版,第1145页。

实现左右两大阵营轮流执政，即被新意大利共产党所批判的政治生态"美国化"①。这种政治生态，鼓励小党与大党结盟，却尤其不利于代表中下层劳动者利益的传统左翼政党的政治参与和力量发展，尤其在2008年意大利重建共产党等未能再进入议会后，再无左翼政党能如20世纪90年代那样阻止大党实施损害雇佣劳动者权益的新自由主义改革，意大利传统多党制的多元利益表达与协调功能遭到实质性削弱。

在一度实现左右轮替执政的情况下，民主党逐渐在经济社会改革领域与中右翼表现出了高度趋同——忽视中下层民众对就业保护、社会服务和收入支持等福利项目的基本诉求，坚持财政紧缩，并推进降低劳动保护和削减福利的结构改革与参数改革（如提高社保费率、延迟退休等）。这些改革，毫无疑问是"新物质匮乏"危机加剧的催化剂。在2018年议会选举时，以中左翼自居的民主党被批与意大利力量党一样，已经沦为企业主和经理人的"精英党"，在工人阶级和失业者中的支持率分别仅为11.3%和10.3%。②

经济上的分配不公和政治上话语权的缺失，在意大利孕育出了普遍的不满和绝望感。期待改变的中下层民众，响应反建制精英的号召，采取抗议行动。2013年以来，声称坚持直接民主并代表底层草根利益的民粹主义五星运动党，以极大优势赢得了意大利南部民众的支持。尽管五星运动党所持有的反精英主义、赋权、道德和福利主义等主张，使其乍看起来像激进左翼。但面对其拒绝传统左与右的意识形态定位，让人很容易回想起阿兰（Alain）在1930年提出的著名警言："当有人问我左翼和右翼的区分是否还有意义的时

---

① PCI, "Il Quadro Politico tra Realtà e Prospettive", *Documento Politico Ricostruire il PCI per Cambiare L'Italia*, Primo Congresso Nazionale 6, 7e 8 Luglio 2018, p. 18.

② Aldo Paparo, "Challenger's Delight, The Success of M5S and Lega in the 2018 Italian General Election", *Italian Politcal Science*, Vol. 13, No. 1, 2018.

候，我脑海中的第一个想法就是，向我提问的人不是左翼。"① 换言之，五星运动党的兴起，并没有从根本上改善意大利主流政治之于中下层民众的代表性赤字。

（二）经济社会改革的"民主赤字"

意大利经济社会改革的"民主赤字"，主要表现在欧盟层面经济社会法律法规在缺乏民众有力监督的情况下向国内法转化，以及主流政党为逃避选民责难而借助技术官僚推进改革等方面。

欧盟对成员国经济社会政策领域改革发挥影响的主要工具有法律规制、政策协调和结构基金。考虑到专业委员会在欧盟各项事务中的卓越影响力以及欧洲议会的有限约束作用，成员国民众很难对欧盟实施真正的监督。例如，在《阿姆斯特丹条约》签署后，欧盟对成员国劳动市场改革的影响力增强。1997年和1999年，意大利在兼职就业和固定期合同问题上，收到了欧盟的两份指令——前者旨在实现兼职就业的最大灵活性，后者旨在限制工会对固定期合同的干预权。尽管面临工会抵制，意大利右翼政府依然假托欧盟之名强力推动议会将之转化为国内法。此外，欧盟还通过创造共同市场的法律规制、《稳定与增长公约》下的政策协调，对成员国社会支出产生"逐底竞争"和紧缩压力。而这些内容，往往都是中下层民众难以通过所谓代议制民主进行有效监督的。

自20世纪90年代以来，频频因新自由主义改革而陷入政治危机的意大利主流政党，往往通过组建技术专家内阁，在受到欧盟压力的名义下继续推进改革的同时，尽可能逃避选民的责难和选票的损失。例如，1995年，贝卢斯科尼（Silvio Berlusconi）政府在其削减养老金改革遭到工会强烈抵制后，中左翼和中右翼一致支持曾任

---

① 转引自［英］唐纳德·萨松《欧洲社会主义百年史》，姜辉、于海青、庞晓明译，社会科学文献出版社2008年版，第901页。

意大利央行行长的兰贝托·迪尼（Lamberto Dini）组建技术内阁，对养老金制度进行由"收入关联型"向"缴费确定型"转变的改革。再如，1996年普罗迪（Romano Prodi）政府组建的"奥诺弗里委员会"，致力于评估"宏观经济对社会支出的承受度"，并推动意大利早日加入欧元区。近年来，最有影响的莫过于马里奥·蒙蒂（Mario Monti）政府在2010年中右翼政府解散后对养老金实施的结构与参数改革以及劳动市场的进一步自由化改革。意大利这种通过"专家治国"在经济社会政策领域形成的"去政治化"现象，本质上是以一种精英主义的权威决策模式对其民主程序的置换。

结 语

意大利福利资本主义的"新物质匮乏"危机，有着深刻的制度性根源。意大利资本主义金融化和"劫贫济富"的税收制度，进一步拉大了贫富差距。而意大利基于正规就业和国民资格或长期合法居留资格而构建的福利体系，在雇佣劳动者内部实施的横向再分配，并无太大减贫作用。中左翼民主党的中间化，以及意大利重建共产党等进步政党在政坛的长期失语，进一步助长了经济社会政策领域的去福利化趋势。意大利主流政党为逃避选民责难而惯常使用的"技术官僚"治国策略，进一步弱化了中下层民众对国家经济社会改革进程的监督权。

经济不平等的扩大和政治话语权的丧失，激起了意大利中下层民众的抗议行动，一度推动政治精英对社会救助制度实施了微调。但是，只要意大利重建共产党等主张替代资本主义的左翼力量在政坛长期失语且社会主义运动未能走向复兴，那么，仅仅凭借诉诸民粹主义的政治动员，并不能有力地改善意大利中下层民众的"新物质匮乏"困境。

不可能完成的革命？

——从 1789 年法国大革命到 2019 年"黄马甲"运动

魏南枝

2018 年底爆发的"黄马甲"运动持续了数月。这一场轰轰烈烈的全民性社会抗议，其口号与诉求也具有"全民性"，有的反对垄断金融资本权力膨胀，有的反对经济全球化，有的反对精英政治，有的抗议媒体霸权，有的提出摒弃选举制采用抽签制，有的提出废止代议制民主采用公投制，甚至出现同属"黄马甲"运动抗议者的极左翼群体和极右翼群体相互斗殴等极端事件……这些庞杂诉求背后是自法国大革命以来多种民主原则内部张力甚至冲突的延续。并且，"黄马甲"运动的发展动态表明，法国的共和主义传统正在遭遇根本性危机——统一与平等这两大原则的现实基础正在趋于瓦解，令人不由得疑惑"法国大革命仍在持续"？

如托克维尔在他的《旧制度与大革命》中形容自己的法兰西民族所言，"这个民族的日常思想和好恶又是那样多变，以至最后变成连自己也料想不到的样子"[①]。的确，仅就法国大革命以来的 200 多年间，经历了第一至第五共和国、第一和第二帝国以及大革命初

[①] ［法］托克维尔：《旧制度与大革命》，商务印书馆 1997 年版，第 24 页。

期的君主立宪和七月王朝，更有昙花一现但在人类历史上留下浓重一笔的巴黎公社等。这些制度绝非线性发展的简单过程，而是充满了"革命—复辟—再革命—失衡—继续革命……"的曲折往复。为什么法国会如此反复革命？为什么法国如此数百年充满革命激情？

在津津乐道"自由、平等、博爱"是法国大革命最重要口号之时，我们往往忽略了，一如今天的"黄马甲"运动提出纷繁复杂的诉求，法国大革命时期曾经涌现出来大量革命口号。与此同时，发表了被誉为法国大革命"圣经"《什么是第三等级？》的西耶斯曾充满豪情地宣称："如今，所有人都感到有必要……建立社会统一体……"后来，罗桑瓦隆也认为，"统一与平等从革命进程启动之时就被视作不可分割的两大原则"。正是因为对"统一"原则的追求在实践中并未能将各种革命目标和口号真正实现"一致化"，追求"平等"也就成为不同社会群体乃至全民性不断革命的最好理由。于是，理解法国的革命性与多变性，应当看到法国自身历史所描绘的两个截然不同的法国：一个是思想的历史，强调中央集权传统、与人民主权的绝对化相联系；另一个是社会的历史，充满了现实与原则之间的冲突以及由此产生的妥协和重组。① 探究不同革命目标之间的内在矛盾以及革命理想与现实之间的冲突妥协等，让人不由得思考，是否这就是不可能完成的革命？

一 法国大革命：什么都没有改变

众所周知，英国从有选择性的领地代表制（被代表的是财产或地位）转向普遍性的个人代表制，是基于避免革命的目的以小步缓

---

① ［法］皮埃尔·罗桑瓦龙：《法兰西政治模式：1789年至今公民社会与雅各宾主义的对立》，高振华译，生活·读书·新知三联书店2012年版。

慢改良的渐进方式实现的，因而英国的公民身份被 T. H. 马歇尔区分为三个阶段（18 世纪、19 世纪和 20 世纪）和三种实现形式（民事权利、政治权利和社会权利）。法国则是以革命的形式试图实现"新"与"旧"的巨大断裂，在"第三等级就是一切"的革命激情之下，实现个人政治平等是推翻专制主义、摧毁特权（基于身份）的标志，也就是政治普选在原则上得到认可是经由革命一下子带入政治领域的，1789 年的法国革命者们甚至期望一蹴而就地同时实现英国用三个世纪才逐步实现的三种权利。

法国大革命所产生的摧枯拉朽的力量可以摧毁旧制度的很多东西，但这场资产阶级革命并不是胜利者曾经为之欢呼的理性的胜利，也并没有迅速建立起革命理想所期待的理性政府。除旧却未能有效推新，这种巨大的断裂背后是法国大革命的一对根本矛盾——指导法国大革命的思想（以统一和平等为原则）与参与法国大革命的个人（以个体的自由自主为追求）之间的矛盾。

法国是启蒙运动的核心，一度牢牢掌握着西方世界的话语权。指导法国大革命的思想大都源自启蒙时代理性主义的政治文化，它们基本针对法国的旧制度而提出，反过来又与旧制度有着千丝万缕的联系。例如托克维尔认为法国大革命所强调的平等主义实际上源于旧制度的"国王之下众生平等"的概念。[1] 又如法国的共和理念将"国家"（Etat）视为"普遍利益"（interest général）的代表和维护者。"国家"这个词被冠之以大写字母以示其区别于其他法语词汇的特殊地位，是 17 世纪的黎塞留（法国专制制度的奠基人）、博须埃主教（"君权神授"与国王绝对统治权力宗教宣扬者）和路易十四（法国专制王权的代表人物）等频繁使用的结果。"国家"

---

[1] Michel Pertue, "La Révolution Française est-elle termine?", *Annales Historiques de La Révolution Française*, 1982, Vol. 54, No. 3, p. 331.

由此变为一个在共同统治者（专制君主）之下生活而且有统一情感的共同体，对国家的忠诚取代了对教会或王朝的忠诚。① 而垄断了立法权的国王作为国家法律的唯一来源，建立起"法国君主—主权—国家"三位一体结构，是普遍利益的最高代表。再如法国大革命所推崇的"大一统"原则也是实施绝对君主制的路易十四时代"一个国王、一种法律、一个信仰"（un roi，une loi，une foi）一统局面的衍生品。②

卢梭的"社会契约论"和"人民主权说"被奉为法国大革命的理论纲领和《人权宣言》的重要思想来源，对法国打破旧制度、建立和发展共和政体等影响深远。针对君主专制，卢梭提出真正的社会契约是人民同自己结成的政治共同体订立契约，社会契约的本性在于人民作为整体来说是主权者，主张建立基于"人民主权"的民主共和政治制度等。③

卢梭所描绘的这幅政治蓝图的前提是把人民作为一个整体，想象成为与君主相对的"单数"形式的概念。基于革命的共识或以革命为名的个人诉求的表达，人民可以共同推翻旧制度。但是，人民（people）本身是一个"复数"名词，是多数个人的集合体。法国大革命形式上打破了旧制度的等级制、结束了君权神授的国王专制统治，但并未能按照统一与平等两大原则改变千差万别的个人，更没有把他们有机组织成整体；相反在《乌合之众》作者勒庞笔下，大量革命人群陷入易于被统治者利用以建立和巩固自身统治的"盲

---

① [美]塞缪尔·亨廷顿：《变革社会中的政治秩序》，李盛平、杨玉生等译，华夏出版社1988年版，第93—94页。
② Joël Cornette, *Absolutisme et Lumières 1652－1783*, Paris: HACHETTE Supérieur, 2008, p.41.
③ [法]让-雅克·卢梭：《社会契约论》，李平沤译，商务印书馆2011年版。

目""冲动""狂热""轻信"的群体行为。①

所以,人民主权理想的提出和1789年法国大革命的实践都未能解决如下问题。首先,如何以及由谁来将千差万别的个人结成政治共同体?这问题的实质依旧是精英与平民之间的矛盾。其次,应该根据什么原则来确定作为整体的人民的意志?共同意志(volonté générale,又译作公意)如何区别于多数人的意思表达("大众意志")——这就涉及资产阶级革命者们与生俱来的对"多数人暴政"的恐惧。再次,如果共同意志可以形成对个人自由的限制,而追求平等和统一的"人民主权"原则必然与追求个人自主的自由主义诉求之间产生矛盾——这就既关乎平等与自由这两个最基本的革命追求之间的张力,又关乎统一原则与自由追求之间的矛盾,这又该如何协调?

因而,在法国大革命中,一方面是各种革命理想的不确定性、分歧和内部张力;另一方面是肩负实现革命理想的革命者们的个人追求——二者的共同作用使得突然在政治领域赢得至高无上地位的个人(主要指第三等级的个人),尽管大体接受且"只能接受一个合法性源自法兰西人民与法兰西民族的共同意志的政权"②,但是并不都支持、理解甚至了解这些革命理想背后的理性主义政治文化。相反,法国大革命的领导者和参与者们都曾是旧制度下的个人,带着深刻的旧制度烙印,他们通过各种革命口号或目标、抑或直接以追求个人自由为名来表达自己对新制度的利益诉求。于是,建立理性政府的革命理想与表达革命(或利益)诉求的个人激情之间的相互影响、冲突(甚至暴力与血腥)与妥协等,共同构成了法国大革

---

① [法]古斯塔夫·勒庞:《乌合之众》,陈剑译,译林出版社2016年版。
② Lynn Hunt, "Review of Penser la Révolution française", by François Furet, *History and Theory*, 1981, Vol. 20, No. 3, p. 317.

命的底色。

这样的底色使得法国"公民文化"和政治术语中"左"和"右"的概念几乎同时产生,使得革命政治口号中具有普遍性的公民权成为事实上的精英特权——选民资格的获得需要满足严格的财产、性别、年龄和识字能力等标准,"积极公民"与"消极公民"的划分之下后者不享有选举权以及各种间接选举制……1789年法国大革命无疑是伟大的世界历史事件,也涌现出一批伟大的思想家与革命者。虽然赋予了包括劳动阶级在内的法国人民以革命的权利与自由,但事实上大革命的结果是资本所有者才是公民权利的真正享有者,一切公民权利的基础来源是财产权,而不是口号所示的人民性。这不仅让托克维尔在1852年哀叹"(1789年大革命以来)没有什么或几乎没有什么被改变",而且使得法国走上了不断革命的征程:法国人民要实现革命理想,但是,革命本身是旧制度社会演进的结果、又试图与旧制度决裂。正如马克思在《路易·波拿巴的雾月十八日》一文中所说的,"人们自己创造自己的历史,但是他们并不是随心所欲地创造,并不是在他们自己选定的条件下创造,而是在直接碰到的、既定的、从过去承继下来的条件下创造"[①]。

二 人民主权:未完成的民主

1789年法国大革命崇高宏大的革命理想超出了阶级和社会等级,经历了制宪会议、立法议会、雅各宾专政、"热月政变"、左右摇摆的督政府等,大革命被"雾月政变"结束,其结果是"给法国资产阶级社会在欧洲大陆上创造一个符合时代要求的适当环

[①] 《马克思恩格斯选集》第1卷,人民出版社2012年版,第669页。

境"①，革命理想与革命结果似乎大相径庭。但时至今日，这些革命理想、《人权宣言》的基本诉求，特别是法国人民对于人民主权的想象等，仍然是法国人民不断革命的理由——也是2019年"黄马甲"运动的正当性依据所在。这些理想、信条和赋予人民的想象等，反过来成为法国大革命最经久实在的内容，因为历经后来二百多年的各种革命、复辟和政体变迁，坚持人民主权、坚持平等和统一相结合原则的共和主义传统已经渗透到法国社会政治秩序的肌体之中。

于是，我们发现一组双重矛盾几乎贯穿1789年法国大革命以来的法国历史。第一重矛盾是追求一致原则、实现共同意志的理想与法国的"分裂"现实之间的矛盾。共同意志背后是对"人民拥有最终的权力"的认可，但是，谁是人民？保皇派、共和主义者、自由主义者、保守主义者、社会主义者……不同社会群体、不同意识形态的人们在不同历史阶段有着各自不同的回答。

第二重矛盾是追求平等原则、保护普遍利益的理想与社会的公平缺失现实之间的矛盾，因为"财产是神圣不可侵犯的权利……任何人的财产不得受到剥夺"与"在权利方面，人们生来是而且始终是自由平等的"都是《人权宣言》的重要内容，但《人权宣言》并未能回答如何平等地实现财产拥有者与无产者之间的自由，也未能阐释资产阶级的保护私有财产权和实现普遍利益之间的关系。1789年法国大革命所提出的"平等"仅是从道义出发的，并非经济意义上的平等，所以阶级差别和阶级矛盾并没有因18世纪资产阶级革命而减少，反而在19世纪的无产阶级革命中凸显，在1830年、1848年，特别是在1871年无产阶级从"自在阶级"转变为

---

① ［德］卡尔·马克思：《路易·波拿巴的雾月十八日》，人民出版社2001年版。

"自为阶级"，不同阶级之间和同一阶级内部的阶级冲突不断复杂化。

在这双重矛盾推动下，19世纪以来的法国经历了拿破仑的崛起与第一帝国的兴亡，经历了波旁王朝的复辟和七月王朝的金融贵族统治，经历了从第二共和国向第二帝国的嬗变，经历了战火中诞生的第三共和国和"19世纪的最后一次革命"的巴黎公社，经历了资产阶级共和制最终确立之后的重重矛盾，经历了20世纪两次世界大战的巨大考验，经历了维希法国和抵抗的法国的对立，经历了短暂的第四共和国，直至全民投票产生了第五共和国。即使是法兰西第五共和国，也经历了从左右对立到左右共治到减少左右共治等的变化历程——难怪布罗代尔的未竟之作《法兰西的特性》的第一章以"法兰西以多样性命名"作为标题！

这样充满多样性的法国现代史，实际上反映的是资本主义的多种乌托邦理想相继破灭，各种理想与现实冲撞之下不同群体不断较量和妥协的历程。

首先是资本主义"市场万能"乌托邦的破灭。18世纪商业社会的发展催生了市场观念，希望在市场制度之下整个社会实行自我调节——即市场中的个人应当遵循个人责任原则并通过劳动获得财富，通过一只"看不见的手"实现自发调节权力的非人格化。然而，资本主义经济产生的结构性失业和贫富悬殊等动摇了这一乌托邦的根基，大多数法国人并未因为资本主义而享受富足，相反19世纪末的法国绝大部分工人阶级处于贫困之中。

20世纪80年代以来，市场神话随着新自由主义主导的经济全球化浪潮再度席卷法国，20世纪60年代贫困人口逐渐减少的趋势被迅速逆转，尽管在福利国家政策之下最贫困人口没有变得更加贫困，但是越来越多的人从中产阶级生活水准跌落，法国中产阶级占大多数的"橄榄型"稳定社会结构逐渐瓦解，法国社会贫富分化一直在加剧。2018年《法国贫困报告》显示，以家庭收入仅为国民收入中位数的一半作为贫困家庭的标准，20世纪60年代贫困家庭数量占比为12%，而到了2017年增加到30%。今天，中产阶级的阶层向下流动是促使大量中产阶级走上街头参与"黄马甲"运动的重要原因。

其次是"一人一票、票票等值"政治普选权乌托邦的破灭。个人对自由的追求使得政治平等是法国公民权斗争史的核心内容，法国人曾经认为只要实现了"一人一票、票票等值"的资本主义政治民主，就能够确保每个人可以独立地拥有财产、获得安全，这甚至被视为开启将个人和法兰西民族打造成为一个整体的"万能钥匙"。从1789年普选权在原则上得到法国大革命认可，到1848年创立普遍选举，再到20世纪中叶普选权获得真正推广，名义上的大众民主建立起来。

但是，大众民主与精英政治、"财产权是神圣不可侵犯的权利"等是天然存在冲突的。20世纪80年代以来，随着新自由主义逐渐掌控意识形态主导权，选举本身的作用在相对化和庸俗化，如罗桑瓦隆所说，"选举只不过是证明选定政府的方法的有效性"①。法国革命理想激励下的公民权斗争的诉求具有多元性，但这些多元诉求被浓缩为形式意义上选举权的平等，并通过各种制度设计保障精英政治的实质不发生改变。因此，无论是左翼还是右翼政党候选人赢得选举，拥有选举权的公民都无法对胜选者领导下的政策合理性进行先验性证明，甚至有"黄马甲"运动抗议者提出"我们选出的代表投票做出的是反对我们利益的决策"。"黄马甲"运动是一场

---

① Pierre Rosanvallon, La légitimité: Impartialité, reflexivité, proximité, Paris: Seuil, 2008.

"不分左右政治立场"的全民性街头抗议运动，所提出的各种"超越左右"诉求的目的就在于用"精英—大众"之间的对立或者隐喻的阶级对立进行最广泛的社会动员，共同反对现行法国精英统治体系和政权、资本与媒体等建制性权力。

再次是福利资本主义乌托邦的破灭。法国工会曾经致力于政治权利斗争而反对福利国家制度，认为福利政策是对为个人权利奋斗的革命精神的收买。第二次世界大战之后法国开始全面建立福利资本主义制度，在一定程度上缓和了不同社会阶级之间的矛盾。尽管该制度设计的目标是建立"统一、一致与平等"的制度体系，但实际上不同的福利制度碎片化地适用于不同的社会群体，事实上已经成为各"碎片"制度背后的社会群体实现和维护其自身利益的经济乃至政治工具。这种碎片化福利制度一方面瓦解了传统大工会的实力，降低了不同行业的工人为了共同利益形成团结机制的可能；另一方面，过度依赖通过福利制度进行财富分配，反过来扭曲了劳动力市场产生负激励作用。20世纪80年代以来，新自由主义思潮夸大这种负激励作用，给社会经济权利冠以"福利陷阱"或"福利奶酪"的污名。

由此，法国的精英阶层将法国目前的债务危机归咎于过重的福利社会负担，也就是对穷人补贴过重；而"黄马甲"运动参与者们和其他中低阶层的法国人，大都将债务危机归咎于金融权力的膨胀，也就是法国中央银行失去了货币发行权导致法国政府债台高筑。这种泾渭不同的理解背后是法国社会的精英与大众之间分裂的进一步加剧——究竟是新自由主义初次分配制度的错？还是福利国家制度所惹的祸？

对上述问题的不同回答，正在撕裂法国社会。此时，人民主权在哪里？在街头的抗议人群中，还是在经由选举产生的政治官员、议会代表中？或者选举背后的各种特殊利益集团中？或许唯一可以肯定的是，法国不断革命所力图实现的人民主权，迄今仍是未完成的民主！

三 统一与平等：现实基础的瓦解

从 1789 年到 2019 年，200 多年来人民主权始终是法国未实现的革命理想与未完成的民主目标。"黄马甲"运动中提出的许多激进口号，从不同角度形成对统一与平等两大原则的否定，也昭示着这两大原则的现实基础在松动与瓦解。

首先，法国的国家（Etat）能力与金融资本跨国扩张之间的结构性矛盾不断激化，社会不公和社会分裂持续恶化。

作为"社会团结"这一政治概念的诞生地，法国的共和理念将共同意志视为最高权力，将国家视为普遍利益的代表和维护者……这些充满理想化色彩的基本政治理念是法国大革命的产物。为了避免总统由间接选举或者议会产生，避免总统有可能成为某个政治阶层或者利益集团的代表，1961 年法国公民投票决定法兰西第五共和国总统由"一人一票"的直接普选产生，一人掌握着任免和解散议会的权力，这被一些学者称为"总统君主制"。基于上述理念，法国的国家（或者说国家元首即总统）有义务不断增强其国家能力，强有力地确保社会凝聚力和实现为所有人所共享的普遍利益。

20 世纪 70 年代，包括法国等在内的发达资本主义国家相继陷入经济停滞期，资本从这些国家市场获得的回报率和盈利能力持续低迷。其结果是，一方面，法国的金融资本从规模到权力快速增长并形成垄断，削弱了国家的地位，精英政治将削减福利制度视为增强国家能力的有效手段，将市场树立为人们共同福利的缔造者；另一方面，为了应对发达国家消费萎缩使得资本收益率下降，跨国资本推动经济全球化，将制造业转移到劳动力价格更低廉的发展中国家，将普遍性垄断不断向世界范围扩展。随着经济全球化浪潮的不断扩张，法国深陷产业空心化和贫富两极分化等困境；跨国资本，特别是金融资本摆脱包括法国政府在内的多国政府的监管，甚至"有力量将国际体系中的每一个成员置于它自己的'法律'（商业规则）约束之下"①。

法国的主权国家能力受到日益膨胀的跨国资本力量的约束，国家实力陷入下滑趋势，这使得主权国家的权力追求和金融资本的跨国扩张之间的结构性矛盾不断激化。中下阶层民众对国家提供保障或救助的需求因"中产下流"而不断膨胀，国家能力却因生产环节的外移和资本权力的膨胀而不断萎缩；并且，精英政治掌控下的国家政策的制定日益采用"减少穷人福利、对富人减税"的"劫贫济富"方式。

当法国公民认为政策制定是不同的人适用不同的规则时，不平等的感觉尤为强烈。这种不平等感正在将法国社会切成两个部分：认为被剥夺和遭遇不公的人，由于有共同的愤怒而结为一体；而那些越来越富裕的精英们，则因共同的利益而结为一体。这就促使前者基于法国社会深层的反抗精神传统而走上街头，成为"黄马甲"运动的一员。"黄马甲"运动与法国现有的政党、议员、工会等都没有直接关联，反过来印证了这是一场针对后者的全民性抗议运动，正在将日益失衡的劳资关系、日益恶化的社会分裂、被长期掩盖和虚化的阶级话语等再一次提上政治舞台。

其次，法国的代议制民主政治和左右翼传统政党政治处于信任

---

① ［意］杰奥瓦尼·阿瑞基：《漫长的20世纪》，姚乃强等译，江苏人民出版社2011年版，第82页。

危机之中，精英政治与大众民主、政治体制与街头政治之间的矛盾已经激化到有可能引发法国宪政危机的地步。

基于法国的共和主义传统，坚持人民主权原则被视为现代政治秩序和代议制民主政治的必要组织原则，但是，在实际运行过程中这一原则却不断被削弱：经济全球化的膨胀、欧洲一体化的加速、法律作用的增强、非选举性监管机构权力的扩大、宪法委员会的更积极作用……上述发展变化正在共同破坏人民主权原则以及与此相连的共同意志与普遍利益的既定目标和实现方式。[1]

自 2008 年国际金融危机以来，法国民众对左翼和右翼传统政党都表示失望。马克龙以自称"不左不右"政治新人的形象，突破了法兰西第五共和国数十年来左右建制派政党轮流执政传统，赢得了 2017 年法国总统选举。如果说马克龙当选是法国精英政治利用"超越左右"的民众诉求和大众民主机制进行精英内部的竞争，那么，"黄马甲"运动表明精英政治利用了民意，但并未真正解决民意背后的矛盾与诉求。法国的代议制民主政治制度难以修正日益尖锐的经济与社会冲突，西方世界里极具特色的中央集权民主政治体制的躯壳仍在，但致力于实现社会团结的法国共和主义传统和合作主义精神已经逐渐被新自由主义所侵蚀，当前法国的经济社会政策有可能进一步激化精英与大众之间的冲突。

"黄马甲"运动对法国现政权和整个统治结构进行全面质疑，明确指出代议制民主和其他建制性权力的虚伪性，直至目前，他们所试图采用的解决问题的政治手段仍未超越代议制民主的范畴，既缺乏明确方向性，也没有通过既有或者其他革命性政治手段实现诉求的路线图。但是，该运动的持续发展有可能引发法国新一轮宪政

---

[1] Pierre Rosanvallon, *La Démocratie inachevée：Histoire de la souveraineté du peuple en France*, Paris：*Collection Bibliothèque des Histoires*, Gallimard, 2000.

危机，建立怎样的"法兰西第六共和国"正在成为法国社会各界的热点议题之一。

法国追求一致和平等目标的现实基础正在趋于瓦解，但1789年的革命理想仍在指引着法国人民不断革命，法国人民对人民主权的梦想仍然是未完成的民主……革命胜利的曙光似乎仍然遥不可及，对此的回答，不妨借用托克维尔的一句话，"我们如此长久寻找那块坚实的土地是否真正存在，或者我们的命运是否注定就是永远与大海搏击"。

四

拜登上台后的中俄美战略格局

吴恩远

这里"战略"的含义不是应对性的"见招拆招",不是仅仅着眼于拜登上台后的短期应对措施;而是立足于战略关系的发展;拜登刚上台,还需要观其言看其行,而且随着形势的发展政策必然会变化,所以我们说的战略不是永久不变的,而是着眼中长期。

目前国内对拜登上台的不同观点:一种态度:2020年8月20日,民主党候选人拜登在该大会上发表演讲,承诺将加速新冠测试,在美国制造个人防护装备,他的最后一句话至关重要:"这样我们就永远不会再受中国或其他国家的摆布。"拜登这个讲话,打消了我们很多国人希望他上台后,能够改善由特朗普制造的紧张氛围的中美关系这种不切合实际的念头。他的这个讲话内容并不意外,可以看作密切契合了民主党对与中国有关内容的最新表态。我们也必须清醒地意识到,美国政界高层普遍认为双方矛盾不可调和,这一客观实际现象。我们不应对驴象两党的候选人,再抱有任何的幻想。另一种态度:拜登如果执政,对华关系,或者美国对华政策有比较明显的调整,美国终于有了一个"正常"的人,可以执掌朝政。

一　拜登上台后追求的基本战略目标

美国的世界霸权：据国外媒体报道，已获得美国国内外大部分人士认可的美国新一届总统拜登，曾公开强调称，他计划推行的外交方针政策的基础就是，要让美国在世界发挥领导作用，并且加强与亚太盟友之间的关系。然而在一些学者看来，拜登如今面临着实现其美好外交愿景的艰巨任务。

此外，拜登还曾在记者会表示，他组建的这个团队已经反映了当下美国回归的愿景和事实，美国已经做好重新领导世界的准备。

1. 政治霸权：美国有非常成熟的建制派，他们重中长期战略，重整体战略设计，重意识形态输出美国价值观，重利用第三方力量打击对手。拜登曾提出，如果他执政将召开一个全球会议，即民主国家联盟，而他确实也是这样做的。还提出重新回到特朗普已经推出的国际组织，发挥美国对世界的政治领导作用。

2. 军事霸权：特朗普执政四年期间，在对华战略方面一直持强硬态度，上台后先后发布了《美国国家安全战略报告》《美国国防战略报告》等顶层国家战略文件，出台了《国家网络安全战略》《核态势评估报告》等一系列具体领域的军事战略文件，将中国明确定位为美国的主要竞争对手，加大对中国的围堵力度。

"印太战略"是特朗普政府构建对华军事包围圈和塑造地区安全态势的一个重要成果。特朗普上台后，在奥巴马政府"亚太再平衡战略"的基础上，不断推动"印太战略"的深化，加强对该地区的军力投入，拓展在该地区的军事影响力，意图以一种连续、高压、环绕的方式在"印太地区"遏制中国影响力。2018年5月，美国将太平洋司令部更名为"印度洋—太平洋"司令部，扩大了防务作战概念，显示出美国的某种战略焦虑及其拉拢印度抗衡中国的用意，迫使中国在一些地区问题上妥协。2019年6月，美国正式发布《印太战略报告》，极力推行和主导美国、日本、印度、澳大利亚"四国合作机制"，通过整合"印太地区"各国力量，构建网络化伙伴关系，鼓励各国加强防务合作以形成国际合力，转移责任，减轻美国遏制中国的战略成本，使中国面对海陆两线的"非对称竞争"压力，压缩中国地缘战略空间，并企图以此为基础建立针对中国的"印太版北约"。而拜登推动盟国外交，在任何时候都拉上盟国推进美国利益，这是司马昭之心，路人皆知，这也是拜登的盟国主义军事战略难以推动的根本原因。

3. 经济霸权：保持美元国际货币地位。在拜登政府时期，预计每年印刷的美元都将超过3万亿。

4. 文化霸权：拜登政府可能是一个深谙如何操控媒体和社交网络来抹黑颠覆别的国家（甚至颠覆自己）的一届美国政府，是一个常年善于利用CIA民主基金会等对外渗透手段干涉别国内政，让其他国家忙于"内卷"的一届美国政府，而且还是一届特别会说好话，特别会营造积极向上理性客观形象的美国政府。

上面我们分析了拜登上台后在美国"领导"世界上（实际上是美国霸权），具体在表现政治、军事、经济、文化等方面继续保持美国的霸权地位，不可能会发生根本变化，这是由于美国帝国主义的阶级本性决定的。因此我们必须认清拜登政府的本质，不抱幻想，准备好迎接挑战，但这并不排除其中会出现一些策略性的变化。

二 美国对华战略

(一) 对华军事战略遏制本质不变

从历史上来看，美国历届政府上台后都不会放松在亚太地区的对华战略遏制。在处理与中国关系上，对华遏制是美国国会和两党的共识，不会因为白宫易主而轻易改变，即便是奥巴马政府也从来没有放松对中国周边的战略盯防和战略警惕。目前，美国对华军事战略有三大目标：一是确保美国相对中国的军事优势和主导地位；二是保证美国本土及其盟友的利益不受中国"侵犯"；三是遏制中国崛起而打破"印太地区"势力平衡。这三大目标都决定了美国对华遏制的本质是长期稳定的，不会发生太大变化。

虽然拜登在外交和安全问题上的态度普遍被外界认为更稳妥理性，行事风格及话语表达与特朗普不同，不会主动挑起冲突，但在特朗普执政的四年里，中美对抗已经表面化，美国对中国的不信任与敌意已经非常深入，未来中美两国的竞争趋势难以改变。因此，拜登政府对华战略可供回旋的余地并不大，他虽然希望理性处理一些中美争端，但不可能也无法一时全盘颠覆特朗普时期的内外政策，或者说改变这些政策需要相当长的时间。虽然拜登与特朗普的执政理念可能不同，但他们对中国的判断是完全一致的，即中国是美国最主要的竞争对手。拜登政府即使加强与中国合作，目的也只是缓解直接对抗的强硬局面，在捍卫美国根本利益上不会有太大区别。

从未来发展看，拜登政府上台后，对华军事战略还将延续和深化"印太战略"，不断调整美国的全球战略重心和军事部署，把重点放到西太平洋中国周边，巩固对华的军事包围圈。

(二) 拜登政府对华基本主张

按照拜登在《拯救特朗普之后的美国外交政策》中的说法，拜登政府对华关系的基本主张可以概括为以下三条。第一，美国将与其他西方国家联合起来，凭借占据全球 GDP 一半以上的分量，塑造从环境到劳动力、贸易、技术以及透明度的规则。第二，美国对华将采取强硬措施，不让中国主导未来的技术和产业发展。第三，美国打算在气候变化、防核扩散和全球卫生安全等"中美利益交汇的问题"上与中国合作。

显然，这一政策主张与特朗普时期的对外政策有很大不同，特别是在第一条和第三条上。预计绝大多数西方国家将欢迎拜登的这两项主张，即团结起来重塑西方的优势地位，在若干关键问题上和中国合作。第一条预示着美国新政府将恢复多边主义，但对华关系上具有一定的对抗性。第三条即进一步扩大中美利益交汇的领域。

(三) 台海问题

而在南海、台海等涉及中国主权与领土安全的敏感问题上，特朗普政府更是态度强硬，一刻也没有放松干预政策，即便在新冠肺炎疫情期间，也没有降低军事威胁调门。特朗普上台后，在南海地区实施"航海自由行动"的频率持续增加，仅 2020 年上半年，美国就派出近 3000 架次军机、60 余艘次军舰，包括多批次轰炸机和双航母编队，不断在南海炫耀武力、强化军事部署、肆意推高地区冲突风险，成为南海军事化的最大推手。2020 年 7 月 13 日，国务卿蓬佩奥发表了所谓"新的南海政策声明"，展现了其公然煽动并激化中国与南海有关国家间海上争议的图谋，破坏南海地区稳定。此外，美国在台湾问题上也一直保持高压态度，坚持对台军售从未停止。2020 年 10 月 26 日，美军宣布对台出售三种重要的反登陆武器，分别为 100 枚岸基鱼叉反舰导弹、64 枚陆军战术导弹和 135 枚

SALM-ER空射巡航导弹，虽然这三款武器均为美军过时产品，但却是进攻型武器，给中美军事关系正常发展制造了一定的麻烦。

手法变化：拜登与特朗普对华手法不同。美国学者表示拜登上台后，在实行对华政策中会优先解决国内面临的问题，重新树立起美国的国际形象。据了解，拜登的政治生涯极为丰富，在特拉华州联邦参议院36年中，也曾经担任两次参议院外交委员会的主席，之后成功当选国家副总统职务，可以说拜登见证了中美关系的变化与发展。拜登还曾经随团访华，拜登是在1979年中美建交之际，跟随美国参议院代表团访问中国，拜登曾积极支持对华接触政策，在台海问题上也曾经表示如果"台独"问题引起台海军事纠纷，那么美国也不应当参与其中，而在之后担任副总统对华访问期间也表示中国的发展对美国以及世界具有重大的积极意义。拜登2019年接受采访时也表示，中国对于美国来说并不是竞争对手的关系，此番言论被共和党利用，并攻击这是其对华软弱的表现。

三 拜登对俄罗斯战略

拜登关于"俄罗斯是美国敌人"的描述源于其在2019年9月接受CNN采访时的对话。他原话说，"I believe Russia is an opponent. I really do."这段话译为"我相信俄罗斯是一个敌手。我的确这样认为。"这个"opponent"其实也是对手的意思，但是程度上要比"competitor"高。

拜登对俄罗斯的这番表态，其实继承他在奥巴马政府时期对于俄罗斯的看法。因为在2014年乌克兰危机和克里米亚事件后，美国便调整了对俄政策，对抗开始加剧。民主党本身全球外交与安全战略倾向于干涉主义，其重视与盟友关系，强调美国的领导力和对于国际体系的控制力。这样一来，俄罗斯这样本身就对于现阶段国际体系和美国盟国构成现实威胁的国家自然要被定义为"敌手"。

拜登在当时的采访中其实也给出了原因。他指出，普京压倒一切的目标就是要瓦解北约，从根本上改变欧洲的情况，因为这样俄罗斯就不会面对整个北约的压力，这其实也是对特朗普对俄政策的否定，因为后者并没有给俄罗斯施加更多压力，反而逼迫北约的欧洲盟友提高军费来对俄间接施压，这造成了北约内部的不团结，而俄罗斯最为乐见的就是这种状况。

美国对俄战略基本沿用的其实就是遏制战略，就如同当初对付苏联那样。通过联合俄罗斯周边国家，不断限制和打压俄罗斯的战略生存空间，让俄罗斯成为"困兽"。美国在地缘上与俄罗斯并不接壤，只是在阿拉斯加与俄罗斯隔海峡相望，但是该地由于人烟稀少，战略价值并不是特别大。美国建立有战略导弹预警系统，完全可以覆盖北极范围，因为这里是两国直线最短区域。最让美国担心的其实还是与其利益密切相关的西欧，这里始终都驻扎有重兵，应对俄罗斯。

拜登上台之后，可以确定的是，美俄关系重启的概率不会很大。双方重启关系需要一个前提条件，那就是俄罗斯放弃对克里米亚的占领，恢复到 2014 年以前，然而普京不可能答应这么做。正因为如此，美国会继续联合欧洲北约盟友向俄罗斯施压，而且美国会继续给乌克兰大量的军事援助，加快其融入北约的步伐。另外美国还将会重拾民主人权武器，对俄罗斯国内政治生活和体制进行抨击，还会支持纳瓦尔尼等俄罗斯反对派等。

美国出台对俄多轮新的制裁措施，涉及面广、打击力度大，特别是对"北溪-2"天然气管道项目的制裁迫使接近竣工的工程一度戛然而止，俄绕过乌克兰实现对欧直接输气的战略设想面临挑战；

美国关闭除驻莫斯科大使馆之外的所有在俄领馆,双方地方、人文交流几近隔绝,美俄关系进一步雪上加霜;更为重要的是,俄目前在世界经济、全球治理领域的地位有所下降,除在战略稳定领域外,美俄之间缺乏其他可以合作甚至竞争的领域。

冷酷的现实使俄罗斯战略家们逐渐认识到,美国与欧盟的政策分歧不会消失,其对俄立场一致性将大幅上升,短期内,欧盟将对俄发起更多制裁,进一步减少对俄技术转让,作为俄欧关系历史支柱的能源联系将因此遭受重创。

四 拜登上台后的中美俄战略格局

鉴于这些基本战略格局,我们分析下一步美国与中俄之间的矛盾中长期看是不可克服的;中俄之间由于历史问题的解决,不存在根本性的不可克服的障碍。

拜登幕僚长罗恩·克莱恩曾在一份备忘录中曝光了拜登应对"四个重叠和复杂危机"的计划。按照计划,拜登将会处理四个危机。

第一个危机:经济衰退

自新冠肺炎疫情暴发后,美国陷入了持续的混乱中,美国各行各业损失惨重,数以千万的人失去了住所和工作。尽管特朗普政府一再通过发钱来"安抚人心",但未能从根本上扭转美国经济衰退的趋势。

第二个危机:持续恶化的疫情

目前,疫情已经夺走了美国超过100万人的生命,这主要是由于特朗普政府消极抗疫造成的。拜登希望能够尽快遏制住疫情,让人们对美国的未来充满信心。因此,拜登曾提出了一百天内接种一亿次疫苗的宏大目标。问题是，习惯了自由和民主的美国人会配合拜登的疫苗接种计划吗？

第三个危机：气候变化

美国是全球经济最发达的国家，也是工农业最发达的国家。美国工农业每年产生的大量有害气体对美国气候乃至全球气候都造成了严重问题。

第四个危机：种族歧视和移民问题

疫情暴发之后，美国国内掀起了各种抗议和骚乱，美国警察为了维持秩序，居然暴力执法造成一名黑人无辜死亡。随后，美国乃至全世界掀起了反种族歧视抗议，许多美国人高喊着"黑人的命也是命"的口号在白宫面前示威。与此同时，大量的来自中美洲的移民正在星夜兼程奔赴美国边境，如果不阻止这些移民进入美国，那么美国国内秩序将会受到严重冲击。

俄罗斯方面：俄罗斯目前由于经济发展的短板需要密切与中国的联系。普京2021年国情咨文中，经济问题自然是重点关注。他援引一组数据反映新冠肺炎疫情给俄罗斯以及世界带来的冲击和影响——2020年俄国内生产总值预计下降3.6%，失业率预计达到6.3%，实际工资增幅预计只有1.5%。普京表示，新冠肺炎疫情背景下，俄罗斯处于贫困线以下人口的比例上升到13.5%。他说："2017年，我国贫困线以下人口占12.3%。而现在，很遗憾，由于所有这些问题，这个比例增至13.5%，这当然很多，大约2000万人。"

凉战与冷战的异同以及中国的对策

程恩富　杨培祥

一　引言

所谓凉战，按照美国学者戴维·罗特科普夫于 2013 年发表在《外交政策》网站的《凉战》一文认为，凉战是冷战（Cold War）的延续，它是介于冷战与热战之间的一种斗争手段，目的是在不引起热战的情况下不断出击，同时让热战变得更不可取甚至没有必要。其实，早在 1989 年，邓小平就提出了新冷战的性质，曾说过："可能是一个冷战结束了，另外两个冷战又已经开始。一个是针对整个南方、第三世界的，另一个是针对社会主义的。"[①] 近年来，尽管和平与发展仍是当今世界的主题，但是随着中国的和平崛起，引起了一些西方国家的猜忌和担忧，对中国展开了凉战，"中国威胁论"的陈词滥调不时甚嚣尘上，中国面临着凉战的斗争环境。

从现实情形来看，中国面临的凉战，既有来自言论上的挑衅，也有来自行动上的挑战。例如，在言论上，美国副总统彭斯 2018 年 10 月 4 日在华盛顿智库哈德逊研究所就中美关系发表演讲，从

---

① 《邓小平文选》第 3 卷，人民出版社 1993 年版，第 344 页。

政治、经济、军事、外交、宗教等方面大肆攻击、抹黑中国，弥漫着浓厚的凉战味道。比如彭斯在演讲中认为中国在政治上"影响并干预美国的国内政策和政治"，在经济上"使用了与自由公平贸易不符的一系列政策"，在军事上"希望将美国挤出西太平洋"，在外交上"用所谓的'债务外交'扩大其影响力"，在宗教上"拆毁十字架、焚烧圣经、监禁信徒"，等等。① 彭斯的这些言论严重罔顾事实，向外界展示了一副与中国强硬对抗的态度，被有些媒体称为"美中两国恢复关系40年来最强硬的讲话"②。紧跟彭斯发表的这些"檄文式"言论，美国总统国家安全事务助理博尔顿也对中国发出强硬指责，认为"中国占国际秩序的便宜太久"，并放言将中国视为"本世纪主要问题"，等等。③ 除了美国，西方其他国家也联合起来干涉中国内政。

在行动上，凉战的阴影笼罩着中国的国家安全，突出表现在中国在南海、贸易等方面遭受了严峻的挑战。比如，南海自古以来就是中国领土不可分割的一部分，近年来，一些域外势力打着"航行自由"的幌子，一再进犯南海，挑战中国捍卫领土和主权完整的底线。例如，2018年9月30日，美国海军"迪凯特"号导弹驱逐舰擅自闯入中国南海的赤瓜礁和南薰礁12海里内海域，严重威胁中国的主权。中国海军170舰立即行动依法依规对美舰进行识别查证并以警告驱离，两艘军舰一度只相距41米。美国太平洋舰队发言人蒂姆·戈尔曼却反诬中国驱逐舰以"不安全、不专业的动作"靠近美军"迪凯特"号导弹驱逐舰，进行了一系列越来越具有侵略性

---

① 《美国副总统彭斯就美国政府的中国政策问题发表演说》，https://chineseradioseattle.com/2018/10/04/us_vp_pence_china_talk/amp/。
② 《彭斯"檄文"演讲，美国真要走"新冷战"之路？》，http://news.china.com.cn/2018-10/09/content_65437692.htm。
③ 《美高官扬言对中国更强硬》，《环球时报》2018年10月15日。

的动作，同时警告"迪凯特"号离开该海域。① 此外，英国、法国、澳大利亚等也以航行自由为借口，借机进入南海争议领域，挑战中国的主权。除了对中国进行领土和主权的侵犯，在贸易上对中国的打击也在进行。2017年8月14日，美国总统特朗普签署行政备忘录，授权美国贸易代表对中国开展"301调查"②，自此中美之间爆发了一轮又一轮的贸易摩擦，特朗普政府执意对中国的钢铁、铝产品等征收高关税以消除中美之间的贸易逆差，毋庸置疑，这对中国的经济安全造成了严重冲击。

中国在现实中所遭受的凉战困境，也引起学者的积极关注，他们从不同视角对"凉战"展开了研究。有些学者没有使用"凉战"一词，而是以"温战"代替。例如，孔保罗认为，"温战"与以往的热战和冷战完全不同，"温战"是一种复杂地混合了经济与政治的战争，其中，较之于冷战而言，直接的军事对抗在"温战"发生的概率几乎为零，但是，在经济与政治上激烈的对抗程度远远超过热战。③ 武寅认为，冷战结束后，世界进入了一种兼具热战和冷战二者特点的新的斗争形势，即"温战"，同热战相比它有温和的一面，但是比冷战又有加火升温的一面。④ 戴旭也将冷战之后的战争状况称为"温战"，它是一种比冷战激烈，但是与热战相比又没有那么明火执仗、阵线分明，但是，这仍旧是一种给世界带来各种苦难的广义战争状态。⑤ 有些学者则直接对凉战进行了深入分析。比如，陈宇认为，当今的国际关系理念、国际政治格局以及美俄之间的力量

---

① 《美军南海"自由横行"动机及中国对策》，http://m.sohu.com/a/258187942_624392。
② 所谓"301调查"，是指美国《1974年贸易法》第301条授权美国政府在与其他国家发生贸易争端时，做出单边裁决，并采取不存在于WTO争端解决机制中的单边措施。
③ 孔保罗：《中国与西方将进入"温战"时期》，《党建文汇》（上半月版）2010年第2期。
④ 武寅：《热战冷战温战——国际大背景下的日本政治走向与中日关系》，《日本学刊》2002年第4期。
⑤ 戴旭：《"温战"正酣，中国战略何为》，《社会观察》2012年第2期。

对比，较之于冷战时期已有很大不同，虽然冲突多于合作是目前两国关系的真实情况，还带有一定的冷战特征，但是两者之间的博弈深度、广度、烈度都与冷战有本质上的区别，双方陷入了凉战而非冷战。① 方明和郑珂屹认为，美国对中国挑起的贸易战有可能诱发影响全球格局的全球凉战，但是，不能简单地将全球凉战视为一种战争手段，也不能将其限于中美之间。实际上，凉战是一种与冷战相对应的全球新格局，它是由美国发起，以中俄为主要对象但不限于两国的维护美国全球霸权的战略手段。②

总之，凉战在现实中对中国构成了不小的威胁，在学术界也引起了学者的关注。但是，比较全面地阐述凉战与冷战之间的异同，据此提出中国应对之策的研究尚少。为此，本文沿着既有研究基础继续这一主题的研究，廓清凉战与冷战的关系，探讨中国积极对策。

二 凉战与冷战的异同点分析

"二战"结束之后，以美苏为首的两大阵营在政治、经济、军事等方面展开了激烈的斗争，拉开了数十年的冷战序幕，直到苏联解体后才结束。凉战作为冷战的延续，两者之间必然存在某些共同特征，但也不能完全等同，二者之间也存在着明显的差异。

（一）凉战与冷战的共同性分析

冷战伴随着苏联的解体而退出历史舞台，但是，国际之间错综复杂的斗争又在某种程度上打上了冷战的烙印，使得冷战以凉战的面貌延续。因此，凉战与冷战之间有着密切的关联，总体上来讲，

---

① 陈宇：《俄美关系陷入一场"凉战"》，《中国国防报》2014年4月1日。
② 方明、郑珂屹：《警惕美国发动的贸易战引发全球金融动荡》，《国际金融》2018年第5期。

二者之间存在以下几个共同特征。

一是军事对抗是两者不可避免的斗争形式。 在冷战期间，美苏两大阵营之间直接采用军事对抗成为那个时期显著的特征，这种军事对抗不仅包括美苏两个超级大国面对面展开较量，也包括各自代理人之间的战争。比如1962年，美国发现苏联在古巴秘密部署导弹，美国总统肯尼迪下令对古巴实行军事封锁，与苏联针锋相对，双方一度有发生核战争的危险，遂酿成"古巴导弹危机"。又如越南战争早期，以美国为首的资本主义国家阵营支持"南越"（越南共和国），以苏联为首的社会主义阵营支持"北越"（越南民主共和国）和"越南南方民族解放阵线"，双方作为美苏的代理人爆发了惨烈的内战。

凉战继续沿用了冷战所惯用的军事对抗手段，中国在此情形下所遭受的军事威胁和挑战比起冷战有过之而无不及，仅从最近20年所发生的针对中国的军事侵犯就足以印证这一点。例如，1999年5月8日，以美国为首的北约悍然发射导弹炸毁我驻南斯拉夫联盟大使馆，致使我国三名记者邵云环、许杏虎和朱颖当场死亡，数十人被炸伤，大使馆建筑被严重损毁，事后北约竟无耻狡辩声称是"误炸"。2001年4月1日，美国海军一架EP-3侦察机侵犯中国海南岛附近领空进行非法侦查，中国海军航空兵派出两架歼-8Ⅱ战斗机进行监视和拦截，美国侦察机在中国海南岛东南70海里（110公里）的中国专属经济区上空撞毁其中一架僚机，导致飞行员王伟不幸罹难，在未经许可的情况下，美军侦察机迫降海南岛陵水机场。自2016年9月30韩国国防部公布"萨德"最终部署地点之后，美国不顾中国的一再强烈反对，一意孤行开始了部署严重危害中国国防安全的萨德反导系统（即末段高空区域防御系统，Terminal High Altitude Area Defense，THAAD，萨德）。2017年5月25日，美国"杜威号"导弹驱逐舰闯入我南沙美济礁12海里,挑衅中国在南海的主权,这是特朗普就任以来美军首次在南海执行所谓的"航行自由"行动,甚至制定了在南海"航行自由"行动的计划表,计划每月执行2—3次"航行自由"行动。英国、法国、澳大利亚、日本等国亦纷纷效仿,在中国的南海耀武扬威。这些严重侵犯中国的军事行动表明,凉战与冷战如出一辙,都将军事对抗作为重要的钳制、打击对手的手段。

二是意识形态的分野是引发凉战的重要原因。冷战双方不仅因为争夺利益而展开激烈斗争,更重要的是源于意识形态的尖锐对立。以苏联为首的社会主义阵营以马克思列宁主义为指导,坚持走社会主义道路;以美国为首的资本主义阵营则以自由主义为旗帜,千方百计维护资本主义制度。双方都积极利用各自的意识形态去占据理论和道德高地,在泾渭分明的意识形态指引下进行争斗。从丘吉尔的"铁幕演说"到杜鲁门主义的出台,再到麦卡锡主义的出炉,以美国为首的冷战一方以"自由制度"抗衡苏联的"极权主义",在全球掀起了反共反苏反社会主义的浪潮;以苏联为首的冷战的另一方则提出两大阵营根本对立的理论[①],相继推行了一系列的内部清洗运动。

凉战虽然没有像冷战那样进行激烈的意识形态对抗,但围绕意识形态进行的低烈度斗争仍然存在。美国等西方国家经常戴着意识形态的有色眼镜攻击曾经实行过社会主义制度的俄罗斯以及走社会主义道路的中国。就俄罗斯来说,自从普京总统上台以来,采取了一系列旨在加强中央集权、削弱地方联邦、合并小党派等举措,希望通过政治改革增强俄罗斯凝聚力以促进经济发展。2006年2月7日,普京正式提出了"主权民主"概念,并表示这是适合俄罗斯自

[①] 《斯大林全集》第10卷,人民出版社1985年版,第620页。

己国情、不必全盘西方化的民主模式,除了保留国内主要的民主架构外,又赋予其新的内容:爱国主义、强国主义和民族主义等。但是,美国对俄罗斯的民主改革进行公开指责。如美国前副总统切尼在 2006 年指责"俄正在民主道路上倒退"①;2007 年,美国前总统布什批评俄罗斯民主改革"已经偏离轨道"。② 已经建立资本主义民主制度的俄罗斯尚且如此,对于坚持走社会主义道路的中国来讲,在意识形态领域遭受的无端攻击更是数不胜数。以人权为例,美国等西方国家经常批评社会主义的中国缺乏民主和人权,从 1990 年以来,美国连续多年在联合国人权委员会会议上,提出关于中国人权问题的反华提案。2018 年 4 月 20 日,美国更是在其发布的《2017 年国别人权报告》中将中国视为"共产党独裁的专制国家",因"侵犯人权"而导致的"不稳定力量"等。③ 然而,现实情况恰恰相反,根据 2018 年 4 月 24 日中国发布的《2017 年美国的人权纪录》《2017 年美国侵犯人权事记》显示,美国的人权状况"依旧劣迹斑斑,并呈持续恶化的趋势"。④ 因此,意识形态的分野是导致冷战的一大因素,也是诱发凉战不可忽视的重要因素。

三是自我控制机制促使两者都力避爆发热战。 美苏两个超级大国在冷战时期存在严重的分歧和冲突,双方大搞军备竞赛、争夺全球势力范围、发动局部代理人战争等,两个阵营之间的斗争一度白热化,有些时候如古巴导弹危机时还濒临核战争的边缘。但是,尽

---

① 《美国指责俄罗斯民主倒退 美俄冷战后首次大翻脸》,http://news.enorth.com.cn/system/2006/05/06/001295922.shtml。
② 《布什批评俄民主化进程"偏离轨道"》,http://news.ifeng.com/world/detail_2007_06/06/1269882_0.shtml。
③ 《美国〈国别人权报告〉已如食之无味、弃之可惜的鸡肋》,http://www.haijiangzx.com/2018/0425/1970815.shtml。
④ 《美国自身人权纪录依旧劣迹斑斑并持续恶化》,http://www.bjd.com.cn/jx/jj/201804/25/t20180425_11084702.html。

管双方的力量此消彼长，但从长期来看基本上势均力敌，并且都握有能毁灭对方的核武器，加之世界各国人民遭受两次世界大战的磨难，十分珍惜来之不易的和平，强烈反对美苏发动新的世界大战。因此，美苏两大对立集团始终保持克制，谁都不敢率先发动大规模战争消灭对手，尽力避免爆发第三次世界大战。这样，冷战具有一定的抑制爆发热战的自我控制机制。

冷战结束之后，和平与发展成为时代的主流，习近平总书记在党的十九大报告中明确指出："世界正处于大发展大变革大调整时期，和平与发展仍然是时代主题。"[①] 这是我国对当今天下大势的战略判断。凉战中的武装冲突、意识形态渗透、网络战争等在短时间内引不起世界大战，得益于中美俄大国之间的克制与世界人民的反战，凉战具有同冷战类似的自我控制机制规避矛盾升级，尽力避免敌对双方或多方滑向战争。首先，短期内美国与中俄之间爆发大规模战争的可能性不大。俄罗斯虽然继承了苏联的遗产，但是"元气大伤"，根据世界银行统计数据，2017 年俄罗斯的 GDP 为 15775.24 亿美元，位列全球 11 名，只相当于排在第一位的美国 GDP 的 8% 多一点。[②] 所以，现实中以美国为首的北约不断打压、遏制俄罗斯，如北约东扩、对俄经济制裁等，俄罗斯无奈限于国力无法与其展开全面军事抗衡。但是，慑于俄罗斯拥有实力不俗的战略核武器，北约也会适可而止而不会一再挑战俄罗斯的底线。对于中美来讲，一个是世界上最大的发展中国家，一个是世界上最大的发达国家，两国虽然在台湾问题、人权问题、贸易逆差、知识产权、军事摩擦等方面有纠葛，正如目前中美贸易摩擦一样甚至产生

---

① 习近平：《决胜全面建成小康社会 夺取新时代中国特色社会主义伟大胜利——在中国共产党第十九次全国代表大会上的报告》，人民出版社 2017 年版，第 58 页。
② 根据世界银行数据计算所得。数据来源：https://datacatalog.worldbank.org/dataset/gdp-ranking。

激烈的冲突。但是，中美两国目前仍旧保持着畅通的沟通渠道，没有发展到严重的全面对立甚至战争的地步。其次，世界人民的反战力量不容忽视。尽管凉战没有像热战那样导致大规模伤亡，但据统计，近20年来美军在世界各地的军事行动，至少导致48万人的死亡。[①] 如果凉战不慎引发世界大战，其后果必定不堪设想，定会招致世界人民的强烈反对和抵制，因此，世界各国人民组成的和平力量促使凉战各方不敢妄自发动世界大战。

（二）凉战与冷战的差异性分析

尽管凉战是冷战的延续，但是随着时代的发展，今天世界所处的形势同冷战时期相比已不可同日而语，凉战与冷战在不同时代背景下的区别相当明显，具体来讲，两者之间有以下几个显著差异。

一是没有出现两大对立集团。冷战时期，为遏制共产主义的发展，西方以美国为首于1949年在美国首都华盛顿建立了北大西洋公约组织（North Atlantic Treaty Organization，简称北约），标志着"二战"后西方阵营在军事上实现了战略同盟。苏联等社会主义国家不甘示弱，于1955年在波兰首都华沙成立华沙条约组织（Warsaw Treaty Organization，简称华约）与之对抗，东欧社会主义国家除南斯拉夫以外，全部加入华约；亚洲社会主义国家除中华人民共和国和朝鲜民主主义人民共和国之外，其他社会主义国家都是华约观察员国。至此，形成了以美苏为首的两大集团，分别代表资本主义阵营与社会主义阵营的对立，两大对立集团长达近半个世纪的斗争成为冷战极为显著的特征。

1991年，伴随着苏联的解体和华约组织的解散，冷战时期形成的两极格局不复存在，世界朝着多极化方向发展，逐渐形成了"一

---

① 《美军四处干仗，48万民众死亡！美学者披露重磅信息令人愤慨》，http://mil.eastday.com/a/181116113509605-3.html。

霸数强"的新的世界格局,即"一霸"是指美国成为唯一的超级霸权大国,"数强"是指欧盟、俄罗斯、中国、日本等仅次于美国的世界其他几支重要力量。因此,凉战并没有形成像美苏那样尖锐对立的两大集团,而是在"一霸数强"的格局下展开,这是凉战有别于冷战的显著特点。当然,造成这种局面形成的因素既有美国维护霸权利益的有意为之,也有中俄两国战略选择的考虑。从美国方面来看,美国在冷战结束后因成功击垮苏联而成为全球唯一的超级强国,能够与美国全面抗衡的力量短期内难以出现,美国会继续借助北约这一有利军事工具打击其他新兴力量而维持全球霸权,发动凉战即是实现美国维护霸权意图的真实表现。1998年12月,美国在出台的《新世纪国家安全战略》中明确提出其目标是"领导整个世界",决不容忍对其"领导地位"构成挑战的国家或国家集团出现。[①] 从中俄两国来讲,俄罗斯尽管继承了苏联的大部分资源,但是今天的俄罗斯已经不复当年苏联的超级大国力量,俄罗斯也没有像苏联那样拉拢其他国家建立反美的军事政治集团,俄罗斯加入的独立国家联合体(Commonwealth of Independent States,简称"独联体")、上海合作组织等都不是军事同盟,这和华约有本质的区别。中国几千年来秉持"和为贵"的外交理念,中华人民共和国成立以来更是始终坚持和平共处五项原则同世界其他国家和地区进行来往。从毛泽东主席提出三个世界的理论[②],到邓小平的"中国永远站在第三世界一边,中国永远不称霸,中国也永远不当头"[③] 的

---

① 刘振霞:《北约新战略是美国霸权主义的体现》,《山西高等学校社会科学学报》1999年第3期。
② 1974年2月22日,毛泽东在会见赞比亚总统卡翁达时,提出划分三个世界的理论。毛泽东说:"我看美国、苏联是第一世界;中间派日本、欧洲、加拿大,是第二世界;咱们是第三世界。""第三世界人口很多","亚洲除了日本,都是第三世界。整个非洲都是第三世界,拉丁美洲是第三世界"。
③ 《邓小平文选》第3卷,人民出版社1993年版,第363页。

庄严承诺,再到习近平总书记在党的十九大报告中郑重宣布:"中国无论发展到什么程度,永远不称霸,永远不搞扩张。"① 彰显了中国建立人类命运共同体,不做霸权国家的坚强决心。

二是没有进行大规模的军备竞赛。冷战期间,美苏两个超级大国为了保持军事上的优势地位而展开了激烈的军备竞赛。在军备竞赛的前期主要是展开核竞赛,双方在核武器的研发、生产、运载工具、多弹头分导等高技术领域投入大量的人力、物力,巅峰时两国的核武器总量竟然达到惊人的 50000 多颗核弹②,赫鲁晓夫曾自信地表示苏联导弹"连太空中的一只苍蝇都能击中"③。到了军备竞赛后期,由于双方核武器势均力敌,两国开始转向战略防御系统的研制,如美国总统里根提出的反弹道导弹军事战略计划,即"星球大战计划",此举最终从经济上拖垮了苏联。冷战时期的军备竞赛让人类时刻处在战争的阴影之下,也为冷战深深打上了军备竞赛的烙印。

随着苏联的解体,美苏两个超级大国之间的军备竞赛也戛然而止。虽然美国挑起以中俄两国为主要假想敌的凉战,如 2018 年 10 月 4 日美国智库传统基金会发布的《2019 年美国军力指数》将中俄视为美国最大的威胁,但是中俄两国并没有与美国重走冷战时期军备竞赛的旧路。首先,俄罗斯作为苏联的主要继承者,本身是军备竞赛的失败者,加之目前的经济实力已远不如从前,吸取军备竞赛的教训并避免新一轮军备竞赛是俄罗斯的明智选择。2019 年 1 月

---

① 习近平:《决胜全面建成小康社会 夺取新时代中国特色社会主义伟大胜利——在中国共产党第十九次全国代表大会上的报告》,人民出版社 2017 年版,第 59 页。
② 《异常激烈的苏美核武竞争:巅峰时两国共有 50000 多颗核弹》,http://k.sina.com.cn/article_6516222698_18465aaea00100bs7d.html。
③ 《赫鲁晓夫吹"导弹"牛皮如何唬住美国?》,http://help.3g.163.com/16/0731/10/BT9VDEU000964JT6.html。

15 日,俄总统普京表示:"俄罗斯作为一个负责任和理智的国家,不希望进行新的军备竞赛。"① 其次,中国采取防御为主的国防政策,坚持走和平发展的道路,国策的重心是大力发展经济而不是与美国在军事上互相争锋。习近平主席一再重申中国的这一和平外交理念,2013 年 3 月 23 日在莫斯科国际关系学院发表演讲时郑重强调:"中国始终奉行防御性的国防政策,不搞军备竞赛,不对任何国家构成军事威胁。"② 况且,中国目前没有任何军备竞赛的迹象。从军费预算来看,2018 年美国军费总额高达 6220 亿美金③,高居世界军费排行榜榜首,超出排在其后的中国、英国、印度、沙特、俄罗斯、法国、日本、德国、韩国 9 个国家的军费总和 5486 亿美元,中国军费支出只有 1918 亿美元,不及美国的 1/3。更令人担忧的是美国前总统特朗普已经签署了《2019 财年国防授权法案》,授权 7160 亿美元的国防开支,军费的年增长幅度超过 10%,为美国近 9 年以来增长幅度最大的一次,其总额超过世界上 100 多个国家的 GDP 总和④,而中国 2019 年军费预算估计为 2200 亿美元左右,与美国相差很大。因此,中国既没有进行军备竞赛的野心,也没有为军备竞赛准备应有的军费预算,那些任意指责中国搞军备竞赛的言论不攻自破。

三是没有在全球争夺霸权。冷战初期,面对以美国为首的资本主义阵营的遏制,以苏联为首的社会主义阵营积极反击,两大阵营之间的初期对抗含有较少的美苏争霸成分。后来,苏联逐渐走上了

---

① 普京:《俄罗斯作为负责任和理智的国家,不希望进行新的军备竞赛》,http://finance.sina.com.cn/roll/2019-01-16/doc-ihqfskcn7561283.shtml。
② 《习近平在莫斯科国际关系学院发表重要演讲》,http://china.cnr.cn/news/201303/t20130324_512215304.shtml。
③ 《世界军费排名 2018:美国 6220 亿元美元为中国 3 倍》,https://www.phb123.com/junshi/wq/21118.html。
④ 《美国 2019 年军费预算曝光 涨幅近千亿美元:专家发出战争警告》,https://baijiahao.baidu.com/s?id=1608843270600393147&wfr=spider&for=pc。

霸权主义的道路，同美国在全球展开了激烈的霸权争夺，两大阵营之间的初期对抗逐渐转化为美苏两国之间的世界霸权之争。从50年代中期到60年代末的美攻苏守，到70年代的苏攻美守，再到冷战末期的苏联解体，贯穿美苏争霸始终的是美苏两个超级大国肆意践踏国际法、粗暴干涉别国内政，甚至不惜发动战争在全球激烈地争夺势力范围，不管是美国发动入侵朝鲜、越南的战争，还是苏联插手安哥拉内战、出兵阿富汗，都深刻印证了这一点，美苏争霸成了冷战难以抹去的突出印记。

美苏之间的全球争霸给世界人民带来了深重灾难。冷战结束之后，尽管美国为了保持霸权地位而通过凉战极力遏制中国的崛起，不断鼓噪所谓的"中国威胁论"。但是，为了人类和平福祉，中国始终坚持和平发展的道路，保持了高度的战略定力，极力避免同美国产生各种摩擦，展示了维护世界和平的坚定决心。因此，中国不会因为国家的强大而重走其他帝国主义国家走过的"国强必霸"的老路，陷入与美国争夺霸权主义的"修昔底德陷阱"。

所谓"修昔底德陷阱"，主要引申自古希腊历史学家修昔底德在其著作《伯罗奔尼撒战争史》中所说的一句名言："使战争不可避免的真正原因是雅典势力的增长和因而引起斯巴达的恐惧。"[①] 西方学者后来将其引申为"修昔底德陷阱"，主要内涵是：崛起中的强国必然挑战既有强国的地位，后者一定做出必要反应，从而不可避免地发生战争。近年来，西方学界、政界以及军界不断拿2000多年前修昔底德的论断简单对照中美关系，以"一战"前的英德、"二战"后的美苏争霸事实肆意曲解中国的和平崛起。但是，这种罔顾历史变迁而推导出的"国强必霸"的伪逻辑不适用于历来主张

---

① 程相然、刘鹏：《环球同此凉热——美学者"凉战"观点透析》，《学习时报》2015年5月18日。

"天下大同""四海之内皆兄弟"的中国，正如习近平主席所指出的那样："我们都应该努力避免'修昔底德陷阱'，强国一定会追求霸权的主张不适用于中国，这不是中国历史和文化的基因。"[①] 2015 年中国发布的《中国的军事战略》白皮书也明确表示中国"奉行独立自主的和平外交政策和防御性国防政策，反对各种形式的霸权主义和强权政治，永远不称霸，永远不搞扩张"[②]。现实中，中国对内已经进行了 11 次大裁军，对外则积极推动朝鲜半岛无核化，向亚丁湾派遣海军护航，为叙利亚提供人道主义援助，大规模支援非洲经济建设等，向世界证明了中国为维护世界和平做出的巨大努力。

三　中国应对凉战的对策

面对以美国为首的西方国家对中国挑起的凉战，中国必须正视严峻的现实，从政治、经济、军事、外交、意识形态等方面做出积极应对，坚决守卫国家安全，有效化解凉战对中国造成的负面影响。

（一）坚持走中国特色社会主义政治发展道路

习近平总书记在党的十九大报告中指出："中国特色社会主义政治发展道路，是近代以来中国人民长期奋斗历史逻辑、理论逻辑、实践逻辑的必然结果，是坚持党的本质属性、践行党的根本宗旨的必然要求。"[③] 这条政治道路是中国共产党带领人民总结历史经

---

① 《习近平"三个不符合"是对"国强必霸论"有力驳斥》，http://cpc.people.com.cn/GB/64093/64103/13232252.html。
② 《中国的军事战略（全文）》，http://www.mod.gov.cn/regulatory/2015-05/26/content_4617812.htm。
③ 习近平：《决胜全面建成小康社会　夺取新时代中国特色社会主义伟大胜利——在中国共产党第十九次全国代表大会上的报告》，人民出版社 2017 年版，第 36 页。

验、进行理论创新、长期摸索实践所得来的具有鲜明中国特色的政治发展道路，实践证明这条政治道路符合中国国情，为实现最广泛的人民民主指明了方向。西方国家经常罔顾历史、国情、制度等方面的差异，指责中国未能按照西方资产阶级民主模式那样进行政治改革。历史表明，脱离本国实际，完全照搬西方的政治制度模式，进行激进式的政治改革，必然会像冷战时期的苏联与东欧社会主义国家那样造成难以挽回的严重后果。因此，中国在凉战环境之下不能屈服于任何外来政治压力而走西方的宪政道路，不搞西方式的三权分立制度模式。必须在坚持党的领导、人民当家作主、依法治国的有机统一的前提下，一方面积极稳妥推进政治体制改革，特别是适应新时代中国特色社会主义发展的新要求，深化党和国家机构改革；另一方面，要坚定不移保持政治定力，坚定中国特色社会主义制度自信，在政治体制改革完善中不走改旗易帜的邪路。

（二）大力发展经济与维护经济安全并举

经济实力是一个国家应对各种挑战不可或缺的物质保障。改革开放40多年来，我国经济发展取得了举世瞩目的成就，GDP总量在2011年超过日本，一跃成为继美国之后的世界第二大经济体，并一直保持至今，这为我国应对西方国家的凉战提供了坚实的经济支撑。但是，自党的十八大以来，我国经济已由高速增长阶段转向高质量发展阶段，经济进入新常态，面临着转变发展方式、优化经济结构、转换增长动力等不少难题。为此，必须坚持创新、协调、绿色、开放、共享的新发展理念，转变发展方式，破解发展难题，继续提升我国经济发展质量和实力。同时，要坚决维护我国经济安全，确保经济发展成果真正发挥实效，以免在凉战中遭受不必要的经济损失。一方面，中国目前正遭受美国发起的贸易战，这给我国经济发展造成了不小压力。但是，中国已表明"不想打贸易战，但也不怕打贸易战"①的决心,任何贸易战都不能阻挡中国经济发展的势头。在中美两国关于贸易争端的一系列谈判磋商中,要坚决维护我国正当经济利益;另一方面,金融作为现代经济核心,关系着整个经济发展的稳定。要警惕西方国家对中国发起的"金融战",加强金融监管,避免金融脱实向虚,增强金融服务实体经济的能力,守住不发生系统性金融风险的底线。

(三) 以防御为主的国防政策加强军事建设

强大的军事力量是捍卫国家安全的坚强后盾,更是和平时期威慑敌对势力的利器。中国政府一再庄严承诺,不论中国发展到什么程度,都不会称霸和扩展,不走西方列强所走过的"国强必霸"的老路,始终奉行防御性的国防政策。不过,中国在南海问题上经常遭受以美国为首的西方国家的军事挑衅也表明,唯有加强军事建设才能维护国家主权和领土完整,这与防御性国防政策并不矛盾。为此,在中国特色社会主义进入新时代背景下,面对复杂多变的凉战环境,要积极推进国防与军队现代化,打造一支听党指挥、能打胜仗、作风优良的强大人民军队。在实现强军梦的进程中,一方面,要按照党的十九大部署,全面推进军事理论、军队组织结构、军事人员、武器装备等现代化建设,力争在2035年基本实现与国防和军队现代化,21世纪中叶建成世界一流军队;另一方面,要在海上维权、反恐维稳、国际维和、人道援助等方面展现中国为维护和平所进行的军事努力,除了有助于消除其他国家对中国军事力量发展壮大的忧虑之外,也展示了中国在维护和平的同时,不会屈服于任何外来压力而坚守国家利益底线,敢于同任何侵犯中国主权和领土完整的势力作坚决斗争。

---

① 《外交部副部长:中国不想打贸易战,但也不怕打贸易战》,https://baijiahao.baidu.com/s?id=1596139385291742945&wfr=spider&for=pc。

(四) 奉行独立自主的和平外交政策凝聚和平力量

在对外交往中，中国既不会以牺牲他国利益为代价换取自身发展机会，也决不允许他国为其私利而损害中国正当利益，始终秉持独立自主、平等往来的原则。纵观中华人民共和国成立 70 多年来的对外交往历程，中国没有像冷战时期的美苏争霸那样恃强凌弱，反而经常遭到以美国为首的西方国家的打压。为有效应对凉战对中国造成的不利影响，我国应当从建设人类命运共同体和"一带一路"两个重点出发，高举和平发展的旗帜，团结和扩大世界和平力量，扩大中国的国际影响力。在建设人类命运共同体方面，以"西方中心论"为主要价值取向的国际关系理念渗透着浓厚的霸权主义、强权政治以及冷战思维，造成恐怖主义、贫富差距、局部战争等肆意蔓延，越来越不适应时代潮流。中国倡导建设人类命运共同体，就是以平等相待精神同世界各国同呼吸共命运，为人类前途贡献中国智慧和中国方案，有助于中国集聚更多和平力量钳制凉战。在促进"一带一路"国际合作方面，我国倡导构建丝绸之路经济带和 21 世纪海上丝绸之路，把我国发展同"一带一路"沿线国家和地区，进而同整个世界紧密连接起来，打造一条和平、繁荣、开发、创新与文明之路，传播中国坚持和平发展的福音，巩固中国周边的安全形势，打破西方国家企图借凉战对中国围困的图谋。

(五) 建设强大凝聚力和引领力的社会主义意识形态

意识形态关乎一个国家的旗帜、道路和国家政治安全。西方国家对中国发起凉战的重要原因之一就是中西方之间的意识形态分野。因此，做好意识形态工作关系着党和国家的前途命运、影响着民族的凝聚力和向心力。应该看到，目前意识形态领域面临着严峻的挑战，一些错误的思潮如新自由主义、历史虚无主义等肆意充斥网络，加之敌对势力的造谣惑众，形成了一股意图通过宣扬私有化、抹黑历史等否定我国社会主义制度的错误舆论，严重挑战了马克思主义的主导地位，实质是争夺意识形态领域话语权。为此，要加快建设具有强大凝聚力和引领力的社会主义意识形态。首先，以习近平新时代中国特色社会主义思想为指导，牢固掌握意识形态的领导权和正确方向，以此巩固马克思主义在意识形态领域中的指导地位。其次，创新传播手段和方式，利用先进的网络传媒技术如微信、微博等，根据国内外不同受众的偏好习惯，积极传播正确的意识形态，讲好中国故事，提高新闻舆论的引导力和号召力。最后，注重网络空间的意识形态斗争，加强网络舆论管控和引导，严厉打击利用网络空间传播不实言论甚至造谣蛊惑的行为，以及防控国外敌对势力利用网络渗透攻击行为，抢占网络空间话语权，为意识形态安全营造一个清朗网络空间。

中东欧剧变30年来各国现状、问题与挑战

李瑞琴

第二次世界大战结束后，在苏联的帮助下，欧洲中部及巴尔干地区的南斯拉夫、罗马尼亚、阿尔巴尼亚、波兰、捷克斯洛伐克、保加利亚、匈牙利、民主德国，相继建立了共产党或工人党、劳动党领导的社会主义国家。战后八国以政治、地理概念的双重含义，被称作"东欧国家"，加入了以苏联为首的"社会主义阵营"。20世纪80年代末苏联"人道的、民主的社会主义"改革路线，取消共产党的领导地位，实行多党制，对东欧各国产生重大影响。迫于国内外各种压力，东欧各国对党内外反对派妥协退让，直至放弃社会主义原则，实行政治多元化、多党制。从1989年6月波兰团结工会夺得波兰统一工人党政权，成为东欧剧变中第一个倒下去的多米诺骨牌，到1992年1月，八国执政党无一幸免均丢失政权，酿成震惊世界的世纪性悲剧。剧变后，南斯拉夫分裂为斯洛文尼亚、克罗地亚、波黑、塞黑、马其顿、科索沃地区，捷克斯洛伐克分裂为捷克与斯洛伐克，民主德国和联邦德国统一。形成了中东欧16国的新地缘政治概念。即原东欧八国剧变分裂后的13个国家，与立陶宛、亚美尼亚、爱沙尼亚，统称中东欧16国。东西德统一后

不在16国之列。

2019年是东欧剧变30年，中东欧国家融入欧洲的共识与历史现实问题的交织，是当代中东欧政治社会状况的突出特点。"新旧欧洲"的心理围墙与"二等公民"之感、"民主制度"依然脆弱面临挑战标志，国家稳定的人口状况出现剧烈变动等，成为中东欧面临的严峻问题。近年，中东欧地缘政治作用重回美国及西方视野，中东欧国家与中国在"一带一路"框架下的"16＋1"经贸合作面临的挑战和风险加重。剧变后的东欧各国均以欧美国家为样板，实行三权分立、议会制和多党制。经过转型初期的阵痛和不断调整重组，尤其是遭受2008年国际金融危机的打击后，近年中东欧国家宏观经济恢复增长并整体向好，一些国家已迈入世界发达国家行列。但是要全面评价和判断一个国家和地区的状况，还需要从历史和现实、局部和整体、平面和立体的关系上把握，从剧变后东欧融入欧洲30年来的一些突出特点上把握。

一 "新旧欧洲"的心理围墙与"二等公民"之感

苏联解体、东欧剧变、华约解散，世界政治及军事形势发生了剧烈变化，北约成为世界上唯一超级军事组织。东欧各国均从国家安全上寻求北约的保护。从1992年至2017年，波兰、匈牙利、捷克（1999年），爱沙尼亚、拉脱维亚、立陶宛、斯洛伐克、斯洛文尼亚、罗马尼亚、保加利亚（2004年），阿尔巴尼亚、克罗地亚（2009年），黑山（2017年）等国相继加入北约。2019年2月6日，北约29个成员国代表在布鲁塞尔与北马其顿签署协议，马其顿成为第30个加入北约的国家。同时，中东欧国家也都寻求加入欧盟。2004年以来，欧盟"爆炸式"东扩，先后吸纳了12个中东欧国家加入,各国普遍升起对融入欧洲一体化进程的积极期待。

在1991年苏联解体时,西方曾向苏联承诺北约不会东扩。显然,此承诺毫无约束力。在苏联解体、东欧剧变后的30年间,北约五轮东扩主要就是吸收前东欧国家加入,目前已正式接纳13个原苏东国家,俄罗斯对北约的可信度已经耗尽。梅德韦杰夫在接受俄罗斯《生意人报》采访时表示,苏联和华约早已解体,两大军事集团对抗的情形早已不存在,北约甚至连继续存在的必要都没有了。然而,北约却在不断东扩,始终视俄罗斯为潜在对手,一直都以俄罗斯为打击目标。[1]

东欧各国为何如此渴望加入欧盟和北约?波兰裔美国作家伊娃·霍夫曼认为,东欧"自由化"后,当地民众认为他们终于回到了欧洲的怀抱。这里所指的回到欧洲不仅是在地理上,更是文化价值上。因此,东欧各国争相加入欧盟,要成为欧洲大家庭中的一分子。经过数年扩展,欧盟把东欧诸国均纳入其中,可谓东欧"苏维埃化"终结的正式标志。华约随苏联倒下而解体,为填补东欧安全真空,北约和欧盟加速东扩。再者,东欧国家在经济上急速转型,有赖于西欧给予资金、技术和援助。东欧自此融入自由、民主、人权和市场经济,"新欧洲"正式登上国际舞台。[2] 的确,从历史与地理、文化传统与民族感情的角度看,以加入欧盟和北约为标志性步伐融入欧洲,对东欧国家而言具有高度共识。

从东欧国家加入北约的迫切程度看,"国家越弱,它就越需要外部给予合法性。东欧各国剧变后,维护国家安全均需要北约"。波兰是1992年首批请求加入北约的国家。因为绝大多数波兰人认

---

[1] 《俄总理:北约东扩对俄是威胁和挑战》,央视网,2018年8月8日,http://www.sohu.com/a/245989475_428290。

[2] 张翠容:《新东欧之旅:旧世界负担的新世界》,搜狐网,http://www.sohu.com/a/270941413_120776。

为东方对其具有强烈的威胁性，所以他们欢迎北约在波兰加强军事存在。波兰的民族主义者积极与北约和美国合作，以降低对俄罗斯的恐惧。从这个意义上说，通过与北约合作扶持民族主义者，可以视为西方采取的总策略的一部分。①

2008年国际金融危机之后，在欧债危机、难民危机和"脱欧"危机及欧盟内部局部与整体利益摩擦上升的背景下，中东欧国家与欧盟在内政外交等问题上分歧日益增多。近年来，在欧盟重大问题决策的话语权上，中东欧国家逐渐被"边缘化"，成为欧盟中的"二等公民"，中东欧国家民族自尊受到伤害。"新欧洲"国家仍然被认为需要在"民主化"框架内不断努力，即使匈牙利、波兰、捷克等，也常常被布鲁塞尔定义为不合规的国家。"新欧洲"国家认为他们的声音从来没有任何意义，因为西欧国家习惯于对"新伙伴"的要求持怀疑态度。② 例如，欧盟提出建设"多速欧洲"设想，波兰、捷克、匈牙利、斯洛伐克、罗马尼亚和保加利亚表示反对，呼吁欧盟国家应避免"多速"，谋求同速发展，但欧盟依然通过"多速欧洲"计划。对此，"新欧洲"国家不能承受，但也无应对之策。

2004年5月1日在欧洲被认为是历史性的一天。10个国家同时加入欧盟：爱沙尼亚、拉脱维亚、立陶宛、波兰、捷克共和国、斯洛伐克、匈牙利、斯洛文尼亚、马耳他和塞浦路斯。截至2007年底，所有这些国家（当地希腊人和土耳其人之间的争端尚未解决的塞浦路斯除外）也进入了申根区。到2019年5月1日已经15年。这些加入国自己庄严地告别了社会主义的过去，进入了发达国

---

① Зачем страны идут в НАТО? История Восточной Европы, 17.02.2016, https://nahnews.org/565866-zachem-strany-idut-v-nato-istoriya-vostochnoj-evropy.

② Наталья Еремина, Евросоюз поднимает ставки в противостоянии с ЕАЭС, Евразия. Эксперт. 11.02.2019.

家的俱乐部（当时）。欧盟已经成为一个重要的经济和政治权力中心，几乎涵盖了整个中欧和东南欧，接近俄罗斯和其他原苏联国家的边界。

加入欧盟后，经济效益也很明显。波兰、罗马尼亚等开始从欧盟基金获得资金。这些国家的公民开始在西欧工作，西欧公司将部分生产转移给他们。公民收入增长，甚至接近欧盟平均水平（例如，在加入欧盟之前，波兰公民收入占欧盟平均水平的51%，现在是70%）。

欧盟（主要是其最富裕的国家）收到了更多。获得了廉价劳动力、销售市场，公司可以将部分生产转移到只给工人较低报酬的国家。东欧各国必须与布鲁塞尔协调所有或多或少重要的决定，其中德国人、法国人、荷兰人则仍然在欧盟机构中占主导地位。

然而，时间越久远，"老"和"新"之间的欧洲存在感越强。根据2017年数据，欧盟平价购买力的GDP平均值（取100%）尚未达到。捷克（89%）和斯洛文尼亚（85%），看起来比其他国家更加繁荣，几乎赶上西班牙（92%），远远领先于葡萄牙（77%）。然而，它们仍然远低于邻国奥地利（127%）和德国（124%）。

捷克和斯洛文尼亚是在西欧和其他前社会主义国家之间占据中间地位的国家，两国保留了其主要品牌的重要工业潜力，公民不用大量出国工作。相反，成千上万的乌克兰人或波斯尼亚人为他们工作。

但并非一切都如意。捷克和斯洛文尼亚被剥夺了与法国、荷兰或奥地利农民同等水平的权利。德国或奥地利公司的银行拥有（或管理）银行业和工业的重要部分，其他国家无法挽救大部分工业，除了外国公司的装配厂。中东欧原来农业发展不错，但波兰人、匈牙利人或立陶宛人很难向西欧出售产品，长满杂草的田野已成为许多地区生活常态。这些国家的自有大品牌几乎消失了。

如果将人均 GDP 按购买力平价计算，那么爱沙尼亚（79%）、立陶宛（78%）和斯洛伐克（76%），情况会好一些。其次是波兰（70%）、匈牙利（68%）和拉脱维亚（67%），罗马尼亚（63%）和克罗地亚（62%）甚至更低。保加利亚49%的人口仍然是欧盟最贫穷的国家。①

"二等公民"之感，还体现在中东欧国家自主原则受到侵蚀、主权受到挑战。东欧各国加入欧盟后，与欧盟在政治、思想、文化上的差异开始显露，并在内政治理问题上多次冲突，引发欧盟控制与中东欧国家反控制的斗争。随着欧盟一体化深入进行，成员国主权界限日益模糊。在难民分摊问题上，欧盟居高临下对成员国发号施令，遭到中东欧国家坚决反对和抵制。尽管不断受到欧盟的打压，但是由于在经济上离不开欧盟，中东欧国家秉持"斗而不破"的原则与欧盟周旋，在可能范围内寻求妥协依然是其主要诉求。②至于欧盟本身，这样的穷国对它来说已成为一种负担。

可以想见，30年来的融合过程远非一帆风顺。欧盟内部所谓"新旧欧洲"的心理围墙，如何化解彼此间的歧见或障碍，欧盟共同安全及外交政策是否团结一致，乃是欧盟面临的重大问题。当然，东欧各国仍然会在很大程度上选择忠于美国和西方。历史与现实没有给东欧国家人民太多选择。

二 "民主制度"依然脆弱，面临挑战

东欧实行多党制后，政党政治逐渐走向制度化，议会成为国家

---

① Вадим Трухачев, Великие проблемы крупнейшего расширения ЕС на восток, 01.05.2019, http://mirperemen.net/2019/04/velikie-problemy-krupnejshego-rasshireniya-es-na-vostok/.
② 参见吴正龙《加入欧盟后的中东欧国家为何尴尬》，《解放日报》2018年9月10日。

政治的中心，基本上进入西方现代资本主义国家的政体范畴。同时，东欧各国原有的马克思主义主流文化丧失主导地位，被各种潜在的或外来的政治思潮（自由主义、民主社会主义、民族主义、民粹主义等）取代，这些思潮在制度变迁中起着催化剂的作用，不同程度地左右着政局和社会的变化。近年来，从中东欧国家议会选举和政府变动情况来看，政党政治格局在多数国家尚未定型，出现新党迅速上位、一党独大等新倾向。东欧各国的"民主制度"还远不够稳定和成熟，如匈牙利和波兰带有民粹主义色彩的政党力量增强，西巴尔干国家的"民主制度"依然脆弱。除议会选举导致的政府换届外，一些东欧国家还常有因政府遭弹劾下台、政府辞职和政府改组等导致发生政府变动的重大政治事件。[①] 这些现象，既与东欧国家自身的发展阶段紧密相连，又与欧盟目前面临的一系列问题息息相关。

有俄罗斯学者说，回顾东欧国家近30年的政治生活，有一点非常清楚：这些国家在1989年"革命"中的口号和思想以及对所获"自由"的最初兴奋很快就消散了。1989年后，东欧国家同时进行的经济和政治转轨之间的关系错综复杂，充满了流血与冲突、混乱与无序、民族分离与仇恨等要素。因此，东欧国家民主转型过程有一个奇怪的倒退式逻辑：在1989—1990年"民主革命"中所谓的"政治上成熟的人"，毫不犹豫地、不惜一切代价对抗"共产主义怪物"，推翻了社会主义政权，但在将社会主义赶走后又变成了需要教育的孩子。[②] 这个比喻，说明东欧国家已经迷失在剧变时

[①] 参见赵刚主编《中东欧国家发展报告》（2016—2017），社会科学文献出版社2018年版，第6页。

[②] Иван Жигал：Восточная Европа после 1989 года：《танец медведей》，упадок или иррациональная идентичность？，02.2018，http://www.zh-zal.ru/nz/2018/2/vostochnaya-evropa-posle-1989-goda.html.

所追求的"民主制度"和"政治自由"中。东欧国家未来的"民主制度"之路究竟怎样走，30年后仍未有明确答案。

也有观点认为，东欧剧变之后，一些成功实现了民主化转型的东欧国家在经济和政治领域都经历了一系列的重要变化；正因为有了民主制度的保障，这些国家才得以成功实现了公平与效率兼顾的经济改革，进而融入欧盟经济体，驶入经济发展的快车道；同时，民主制度也理顺了东欧国家政府与民众之间的关系，使得政府能够切实地对选民负责；正是因为选择了市场经济和民主政治的道路，这些东欧国家才得以在一定程度上实现了当年"社会主义"曾许诺过的美好愿景。① 如果单纯从东欧国家转型30年的历程看，这些国家的确已经走出了转型的阵痛期，大部分进入了增长阶段，其中一些国家还呈现出较好的发展态势。但如果把东欧各国的发展置于世界大背景下看，当年期待回归欧洲加入发达国家行列的东欧国家，虽然经济有所增长，但依旧远远落后于西欧。据国际货币基金组织的统计，2018年世界GDP位于世界前10名的国家是美国、中国、日本、德国、印度、法国、英国、意大利、巴西、加拿大。② 除两德统一的德国外，前东欧国家均不在此列。

三 "四分之一的东欧人比1989年更穷"

伊娃·霍夫曼在《回访历史：新东欧之旅》一书中写道，虽说当年剧变算是和平过渡，但大家似乎还未准备好，便着急从社会主义制度向资本主义制度迈进。大规模的私有化使不少国家财产落入

---

① 邰浴日：《东欧民主化转型的影响》，《探索与争鸣》2012年第9期。
② 《全球扩张减弱》，https://www.imf.org/zh/Publications/WEO/Issues/2019/01/11/weo-update-january-2019。

特权阶级手中，制造出垄断国家财富的经济寡头。他们被老百姓指为国家窃贼，加剧了贫富分化和社会不平等。①

俄罗斯《生意人报》刊发《四分之一的东欧人比1989年更穷》一文，对东欧各国的社会经济状况进行了分析，指出在近30年的"市场化道路"之后，前东欧国家消除贫困的进程仍然令人担忧。2017年欧洲复兴开发银行报告指出，尽管东欧国家在社会主义阵营崩溃后经历了多年的经济改革，但许多居民变得比以前更加贫穷。"东欧地区23%的公民的收入现在甚至低于1989年。"市场改革中受益最多的是最富有的10%的居民，他们的财富在过去25年中增加了82%，而最贫穷的10%的居民的财富仅增加了17%。瑞士政治学家马塞罗福阿说，欧盟无法为其新成员国的公民提供在社会主义阵营崩溃之前的社会福利。独联体监测组织和欧洲政治分析家斯坦尼斯拉夫·比什霍克说，"欧洲一体化撕毁了中东欧国家旧的经济链，数十万'新欧洲人'作为劳务移民流入西方。欧盟只是补贴'新欧洲'成员农业等初级领域，而不关心高科技产业。因此，在前东欧国家，生产陷入衰退后，就业和税收、退休和福利自然不会增加。东欧的公众情绪已经从'欧元恐慌'转向'欧洲悲观主义'"。文章还指出，根据国际货币基金组织、世界银行和西方其他金融机构的计划，"铁幕"崩溃后，整个东欧都将开始建立新自由主义经济。匈牙利的政治精英们曾天真、短视地遵循着这些计划，希望在进入欧盟和北约后能够解决所有问题。但在欧盟及西方眼中，"后共产主义"国家的发展注定将完全依赖"高级伙伴"的意愿。东欧国家的经济结构都发生了变化，但主要是以牺牲之前未开放的服务和金融部门的快速增长为代价的。没有一个"转型经济

---

① 张翠容：《新东欧之旅：旧世界负担的新世界》，搜狐网，http://www.sohu.com/a/270941413_120776。

体"（包括最成功的波兰）在人均发展方面达到了西方的水平。①在与社会主义制度分离近30年后，东欧国家在经济发展方面仍远远落后于西方，这不仅会影响它们的人均收入，还会影响养老金等福利。即使在非常繁荣的捷克共和国，人均养老金也仅为德国或法国的四分之一。②

四 标志国家稳定的人口状况出现剧烈变动

1989年至今，世界上大部分国家人口总数都是线性增长，但东欧和原苏联加盟共和国均出现了人口数量减少或者剧烈波动的现象，反映出标志着人民生活稳定程度的人均寿命在这些国家出现了剧烈波动。

2018年6月法国《世界外交报》发表了《东欧正在濒临死亡》一文，对东欧剧变后各国遭遇的前所未有的人口灾难进行了分析，指出1989年底柏林墙倒塌后，东欧国家人口大规模外流到西欧国家以寻求更高的工资并一直延续到今天。东欧国家损失的人口数量比两次世界大战期间都要多，主要原因是低出生率、高死亡率和大规模移民。在过去30年中，占国家总人口数量14%的人离开了罗马尼亚，摩尔多瓦是16.9%，乌克兰是18%，波斯尼亚是19.9%，保加利亚和立陶宛是20.8%，拉脱维亚是25.3%。除劳动力资源外流外，社会和医疗体系的崩溃导致东欧国家（特别是男性）的死亡率急剧上升，同时出生率还在不断下降。对东欧国家而言，人口减少的恶劣后果主要是人口结构严重受损，年轻、活跃的群体减

---

① Четверть жителей Восточной Европы стали беднее, чем в 1989 году, 02.01.2017,《Комсомольской правды》.

② Пишет Bulat Bolot: Сколько получают пенсионеры в Восточной Европе?, 2018 - 02 - 27, https://salatau.livejournal.com/9069745.html.

少。根据联合国的统计，世界上 10 个因人口不断减少而"濒危"的国家都在东欧。到 2050 年，这些国家的人口将再减少 15%—23%。例如，匈牙利自 2004 年加入欧盟以来，已有 5000 名医生、技术人员和技师前往西欧国家，大多数年龄在 40 岁以下，因为他们在匈牙利每月只能得到 500 欧元的工资，而在奥地利每周就可以得到 1000 欧元。其他一些国家如波兰、罗马尼亚、塞尔维亚和斯洛伐克等国，数十万具备中等资格的专家（如护士、木匠、机械师和合格工人）迁往西方。这个过程并非是自发的，而是西欧国家有计划的、系统的、掠夺加入欧盟的东欧国家的人才。[①]

同时，东欧的老龄化速度快于西方国家。根据国际货币基金组织的预测，到 2050 年，中东欧和东南欧国家的人口将减少 12%，工作人口将减少 25%。这些国家的人口减少和老龄化问题可能比西欧更为严重，因为它们仍然不够富裕，无法有效地解决这些问题。[②]

显然，东欧国家的人口危机如果无限期地持续，将不可避免地威胁到这些国家的生存。但目前为止，这些国家仍未出台防止人口"濒危"的举措，而促使人口继续下滑的因素仍然存在。在东欧国家还存在另一种现象，即因贫困、缺乏前景和家庭关系破裂使得儿童的出生不受欢迎，并且东欧国家明确拒绝接受移民。在 2015 年欧洲难民移民问题爆发时，斯洛伐克和捷克分别只接纳了 16 名和 12 名难民，而匈牙利和波兰则没有接受任何难民，[③] 这也成为欧盟内部一个政治问题。关乎国家稳定发展的人口变化，既是一个长期

---

① Дмитрий Добров：Восточная Европа умирает 3 Июля 2018，https://www.rubaltic.ru/blogpost/20180703-vostochnaya-evropa-vymiraet/.

② Яна Рождественская，Восточная Европа стареет быстрее Западной，Коммерсантъ. 15. 07. 2019

③ Дмитрий Добров：Восточная Европа умирает 3 Июля 2018，https://www.rubaltic.ru/blogpost/20180703-vostochnaya-evropa-vymiraet/.

的影响，也是一个短期内无法改变的困境。决定东欧人口变化的三个因素都呈现出结构化、固化的趋势。

五　中东欧与中国经贸合作的前景与挑战

中东欧16国经济总量约1.5万亿美元，相当于欧盟的1/10，人均国内生产总值近1.2万美元，是欧盟平均水平的1/2。16国内部经济发展水平存在差异，呈现北高南低的走势，斯洛文尼亚、捷克人均国内生产总值已逾2万美元，阿尔巴尼亚、波黑则不足6000美元。16国均致力于欧洲一体化进程，将积极发展同欧美等西方国家的关系作为本国对外政策的优先方向。同时注重与俄罗斯、中国、印度等国的务实合作，不断加强同中亚、拉美、非洲国家的交流合作。① 东欧剧变后，各国在经济转型中，都经过了许多探索和挫折，与西方国家发展尚有距离，但视野向外的合作取得了瞩目成就。

近年来，中东欧国家最令人瞩目的，即是与中国在"一带一路"框架下的"16+1"经贸合作。

"16+1"经贸合作是中国与中东欧国家在共同应对金融危机、推动经济转型升级的背景下开启的务实合作、共同发展的跨区域合作平台。2012年"16+1"经贸合作启动，2013年习近平主席提出共建丝绸之路经济带和21世纪海上丝绸之路的重大倡议。中东欧16国占"一带一路"沿线国家总数的1/4，"16+1"经贸合作成为"一带一路"建设的重要组成部分。2017年11月，第六次中国—中东欧国家领导人会晤，中国与爱沙尼亚、立陶宛、斯洛文尼

---

① 参见赵刚主编《中东欧国家发展报告（2016—2017）》，社会科学文献出版社2018年版，第2—3页。

亚签署《关于共同推进丝绸之路经济带和21世纪海上丝绸之路建设的谅解备忘录》，实现了共建"一带一路"倡议对中东欧16国的全覆盖。《中国—中东欧国家合作五年成果清单》200余项具有代表性的成果，涵盖政策沟通、互联互通、经贸、金融、人文五大类，彰显了"16+1"经贸合作对"一带一路"建设的重大贡献。①2018年7月，李克强总理出席在索菲亚举行的第七次中国—中东欧国家领导人会晤，签署《中国—中东欧国家合作索菲亚纲要》。纲要提出的主要成果包括投融资、金融机构网络化布局、金融监管、金融科技等领域的合作。2019年4月12日，李克强总理在杜布罗夫尼克出席第八次中国—中东欧国家领导人会晤，中东欧16国领导人与会。克罗地亚总理普连科维奇主持。会议欢迎希腊作为正式成员加入"16+1"经贸合作。欧盟、奥地利、白俄罗斯、瑞士及欧洲复兴开发银行作为观察员派员与会。会晤后，中国同中东欧16国共同发表《中国—中东欧国家合作杜布罗夫尼克纲要》。各国领导人共同见证双方各领域10余项合作协议的签署。②

过去十多年，欧盟作为一个统一经济体一直是中国的第一大贸易伙伴。中东欧国家对中国投资极为重视，双边在全球治理、人文交流等领域也有很大的合作空间。中国和欧盟在合作中也存在着一些挑战，如仍需提升彼此信任度，更好地处理中欧贸易摩擦，推动双边经贸关系进一步健康发展等。③此外，还面临着美国的掣肘与威胁。

前社会主义国家的中东欧注定了自身发展的特殊性，融入欧洲

---

① 高歌：《推动"一带一路"建设，"16+1合作"再出发》，2018年7月9日，中国网，http://www.gov.cn/xinwen/2018-07/09/content_5305039.htm。
② 《李克强出席第八次中国—中东欧国家领导人会晤》，《人民日报》2019年4月13日第1版。
③ 《中欧合作，向深度和广度拓展》，《人民日报》2018年7月16日（海外版）。

和西方的旅程既是必然的,又是独有的。在重塑与蹉跎中的中东欧,未来的发展,需要克服自身历史的发展缺陷,同时需跳出现实的"新欧洲"与"老欧洲"之比的思维困境,扬长避短,寻找适合自己的发展道路。历史上中东欧国家曾经饱受战乱之苦,依附于大国,被当作战略前沿阵地而受摆布,绝非偶然。须在欧盟和北约框架下,保持自身独立性,摆脱历史上地缘政治的束缚。此外,中东欧各国还需要寻找更多突破口,置经贸发展于广阔的空间。发展与被美国视为战略对手的中、俄等国的经贸合作关系,如近年来中东欧国家与中国在"一带一路"框架下的"16+1"经贸合作取得重大进展。总之,未来对于中东欧各国,在历史与现实问题相互影响下,国内政治局势不稳定因素犹存,经贸发展机遇与风险并行,尤其是近年中东欧地缘政治作用重回美国及西方视野的特殊背景下,如何在全球化已经成为客观现实的历史趋势下,开辟一条符合自己的发展道路,艰辛而必要。